회계를 처음 배워도 할 수 있는

혜원장의 전산회계

이론 + 실무 + 최신기출

이혜원(혜원장) 저자

2급
2025 최신판
[2쇄]

전체 무료강의 제공

회계어가 외계어로 느껴질 땐?

친절한 혜원장과 함께
무료강의로 단기 합격하자!

직업상점

PREFACE

안녕하세요! 혜원장입니다.

회계와 전혀 관계 없는 군인으로 일을 하다 진로를 고민하며 회계 공부를 독학으로 시작했습니다. 당시 회계를 공부하기 위한 자료는 전공 서적이 대부분이라서 회계를 배우는 일이 꽤 어려웠습니다. 처음 듣는 용어가 많아 비전공자였던 저에게 회계어는 외계어로 느껴졌습니다. 전산세무회계 학원의 원장과 직업훈련교사로 활동하며 어렵사리 배운 공부 경험을 바탕으로 비전공자도 쉽게 배울 수 있는 강의 콘텐츠를 만들고자 결심했고, 그 결과물이 바로 <혜원장> 채널입니다. 많은 분들이 기초부터 차근차근 배울 수 있는 도서를 요청했고, 더 많은 분들에게 도움을 드리고자 첫 도서를 출간하게 되었습니다.

회계의 'ㅎ'도 몰라도 괜찮습니다!

이 책은 회계를 처음 접하시는 분들도 누구나 쉽게 이해할 수 있게 하자는 <혜원장> 채널 모토를 바탕으로 전산세무회계 자격증 시험에 필요한 내용을 선별해 담았습니다. 2018년부터 강의 해온 내용을 바탕으로 어떻게 하면 회계를 쉽게 공부할 수 있을지 연구한 내용을 정리했습니다.

혜원장 올림

CONTENTS

PART 01 전산회계 2급 이론

CHAPTER 01 회계의 기본원리 20
- 01 회계의 기본개념 ········· 20
- 02 재무제표 ········· 23
- 03 회계상 거래 인식하기 ········· 40

CHAPTER 02 자산 56
- 01 당좌자산 ········· 56
- 02 재고자산 ········· 100
- 03 투자자산 ········· 120
- 04 유형자산 ········· 122
- 05 무형자산 ········· 146
- 06 기타비유동자산 ········· 149

CHAPTER 03 부채 152
- 01 유동부채 ········· 152
- 02 비유동부채 ········· 157

CHAPTER 04 자본   172

01 개인기업의 자본 ·· 172

CHAPTER 05 수익과 비용   182

01 수익과 비용의 정의 ·· 182
02 매출액과 매출원가 ·· 183
03 판매비와 관리비 ·· 187
04 영업외손익 ·· 191

CHAPTER 06 결산   213

01 회계의 순환과정과 결산 ·· 213
02 결산정리사항 ·· 216

CONTENTS

PART 02 전산회계 2급 실무

CHAPTER 01 기초정보등록·수정 — 244

- 01 회사등록 — 244
- 02 거래처등록 — 249
- 03 계정과목 및 적요등록 — 256
- 04 전기분재무상태표 — 261
- 05 전기분손익계산서 — 265
- 06 거래처별초기이월 — 270

CHAPTER 02 거래자료의 입력 — 274

- 01 일반전표입력 — 274
- 02 입력자료의 오류수정 — 278

CHAPTER 03 결산정리사항 입력 — 282

- 01 결산정리사항 — 282
- 02 결산정리사항의 입력 — 283

CHAPTER 04	장부조회	289

01 장부조회 ·· 289

02 총계정원장 ·· 290

03 계정별원장 ·· 292

04 일계표(월계표) ·· 294

05 거래처원장 ·· 296

06 재무상태표 ·· 298

07 손익계산서 ·· 300

08 합계잔액시산표 ·· 302

CONTENTS

PART 03 전산회계 2급 기출문제

CHAPTER 01 전산회계 2급 기출문제 분석 — 318

- 01 전산회계 2급 기출문제 유형분석 … 318
- 02 전산회계 2급 기출문제 풀이 시 유의사항 … 319
- 03 전산회계 2급 시험 절차 … 321

CHAPTER 02 전산회계 2급 모의고사(114회 ~ 103회) — 322

- 01 114회 전산회계 2급 기출문제 … 322
- 02 113회 전산회계 2급 기출문제 … 333
- 03 112회 전산회계 2급 기출문제 … 344
- 04 111회 전산회계 2급 기출문제 … 354
- 05 110회 전산회계 2급 기출문제 … 364
- 06 109회 전산회계 2급 기출문제 … 374
- 07 108회 전산회계 2급 기출문제 … 383
- 08 107회 전산회계 2급 기출문제 … 393
- 09 106회 전산회계 2급 기출문제 … 403
- 10 105회 전산회계 2급 기출문제 … 413
- 11 104회 전산회계 2급 기출문제 … 423
- 12 103회 전산회계 2급 기출문제 … 434

01	114회 전산회계 2급 기출문제 정답 및 해설	444
02	113회 전산회계 2급 기출문제 정답 및 해설	448
03	112회 전산회계 2급 기출문제 정답 및 해설	452
04	111회 전산회계 2급 기출문제 정답 및 해설	456
05	110회 전산회계 2급 기출문제 정답 및 해설	460
06	109회 전산회계 2급 기출문제 정답 및 해설	464
07	108회 전산회계 2급 기출문제 정답 및 해설	468
08	107회 전산회계 2급 기출문제 정답 및 해설	472
09	106회 전산회계 2급 기출문제 정답 및 해설	476
10	105회 전산회계 2급 기출문제 정답 및 해설	480
11	104회 전산회계 2급 기출문제 정답 및 해설	484
12	103회 전산회계 2급 기출문제 정답 및 해설	488

국가직무능력 표준(NCS)

1 NCS란?

산업 현장의 직무를 수행하기 위해 필요한 능력(지식, 기술, 태도)을 국가적 차원에서 표준화한 것

2 훈련이수체계

수준	직종		
6	책임자	사업결합회계	세무조사대응 / 조세불복청구 / 절세방안수립
5	중간관리자	회계감사	기타세무신고 / 법인세 신고
4	초급관리자	비영리회계	종합소득세 신고
3	실무자	원가관리 / 재무제표작성	원천징수 / 부가가치세 신고 / 지방세 신고 / 세무조정 준비
2	초급자	전표관리 / 자금관리 / 원가계산 / 결산처리 / 회계정보시스템 운용	적격증빙관리
		직업기초능력	
		회계감사	세무

※ 해당직종(음영)의 훈련과정을 편성하는 경우 훈련과정별 목표에 부합한 수준으로 해당 직종에서 제시한 능력단위를 기준으로 과정/과목을 편성하고, 이외 직종의 능력단위를 훈련과정에 추가 편성하려는 경우 유사직종의 동일 수준의 능력단위를 추가할 수 있음

3 회계·감사 능력단위요소

능력단위	수준	능력단위요소	교재내용
전표관리	2	회계상거래인식하기	회계의 기본원리 자산 부채 자본 수익과 비용
전표관리	2	전표작성하기	회계의 기본원리 자산 부채 자본 수익과 비용
전표관리	2	증빙서류관리하기	회계의 기본원리 자산 부채 자본 수익과 비용
자금관리	2	현금시재관리하기	
자금관리	2	예금관리하기	
자금관리	2	법인카드관리하기	
자금관리	2	어음·수표 관리하기	
원가계산	2	원가요소 분류하기	
원가계산	2	원가배부하기	
원가계산	2	원가계산하기	
결산처리	2	결산준비하기	결산
결산처리	2	결산분개하기	결산
결산처리	2	장부마감하기	결산
회계정보시스템운용	2	회계 관련 DB마스터 관리하기	기초정보의 등록·수정 거래자료의 입력 장부조회
회계정보시스템운용	2	회계프로그램 운용하기	기초정보의 등록·수정 거래자료의 입력 장부조회
회계정보시스템운용	2	회계정보 산출하기	기초정보의 등록·수정 거래자료의 입력 장부조회
원가관리	3	원가추정하기	
원가관리	3	CVP분석하기	
원가관리	3	원가정보활용하기	
재무제표작성	3	재무상태표 작성하기	
재무제표작성	3	손익계산서 작성하기	
재무제표작성	3	자본변동표 작성하기	
재무제표작성	3	현금흐름표 작성하기	
재무제표작성	3	재무비율 분석하기	
재무제표작성	3	주석 작성하기	
비영리회계	4	비영리대상 판단하기	
비영리회계	4	비영리회계 처리하기	
비영리회계	4	비영리회계보고서 작성하기	
회계감사	5	내부감사 준비하기	
회계감사	5	외부감사 준비하기	
회계감사	5	재무정보 공시하기	
사업결합회계	6	연결재무정보 수집하기	
사업결합회계	6	연결정산표 작성하기	
사업결합회계	6	연결재무제표 작성하기	
사업결합회계	6	합병·분할 회계처리하기	

전산회계 2급 시험일정 및 시험안내

1 전산회계 2급이란?

한국세무사회에서 주관하는 대학 초급 또는 고등학교 상급수준의 재무회계(회계원리)에 관한 기본지식을 갖추고 기업체의 세무회계 업무보조자로서, 전산회계 프로그램을 이용한 회계업무 처리능력을 평가하는 시험

2 시험일정

종목 및 등급	회차	원서접수	장소공고	시험일자	발표
전산세무 1,2급 전산회계 1,2급	제112회	01.04 ~ 01.10	01.29 ~ 02.04	02.04(일)	02.22(목)
	제113회	02.28 ~ 03.05	04.01 ~ 04.06	04.06(토)	04.25(목)
	제114회	05.02 ~ 05.08	05.27 ~ 06.01	06.01(토)	06.20(목)
	제115회	07.04 ~ 07.10	07.29 ~ 08.03	08.03(토)	08.22(목)
	제116회	08.29 ~ 09.04	09.30 ~ 10.06	10.06(일)	10.24(목)
	제117회	10.31 ~ 11.06	12.02 ~ 12.07	12.07(토)	12.26(목)

3 시험시간

구분	전산회계2급	전산회계1급	전산세무2급	전산세무1급
시험시간	12:30~13:30 (60분)	15:00~16:00 (60분)	12:30~14:00 (90분)	15:00~16:30 (90분)

4 시험장소

서울, 부산, 대구, 광주, 대전, 인천, 울산, 강릉, 춘천, 원주, 안양, 안산, 수원, 평택, 성남, 고양, 의정부, 청주, 충주, 제천, 천안, 당진, 포항, 경주, 구미, 안동, 창원, 김해, 진주, 전주, 익산, 순천, 목포, 제주

※ 상기지역은 상설시험장이 설치된 지역이나 응시인원이 일정인원에 미달할 때는 인근지역을 통합하여 실시함.

※ 상기지역 내에서의 시험장 위치는 응시원서 접수결과에 따라 시험시행일 일주일전부터 한국세무사회 홈페이지에 공고함.

5 시험방법

이론(30%)	실무(70%)
4지 선다형	PC에 설치된 전산세무회계프로그램(케이렙:KcLep) 을 이용한 실기

6 합격자 결정기준

100점 만점에 70점 이상 합격

7 응시자격

제한 없음

8 원서접수

- 접수기간 : 각 회별 원서접수기간내 접수
- 접수방법 : 한국세무사회 자격시험사이트(http://license.kacpta.or.kr)로 접속하여 단체 및 개인별 접수 (회원가입 및 사진등록)
- 접수수수료 납부방법 : 원서접수시 금융기관을 통한 온라인 계좌이체 및 신용카드결제
- 접수비 30,000원, 자격증 발급비 5,000원

※ 접수수수료 및 자격증 발급비는 부가가치세 포함 금액임
※ 자격증 발급비의 경우 자격취득 후 자격증을 신청하지 않을 경우 발생하지 않음
※ 접수수수료 결제 및 자격증 발급신청 결제시 전자결제 이용수수료(400원)가 추가로 부과됨

9 전산회계2급 출제범위

이론(30%)	회계원리	당좌·재고·유형자산, 부채, 자본금, 수익과 비용
실무(70%)	기초정보의 등록·수정	회사등록, 거래처 등록, 계정과목 및 적요등록
	거래자료의 입력	일반전표 입력, 입력 자료의 수정·삭제, 결산자료 입력(상기업에 한함)
	입력자료 및 제장부 조회	

10 전산회계2급 세부 평가범위

구분		평가범위	세부내용
이론	회계원리 (30%)	1. 회계의 기본원리	자산, 부채, 자본 및 수익, 비용의 개념, 회계의 순환과정, 결산
		2. 당좌자산	현금 및 현금등가물, 단기금융상품, 매출채권
		3. 재고자산	재고자산의 개념과 종류, 상품계정
		4. 유형자산	유형자산의 개념과 종류, 유형자산의 취득과 처분
		5. 부채	부채의 개념과 종류, 매입채무
		6. 자본	자본의 분류, 개인기업의 자본금
		7. 수익과 비용	수익과 비용의 분류
실무	기초 정보의 등록·수정 (20%)	1. 회사등록	사업자등록증에 의한 회사등록
		2. 거래처등록	거래처자료에 의한 거래처등록
		3. 계정과목 및 적요등록	계정과목, 적요의 추가등록 또는 변경
		4. 초기이월	전기분 재무제표를 보고 추가등록, 오류 정정
	거래 자료의 입력 (40%)	1. 일반전표의 입력	거래내용에 따른 일반전표의 입력
		2. 입력자료의 수정·삭제 등	입력 자료의 계정과목·금액 등 수정, 중복 입력 자료의 삭제
		3. 결산정리사항 입력	결산정리 사항을 일반전표 입력 메뉴에 입력(상기업에 한함)
	입력자료 및 제장부조회(10%)	1. 전표입력 자료의 조회	입력되어 제공되는 자료에 대한 금액·건 수·거래처 등을 조회
		2. 장부의 조회	특정계정과목·특정거래처·특정기간의 금액조회

※ 각 구분별 ±10% 이내에서 범위를 조정할 수 있음

11 전산세무회계 자격시험 합격률

회차	시험일자	전산세무		전산회계		합계
		1급	2급	1급	2급	
114회	2024.06.01	21.62%	55.92%	37.78%	53.07%	45.50%
113회	2024.04.06	14.50%	28.52%	42.89%	59.11%	39.29%
112회	2024.02.04	4.05%	50.79%	40.16%	56.62%	43.77%
111회	2023.12.02	9.10%	27.75%	39.55%	48.63%	35.32%
110회	2023.10.08	24.21%	46.44%	30.02%	56.95%	39.53%
109회	2023.08.05	9.32%	47.01%	33.26%	58.84%	41.28%
108회	2023.06.03	22.93%	25.51%	29.25%	53.93%	32.77%
107회	2023.04.09	23.29%	19.06%	33.18%	72.82%	36.37%
106회	2023.02.12	25.57%	40.67%	44.14%	53.26%	43.55%
105회	2022.12.03	11.63%	48.57%	51.07%	55.36%	48.23%
104회	2022.10.02	14.87%	44.45%	46.15%	31.38%	40.34%
103회	2022.08.06	11.07%	43.50%	38.91%	66.58%	44.08%
102회	2022.06.04	4.17%	40.53%	34.47%	66.50%	41.39%
101회	2022.04.10	9.30%	33.91%	51.63%	71.30%	47.02%
100회	2022.02.13	16.25%	34.66%	50.68%	51.08%	43.73%

교육용 회계프로그램 KcLep(케이랩) 설치방법

1) 한국세무사회 국가공인자격시험 홈페이지(https://license.kacpta.or.kr/)에 접속

2) 홈페이지 하단의 [케이랩(수험용) 다운로드] 클릭 후 설치프로그램 다운로드

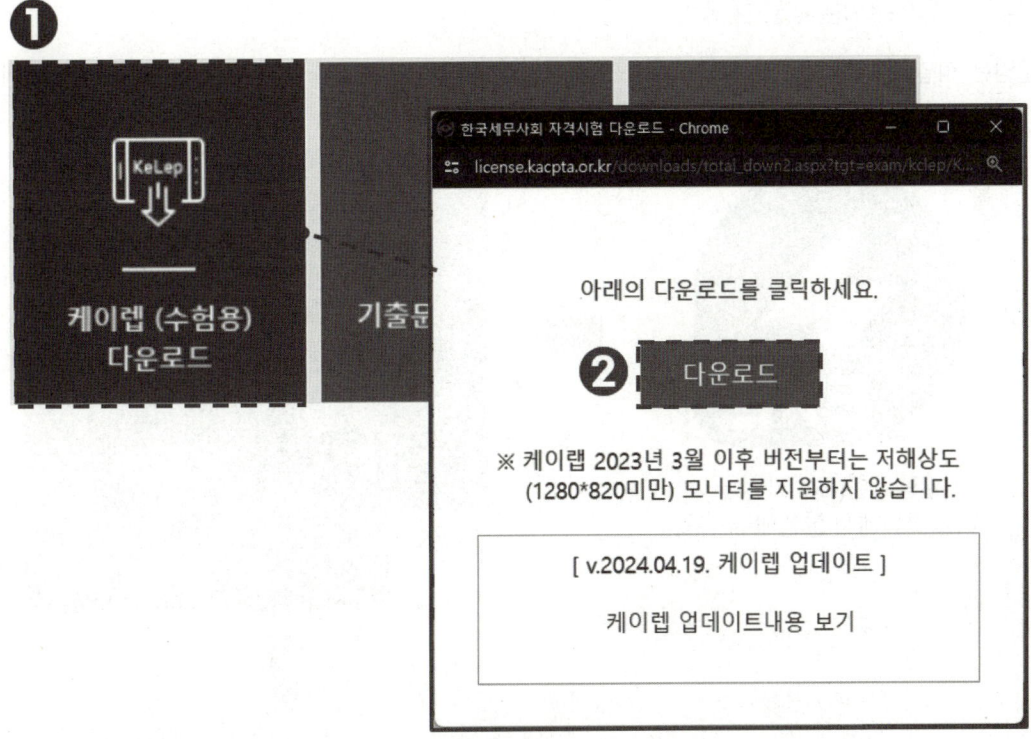

3) 다운받은 설치프로그램을 실행하여 KcLep(케이랩) 프로그램 설치

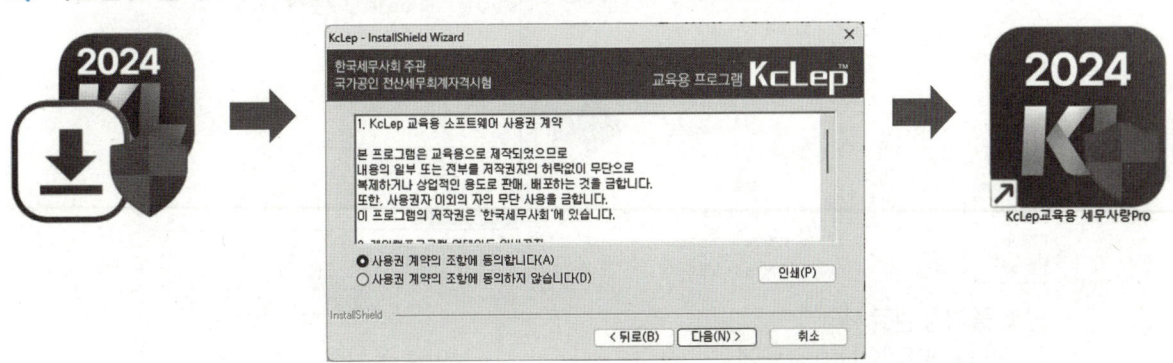

교재 백데이터 설치방법

1) 네이버 카페에 접속 후 백데이터 파일(.exe) 다운로드
네이버 카페에 접속하여 교재 실습을 위한 백데이터를 다운받아주세요.

2) 다운받은 파일(.exe)을 더블 클릭
다운받은 파일을 실행하면 자동으로 정해진 위치에 압축이 해제됩니다. (다운로드 받은 파일을 실행하기 위해서는 반디집 압축프로그램 설치가 필요합니다)

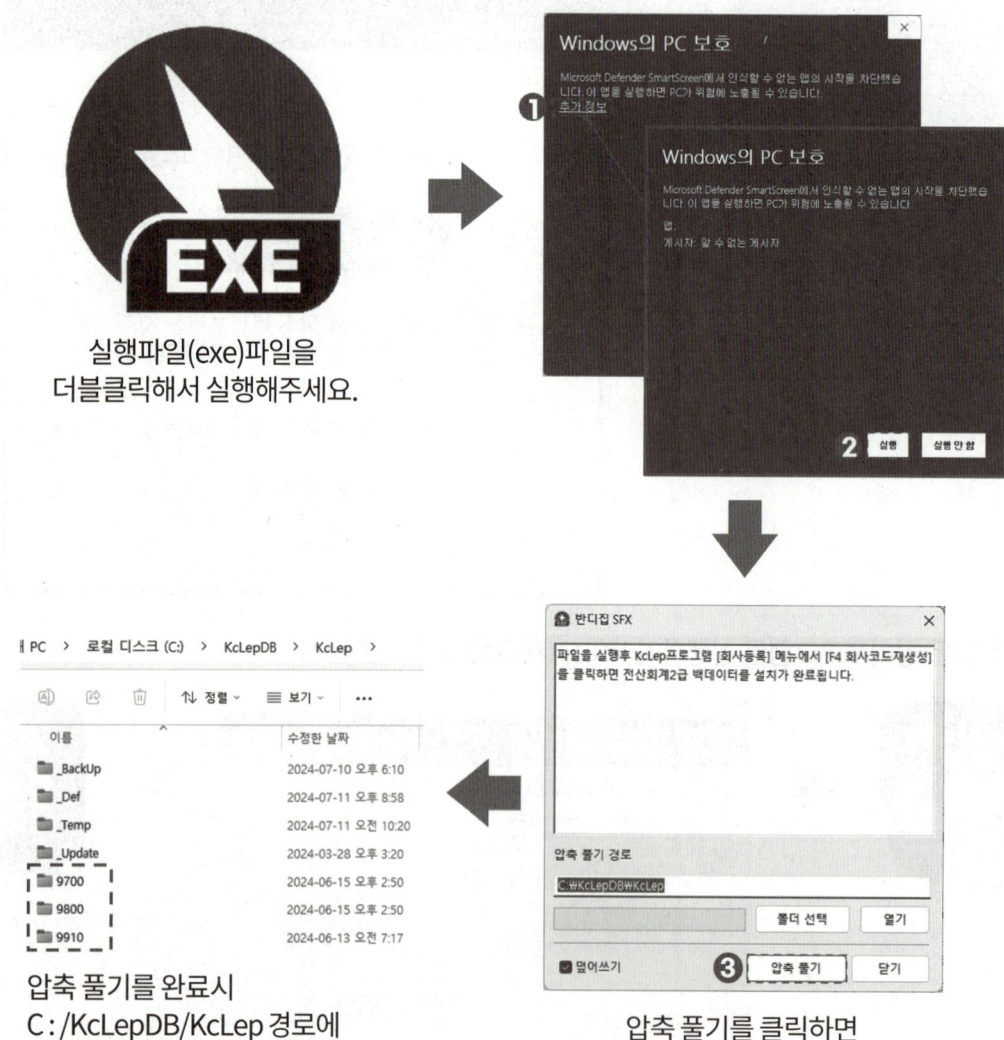

실행파일(exe)파일을 더블클릭해서 실행해주세요.

압축 풀기를 완료시
C:/KcLepDB/KcLep 경로에
숫자로 된 폴더들이 생깁니다.

압축 풀기를 클릭하면
정해진 경로에 압축이 해제됩니다.

3) KcLep 프로그램을 실행시킨 후 [회사등록] 버튼 클릭

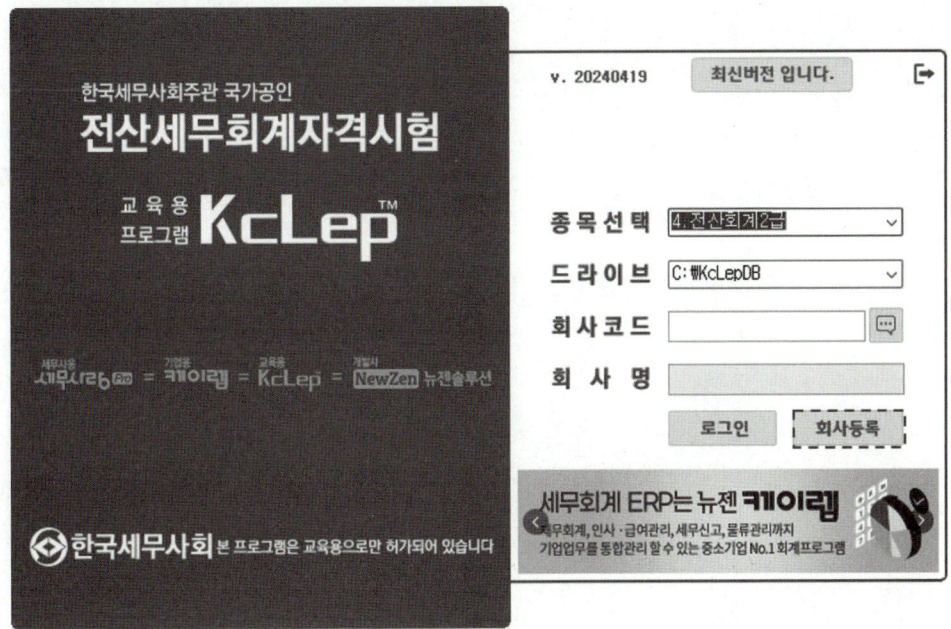

4) [회사등록] 상단 메뉴의 [F4 회사코드재생성] - [예(Y)] 클릭

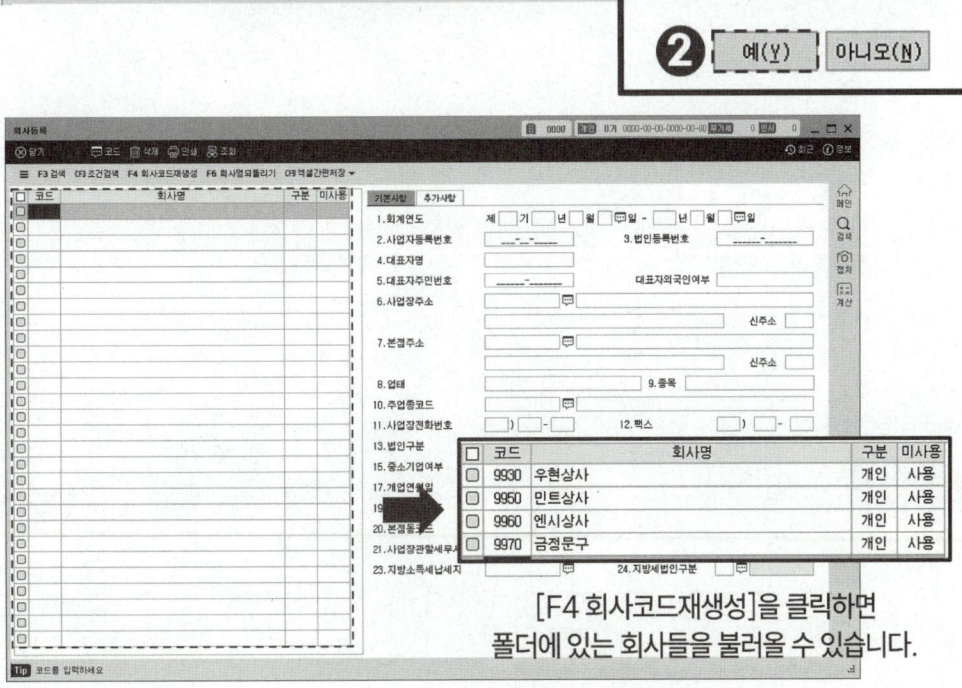

[F4 회사코드재생성]을 클릭하면 폴더에 있는 회사들을 불러올 수 있습니다.

참 2번~5번 작업을 반복하면 저장된 실무작업을 초기화 할 수 있습니다.

혜원쌤이 알려주는 전산회계 2급의 모든 것!

Part 1 전산회계 2급 이론

CHAPETER 01 회계의 기본원리

CHAPETER 02 자산

CHAPETER 03 부채

CHAPETER 04 자본

CHAPETER 05 수익과 비용

CHAPETER 06 결산

PART 01

전산회계 2급 이론

CHAPTER 01 회계의 기본원리

1 회계의 기본개념

1. 회계의 정의
회계란 회사가 돈을 어떻게 벌고 어디에 쓰고 얼마나 남았는지 등의 경제적 활동에 대한 정보를 체계적으로 기록하고 보고하는 과정을 말한다.

2. 회계의 목적
회계의 목적은 회계정보이용자에게 합리적인 의사결정을 위한 유용한 정보를 제공하는 것이다.

> 참 회계정보이용자(=기업의 이해관계자)란 회계정보를 이용하여 경제적 의사결정을 하는 자이다.

3. 기업의 유형

1) 소유구조에 따른 분류

구분	개인기업	법인기업(주식회사)
소유와 경영	한 사람이 소유하고 경영	여러 사람(주주)이 소유하고 이사회와 경영진이 경영
예시	작은 카페, 미용실, 편의점	대기업, 중소기업, 다국적 기업

2) 영업활동에 따른 분류

구분	상기업	제조기업	서비스업
주목적 사업	완성된 물건을 구입하여 구입가격보다 비싸게 판매	원재료를 가공하여 제품을 생산 및 판매	보이지 않는 서비스를 제공
업종	도매 및 소매업	이동 전화기 제조업, 빵류 제조업	부동산 임대업, 전문 서비스업(세무사업)

3) 주목적 사업(=일반적인 상거래)

구분	일반적인 상거래	예시
상기업	상품 구입 → 상품 진열 → 상품 판매	편의점, CJ올리브영
제조기업	원재료 구입 → 제품 제조 → 제품 판매	삼성전자, 파리크라상
서비스업 (부동산 임대업)	부동산 구입 → 부동산 임대	GS건설

참 전산회계 2급은 개인 상기업을 기준으로 문제가 출제된다.

4. 회계의 분류

구분	재무회계	원가관리회계	세무회계
회계정보 이용자	외부정보이용자 예 투자자, 채권자	내부정보이용자 예 경영자	세금 보고와 관련된 기관 예 국세청
목적	외부정보이용자에게 경제적 의사결정에 유용한 정보를 제공	내부정보이용자에게 관리적 의사결정에 유용한 정보 제공	세법에 따른 정확한 세금을 계산 및 보고
보고수단	재무제표	특수목적 재무보고서	각종 세무서식 및 신고서

5. 수취채권과 지급채무

수취채권 (받을 돈)	기업이 고객에게 물건(재화)나 서비스(용역) 등을 판매하거나 금전을 빌려주고(대여) 미래에 대가를 받을 수 있는 권리
지급채무 (줄 돈)	기업이 고객에게 물건(재화)나 서비스(용역) 등을 구입하거나 금전을 빌리고(차입) 미래에 대가를 지급해야할 의무

이론 핵심 기출문제

01 다음 중 회계의 목적을 가장 잘 설명한 것은?

① 상품 판매 가격 결정
② 기업의 정당한 세액을 계산하여 세금 납부
③ 완성한 제품의 제조원가 결정
④ 기업의 이해관계자에게 합리적인 의사결정을 위한 정보제공

02 다음 중 회계정보의 내부이용자에 속하는 이해관계자로 옳은 것은?

① 고객　　　② 정부　　　③ 경영자　　　④ 채권자

정답 및 해설

01 ④　①, ③은 원가회계, ②는 세무회계에 대한 설명이다.

02 ③　회계정보이용자 중 내부이용자는 경영자와 종업원이 해당되며, 외부이용자에는 투자자, 채권자, 주주, 정부, 거래처 등이 있다.

2 재무제표

1. 재무제표의 정의와 작성책임

재무제표는 기업의 경영활동에 대한 회계정보를 이해관계자에게 보고하기 위해 정기적으로 작성되는 회계보고서이다. 재무제표의 작성책임은 경영자에게 있다.

2. 재무제표의 종류와 구성요소

일반기업회계기준에 따른 재무제표 종류의 종류는 재무상태표, 손익계산서, 현금흐름표, 자본변동표, 주석이다.

1) **재무상태표**: 일정시점에서 기업의 재무상태(자산, 부채, 자본)를 보여주는 보고서로 구성요소는 다음과 같다.

자산	기업이 소유하고 있는 금전적 가치가 있는 재화 및 채권(=총 자산) 예 현금, 판매하기 위해 구입한 물건(상품), 사무실 건물, 외상으로 판매하고 생긴 채권
부채	기업이 미래에 타인에게 지급해야할 채무(=타인자본) 예 대출받은 돈, 거래처에 지급해야 할 금액
자본	기업이 운영과 미래 성장을 위해 보유하고 있는 자금으로 자산에서 부채를 뺀 금액 (=순자산, 자기자본, 소유주 잔여청구권) 예 건물(자산) 50,000원 - 대출금(부채) 30,000원 = 자본 20,000원

2) **손익계산서**: 일정기간 동안의 회사의 경영성과(수익, 비용)를 보여주는 보고서로 구성요소는 다음과 같다.

수익	상품이나 서비스를 판매하거나 다른 활동을 통해 얻은 금액 예 상품 판매로 번 돈(상품매출), 돈을 빌려주고 받은 이자(이자수익)
비용	수익을 얻기 위해 지출된 금액 예 판매한 상품의 구입원가(상품매출원가), 직원의 급여, 돈을 빌리고 지급한 이자(이자비용)
손익(이익 또는 손실)	수익에서 비용을 뺀 금액으로 회사의 경영성과를 평가하는 데 사용 예 상품 판매(수익) 100,000원 - 판매한 상품의 원가(비용) 30,000원 - 직원의 급여(비용) 20,000원 = 이익 50,000원

3) **현금흐름표**: 일정기간 동안 현금이 회사 내외로 어떻게 흘러들어오고 나갔는지 보여주는 보고서이다.

4) **자본변동표**: 일정기간 동안 기업의 자본이 어떻게 변화했는지를 상세하게 보여주는 보고서이다.

5) **주석**: 재무제표상의 과목 또는 금액에 기호나 번호를 붙이고 추가적인 설명을 한 것이다. (별지)

참 재무제표 본문에 괄호안에 표시한 것은 주기이다.

3. 회계단위와 회계연도

1) **회계단위**: 회계를 기록·계산하기 위한 장소적 범위이다.
2) **회계기간**(=회계연도): 회계를 기록·계산하기 위한 기간적 범위이다. 일반적으로 회계기간은 1월 1일부터 12월 31일이고 회계기간은 1년을 초과할 수 없다.

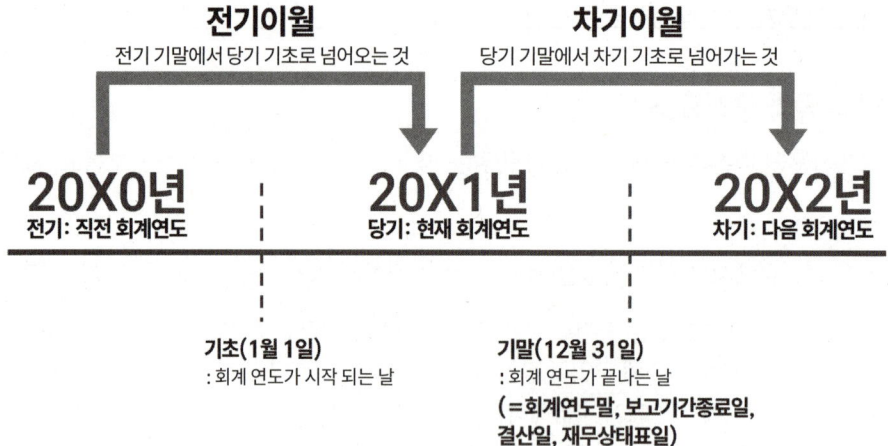

4. 재무상태표의 양식과 작성기준

1) **재무상태표 포함사항**: 기업명, 보고기간종료일, 보고통화 및 금액단위

2) **재무상태표 구성요소**

   (1) 유동자산: 보고기간 종료일로부터 1년 이내 현금화되거나 사용될 것으로 예상되는 자산이다.

당좌자산	판매과정 없이 보고기간 종료일로부터 1년 이내에 현금으로 전환할 수 있는 자산
재고자산	정상적인 영업과정에서 판매를 위하여 보유하고 있는 자산

   (2) 비유동자산: 장기간 보유하는 자산으로 보고기간 종료일로부터 1년 이후 현금화되는 자산이다.

투자자산	장기간에 걸쳐 투자이익을 얻을 목적으로 보유하는 자산
유형자산	기업의 영업활동에 장기간 사용할 목적으로 보유하는 물리적 형체가 있는 자산
무형자산	기업의 영업활동에 장기간 사용할 목적으로 보유하는 물리적 형체가 없는 자산
기타비유동자산	비유동자산 중 투자자산, 유형자산, 무형자산에 속하지 않는 자산

   (3) 부채

유동부채	보고기간 종료일로부터 만기가 1년 이내인 부채
비유동부채	보고기간 종료일로부터 만기가 1년 이후인 부채

3) 재무상태표 양식

재무상태표(계정식)

기업명　20x1년 12월 31일 현재　(단위:원)

자산			부채 및 자본	
자산	유동자산	당좌자산	부채	유동부채
		재고자산		
	비유동자산	투자자산		비유동부채
		유형자산		
		무형자산		
		기타비유동자산	자본	자본금
자산총계			부채 및 자본총계	

재무상태표(보고식)

기업명　20x1년 12월 31일 현재　(단위:원)

과목	금액
자산	
Ⅰ. 유동자산	xxx
(1) 당좌자산	xxx
1. 현금 및 현금성자산	xxx
2. 매출채권	xxx
(2) 재고자산	xxx
Ⅱ. 비유동자산	xxx
(1) 투자자산	xxx
(2) 유형자산	xxx
(3) 무형자산	xxx
(4) 기타비유동자산	xxx
자산총계	xxx
부채	
Ⅰ. 유동부채	xxx
1. 매입채무	xxx
Ⅱ. 비유동부채	xxx
부채총계	xxx
자본	xxx
Ⅰ. 자본금	xxx
자본총계	xxx
부채 및 자본총계	xxx

4) 재무상태표 등식

> 자산 총계 = 부채 총계 + 자본 총계

5) 재무상태표 작성기준

구분표시	• 자산, 부채, 자본을 중요한 항목은 종류별, 성격별로 적절하게 구분하여 표시한다. • 중요하지 않은 항목은 성격이나 기능이 유사한 항목과 통합하여 표시할 수 있다.
자산과 부채의 총액표시 (총액주의)	• 자산과 부채는 원칙적으로 상계하여 표시하지 않고 총액으로 표시한다. (↔순액주의) 예 채권(자산)이 100만원, 채무(부채)가 100만원이 있다면 원칙적으로 총 금액을 각각 표시한다. 예 채권이 100만원이고 그 중 못받을 것으로 예상하는 금액이 10만원이 있다면 채권 90만원이라고 표시하는 것이 아닌 총 금액을 각각 표시한다.

1년 기준	• 자산과 부채는 보고기간 종료일로부터 1년을 기준으로 유동과 비유동으로 구분한다. 예 빌려준 돈(대여금)의 만기가 보고기간 종료일로부터 1년 이내인 단기대여금(유동자산) 1년 이후인 장기대여금(비유동자산)으로 구분된다. 예 20×1년 6월 1일에 빌려준 돈은 만기가 20×2년 12월 31일 이내인 경우 단기대여금으로 구분한다. (보고기간 종료일 20×1년 12월 31일로부터 1년 기준으로 구분)
유동성배열	• 자산과 부채는 유동성이 큰 항목부터 배열하는 것을 원칙으로 한다. 예 자산은 당좌자산, 재고자산, 투자자산, 유형자산, 무형자산, 기타비유동 자산 순서로 작성한다.
표시금지	• 가수금, 가지급금과 같이 미결산항목(아직 처리되지 않은 거래나 사건)이 있는 경우 적절한 항목으로 대체하여 재무상태표상 표시되지 않도록 해야한다.
잉여금 구분	• 법인 기업 자본의 분류: 자본금, 자본잉여금, 자본조정, 기타포괄손익누계액, 이익잉여금 • 법인기업의 잉여금은 자본거래에서 발생한 자본잉여금과 손익거래에서 발생한 이익잉여금으로 구분 표시해야 한다.

5. 손익계산서의 양식과 작성기준

1) **손익계산서 포함사항**: 기업명, 회계기간, 보고통화 및 금액단위

2) **손익계산서 구성요소**

   (1) 수익

영업수익	기업이 모든 활동을 통해 벌어들인 경제적 가치 중 주요 영업활동과 관련된 수익
영업외수익	기업이 모든 활동을 통해 벌어들인 경제적 가치 중 주요 영업활동이 아닌 다른 활동에서 발생한 수익

   (2) 비용

영업비용	• 영업비용: 수익을 얻는 과정에서 소비 또는 지출한 경제가치 중 주요 영업활동과 관련있는 비용 • 매출원가: 당기에 판매된 상품들을 사는데 들어간 돈의 총액으로 도소매업을 운영하는 기업(상기업)에서는 상품매출원가 계정과목이 매출원가에 집계됨 • 판매비와 관리비: 상품을 판매하는데 필요한 비용과 회사를 운영하는데 필요한 비용으로 매출원가에 속하지 않는 모든 영업비용
영업외비용	기업의 주요 영업활동이 아닌 다른 활동에서 발생한 비용
소득세비용	개인이 벌어들인 수입에 대해 정부에 내야하는 세금

3) 손익계산서 양식

손익계산서(계정식)

기업명　20x1년 1월 1일부터 20x1년 12월 31일까지　(단위:원)

비용	영업비용	매출원가	수익	영업수익
		판매비와 관리비		
	영업외비용			
	소득세비용			영업외수익
당기순이익				

손익계산서(보고식)

기업명　20x1년 1월 1일까지 20x1년 12월 31일까지　(단위:원)

과목	금액
Ⅰ. 매출액	xxx
Ⅱ. 매출원가	xxx
(1) 상품 매출원가	
1. 기초상품재고액	xxx
2. 당기상품매입액	xxx
3. 기말상품재고액	(xxx)
Ⅲ. 매출총이익(또는 매출총손실)	xxx
Ⅳ. 판매비와관리비	xxx
1. 급여	xxx
2. 퇴직급여	xxx
3. 복리후생비	xxx
Ⅴ. 영업이익(또는 영업손실)	xxx
Ⅵ. 영업외수익	xxx
1. 이자수익	xxx
2. 임대료	xxx
Ⅶ. 영업외비용	xxx
1. 이자비용	xxx
Ⅷ. 소득세비용차감전순손익	xxx
Ⅸ. 소득세비용	xxx
Ⅹ. 당기순이익(또는 당기순손실)	xxx

5) 손익계산서 등식

> 총비용 + 당기순이익 = 총수익
> 총비용 = 총수익 + 당기순손실

6) 손익계산서 작성기준

구분	내용
구분계산의 원칙	손익은 매출총손익, 영업손익, 소득세(법인세)차감전순손익, 당기순손익으로 구분하여 계산하여야 한다.
발생주의	수익과 비용을 그 현금을 주고받은 시점(기간)이 아니라 거래나 사건이 발생한 시점(기간)에 기록(인식)한다. (↔현금주의) 예 현금 유·출입이 수반되지 않는 자산과 부채 항목 인식 　상품을 외상으로 판매하여 실제 현금을 받지 않더라도 거래가 발생한 시점에 상품매출(수익)로 인식한다. 예 기간별 배분, 수익·비용 발생과 이연 　1년분 보험료(보험 가입 기간: 20×1.7.1.~20×2.6.30.) 1,200,000원을 가입 시점에 모두 현금으로 지급하고 가입했다고 하더라도 발생주의에 따라 당기에 해당하는 보험료(비용) 600,000원만 당기에 보험료(비용)으로 인식 한다.
실현주의	수익은 실현시기를 기준으로 장부에 기록한다. (수익 인식 원칙) 예 상품을 판매하는 과정에서 상품이 고객에게 전달(인도)되고 그 대가를 받을 권리가 확정되었을 때 수익으로 인식한다. 　**상품 구입** ⇨ **상품 진열** ⇨ **구입주문 수령** ⇨ **상품 인도** ⇨ **대금 회수** 　　　　　　　　　　　　　　　　　　　　　　수익을 인식(=실현시점)
수익·비용 대응의 원칙	비용은 그와 관련된 수익이 발생한 동일한 기간에 매칭하여 기록한다. (비용 인식 원칙) 예 상품을 구입 시 들어간 돈은 상품이 판매된 회계기간에 그 비용을 인식한다.
수익과 비용의 총액표시	수익과 비용은 각각 총액으로 표시하는 것을 원칙으로 한다. (↔순액주의) 예 이자수익과 이자비용을 상계하여 표시할 수 없다.

6. 재무상태표와 손익계산서의 관계

재무상태표와 손익계산서는 서로 연결되어 있다. 회계기간 동안 발생한 손익계산서의 수익과 비용을 비교해 계산된 당기순손익은 재무상태표의 자본에 반영되어 회사의 재정 건전성과 성장 가능성을 반영한다.

1) 재무상태표와 손익계산서의 관계(자본거래 없을 시)

> 재무상태표의 기초 자본 + 손익계산서의 당기순이익 = 재무상태표의 기말 자본
> 재무상태표의 기초 자본 - 손익계산서의 당기순손실 = 재무상태표의 기말 자본

```
         재무상태표                                              재무상태표
         20×1. 1. 1.                                            20×1. 12. 31.
  기초 자산 │ 기초 부채                                      기말 자산 │ 기말 부채
          │ 기초 자본            손익계산서                          │ 기말 자본
                             20×1. 1. 1. ~ 20×1. 12. 31.            │ = 기초자본
                                  총 수익                            │ ±당기순손익
                                - 총 비용
                               ± 당기순손익
```

2) 기업의 손익계산

손익법	• 수익총액과 비용총액을 비교하여 순손익을 계산하는 방법 • 총수익 - 총비용 = 당기순손익
재산법	• 기초자본과 기말자본을 비교하여 순손익을 계산하는 방법 • 기말자본 - 기초자본 = 당기순손익

이론 핵심 기출문제

01 일반기업회계기준 상 재무제표에 해당되는 것으로만 짝지어진 것은?

① 재무상태표, 손익계산서, 현금흐름표, 자본변동표, 제조원가명세서
② 재무상태표, 손익계산서, 현금흐름표, 자본변동표, 주석
③ 재무상태표, 손익계산서, 현금흐름표, 합계시산표, 주석
④ 재무상태표, 손익계산서, 합계시산표, 자본변동표, 이익잉여금처분계산서

02 (A), (B), (C) 및 (D)에 들어갈 용어를 올바르게 짝지은 것은?

> 재무상태표는 (A)의 (B)를 나타내는 재무제표이고,
> 손익계산서는 (C)의 (D)를 나타내는 재무제표이다.

① A : 일정기간   B : 재산상태   C : 일정시점   D : 경영성과
② A : 일정기간   B : 경영성과   C : 일정시점   D : 재산상태
③ A : 일정시점   B : 재산상태   C : 일정기간   D : 경영성과
④ A : 일정시점   B : 경영성과   C : 일정기간   D : 재산상태

03 기업의 재무상태와 경영성과를 명백히하기 위해 인위적으로 1년 이내의 기간적 범위를 정하는 것을 무엇이라 하는가?

① 회계정의   ② 회계목적   ③ 회계연도   ④ 회계거래

04 회계기간에 대한 설명 중 틀린 것은?

① 회계연도라고도 한다.
② 원칙적으로 1년을 초과할 수 없다.
③ 유동자산과 비유동자산의 구분기준이다.
④ 전기, 당기, 차기로 구분할 수 있다.

05 회계기간에 대한 설명으로 옳은 것은?

① 경영성과와 재무상태를 파악하기 위해 설정한 시간적 범위이다.
② 자산 및 자본의 증감변화를 기록 및 계산하기 위해 설정한 장소적 범위이다.
③ 반드시 1년을 기준으로 설정하여야 한다.
④ 개인기업과 법인기업은 1월 1일부터 12월 31일까지로 설정한다.

06 다음 중 재무상태표에 포함되어야 하는 사항이 아닌 것은?

① 기업명　　　② 금액단위　　　③ 보고통화　　　④ 회계기간

07 다음 중 재무상태표에 표시되는 항목이 아닌 것은?

① 자산　　　② 부채　　　③ 비용　　　④ 자본

정답 및 해설

01 ② 일반기업회계기준 상 재무제표는 재무상태표, 손익계산서, 현금흐름표, 자본변동표, 주석이다.

02 ③ 재무상태표는 일정시점의 재산상태(재무상태), 손익계산서는 일정기간의 경영성과를 나타내는 재무제표

03 ③ 회계연도(=회계기간)에 대한 설명이다.

04 ③ 유동자산과 비유동자산의 구분기준은 회계기간 기준이 아닌 보고기간 종료일로부터 1년을 기준으로 구분한다.

05 ①
　② 회계단위에 대한 설명이다.
　③ 원칙적으로 1년을 초과할 수 없다.
　④ 법인기업은 설립 시 작성되는 정관에서 설정한 기간을 말한다.

06 ④ 회계기간은 손익계산서에 포함되어야 하는 사항이며 재무상태표에는 '보고기간종료일'이 표시되어야 한다.

07 ③ 수익, 비용은 경영성과를 나타내는 손익계산서에 표시되는 항목이다.

08 재무상태표 등식으로 옳은 것은?

① 총비용=총수익+당기순이익

② 자산=부채+자본

③ 총수익=총비용+당기순손실

④ 기말자산+총비용=총수익+기말자본+기말부채

09 다음 중 재무상태표 작성의 기준이 아닌 것은?

① 1년 기준　　　　　　② 총액주의

③ 유동성배열법　　　　④ 발생주의

10 재무상태표를 작성할 때 부채 부분에서 단기차입금을 장기차입금보다 먼저(위에) 표시하는 것은 어느 원칙을 따르는 것인가?

① 유동성배열법　　　　② 총액표시원칙

③ 구분표시원칙　　　　④ 계속주의원칙

11 다음 자료에서 일반기업회계기준의 유동성배열법에 따라 자산계정들을 올바르게 나열한 것은?

| (가) 재고자산 | (나) 당좌자산 | (다) 유형자산 | (라) 무형자산 |

① (가) - (나) - (다) - (라)　　② (가) - (나) - (라) - (다)

③ (나) - (가) - (다) - (라)　　④ (나) - (가) - (라) - (다)

12 재무상태표를 작성할 때 유의해야 할 사항 중 가장 적절하지 않은 것은?

① 자산은 유동자산 및 비유동자산으로, 부채는 유동부채 및 비유동부채로 구분한다.

② 자산은 현금화하는데 빠른 계정과목을 먼저 기재한다.

③ 부채는 상환기간이 늦은 계정과목을 먼저 기재한다.

④ 중요하지 않은 항목은 성격 또는 기능이 유사한 항목에 통합하여 표시할 수 있다.

13 다음은 재무상태표의 기본구조에 대한 설명이다. 틀린 것은?

① 유동자산은 당좌자산과 재고자산으로 구분한다.

② 부채는 유동부채와 비유동부채로 구분한다.

③ 자산과 부채는 유동성이 낮은 항목부터 배열하는 것을 원칙으로 한다.

④ 자산은 유동자산과 비유동자산으로 구분한다.

14 다음 중 재무상태표 작성에 관한 설명으로 옳지 않은 것은?

① 단기매매 목적으로 보유하는 자산은 유동자산으로 분류한다.

② 자산과 부채는 유동성이 낮은 항목부터 배열하는 것을 원칙으로 한다.

③ 자산과 부채는 원칙적으로 상계하여 표시하지 않는다.

④ 보고기간 종료일로부터 1년 이내에 상환되어야 하는 단기차입금 등의 부채는 유동부채로 분류한다.

15 다음 중 재무상태표에 대한 설명으로 옳지 않은 것은?

① 일정한 시점의 재무상태를 나타내는 보고서이다.

② 기초자본과 기말자본을 비교하여 당기순손익을 산출한다.

③ 재무상태표 등식은 '자산 = 부채 + 자본'이다.

④ 자산과 부채는 유동성이 낮은 순서로 기록한다.

정답 및 해설

08 ② 자산=부채+자본

09 ④ 발생주의는 손익계산서 작성기준이다.

10 ① 유동성배열법을 설명하고 있다.

11 ③ 유동성배열법에 따라 자산은 먼저 유동자산, 비유동자산 순서로 나열되고, 유동자산은 당좌자산, 재고자산 순서로 나열하고, 비유동자산은 투자자산, 유형자산, 무형자산, 기타비유동자산 순서로 나열된다.

12 ③ 부채는 상환기간이 빠른 유동부채부터 먼저 표시한다.

13 ③ 자산과 부채는 유동성이 큰 항목부터 배열하는 것을 원칙으로 한다. (일반기업회계기준 2.19)

14 ② 자산과 부채는 유동성이 높은 항목부터 배열하는 것을 원칙으로 한다.

15 ④ [일반기업회계기준 문단 2.19] 자산과 부채는 유동성이 높은 항목부터 배열하는 것을 원칙으로 한다.

16 다음 중 비용의 인식기준으로 맞는 것은?

① 총액주의 ② 수익·비용 대응의 원칙
③ 구분표시의 원칙 ④ 유동성배열법

17 다음 일반 기업회계기준의 손익계산서 작성기준에 대한 설명 중 가장 잘못된 설명은?

① 수익은 실현시기를 기준으로 계상한다.
② 수익과 비용은 순액으로 기재함을 원칙으로 한다.
③ 비용은 관련 수익이 인식된 기간에 인식한다.
④ 수익과 비용의 인식기준은 발생주의를 원칙으로 한다.

18 다음 중 빈 칸에 들어갈 금액으로 옳은 것은?

기초		기말		당기순이익
자본	자산	부채	자본	
100,000원	㉮	90,000원	㉯	10,000원

	㉮	㉯		㉮	㉯
①	180,000원	110,000원	②	180,000원	90,000원
③	200,000원	110,000원	④	200,000원	90,000원

19 주어진 자료를 활용하여 빈 칸에 들어갈 금액을 계산하면?

기초자산	기초부채	기말자본	총수익	총비용
500,000원	200,000원	350,000원	250,000원	?

① 200,000원 ② 150,000원 ③ 100,000원 ④ 50,000원

20 다음 자료에서 기말자본은 얼마인가?

• 기초자본 1,000,000원　• 총비용 5,000,000원　• 총수익 8,000,000원

① 2,000,000원 ② 3,000,000원 ③ 4,000,000원 ④ 8,000,000원

21 다음의 자료에서 기초자본은 얼마인가?

- 기초자본 (?) • 총수익 100,000원 • 기말자본 200,000원 • 총비용 80,000원

① 170,000원   ② 180,000원   ③ 190,000원   ④ 200,000원

22 다음 자료에 의하여 기말자본을 구할 경우 그 금액은 얼마인가?

- 기초자산 : 1,000,000원   • 기초부채 : 600,000원
- 총수익 : 2,000,000원   • 총비용 : 2,200,000원

① 100,000원   ② 200,000원   ③ 400,000원   ④ 600,000원

정답 및 해설

16 ② 수익은 실현주의에 따라 인식하며, 비용은 수익비용대응의 원칙으로 인식한다.

17 ② 수익과 비용은 총액으로 기재함을 원칙으로 한다. (총액주의)

18 ③ 기말자본 110,000원 = 기초자본 100,000원 + 당기순이익 10,000원
기말자산 200,000원 = 기말부채 90,000원 + 기말자본 110,000원

19 ① 기말자본은 기초자본에서 당기순이익을 더하여 계산한다. 총비용 = 기초자본(300,000원) + 총수익(250,000원) - 기말자본(350,000원) = 200,000원

20 ③ 4,000,000원 = 기초자본 1,000,000원 + 당기순이익 3,000,000원(총수익 8,000,000원 - 총비용 5,000,000원)

21 ② 180,000원
- 기말자본 : 기초자본(?) + 총수익 100,000원 - 총비용 80,000원 = 200,000원
- 기초자본 : 기말자본 200,000원 - 총수익 100,000원 + 총비용 80,000원

22 ② 기초자산 1,000,000원 - 기초부채 600,000원 = 기초자본 400,000원
- 총수익 2,000,000원 - 총비용 2,200,000원 = 당기순손실 200,000원
- 기말자본 = 기초자본 400,000원 - 당기순손실 200,000원 = 200,000원

23 다음 재무 자료에 대한 설명으로 옳지 않은 것은?

- 기초자산: 90,000원 · 기말자산: 110,000원 · 기초부채: 40,000원 · 기말부채: 50,000원

① 기초자본은 50,000원이다.
② 당기순이익은 10,000원이다.
③ 당기 부채보다 자산이 더 많이 증가했다.
④ 기말자본은 50,000원이다.

24 20×1년 12월 31일 장부를 조사하여 다음과 같은 자료를 얻었다. 20×1년 기초자본은 얼마인가?

- 자산총액: 1,500,000원 · 수익총액: 400,000원
- 부채총액: 600,000원 · 비용총액: 350,000원

① 800,000원 ② 750,000원 ③ 850,000원 ④ 900,000원

25 다음 자료를 활용하여 총수익을 바르게 계산한 것은? 단, 주어진 자료만 고려한다.

- 기초자산 800,000원 · 기초자본 640,000원
- 기말자산 1,200,000원 · 기말부채 300,000원
- 총비용 100,000원

① 160,000원 ② 260,000원 ③ 360,000원 ④ 960,000원

26 다음의 자료에 의한 기초자본, 기말자본, 기말부채는 얼마인가?

- 기초자산 500,000원 · 기말자산 800,000원
- 기초부채 300,000원 · 총수익 1,000,000원
- 총비용 800,000원

	기초자본	기말자본	기말부채
①	400,000원	200,000원	400,000원
②	200,000원	600,000원	300,000원
③	200,000원	400,000원	400,000원
④	600,000원	300,000원	200,000원

27 그림의 (가)에 들어갈 금액으로 옳은 것은?

	20x1년	
기초자산 15,000원	총수익 (가)	기말자산 15,000원
기초부채 10,000원	총비용 4,000원	기말부채 7,000원

① 1,000원 ② 7,000원 ③ 8,000원 ④ 12,000원

정답 및 해설

23 ④ 기초자산(90,000원) - 기초부채(40,000원) = 기초자본(50,000원)
- 기말자산(110,000원) - 기말부채(50,000원) = 기말자본(60,000원)
- 기말자본(60,000원) - 기초자본(50,000원) = 당기순이익(10,000원)
- 기말자산(110,000원) - 기초자산(90,000원) > 기말부채(50,000원) - 기초부채(40,000원)

24 ③ 기말자본(900,000원) = 기말자산(1,500,000원) - 기말부채(600,000원)
- 총수익(400,000원) - 총비용(350,000원) = 당기순이익(50,000원)
- 기말자본(900,000원) = 기초자본(x) + 당기순이익(50,000원)
∴ 기초자본 = 850,000원

25 ③ 기말자산(1,200,000원) - 기말부채(300,000원) = 기말자본(900,000원)
- 기말자본(900,000원) - 기초자본(640,000원) = 당기순이익(260,000원)
- 당기순이익(260,000원) + 총비용(100,000원) = 총수익(360,000원)

26 ③ 기초자본 : 기초자산 500,000원 - 기초부채 300,000원 = 200,000원
- 당기순이익 : 총수익 1,000,000원 - 총비용 800,000원 = 200,000원
- 기말자본 : 기초자본 200,000원 + 당기순이익 200,000원 = 400,000원
- 기말부채 : 기말자산 800,000원 - 기말자본 400,000원 = 400,000원

27 ② 기초자산 15,000원 - 기초부채 10,000원 = 기초자본 5,000원
- 기말자산 15,000원 - 기말부채 7,000원 = 기말자본 8,000원
- 기말자본 8,000원 - 기초자본 5,000 = 순이익 3,000원
- 총수익 (가) - 총비용 4,000원 = 순이익 3,000원

28

다음 자료에 의하여 기말부채(가)와 기말자본(나)을 계산하면 얼마인가?

- 기초자산 : 1,000,000원
- 기초부채 : 400,000원
- 총비용 : 700,000원
- 기말자산 : 900,000원
- 총수익 : 500,000원

① (가) 100,000원 (나) 800,000원　② (가) 500,000원 (나) 400,000원
③ (가) 400,000원 (나) 300,000원　④ (가) 600,000원 (나) 300,000원

29

다음 자료에서 기말자산은 얼마인가?

- 기초자산 500,000원
- 기초부채 200,000원
- 총비용 1,000,000원
- 기초자본 300,000원
- 총수익 1,500,000원
- 기말부채 600,000원

① 1,000,000원　② 1,200,000원　③ 1,400,000원　④ 1,600,000원

30

다음 자료를 참고하여 기말자산을 바르게 계산한 것은? 단, 부채총액은 기초와 기말이 동일하며 주어진 자료만 고려한다.

1. 20×1년 1월 1일(기초)	• 자본총액: 550,000원　• 부채총액: 800,000원
2. 20×2년 12월 31일(기말)	• 수익총액: 480,000원　• 비용총액: 720,000원

① 240,000원　② 310,000원　③ 1,110,000원　④ 1,350,000원

31

다음은 재무제표 정보이다. 이를 이용하여 20×1년 회계연도 말 부채합계를 구하면 얼마인가?

구분	20×0년 12월 31일	20×1년 12월 31일
자산합계	8,500,000원	11,000,000원
부채합계	4,000,000원	?
20×1년 회계연도 중 자본변동내역	당기순이익 800,000원	

① 3,700,000원　② 4,700,000원　③ 5,700,000원　④ 6,200,000원

32 다음 자료에 의하여 2기 기말자본금을 계산하면 얼마인가?(자본거래는 없음)

구분	기초자본금	기말자본금	총수익	총비용	순이익
1기	20,000원	( )	40,000원	( )	10,000원
2기	( )	( )	60,000원	40,000원	( )

① 20,000원　　② 30,000원　　③ 40,000원　　④ 50,000원

정답 및 해설

28 ② 기초자산(1,000,000원)=기초부채(400,000원)+기초자본(600,000원)
　　　기말자산(900,000원)=기말부채(500,000원)+기말자본(600,000원+500,000원−700,000원
　　　　=400,000원)

29 ③ 1,400,000원 = 기말부채 600,000원 + 기말자본 800,000원
　　　• 당기순이익 : 총수익 1,500,000원 − 총비용 1,000,000원 = 500,000원
　　　• 기말자본 : 기초자본 300,000원 + 당기순이익 500,000원 = 800,000원

30 ③ 총비용(720,000원) − 총수익(480,000원) = 당기순손실(240,000원)
　　　• 기초자본(550,000원) − 당기순손실(240,000원) = 기말자본(310,000원)
　　　• 기말부채(800,000원) + 기말자본(310,000원) = 기말자산(1,110,000원)

31 ③ 5,700,000원 = 기말자산 11,000,000원 − 기말자본 5,300,000원
　　　• 기초자본 : 기초자산 8,500,000원 − 기초부채 4,000,000원 = 4,500,000원
　　　• 기말자본 : 기초자본 4,500,000원 + 당기순이익 800,000원 = 5,300,000원

32 ④ 1기에서 기초자본금과 1기 순이익을 합산하면 1기기말자본금 30,000원으로 집계된다.
　　　• 1기말자본금은 2기기초자본금으로 반영되고 2기 순이익 20,000원을 집계하여 기초자본금 30,000
　　　　원과 합산하면 기말자본금 50,000원으로 집계한다.

3 회계상 거래 인식하기

1. 회계상 거래

1) **회계상 거래의 정의**: 기업의 자산·부채·자본의 증감변화를 일으키는 모든 현상과 수익·비용을 발생시키는 일체의 사건 중 금액으로 측정할 수 있는 것을 말한다.

2) **회계상 거래와 일상생활의 거래**

회계상의 거래		
• 화재, 도난, 분실, 파손 • 건물의 가치감소 • 채권의 회수불능	• 상품의 매입과 매출 • 현금 수입과 지출 • 금전의 대여와 차입 • 채권, 채무의 발생과 감소	• 상품의 주문, 매매계약 • 건물의 임대차 계약 • 종업원 채용, 연봉계약 • 담보 설정
	일상생활의 거래	

2. 부기

1) **부기의 정의**: 기업의 회계상 거래를 장부에 기록하는 방식을 말한다.

2) **단식부기와 복식부기**: 단식부기는 거래를 수입(+)과 지출(-)만을 기록하는 가계부 형태로 간단하게 작성하는 방식을 말한다. 복식부기는 하나의 거래를 원인과 결과로 나누어 왼쪽(차변)과 오른쪽(대변)에 기록하는 방식을 말한다.

구분	단식부기				복식부기		
형태	날짜	내역	금액	비고	날짜	차변	대변
	1/2	기본급	+800,000	현금	1/2	현금 800,000	상품매출 800,000
	2/2	보험료	-100,000	계좌이체	2/2	보험료 100,000	보통예금 100,000
	2/4	생활비	-20,000	현금	2/4	통신비 20,000	현금 20,000
	합계		680,000		합계	920,000	920,000
기록 방식	거래를 하나의 계정에 기록하는 방법				거래를 두 개의 서로 다른 계정에 차변과 대변으로 나누어 기록하는 방법		
특징 및 한계	작성이 간단하지만 오류를 발견하기 어려움				작성이 복잡하지만 정확성이 높고 오류를 쉽게 발견할 수 있음		

3) **복식부기의 특징**

거래의 이중성	회계상 거래를 장부에 기록할 때 거래내용을 차변 요소와 대변 요소로 구분하여 이중으로 각각 기록해야 한다는 원칙을 말한다. 이를 복식부기의 원리라고도 한다.
대차평균의 원리	거래의 이중성에 따라 기록된 모든 회계상 거래는 차변 금액의 합계와 대변 금액의 합계가 항상 일치한다는 원리이다.
자기검증기능	차변 금액의 합계와 대변 금액의 합계가 일치하지 않는다면 장부 기록에 오류가 있음을 자동적으로 발견할 수 있는 복식부기의 특징을 말한다.

3. 거래의 8요소

1) **거래의 8요소의 정의**: 거래의 8요소는 회계상 거래를 기록할 때 나타날 수 있는 구성요소인 자산의 증가·감소, 부채의 증가·감소, 자본의 증가·감소, 수익의 발생, 비용의 발생 8가지를 말한다. (수익·비용이 감소(소멸)하는 거래는 실제 거래에서 거의 발생하지 않는다.)

2) **거래의 8요소의 결합관계**: 거래의 8요소는 차변에만 기록할 수 있는 차변요소(자산의 증가, 부채의 감소, 자본의 감소, 비용의 발생)와 대변에만 기록할 수 있는 대변요소(자산의 감소, 부채의 증가, 자본의 증가, 수익의 발생)로 나눠진다. 거래의 8요소의 결합관계는 차변요소 1개 이상과 대변요소 1개 이상이 결합되어 이루어지는 회계상 거래의 유형을 말한다. (차변요소끼리 또는 대변요소끼리의 결합하는 경우는 없다.)

참 거래의 8요소와 결합관계

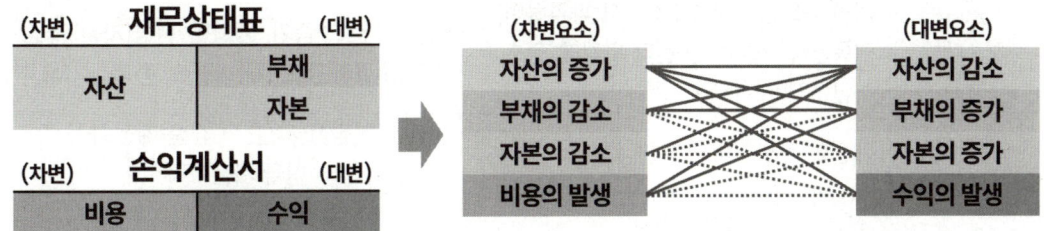

4. 계정과 계정과목

1) **계정의 정의**: 계정이란 회계상 거래에 따른 자산·부채·자본·수익·비용 등의 증감 및 변화를 기록하고 계산하는 단위를 말한다. 계정의 형식은 표준식과 잔액식이 있는데 이론학습 목적으로는 표준식 계정을 약식으로 표현한 T자형 계정(T계정)을 사용한다.

2) **계정과목의 정의**: 계정을 구체적으로 표현한 세부단위를 계정과목이라하고, 계정을 기록하는 자리를 계정계좌(계좌)라고 한다.

참 표준식 계정

현금계정

월	일	적요	분면	금액	월	일	적요	분면	금액
1	2	상품매출	1	800,000	2	4	통신비	1	20,000

참 T계정(표준식 계정 약식)

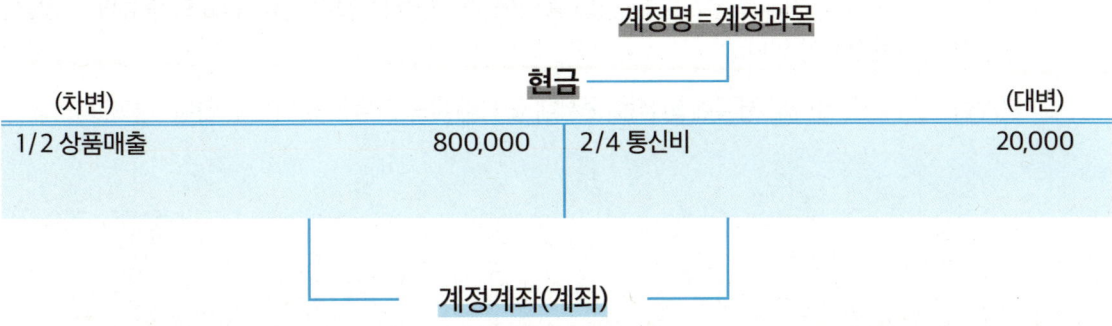

5. 분개

1) 분개의 정의: 회계상 거래를 복식부기의 원리에 따라 차변요소와 대변요소로 나누어 적정한 계정과목과 금액을 기록하는 것을 말한다.

2) 분개 절차

> 회계상 거래: 1월 2일 판매용 화장품(상품)을 100,000원에 현금으로 구입하다.

1단계 거래의 요소 구분	자산·부채·자본·수익·비용 중 해당 계정과 증감 여부를 파악한다.	• 판매용 화장품(상품)을 구입(증가), 상품은 자산계정 • 현금이 감소, 현금은 자산계정
2단계 차·대변 결정	차변요소인지 대변요소인지 파악하여 기록한다. (증가하면 원래 위치에, 감소하면 반대편 위치에 기록)	• 상품(자산)의 증가 → 차변, 현금(자산)의 감소 → 대변 • 거래의 결합관계: (차) 자산의 증가　(대) 자산의 감소
3단계	계정과목과 금액 기록한다.	• 판매용 화장품(자산) → 상품 계정과목 • 현금(자산) → 현금 계정과목

> 분개: 1월 2일 (차) 상품 100,000원　(대) 현금 100,000원

3) 거래의 종류

교환거래	차변요소, 대변요소 모두 재무상태표 항목(자산, 부채, 자본)으로만 구성된 거래 예 (차) 상품(자산의 증가)　　　　　(대) 현금(자산의 감소) 　　　　　　　　　　　　　　　　　　　외상매입금(부채의 증가)
손익거래	차변이나 대변 어느 한쪽이 손익계산서 항목(수익, 비용)으로만 구성되는 거래 예 (차) 현금(자산의 증가)　　　　　(대) 상품매출(수익의 발생) 예 (차) 복리후생비(비용의 발생)　 (대) 미지급금(부채의 발생)
혼합거래	교환거래와 손익거래가 혼합된 거래 예 (차) 단기차입금(부채의 감소)　(대) 현금(자산의 감소) 　　　이자비용(비용의 발생)

4) 전표와 분개장

(1) 전표: 하나의 회계상 거래를 분개를 한 장의 종이에 기록한 서식을 말한다. 전표의 종류에는 입금전표와 출금전표, 대체전표가 있다.

(2) 분개장: 분개들을 하나의 서식에 발생한 순서대로 차례대로 기록한 문서를 말한다.

참 전표와 분개장

전표	분개장

입금전표 20X1년 1월 2일			
과목	상품	항목	㈜올리브
적 요		금 액	
상품매출			800,000
합 계			800,000

일자	적요	원면	차변	대변
1/2	매출	13		800,000
	현금	1	800,000	
2/4	통신비	20	200,000	
	현금	1		200,000
합계			1,000,000	1,000,000

6. 전기

1) **전기의 정의**: 계정과목별로 잔액을 파악할 수 있도록 분개한 것을 해당 계정에 옮겨적는 작업을 말한다.

2) **총계정원장**: 전표에서 분개된 거래를 전기하는 회계장부이다. 기업이 사용하는 모든 계정과목이 포함되어 계정마다 기록 계산되기 때문에 원장 또는 총계정원장이라고 부른다. 총계정원장은 계정과목별로 증감과 변동 내역을 파악할 수 있다.

3) **계정의 작성방법**: 거래의 8요소의 위치와 동일하게 해당 계정이 증가하면 원래 위치에 기록하고, 감소하면 반대편 위치에 기록한다. 잔액이 남는 위치는 재무상태표와 손익계산서 계정이 기록되는 위치와 동일하다.

> • 자산 계정의 증가는 차변에, 감소는 대변에 기록 → 잔액은 차변에 남는다.
> • 부채와 자본 계정의 증가는 대변에, 감소는 차변에 기록 → 잔액은 대변에 남는다.
> • 수익 계정의 발생은 대변에, 소멸은 차변에 기록 → 잔액은 대변에 남는다.
> • 비용 계정의 발생은 차변에, 소멸은 대변에 기록 → 잔액은 차변에 남는다.

참 계정의 작성방법과 계정별 잔액

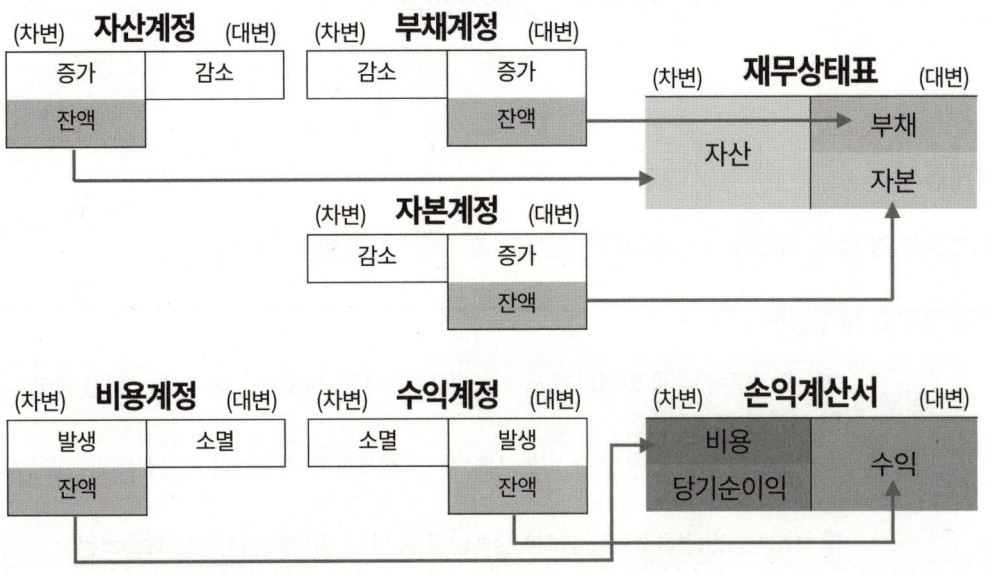

4) 전기 절차

- 분개: 1월 2일 (차) 상품 100,000원   (대) 현금 100,000원
- 전기이월(기초)금액: 상품 1,000원, 현금 10,000원

1단계 원장준비	• 분개에 사용된 모든 계정과목에 대한 원장을 준비한다.
2단계 전기이월 (기초)금액 작성	• 자산, 부채, 자본에 속하는 계정과목의 전기 기말의 금액이 당기 기초로 이월되므로 해당 금액을 가장 먼저 작성한다. • 수익, 비용은 전기 기말의 금액이 당기 기초로 이월되지 않고 '0원'에서 시작하므로 작성하지 않는다.
3단계 날짜, 금액, 반대편 계정과목 작성	• 분개에서 차변(대변)에 해당 총계정원장의 계정과목이 있을 때 총계정원장 차변(대변)에 금액 입력한다. • 분개에서 해당 총계정원장 계정과목의 반대편에 적힌 계정과목을 작성한다.

(+)	현금	(-)	(+)	현금	(-)
1/1 기초 10,000	1/2 상품 100,000		1/1 기초 1,000		
			1/2 현금 100,000		

참 전기 절차

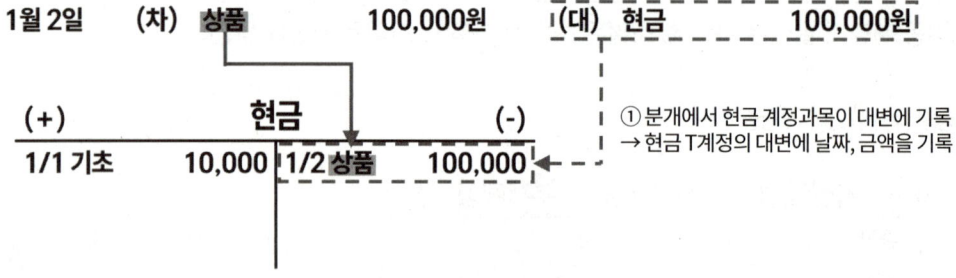

7. 회계장부

1) 회계장부의 정의
회계상 거래에 대한 정보를 기록·계산·정리한 것을 말한다.

2) 주요장부와 보조장부

주요장부	회사의 모든 거래를 발생한 순서대로 기록하여 재무제표 작성에 기초가 되는 장부 예 분개장, 총계정원장
보조장부	주요장부에 모두 기록할 수 없는 사항을 더 자세하게 기록하여 주요장부의 부족함을 보완해주는 장부 예 보조기입장(현금출납장, 당좌예금출납장 등), 보조원장(매입처원장, 매출처원장, 상품재고장 등)

예제 — 회계상 거래 인식하기

뽀송상사는 화장품을 도·소매로 판매하는 개인기업이다. 당기 회계기간은 1기 20×1. 1. 1~ 20×1. 12. 31 이다.

1. 회계상 거래와 일상생활의 거래 구분

다음과 같은 사건이 발생했을 때 회계상 거래와 일상생활의 거래를 구분하시오.

날짜	거래내용	거래 구분
1월 1일	뽀송상사를 설립하기 위해 현금 10,000,000원을 출자하다.	
1월 2일	사무실을 보증금 10,000,000원에 얻기로 하고 계약서를 작성하다.	
1월 3일	영업자금이 부족하여 은행으로부터 6개월 상환조건으로 현금을 2,000,000원을 차입하다.	
1월 3일	신입직원을 연봉 24,000,000원에 채용하다.	
1월 4일	본사로부터 화장품(상품)을 현금 500,000원에 구입하다.	
1월 5일	화장품(상품)을 1,500,000원에 모두 현금 판매하다.	
1월 6일	화장품(상품)을 2,000,000원에 구입하기로 계약서를 작성하다.	
1월 20일	종업원 급여 100,000원을 현금 지급하다.	
1월 31일	건물 1개월분 월세(임차료) 700,000원을 현금 지급하다.	
1월 31일	차입금에 대한 이자비용 3,000원을 현금 지급하다.	

[답] 회계상 거래와 일상생활의 거래 구분

날짜	거래내용	거래 구분
1월 1일	뽀송상사를 설립하기 위해 현금 10,000,000원을 출자하다.	회계상 거래
1월 2일	사무실을 보증금 10,000,000원에 얻기로 하고 계약서를 작성하다.	일상거래
1월 3일	영업자금이 부족하여 은행으로부터 6개월 상환조건으로 현금을 2,000,000원을 차입하다.	회계상 거래
1월 3일	신입직원을 연봉 24,000,000원에 채용하다.	일상거래
1월 4일	본사로부터 화장품(상품)을 현금 500,000원에 구입하다.	회계상 거래
1월 5일	화장품(상품)을 1,500,000원에 모두 현금 판매하다.	회계상 거래
1월 6일	화장품(상품)을 2,000,000원에 구입하기로 계약서를 작성하다.	일상거래
1월 20일	종업원 급여 100,000원을 현금 지급하다.	회계상 거래
1월 31일	건물 1개월분 월세(임차료) 700,000원을 현금 지급하다.	회계상 거래
1월 31일	차입금에 대한 이자비용 3,000원을 현금 지급하다.	회계상 거래

2. 거래의 요소 구분(해당하는 계정과 증감여부 파악)

다음과 같은 사건이 발생했을 때 차변에 기록할지 대변에 기록할지 구분하시오.

내용	거래의 요소(계정의 증감)	차·대변
현금의 증가		
현금의 감소		
상품의 구입		
차입금의 증가		
상품매출의 발생		
급여의 발생		
임차료의 발생		
이자비용의 발생		

[답] 거래의 요소 구분(해당하는 계정과 증감여부 파악)

내용	거래의 요소(계정의 증감)	차·대변
현금의 증가	자산의 증가	차변
현금의 감소	자산의 감소	대변
상품의 구입	자산의 증가	차변
차입금의 증가	부채의 증가	대변
상품매출의 발생	수익의 발생	대변
급여의 발생	비용의 발생	차변
임차료의 발생	비용의 발생	차변
이자비용의 발생	비용의 발생	차변

3. 분개

다음의 회계상 거래를 분개하고 거래의 종류를 구분하시오.

(1) 1월 1일　뽀송상사 설립하기 위해 현금 10,000,000원을 출자하다.

(2) 1월 3일　영업자금이 부족하여 기업은행으로부터 6개월 상환조건으로 현금을 2,000,000원을 차입하다.

(3) 1월 4일　본사로부터 판매용 화장품(상품)을 현금 500,000원에 구입하다.

(4) 1월 5일　판매용 화장품(상품)을 1,500,000원에 모두 현금 판매하다.

(5) 1월 20일　종업원 급여 100,000원을 현금 지급하다.

(6) 1월 31일　건물 1개월분 월세(임차료) 700,000원을 현금 지급하다.

(7) 1월 31일　차입금에 대한 이자비용 3,000원을 현금 지급하다.

[답] 분개

(1) 1월 1일   뽀송상사를 설립하기 위해 대표자가 현금 10,000,000원을 자금으로 내다. (출자)

1월 1일	(차) 현금	10,000,000원	(대) 자본금	10,000,000원
• 분개 절차:	① 현금이 증가, 자산계정		① 회사의 자금이 증가(출자), 자본계정	
	② 자산의 증가 → 차변		② 자본의 증가 → 대변	
	③ 계정과목: 현금		③ 계정과목: 자본금	
• 거래 종류:	(차) 자산의 증가	(대) 자본의 증가 → 교환거래		

(2) 1월 3일   영업자금이 부족하여 기업은행으로부터 6개월 상환조건으로 현금을 2,000,000원을 차입하였다.

1월 3일	(차) 현금	2,000,000원	(대) 단기차입금(기업은행)	2,000,000원
• 분개 절차:	① 현금이 증가, 자산계정		① 차입한 돈이 증가, 부채계정	
	② 자산의 증가 → 차변		② 부채의 증가 → 대변	
	③ 계정과목: 현금		③ 계정과목: 단기차입금	
• 거래 종류:	(차) 자산의 증가	(대) 부채의 증가 → 교환거래		

(3) 1월 4일   본사로부터 판매용 화장품(상품)을 현금 500,000원에 구입하였다.

1월 4일	(차) 상품	500,000원	(대) 현금	500,000원
• 분개 절차:	① 판매용 화장품(상품)이 증가, 자산계정		① 현금이 감소, 자산계정	
	② 자산의 증가 → 차변		② 자산의 감소 → 대변	
	③ 계정과목: 상품		③ 계정과목: 현금	
• 거래 종류:	(차) 자산의 증가	(대) 자산의 감소 → 교환거래		

(4) 1월 5일   판매용 화장품(상품)을 1,500,000원에 모두 현금 판매하다.

1월 5일	(차) 현금	1,500,000원	(대) 상품매출	1,500,000원
• 분개 절차:	① 현금이 증가, 자산계정		① 상품 판매, 수익계정	
	② 자산의 증가 → 차변		② 수익의 발생 → 대변	
	③ 계정과목: 현금		③ 계정과목: 상품매출(수익)	
• 거래 종류:	(차) 자산의 증가	(대) 수익의 발생 → 손익거래		

참 상품매출 인식 방법

구분	총액법		순액법	
구입	(차) 상품 100	(대) 현금 100	(차) 상품 100	(대) 현금 100
판매	(차) 현금 300	(대) 상품매출 300 (수익)	(차) 현금 300	(대) 상품 100 상품매출이익 200 (수익)
결산	(차) 상품매출원가 100 (비용)	(대) 상품 100	-	

특징	• 상품 판매를 통해 발생한 총수익(상품매출)과 총비용(상품매출원가)이 별도로 모두 표시되기 때문에 유용한 정보를 제공 • 일반적인 상거래에서 사용	• 상품 판매를 통해 발생한 순수익(상품매출이익)만 표시되기 때문에 충분한 정보를 얻을 수 없음 • 일반적인 상거래 이외의 거래에 사용

참 손익계산서(총액법): 총액법 사용을 통해 주된 영업활동의 거래에 대한 매출과 매출원가를 모두 확인할 수 있어 유용하다.

손익계산서(보고식)

뽀송상사   20×1년 1월 1일부터 20×1년 12월 31일까지   (단위:원)

Ⅰ. 매출액	300
Ⅱ. 매출원가	100
Ⅲ. 매출총이익(Ⅰ - Ⅱ)	200

(5) 1월 20일   종업원 급여 100,000원을 현금 지급하였다.

1월 20일	(차) 급여	100,000원	(대) 현금	100,000원
• 분개 절차:	① 급여 지급, 비용계정		① 현금이 감소, 자산계정	
	② 비용의 발생 → 차변		② 자산의 감소 → 대변	
	③ 계정과목: 급여(비용)		③ 계정과목: 현금	
• 거래 종류:	(차) 비용의 발생	(대) 자산의 증가 → 손익거래		

(6) 1월 31일   건물 1개월분 월세(임차료) 700,000원을 현금 지급하였다.

1월 31일	(차) 임차료	700,000원	(대) 현금	700,000원
• 분개 절차:	① 월세(임차료) 지급, 비용계정		① 현금이 감소, 자산계정	
	② 비용의 발생 → 차변		② 자산의 감소 → 대변	
	③ 계정과목: 임차료(비용)		③ 계정과목: 현금	
• 거래 종류:	(차) 비용의 발생	(대) 자산의 증가 → 손익거래		

(7) 1월 31일   차입금에 대한 이자비용 3,000원을 현금 지급하였다.

1월 31일	(차) 이자비용	3,000원	(대) 현금	3,000원
• 분개 절차:	① 이자비용 지급, 비용계정		① 현금이 감소, 자산계정	
	② 비용의 발생 → 차변		② 자산의 감소 → 대변	
	③ 계정과목: 이자비용(비용)		③ 계정과목: 현금	
• 거래 종류:	(차) 비용의 발생	(대) 자산의 증가 → 손익거래		

4. 전기

다음의 분개에 대해서 계정별로 전기하시오. (전기이월 잔액은 0원이다.)

• 1월 1일	(차) 현금	10,000,000원	(대) 자본금	10,00,000원
• 1월 3일	(차) 현금	2,000,000원	(대) 단기차입금	2,000,000원
• 1월 4일	(차) 상품	500,000원	(대) 현금	500,000원
• 1월 5일	(차) 현금	1,500,000원	(대) 상품매출	1,500,000원
• 1월 20일	(차) 급여	100,000원	(대) 현금	100,000원
• 1월 31일	(차) 임차료	700,000원	(대) 현금	700,000원
• 1월 31일	(차) 이자비용	3,000원	(대) 현금	3,000원

(+) 현금(자산) (-)
_____

(+) 상품(자산) (-)
_____

(-) 단기차입금(부채) (+)
_____

(-) 자본금(자본) (+)
_____

(-) 상품매출(수익) (+)
_____

(+) 급여(비용) (-)
_____

(+) 임차료(비용) (-)
_____

(+)	이자비용(비용)	(-)

[답] 전기

(+)		현금(자산)			(-)
1/1	기초	0	1/4	상품	500,000
1/2	자본금	10,000,000	1/20	급여	100,000
1/3	단기차입금	2,000,000	1/31	임차료	700,000
1/5	상품매출	1,500,000	1/31	이자비용	3,000

(+)		상품(자산)			(-)
1/1	기초	0			
1/4	현금	500,000			

(-)		단기차입금(부채)			(+)
			1/1	기초	0
			1/3	현금	2,000,000

(-)		자본금(자본)			(+)
			1/1	기초	0
			1/2	현금	10,000,000

(-)		상품매출(수익)			(+)
			1/5	현금	1,500,000

(+)		급여(비용)			(-)
1/20	현금	100,000			

(+)		임차료(비용)			(-)
1/31	현금	700,000			

(+)		이자비용(비용)			(-)
1/31	현금	3,000			

이론 핵심 기출문제

01 다음 중 회계상 거래에 속하지 않는 것은?

① 상품 1,000,000원을 매입하기로 계약하고 계약금 200,000원을 현금으로 지급하다.

② 겨울 폭설로 인하여 자재창고의 지붕이 붕괴되어 1,000,000원의 손실이 발생하다.

③ 영업사원 부족으로 급여 1,000,000원을 지급하기로 하고 직원을 채용하다.

④ 결산시 장부잔액과 실제잔액이 1,000,000원의 차이가 있음을 밝혀내다.

02 다음 거래 내용에서 총계정원장에 기록할 수 있는 거래로 옳은 것은?

① 하나치킨집에 치킨 한 마리를 20,000원에 주문하다.

② 세운상가에서 냉장고를 1,000,000원에 구입하기로 계약하다.

③ 태풍으로 인하여 창고에 있는 상품 500,000원이 파손되다.

④ 기획사를 차리고 매니저 한명을 월급 3,000,000원을 주기로 하고 채용하다.

03 다음 중 회계상 거래를 모두 고른 것은?

> 영미실업은 ㉠ 종업원을 추가로 채용하고 ㉡ 건물을 추가로 사용하기 위해 임대차계약을 체결하였으며 ㉢ 영업용 자동차 1대를 현금으로 매입하였다. 또한, ㉣ 1천만원의 상품을 추가로 주문하였고, ㉤ 바른은행에서 현금 2천만원을 3년간 차입하였다.

① ㉢, ㉤   ② ㉠, ㉣   ③ ㉠, ㉡   ④ ㉣, ㉤

04 다음 중 회계상 거래가 아닌 것은?

① 사무실 임대차계약을 체결하고 임차보증금 3,000만원을 현금으로 지급하다.

② 창고에 화재가 발생하여 원가 500만원의 마스크가 소실되다.

③ 마스크 8만장을 800만원에 구입하겠다고 상품의 주문서를 메일로 발송하다.

④ 카드대금 50만원이 통장에서 이체되다.

05 다음 중 부기를 기록, 계산하는 방법에 따라 분류할 때 아래의 특징에 해당하는 부기로 옳은 것은?

> 일정한 원리나 원칙에 따라 현금이나 재화의 증감은 물론 손익의 발생을 조직적으로 기록, 계산하는 부기로 대차평균의 원리에 의하여 오류를 자동으로 검증하는 자기검증기능이 있다.

① 단식부기 ② 복식부기 ③ 영리부기 ④ 비영리부기

06 다음 내용과 관련 있는 회계 용어로 옳은 것은?

> "복식부기에서는 모든 계정의 차변합계와 대변합계는 항상 일치하여 자기검증기능을 갖는다."

① 거래의 8요소
② 거래의 이중성
③ 대차평균의 원리
④ 수익, 비용 대응의 원리

정답 및 해설

01 ③ 직원을 채용하기로 한 것은 일상생활에서는 거래에 해당되지만, 회계상에서는 거래에 해당하지 않는다.

02 ③ 주문, 계약, 고용(채용)은 회계상 거래가 아니다. 즉 총계정원장 작성을 할 수 없다.

03 ① 회계상의 거래는 회사 재산상 증감을 가져오는 사건을 의미한다. 종업원 채용, 임대차계약의 체결, 상품의 주문은 회계상 거래에 해당하지 않는다.

04 ③ 일상생활 거래 해당한다.

05 ② 부기는 기록, 계산하는 방법에 따라 단식부기와 복식부기로 분류된다. 복식부기는 일정한 원리나 원칙에 따라 현금이나 재화의 증감은 물론 손익의 발생을 조직적으로 기록, 계산하는 부기로 대차평균의 원리에 의하여 오류를 자동으로 검증하는 자기검증기능이 있다.

06 ③ 대차평균의 원리에 대한 설명이다.

07 다음 중 장부를 기록하는 방법에 대한 설명이 틀린 것은?

① 부기는 기록, 계산하는 방법에 따라 단식부기와 복식부기로 분류된다.
② 복식부기는 일정한 원리나 원칙에 따라 현금이나 재화의 증감은 물론 손익의 발생을 조직적으로 계산하는 부기이다.
③ 복식부기는 대차평균의 원리에 의하여 오류를 자동으로 검증하는 자기검증기능이 있다.
④ 복식부기는 일정한 원리원칙이 없이 재산의 증가 감소를 중심으로 기록하며 손익의 원인을 계산하지 않는 부기이다.

08 다음 중 거래 결합관계에서 성립할 수 없는 것은?

① (차변) 부채의 증가 (대변) 부채의 감소
② (차변) 자산의 증가 (대변) 자본의 증가
③ (차변) 자산의 증가 (대변) 수익의 발생
④ (차변) 비용의 발생 (대변) 자산의 감소

09 다음 중 주요장부로만 짝지어진 것은?

① 총계정원장, 상품재고장
② 분개장, 매입장
③ 분개장, 총계정원장
④ 매입장, 매출장

10 다음 중 빈 칸 안에 들어갈 (가), (나) 용어가 순서대로 되어 있는 것은?

발생한 거래 내역을 순서에 따라 장부에 분개하여 적는 장부를 (가)라 하고, 이러한 거래를 계정과목별로 기록, 계산, 요약하는 장부를 (나)라 한다.

	(가)	(나)		(가)	(나)
①	현금출납장	분개장	②	총계정원장	분개장
③	분개장	매출처원장	④	분개장	총계정원장

11 다음 중 총계정원장의 잔액이 항상 대변에 나타나는 계정은?

① 보통예금　　② 수수료비용　　③ 임대료　　④ 외상매출금

12 다음 중 계정의 증가, 감소, 발생, 소멸을 나타낸 것으로 잘못된 것은?

①	부채		②	자산	
감소		증가	감소		증가

③	비용		④	수익	
발생		소멸	소멸		발생

13 다음 중 계정의 잔액 표시가 잘못된 것을 고르시오.

①	받을어음		②	미지급금	
1,500,000원					1,500,000원

③	자본금		④	임대료	
		1,500,000원	1,500,000원		

정답 및 해설

07 ④ 단식부기는 일정한 원리원칙이 없이 재산의 증가 감소를 중심으로 기록하며 손익의 원인을 계산하지 않는 기장방법이다.

08 ① 거래의 8요소에서 차변요소는 차변에 대변요소는 대변에 반드시 회계처리 한다. 부채의 증가는 대변요소, 부채의 감소는 차변요소이다.

09 ③ 주요장부 : 분개장, 총계정원장
- 보조원장 : 상품재고장, 매출처원장, 매입처원장, 가지급원장, 전도금원장
- 보조기입장 : 현금출납장, 당좌예금출납장, 받을어음기입장, 지급어음기입장, 매입장, 매출장 등

10 ④

11 ③ 대변에 잔액이 남는 계정은 부채계정, 자본계정, 수익계정이다.

12 ② 자산은 차변 증가, 대변 감소 항목이다.

13 ④ 자산 항목과 비용 항목은 잔액이 차변에 발생하고, 부채 항목 및 자본 항목과 수익 항목의 잔액은 대변에 기록된다. 임대료는 수익 계정이므로 잔액이 대변에 발생한다.

CHAPTER 02 자산

1 당좌자산

1. 당좌자산의 정의

당좌자산이란 판매과정 없이 보고기간 종료일(결산일, 재무상태표일)로부터 1년 이내에 현금으로 전환할 수 있는 자산을 말한다.

2. 당좌자산의 주요 계정과목

1) 외부 보고용 통합표시 계정과목

현금 및 현금성자산	현금 + 요구불예금(보통예금, 당좌예금) + 현금성자산
단기투자자산	단기금융상품(정기예금, 정기적금) + 단기매매증권 + 단기대여금
매출채권	외상매출금 + 받을어음

2) 당좌자산 주요 계정과목

현금	• 통화 : 거래의 지불 수단 예 주화, 지폐 • 통화대용증권: 현금 대신 사용될 수 있는 대체 지불 수단 예 자기앞수표, 타인발행당좌수표, 우편환증서, 국고송금통지서, 배당금 지급 통지표(배당금 영수증), 만기도래 사채이자표
보통예금	입출금이 자유로운 예금
당좌예금	• 수표나 어음을 발행할 수 있는 예금 참 당좌차월 : 당좌예금의 잔액을 초과하여 수표나 어음을 발행한 금액, 결산 시 단기차입금 분류
현금성자산	취득 당시 만기가 3개월 이내에 도래하는 유가증권 및 단기금융상품
정기예금	돈을 은행에 일정 기간(3개월 초과 1년 이내) 동안 맡기고, 그 기간 끝나면 원금과 이자를 받는 예금
정기적금	돈을 은행에 일정 기간(3개월 초과 1년 이내) 동안 일정 금액씩 계속 납부할 것을 정하고, 그 기간 끝나면 원금과 이자를 받는 예금
단기매매증권	단기간(1년 이내)의 매매차익을 얻을 목적으로 취득하는 유가증권(주식, 국·공채·사채)
단기대여금	1년 이내 돌려받는 조건으로 빌려준 금전
외상매출금	일반적인 상거래에서 상품을 판매하고 나중에 받기로 한 대금

받을어음	일반적인 상거래에서 상품을 판매하고 받은 어음 참 채무증권 또는 금융상품이 아니므로 취득 당시 만기가 3개월 이내이더라도 현금성자산으로 분류하지 않는다.
미수금	일반적인 상거래 이외의 거래에서 발생한 채권
소모품	소모성 물품을 구입하고 아직 사용하지 않은 것
선급금	계약금 성격으로 미리 지급한 금액 참 선급금은 계약금 지급 시 자산을 받을 권리가 생기고 계약 파기 시 돌려받을 수 있는 금액이기 때문에 자산으로 처리한다.
가지급금	금전을 지급하였으나 거래내역이 불분명하거나 계정과목이 일시적으로 결정되지 않았을 때 임시적으로 사용하는 계정과목
현금과부족	장부의 현금 잔액과 실제 현금 잔액이 다를 때 원인이 밝혀질 때까지 임시적으로 사용하는 계정과목
대손충당금	기말까지 회수되지 않은 수취채권(매출채권, 대여금, 미수금, 선급금) 중 돌려받지 못할 금액을 예상해서 표시하는 차감적 평가계정

참 수표와 어음

수표	어음
• 발행인이 지급인(은행)에게 수표 소지자의 일정한 금액 지급을 위탁하는 증서 • 발행일에 은행에 제시하면 수표의 금액을 수령할 수 있다.	• 발행인이 일정한 금액을 일정한 시기와 장소에서 지급할 것을 약속하며 발행하는 증서 • 발행인 자신이 지급을 약속하는 약속어음과 제삼자에게 지급을 위탁하는 환어음이 있다.
수표 금액 ₩1,000,000 발행일 20×1년 11월 22일 발행처 ○○은행	**어음** ㈜진안상사 귀하 금액 ₩1,000,000 지급기일 20×2년 1월 10일 　 발행일 20×1년 11월 22일 지급지 ○○은행 　　　　　　 발행지 ㈜뽀송상사 지급장소 동대문지점 　　　　　 주 소 　　　　　　　　　　　　　　 발행인 이곰숙

참 수표의 종류

자기앞수표	발행인(은행)이 지급인(은행)과 동일한 수표이다. 이 수표를 은행에 가져가면 기입된 금액을 현금으로 지급해준다.
당좌수표	개인사업자나 법인 명의로 은행에 당좌예금을 개설하고 발행한 수표이다. 지급기일이 따로 정해져 있지 않기 때문에 바로 사용가능하다. 발행인(회사)이 지급인, 수령인, 지급액을 적은 수표를 발행해 수령인에게 주면, 수령인은 수표를 정산해 주는 지급인을 통해 현금을 지급받을 수 있다.
가계수표	개인 또는 자영업자가 가계당좌예금 계좌를 만들고 통장에 돈을 예치 후 사용하는 소액수표이다. 가계수표를 은행에 제시하면 은행에서는 그 가계수표를 발행한 사람의 계좌에서 자금을 인출하여 가계수표 제시자에게 지급한다.

송금수표	송금수표는 현금을 보낼 사람이 수표를 발행하여 등기우편으로 상대방에게 보내면, 상대방이 거래 은행을 통하여 지급은행에 수표를 제시함으로써 지급받을 수 있다.
선일자수표	현재는 당좌예금 잔액이 없거나 부족하지만 미래에 입금할 것을 예상하여 수표를 실제 발행한 날 이후의 일자를 수표상의 발행일자로 하여 수표상의 발행일에 지급할 것을 약속하는 수표를 말한다. 선일자수표를 수취한 경우에는 어음의 수취로 본다.

참 통화대용증권 여부

구분	내용	비고
우편환	우체국에서 발행하는 환증서에 의하여 현금을 송금하는 수단	현금
주식	주식회사에서 자금을 조달할 목적으로 발행하는 증서(투자자에게 자금을 낸 대가로 발생해주는 증서)	취득 시 자산처리
배당금지급통지표	주식 매입 시 받는 배당금 영수증	현금
국채, 공채, 사채	국가, 지방자치단체, 회사가 장기자금을 일시에 조달하기 위해 발행하는 증서(정해진 날짜에 돈을 갚겠다고 약속하는 증서)	취득 시 자산처리
국채, 공채, 사채 만기이자표	국채, 공채, 사채 취득 시 받는 이자 영수증	현금
일람출급어음	어음 수취인(채권자)이 어음 발행인(채무자)에게 어음을 제시하면 그 날 밤 24시까지 어음금을 지급해야 하는 어음 또는 어음상에 만기의 기재가 없는 어음	현금
만기도래어음	어음 상 만기일이 된 어음	현금
우표	우편 요금을 납부한 표시로 우편물에 붙이는 증표	통신비
수입인지, 수입증지	서류제출 수수료 등 국가 세금 등을 납부하는 데에 사용되는 증표	세금과 공과
국고송금통지서	세금을 더 많이 납부한 경우 돌려준다는 통지서	현금

3. 당좌자산 계정과목별 회계처리

1) 현금

수취	• 현금, 자기앞수표, 타인발행당좌수표 등을 받았을 때 → 현금(자산)의 증가 → 차변 (차) 현금　　　　　×××원　　(대) [계정과목]　　　　×××원
지급	• 현금, 자기앞수표, 타인발행당좌수표 등을 지급했을 때 → 현금(자산)의 감소 → 대변 (차) [계정과목]　　×××원　　(대) 현금　　　　　　×××원

[1] 상품 50,000원을 매입하고 상품대금을 현금으로 지급하다.

　　(차)　　　　　　　　　　　　(대)

[2] 상품을 구입하고 대금 1,000,000원은 자기앞수표로 지급하다.

　　(차)　　　　　　　　　　　　(대)

[3] 상품을 500,000원에 판매하고 대금은 자기앞수표로 받았다.

　　　(차)　　　　　　　　　　　　　　　(대)

[4] 상품을 500,000원에 판매하고 대금은 동점발행 당좌수표로 받다.

　　　(차)　　　　　　　　　　　　　　　(대)

2) 보통예금

입금	• 보통예금에 입금 → 보통예금(자산)의 증가 → 차변 (차) 보통예금　　　　　×××원　(대) [계정과목]　　　　　×××원
출금	• 보통예금에서 출금 → 보통예금(자산)의 감소 → 대변 (차) [계정과목]　　　　×××원　(대) 보통예금　　　　　×××원

[5] 현금 20,000,000원을 보통예금 통장에 입금하다.

　　　(차)　　　　　　　　　　　　　　　(대)

[6] 상품을 구입하고 대금 1,000,000원을 보통예금에서 이체하다.

　　　(차)　　　　　　　　　　　　　　　(대)

3) 당좌예금

입금	• 당좌예금에 입금 → 당좌예금(자산)의 증가 → 차변 (차) 당좌예금　　　　　×××원　(대) [계정과목]　　　　　×××원
출금	• 당좌예금에서 출금 → 당좌예금(자산)의 감소 → 대변 (차) [계정과목]　　　　×××원　(대) 당좌예금　　　　　×××원
당좌수표 발행	• 당좌수표 발행 → 당좌예금(자산)의 감소 → 대변 (차) [계정과목]　　　　×××원　(대) 당좌예금　　　　　×××원
당좌차월	• 당좌수표 발행(당좌예금 잔액 부족, 당좌차월 한도 내) → 당좌예금(자산)의 감소, 　당좌차월(또는 단기차입금)(부채)의 증가 (차) [계정과목]　　　　×××원　(대) 당좌예금　　　　　×××원 　　　　　　　　　　　　　　　　당좌차월(또는 단기차입금)　×××원

[7] 상품 3,000,000원을 매입하고 대금은 당좌수표로 발행하여 지급하다.

　　　(차)　　　　　　　　　　　　　　　(대)

[8] 상품을 150,000원에 판매하고 대금은 당좌예금계좌로 입금받았다.

　　　(차)　　　　　　　　　　　　　　　(대)

[9] 상품 1,000,000원을 매입하고 대금은 당좌수표를 발행하여 지급하였다. (단, 당좌예금 잔액은 300,000원이었고 국민은행과의 당좌차월계약 한도액은 5,000,000원이다)

　　　(차)　　　　　　　　　　　　　　　(대)

4) 정기예금과 정기적금

가입	• 정기예금, 정기적금 가입(만기가 취득일 기준 3개월 초과 결산일 기준 1년 이내) → 정기예금, 정기적금(자산)의 증가 → 차변 (차) 정기예금(또는 정기적금)　　　×××원　　(대) [계정과목]　　　　×××원
만기	• 정기예금, 정기적금 만기일 → 정기예금, 정기적금(자산)의 감소 → 대변 (차) [계정과목]　　　　×××원　　(대) 정기예금(또는 정기적금)　×××원

[10] 6개월 만기 정기예금에 가입하고, 보통예금 계좌에서 10,000,000원을 이체하였다.
　　　(차)　　　　　　　　　　　　　　(대)

[11] 6개월 만기 정기예금이 만기가 되어 원금 10,000,000원과 이자 200,000원이 보통예금으로 입금되었다.
　　　(차)　　　　　　　　　　　　　　(대)

5) 단기매매증권

취득	• 취득원가는 매입가액(액면금액 ×)으로 처리하고 취득 시 발생하는 수수료는 당기비용(영업외비용)으로 처리 • 단기시세차익 목적으로 주식 취득 → 단기매매증권(자산)의 증가 → 차변 (차) 단기매매증권　　　×××원　　(대) [계정과목]　　　×××원 　　　수수료비용(984)　×××원
배당금 발생	• 주식을 보유하는 기간 중 배당금을 받았을 때 → 배당금수익(수익)의 발생 → 대변 (차) [계정과목]　　　×××원　　(대) 배당금수익　　　×××원
이자 발생	• 채권을 보유하는 기간 중 이자를 받았을 때 → 이자수익(수익)의 발생 → 대변 (차) [계정과목]　　　×××원　　(대) 이자수익　　　　×××원
기말 평가	• 결산 시 단기매매증권의 장부가액과 공정가액을 비교하여 공정가액[1]으로 평가하고 평가 시 발생한 손익은 단기매매증권평가손익으로 처리 ① 장부가액 < 공정가액: 단기매매증권(자산)의 증가, 단기매매증권평가이익(수익)의 발생 (차) 단기매매증권　　　×××원　　(대) 단기매매증권평가이익　×××원 ② 장부가액 > 공정가액: 단기매매증권(자산)의 감소, 단기매매증권평가손실(비용)의 발생 (차) 단기매매증권평가이익　×××원　　(대) 단기매매증권　×××원
처분	• 장부가액과 처분금액을 비교하여 처분 시 발생한 손익은 단기매매증권처분손익으로 인식하고 처분 시 발생한 수수료 등은 단기매매증권처분손익 계정에서 가감 ① 장부가액 < 처분가액: 단기매매증권(자산)의 감소, 단기매매증권처분이익(수익) 발생 (차) [계정과목]　　　×××원　　(대) 단기매매증권(장부가액)　×××원 　　　　　　　　　　　　　　　　　단기매매증권처분이익　×××원 ② 장부가액 > 처분가액: 단기매매증권(자산)의 감소, 단기매매증권처분손실(비용) 발생 (차) [계정과목]　　　×××원　　(대) 단기매매증권(장부가액)　×××원 　　　단기매매증권처분손실　×××원

[12] 단기 운용목적으로 진안상사 발행주식 100주를 1주당 5,000원에 구입하다. 취득 시 수수료 10,000원을 포함한 대금은 보통예금에서 지급하다.
(차)   (대)

[13] 보유 중인 진안상사의 주식에 대하여 배당금이 확정되어 50,000원을 보통예금계좌로 받았다.
(차)   (대)

[14] 기말 현재 단기매매차익을 목적으로 보유하고 있는 진안상사의 주식(100주, 1주당 취득원가 5,000원)의 기말현재 공정가치는 주당 7,000원이다.
(차)   (대)

[15] 기말 현재 단기매매차익을 목적으로 보유하고 있는 바삭컴퓨터의 주식(100주, 1주당 취득원가 5,000원)의 기말현재 공정가치는 주당 2,000원이다.
(차)   (대)

[16] 단기매매차익을 얻을 목적으로 보유하고 있는 브리상사의 주식 100주를 1주당 5,000원에 처분하고 대금은 수수료 등 20,000원을 차감한 금액이 보통예금계좌에 입금되었다. (단, 브리상사의 주식 1주당 취득원가는 10,000원이다)
(차)   (대)

[17] 단기매매차익을 얻을 목적으로 보유하고 있는 리부상사의 주식 100주를 1주당 20,000원에 처분하고 대금은 수수료 등 100,000원을 차감한 금액이 보통예금계좌에 입금되었다. (단, 리부상사의 주식 1주당 취득원가는 10,000원이다)
(차)   (대)

1) 공정가액: 자산이나 부채가 현재 시장에서 거래된다면 받을 수 있는 가격

참 자산 거래 시 발생하는 비용에 대한 회계처리

구분		내용
취득	원칙	• 취득가액 = 매입가액 + 취득부대비용 • 자산 취득과 관련된 비용은 취득하는 자산의 가격에 포함하여 회계처리
	예외	단기매매증권 구입과 관련된 비용은 당기 비용(영업외비용, 900번대) 처리
처분	일반적인 상거래	상품 매출과 관련하여 발생하는 비용은 별도의 비용계정(판매비와 관리비, 800번대) 처리
	일반적인 상거래 이외	상품 이외 자산을 처분 시 발생하는 비용은 처분손익 계정(영업외수익 또는 영업외비용)에서 가감

6) 단기대여금(↔단기차입금)

대여	• 결산일 기준 1년 이내 만기로 돈을 빌려줌 → 단기대여금(자산)의 증가 → 차변 (차) 단기대여금　　　×××원　　(대) [계정과목]　　×××원
회수	• 만기일에 원금과 이자를 회수 → 단기대여금(자산)의 감소, 이자수익(수익)의 발생 → 대변 (차) [계정과목]　　×××원　　(대) 단기대여금　　×××원 　　　　　　　　　　　　　　　　이자수익　　×××원

> [18] 씨오피상사에 10개월 후에 회수하기로 하고 현금 3,000,000원을 대여하여 주다.
>
>   (차)   (대)
>
> [19] 씨오피상사에 대여한 단기대여금 3,000,000원과 이자 100,000원을 당사 보통예금계좌로 회수하다.
>
>   (차)   (대)

7) 외상매출금(↔외상매입금)

외상판매	• 상품을 외상으로 매출 → 외상매출금(자산)의 증가 → 차변 (차) 외상매출금　　　　×××원　　(대) [계정과목]　　　　×××원
매출환입 및 에누리	• 매출한 상품 중 하자나 파손 등의 이유로 반품(매출환입)받거나 상품에 대해 값을 깎아줌(매출에누리) → 매출환입 및 에누리(상품매출의 차감계정)의 발생 → 차변 (차) 매출환입및에누리(상품)　×××원　　(대) 외상매출금　　　　×××원
매출할인	• 상품 판매 시 발생한 외상매출금을 조기 회수하여 할인받음(매출할인) → 매출할인(상품매출의 차감계정)의 발생 → 차변 (차) 매출할인(상품)　　　×××원　　(대) 외상매출금　　　　×××원
회수	• 외상매출금을 받음(회수) → 외상매출금(자산)의 감소 → 대변 (차) [계정과목]　　　　×××원　　(대) 외상매출금　　　　×××원

> [20] 진안상사에 상품 1,000,000원을 매출하고 대금은 1개월 후에 받기로 하였다.
>
>   (차)   (대)
>
> [21] 매출거래처 진안상사에 대한 외상매출금 1,000,000원을 현금으로 회수하다.
>
>   (차)   (대)
>
> [22] 상품 2,000,000원을 리부상사에 외상으로 판매하고 운송비 30,000원을 보통예금 계좌에서 이체하여 지급하다.
>
>   (차)   (대)
>
> [23] 리부상사에 외상으로 매출한 상품 중 불량품 10,000원이 반품되어 오다. 반품액은 외상매출금과 상계하기로 하다.
>
>   (차)   (대)
>
> [24] 거래처 리부상사의 상품매출에 대한 외상대금 1,990,000원을 회수하면서 약정기일보다 빠르게 회수하여 2%를 할인해주고 대금은 보통예금 계좌로 입금받다.
>
>   (차)   (대)

8) 받을어음(↔지급어음)

어음 수취	• 상품을 판매하고 어음을 받음 → 받을어음(자산)의 증가 → 차변 (차) 받을어음　　　　×××원　　(대) [계정과목]　　　　×××원

추심	• 추심: 어음 만기일이 도래하여 은행에 어음에 적힌 돈을 받아줄 것을 의뢰하여 대금을 회수하는 것 • 추심 시 발생하는 수수료는 수수료비용(판매비와 관리비)으로 회계처리 • 어음을 추심 → 받을어음(자산)의 감소 → 대변 (차) [계정과목]　　　　　×××원　　　(대) 받을어음　　　×××원 　　　수수료비용(판)　　　×××원
할인	• 할인: 어음 만기일이 되기 전에 현금화를 위해 액면가액보다 낮은 금액으로 교환하는 것 • 할인 시 발행하는 할인료는 매출채권처분손실(영업외비용)로 처리 • 어음을 할인 → 받을어음(자산)의 감소 → 대변 (차) [계정과목]　　　　　×××원　　　(대) 받을어음　　　×××원 　　　매출채권처분손실　×××원
배서 양도	• 배서양도: 어음 만기일 전에 대금 결제를 위해 가지고 있던 다른 회사의 어음의 소유권을 넘기는 것 • 다른 회사의 어음을 지급 → 받을어음(자산)의 감소 → 대변 (차) [계정과목]　　　　　×××원　　　(대) 받을어음　　　×××원

[25] 판매용 상품을 리부상사에 5,000,000에 판매하고 대금은 6개월 만기의 약속어음을 발행받았다.

　　(차)　　　　　　　　　　　(대)

[26] 리부상사에게 상품을 매출하고 받은 약속어음 5,000,000원이 만기가 도래하여 거래은행에 추심의뢰하였는바 추심료 10,000원을 차감한 잔액이 당사 보통예금계좌에 입금되었음을 통보받다.

　　(차)　　　　　　　　　　　(대)

[27] 브리상사에 상품을 매출하고 받은 약속어음 250,000원을 거래 은행에서 할인받고 할인료 50,000원을 차감한 나머지 금액은 당좌 예입하다. (매각거래로 회계처리할 것)

　　(차)　　　　　　　　　　　(대)

[28] 세현상사에 상품 3,000,000원을 매입하고 결제하기 위해 당사가 상품매출대금으로 받아 보유하고 있던 영재상사 발행의 약속어음 2,000,000원을 배서양도하고 잔액은 당사가 약속어음을 발행하여 지급하다.

　　(차)　　　　　　　　　　　(대)

9) 미수금(↔미지급금)

판매	• 상품 매출 이외의 거래에서 발생한 외상대금 또는 어음 수령 → 미수금(자산)의 증가 → 차변 (차) 미수금　　　×××원　　　(대) [계정과목]　　　×××원
회수	• 상품 매출 이외의 거래에서 발생한 외상대금 또는 받을어음의 회수 → 미수금(자산)의 감소 → 대변 (차) [계정과목]　　　×××원　　　(대) 미수금　　　×××원

[29] 솔이상점에 업무에 사용 중인 토지를 100,000,000원에 처분하였다. 대금 중 80,000,000원은 보통예금으로 이체받고, 나머지는 한 달 후에 받기로 하였다. (토지의 취득가액은 100,000,000원이다)

　　(차)　　　　　　　　　　　(대)

[30] 감자마트에 업무에 사용 중인 토지를 20,000,000원에 처분하였다. 대금은 만기가 3개월 후인 어음으로 받았다. (토지의 취득가액은 20,000,000원이다)

　　(차)　　　　　　　　　　　(대)

[31] 감자마트에 토지를 처분하고 발생한 외상대금 20,000,000원을 현금으로 회수하였다.

　　(차)　　　　　　　　　　　　　　(대)

10) 소모품

구입	• 소모품 구입(자산 처리) → 소모품(자산)의 증가 → 차변 (차) 미수금　　　　×××원　　(대) [계정과목]　　　×××원 • 소모품 구입(비용 처리) → 소모품비(비용)의 발생 → 차변 (차) 소모품비　　　×××원　　(대) [계정과목]　　　×××원
결산	• 기중 소모품(자산)처리한 금액 중 사용분 → 소모품비(비용)으로 대체 (차) [계정과목]　　×××원　　(대) 미수금　　　　　×××원 • 기중 소모품비(비용)처리한 금액 중 미사용분 → 소모품(자산)으로 대체 (차) 소모품　　　　×××원　　(대) 소모품비　　　　×××원

[32] 사무실에서 사용할 소모품 200,000원을 솔이상점에서 구입하고 대금은 현금으로 지급하다. (단, 구입시 자산으로 처리할 것)

　　(차)　　　　　　　　　　　　　　(대)

[33] 결산일 현재 소모품 구입 시 자산으로 처리한 금액 중 기말 현재 사용한 금액은 100,000원이다.

　　(차)　　　　　　　　　　　　　　(대)

[34] 사무실에서 사용할 소모품 300,000원을 솔이상점에서 구입하고 대금은 현금으로 지급하다. (단, 구입시 비용으로 처리할 것)

　　(차)　　　　　　　　　　　　　　(대)

[35] 결산일 현재 소모품 구입 시 비용으로 처리한 금액 중 기말 현재 미사용한 금액은 50,000원이다.

　　(차)　　　　　　　　　　　　　　(대)

11) 선급금(↔선수금)

계약금 지급	• 계약금 성격으로 미리 대금을 지급 → 선급금(자산)의 증가 → 차변 (차) 선급금　　　　×××원　　(대) [계정과목]　　　×××원
인수	• 계약금을 지급했던 상품 등을 인수 → 선급금(자산)의 감소 → 대변 (차) [계정과목]　　×××원　　(대) 선급금　　　　　×××원

[36] 리부상사에서 상품 6,000,000원(300개, 1개당 20,000원)을 구입하기로 계약하고, 대금의 10%를 현금으로 지급하였다.

　　(차)　　　　　　　　　　　　　　(대)

[37] 리부상사에서 상품 6,000,000원을 매입하고 2월 11일 지급한 계약금 600,000원을 차감한 대금을 보통예금에서 이체하였다.

　　(차)　　　　　　　　　　　　　　(대)

참 수취채권과 지급채무 계정과목 요약

구 분		수취채권(채권자, 자산)		지급채무(채무자, 부채)	
일반적인 상거래	외 상	매출채권 (외부 보고용)	외상매출금	매입채무 (외부 보고용)	외상매입금
	어 음		받을어음		지급어음
일반적인 상거래 이외	외 상	미수금		미지급금	
	어 음				
자금거래		대여금		차입금	
계약금		선급금		선수금	

12) 가지급금(↔가수금)

가지급	• 출장비 예상액 등을 지급 → 가지급금(자산)의 증가 → 차변
	(차) 가지급금　　　　　×××원　　(대) [계정과목]　　　　×××원
내용 확정	• 출장을 다녀와 증빙을 받고 정산 → 가지급금(자산)의 감소 → 대변
	(차) [계정과목]　　　　×××원　　(대) 가지급금　　　　　×××원

[38] 영업부 천영현에게 제주도 출장을 명하고 출장비 예상액 400,000원을 현금으로 지급하였다.

　　(차)　　　　　　　　　　　　　(대)

[39] 출장 후 복귀한 천영현 영업사원이 2월 13일 제주 출장 시 지급받은 가지급금 400,000원에 대해, 아래와 같이 사용하고 잔액은 현금으로 정산하다.

> • 왕복항공료 : 240,000원　• 숙박비 : 100,000원

　　(차)　　　　　　　　　　　　　(대)

13) 현금과부족

현금 과잉	• 현금과잉: 장부상 현금 < 실제 현금
	① 기중 현금과잉 발견: 장부의 현금을 증가시켜 장부상 현금과 실제 현금 일치하도록 함
	(차) 현금　　　　　　　×××원　　(대) 현금과부족　　　　×××원
	② 원인이 밝혀졌을 때: 해당 원인 계정으로 대체
	(차) 현금과부족　　　　×××원　　(대) [계정과목]　　　　×××원
	③ 결산까지 원인불명: 대변에 남아있는 현금과부족 계정과목을 잡이익(수익)으로 대체
	(차) 현금과부족　　　　×××원　　(대) 잡이익　　　　　　×××원
현금 부족	• 현금부족: 장부상 현금 > 실제 현금
	① 기중 현금부족 발견: 장부의 현금을 감소시켜 장부상 현금과 실제 현금 일치하도록 함
	(차) 현금과부족　　　　×××원　　(대) 현금　　　　　　　×××원
	② 원인이 밝혀졌을 때: 해당 원인 계정으로 대체
	(차) [계정과목]　　　　×××원　　(대) 현금과부족　　　　×××원
	③ 결산까지 원인불명: 차변에 남아있는 현금과부족 계정과목을 잡손실(비용)로 대체
	(차) 잡손실　　　　　　×××원　　(대) 현금과부족　　　　×××원

[40] 현금 잔고를 확인한 결과 장부잔액보다 현금 잔고가 100,000원 더 적은 것을 확인하였으나 그 원인이 밝혀지지 않았다.

    (차)   (대)

[41] 현금과부족계정 차변 잔액 100,000원 중 70,000원의 원인이 단기차입금에 대한 이자 지급액으로 판명되었다.

    (차)   (대)

[42] 결산일 현재 차변에 현금과부족계정으로 처리되어있는 현금부족액 30,000원에 대한 원인이 아직 밝혀지지 않고 있다.

    (차)   (대)

[43] 현금 시재를 확인하던 중 실제잔액이 장부잔액보다 200,000원이 많은 것을 발견하였으나 그 차액에 대하여는 원인이 아직 밝혀지지 않았다.

    (차)   (대)

[44] 현금과부족계정 대변 잔액 200,000원 중 180,000원의 원인이 단기대여금 이자수입 누락으로 판명되었다.

    (차)   (대)

[45] 결산일 현재 대변에 현금과부족계정으로 처리되어있는 현금부족액 20,000원에 대한 원인이 아직 밝혀지지 않고 있다.

    (차)   (대)

4. 대손회계

1) **대손의 정의**: 대손이란 회사가 받아야할 돈(수취채권)을 거래처의 파산 등의 이유로 받을 수 없게 되는 것을 말한다.

2) **대손회계 관련 계정과목**

대손충당금	기말까지 회수되지 않은 수취채권(매출채권, 단기대여금, 미수금, 선급금) 중 돌려받지 못할 금액을 예상해서 표시하는 차감적 평가계정[2]
대손상각비	매출채권(외상매출금, 받을어음)의 회수가 불가능해 손실로 처리하는 경우와 회수가 불확실한 금액을 계산하여 결산 시점에 대손충당금을 설정하는 경우에 사용하는 비용 계정과목
기타의 대손상각비	매출채권 이외의 채권(대여금, 미수금 등)이 회수가 불가능해 손실로 처리하는 경우와 회수가 불확실한 금액을 계산하여 결산시점에 대손충당금을 설정하는 경우에 사용하는 비용 계정과목

[2] 평가계정: 자산, 부채, 자본의 계상금액을 증가시키거나 감소시키는 계정

3) 대손 회계처리

기말 설정	• 대손충당금 추가설정액(보충법) = 대손추산액(기말채권 잔액 × 대손추정률) - 설정 전 대손충당금 ① 대손추산액 > 설정 전 대손충당금 (차) 대손상각비　　　　×××원　　(대) 대손충당금　　　　×××원 　　(또는 기타의대손상각비) ② 대손추산액 < 설정 전 대손충당금 (차) 대손충당금　　　　×××원　　(대) 대손충당금환입　　×××원
대손 발생 (확정)	• 채무자의 파산 등으로 대손이 확정 되었을 때 → 대손 확정된 자산 계정과목 감소 → 대변 • 대손 확정된 계정과목의 대손충당금 잔액이 충분하면 우선 상계, 부족한 부분은 비용(대손상각비, 기타의 대손상각비) 처리 → 차변에 대손충당금, 대손상각비(또는 기타의 대손상각비) (차) 대손충당금　　　　×××원　　(대) [계정과목]　　　　×××원 　　대손상각비　　　　×××원 　　(또는 기타의대손상각비)
회수	• 대손이 확정되어 회계처리를 하였는데 현금 등으로 다시 회수되는 경우 → 대손충당금 증가 → 대변 (차) [계정과목]　　　　×××원　　(대) 대손충당금　　　　×××원

[46] 12월 31일 외상매출금 잔액 1,000,000원에 대하여 1%의 대손충당금을 보충법으로 설정하였다. (기말현재 대손충당금 잔액은 없다.)
　(차)　　　　　　　　　　　　　　(대)

[47] 데이상사의 파산으로 인하여 데이상사의 외상매출금 1,000,000원을 전액 대손처리하기로 하다. (10월 1일 현재 대손충당금 잔액은 10,000원이다.)
　(차)　　　　　　　　　　　　　　(대)

[48] 전기에 대손 확정되어 감소시켰던 데이상사의 외상매출금 중 100,000원이 현금으로 회수되었다.
　(차)　　　　　　　　　　　　　　(대)

4) 대손충당금의 표시

재무상태표
20×1년 12월 31일 현재　　　(단위:원)

과목	금액	
자산		
외상매출금	1,000,000	990,000 → 외상매출금의 장부가액 받을어음 500,000 (= 외상매출금 잔액 - 외상매출금 대손충당금)
대손충당금	(10,000)	
받을어음	500,000	495,000 → 받을어음의 장부가액 (= 받을어음 잔액 - 받을어음 대손충당금)
대손충당금	(5,000)	

정답 및 해설

[1]	(차)	상품	50,000원	(대)	현금	50,000원
[2]	(차)	상품	1,000,000원	(대)	현금	1,000,000원
[3]	(차)	현금	500,000원	(대)	상품매출	500,000원
[4]	(차)	현금	500,000원	(대)	상품매출	500,000원
[5]	(차)	보통예금	20,000,000원	(대)	현금	20,000,000원
[6]	(차)	상품	100,000원	(대)	보통예금	100,000원
[7]	(차)	상품	3,000,000원	(대)	당좌예금	3,000,000원
[8]	(차)	당좌예금	150,000원	(대)	상품매출	150,000원
[9]	(차)	상품	1,000,000원	(대)	당좌예금	300,000원
					당좌차월(또는 단기차입금)	700,000원
[10]	(차)	정기예금	10,000,000원	(대)	보통예금	10,000,000원
[11]	(차)	보통예금	10,200,000원	(대)	정기예금	10,000,000원
					이자수익	200,000원
[12]	(차)	단기매매증권	500,000원	(대)	보통예금	530,000원
		수수료비용(984)	30,000원			
[13]	(차)	보통예금	50,000원	(대)	배당금수익	50,000원
[14]	(차)	단기매매증권	200,000원	(대)	단기매매증권평가이익	200,000원
[15]	(차)	단기매매증권평가손실	300,000원	(대)	단기매매증권	300,000원
[16]	(차)	보통예금	480,000원	(대)	단기매매증권	1,000,000원
		단기매매증권처분손실	520,000원			
[17]	(차)	보통예금	1,900,000원	(대)	단기매매증권	1,000,000원
					단기매매증권처분이익	900,000원
[18]	(차)	단기대여금(씨오피상사)	3,000,000원	(대)	현금	3,000,000원
[19]	(차)	보통예금	3,100,000원	(대)	단기대여금(씨오피상사)	3,000,000원
					이자수익	100,000원
[20]	(차)	외상매출금(진안상사)	1,000,000원	(대)	상품매출	1,000,000원
[21]	(차)	현금	1,000,000원	(대)	외상매출금(진안상사)	1,000,000원
[22]	(차)	외상매출금(리부상사)	2,000,000원	(대)	상품매출	2,000,000원
		운반비(판)	30,000원		보통예금	30,000원
[23]	(차)	매출환입및에누리(상품)	10,000원	(대)	외상매출금(리부상사)	10,000원
[24]	(차)	매출할인(상품)	39,800원	(대)	외상매출금(리부상사)	1,990,000원
		보통예금	1,959,200원			
[25]	(차)	받을어음(리부상사)	5,000,000원	(대)	상품매출	5,000,000원
[26]	(차)	보통예금	4,990,000원	(대)	받을어음(리부상사)	5,000,000원
		수수료비용(판)	10,000원			
[27]	(차)	당좌예금	200,000원	(대)	받을어음(브리상사)	250,000원
		매출채권처분손실	50,000원			
[28]	(차)	상품	3,000,000원	(대)	받을어음(영재상사)	2,000,000원
					지급어음(세현상사)	1,000,000원

[29]	(차)	보통예금	80,000,000원	(대)	토지	100,000,000원
		미수금(솔이상점)	20,000,000원			
[30]	(차)	미수금(감자마트)	20,000,000원	(대)	토지	20,000,000원
[31]	(차)	현금	20,000,000원	(대)	미수금(감자마트)	20,000,000원
[32]	(차)	소모품	200,000원	(대)	현금	200,000원
[33]	(차)	소모품비(판)	100,000원	(대)	소모품	100,000원
[34]	(차)	소모품비(판)	200,000원	(대)	현금	200,000원
[35]	(차)	소모품	50,000원	(대)	소모품비(판)	50,000원
[36]	(차)	선급금(리부상사)	600,000원	(대)	현금	600,000원
[37]	(차)	상품	6,000,000원	(대)	보통예금	5,400,000원
					선급금(리부상사)	600,000원
[38]	(차)	가지급금	400,000원	(대)	현금	400,000원
[39]	(차)	여비교통비(판)	340,000원	(대)	가지급금	400,000원
		현금	60,000원			
[40]	(차)	현금과부족	100,000원	(대)	현금	100,000원
[41]	(차)	이자비용	70,000원	(대)	현금과부족	70,000원
[42]	(차)	잡손실	30,000원	(대)	현금과부족	30,000원
[43]	(차)	현금	200,000원	(대)	현금과부족	200,000원
[44]	(차)	현금과부족	180,000원	(대)	이자수익	180,000원
[45]	(차)	현금과부족	20,000원	(대)	잡이익	20,000원
[46]	(차)	대손상각비	10,000원	(대)	대손충당금(외상매출금)	10,000원
[47]	(차)	대손충당금(외상매출금)	10,000원	(대)	외상매출금(데이상사)	1,000,000원
		대손상각비	990,000원			
[48]	(차)	현금	100,000원	(대)	대손충당금(외상매출금)	100,000원

핵심 기출문제

천원상사(회사코드: 9010)의 데이터를 사용하여 연습할 수 있습니다.

(1) 4월 1일   거래처 진안상사에 상품 12,000,000원을 매출하고 대금 중 5,000,000원은 자기앞수표로 받고 나머지는 외상으로 하다.

(2) 4월 2일   바삭컴퓨터의 외상매입금 1,500,000원을 자기앞수표 1,000,000원과 보유하고 있던 거래처 발행 당좌수표 500,000원으로 지급하다.

(3) 4월 3일   브리상사로부터 상품 1,000,000원을 매입하고 대금 중 600,000원은 당좌수표를 발행하여 지급하고 나머지는 현금으로 지급하다.

(4) 4월 4일   당사는 거래처 대전산업으로부터 상품을 3,000,000원에 매입하고, 그 대금으로 당좌수표를 발행하여 지급하였다. (당좌예금 잔액은 2,000,000원이고, 당좌차월 한도는 5,000,000원이며, 거래처 입력은 생략한다.)

(5) 4월 5일   보관하고 있던 리부상사가 발행한 당좌수표 5,000,000원을 당사 당좌예금 계좌에 예입하였다.

(6) 4월 6일   우리은행의 정기예금에 가입하고, 보통예금 계좌에서 10,000,000원을 이체하였다.

(7) 4월 7일   대한은행에 예치한 1년 만기 정기예금의 만기가 도래하여 원금 10,000,000원과 이자 500,000원이 보통예금 계좌로 입금되다.

(8) 4월 8일   일시소유의 단기적 운용목적으로 ㈜생활건강의 발행주식 100주(1주당 액면 5,000원)를 1주당 20,000원에 구입하고, 대금은 보통예금에서 지급하다.

(9) 4월 9일   증권거래소에 상장된 생활건강의 주식 100주를 1주당 15,000원에 단기보유목적으로 취득하고, 증권회사에 주식매매수수료 15,000원과 함께 보통예금 통장에서 계좌이체하여 지급하다.

(10) 4월 10일   단기매매차익을 얻을 목적으로 보유하고 있는 동해의 주식 100주를 1주당 15,000원에 처분하고 대금은 수수료 등 20,000원을 차감한 금액이 보통예금계좌에 입금되었다. (단, ㈜동해의 주식 1주당 취득원가는 10,000원이다.)

(11) 4월 11일   단기매매차익을 얻을 목적으로 보유하고 있는 ㈜진주의 주식 1,000주를 1주당 10,000원에 처분하고 대금은 수수료 등 120,000원을 차감한 금액이 국민은행 보통예금계좌에 입금되었다. (단, ㈜진주의 주식 1주당 취득원가는 9,000원이다.)

(12) 4월 12일   거래처 세현상사에 10개월 후에 회수하기로 약정한 차입금증서를 받고 현금 2,000,000원을 대여하여 주다.

(13) 4월 13일   거래처 영재상사에 대여한 단기대여금 5,000,000원과 이자 250,000원을 당사 보통예금계좌로 회수하다.

(14) 4월 14일   매출처 데이상사에 상품 10,000,000원을 판매하고, 대금중 8,000,000원은 보통예금으로 받고, 잔액은 외상으로 하다.

(15) 4월 15일   거래처 데이상사에 다음과 같이 상품을 매출하다.

품목	수량(개)	단가(원)	금액(원)	결재
앰플	100	1,500	150,000	현금 100,000원 외상 140,000원
크림	10	9,000	90,000	
계			240,000	

(16) 4월 16일   씨오피상사의 외상매출금 잔액 3,200,000원 전부를 보통예금 통장으로 입금 받다.

(17) 4월 17일   거래처 감자마트로부터 외상매출금 중 5,000,000원은 현금으로 회수하고, 10,000,000원은 보통예금 통장으로 입금받다.

(18) 4월 18일   데이상사의 외상매출금 중 600,000원과 씨오피상사의 외상매출금 중 500,000원을 회수하여 보통예금에 입금하다.

(19) 4월 19일   상품 2,500,000원을 솔이상점에 외상으로 판매하고 운송비 30,000원을 보통예금에서 이체하여 지급하였다.

(20) 4월 20일   상품 3,000,000원을 솔이상점에 외상으로 매출하다. 그리고 당점부담 운임 50,000원은 현금으로 지급하다.

(21) 4월 21일   상품을 판매하고 발급한 거래명세서이다. 대금 중 10,000,000원은 보통예금 계좌로 입금 받고, 잔액은 외상으로 하였다.

		거래명세서						(공급자 보관용)	
공급자	등록번호	101-23-33351			공급받는자	등록번호	131-04-79041		
	상호	천원상사	성명	정곰숙		상호	그린위즈덤	성명	박종운
	사업장주소	서울특별시 강남구 밤고개로1길 10				사업장주소	서울 서초구 명달로 101		
	업태	도소매	종사업장번호			업태	도소매	종사업장번호	
	종목	화장품				종목	화장품		

거래일자	미수금액	공급가액	세액	총합계금액
20×1-04-21		19,000,000		19,000,000

NO	월	일	품목명	규격	수량	단가	공급가액	세액	합계
1	4	21	앰플		30	500,000	15,000,000		15,000,000
2	4	21	수분크림		20	200,000	4,000,000		4,000,000

(22) 4월 22일   상품을 판매하고 발급한 거래명세서이다. 대금 중 일부는 당좌예금계좌로 입금받고, 나머지는 외상으로 하였다.

권	호		거래명세표(보관용)			
20×1년 04월 22일		공급자	등록번호	101-23-33351		
			상호	천원상사	성명	정곰숙 ㉑
가홀상사 귀하			사업장 소재지	서울특별시 강남구 밤고개로1길 10		
아래와 같이 계산합니다.			업태	도·소매업	종목	화장품
합계금액	일천육백오십만 원정 (₩ 16,500,000)					

월일	품목	규격	수량	단가	공급가액	세액
04/22	마스크팩		11	1,500,000원	16,500,000원	
	계					

전잔금		합계	16,500,000원
입금	10,000,000원	잔금 6,500,000원	인수자 이평우 ㉑
비고			

(23) 4월 23일   매출 거래처 솔이상점에 대한 외상매출금 3,000,000원을 현금으로 회수하고 다음의 입금표를 발행하였다.

No. 1																			(공급자 보관용)
입 금 표																			
																			솔이상점
			귀하																
공급자	사업자등록번호		101-23-33351																
	상 호		천원상사			성명		정곰숙					(인)						
	사 업 장 소 재 지		서울특별시 강남구 밤고개로1길 10																
	업 태		도소매			종 목		화장품											
작 성 일			금액								세 액								
년	월	일	공란수	억	천	백	십	만	천	백	십	일	천	백	십	만	천	백	십	일
20×1	4	23																		
합계			십		억		천		백		십		만		천		백		십	일
									3		0		0		0		0		0	0
내용	외상매출하고 현금 입금																			
위 금액을 정히 영수함																				
													영수자			김 솔 이 (인)				

(24) 4월 24일   진안상사에 판매용 화장품을 3,500,000원에 판매하고 대금은 6개월 만기의 약속어음을 받았다.

(25) 4월 25일   진안상사에 판매용 책상 3,000,000원을 매출하고 2,000,000원은 수동가구가 발행한 어음으로 받고 잔액은 외상으로 하다.

(26) 4월 26일   매출처 진안상사의 외상매출금 중 1,500,000원은 약속어음(만기일 20×1년 12월 20일)으로 받고 500,000원은 당사 보통예금계좌로 입금 받다.

(27) 4월 27일   진안상사에 상품 5,000,000원을 매출하고 대금 중 3,000,000원은 동점 발행 약속어음(만기일:20×1년 12월 1일)으로 받고, 잔액은 1개월 후에 받기로 하다.

(28) 4월 28일   진안상사에 상품 3,500,000원을 매출하고, 대금 중 500,000원은 약속어음(만기일 20×1.12.16)으로 받고 잔액은 외상으로 하다. 또한 당점 부담 운반비 15,000원은 현금으로 별도로 지급하다.

(29) 4월 29일   상품 2,000,000원을 진안상사에 판매하고 대금은 진안상사 발행 약속어음으로 받고 판매 시 발생한 운송비 50,000원은 현금으로 지급하였다.

(30) 4월 30일   거래처 진안상사에서 받은 약속어음 1,000,000원이 만기가 되어 당점 당좌예금 계좌에 입금된 사실을 인터넷 뱅킹을 통하여 확인하다.

(31) 5월 1일   진안상사에 대한 받을어음 20,500,000원이 만기가 도래하여 추심수수료 500,000원을 차감한 금액이 국민은행 보통예금 통장에 입금되다.

(32) 5월 2일   진안상사로부터 받아서 보관 중인 약속어음 2,000,000원이 만기가 되어 추심수수료 120,000원을 차감하고 나머지 잔액이 당좌예입되다.

(33) 5월 3일   진안상사에서 받아 보관중인 약속어음(만기 20×1.8.10) 2,000,000원을 은행에서 할인하고 할인료 150,000원을 차감한 잔액이 보통예금계좌로 입금되다. (매각거래로 처리할 것)

(34) 5월 4일   진안상사에 상품을 매출하고 받은 약속어음 400,000원을 주거래 은행에서 할인받고 할인료 15,000원을 차감한 나머지 금액은 당좌 예입하다. (단, 관련 비용은 매출채권처분손실로 회계 처리할 것)

(35) 5월 5일   진안상사에서 상품 500,000원을 매입하고 대금은 소유하고 있던 브리상사 발행의 약속어음을 배서양도하다.

(36) 5월 6일   거래처 진안상사에 다음과 같이 상품을 매출하다.

품목	수량(BOX)	단가(원)	금액(원)	결재
마스크팩	70	20,000	1,400,000	현금 1,000,000원 어음 1,400,000원
수분크림	100	10,000	1,000,000	
계			2,400,000	

(37) 5월 7일   진안상사에 상품을 판매하고 발급한 거래명세표이다. 판매대금 중 20,000,000원은 당좌수표로 받고, 잔액은 6개월 만기 동점 발행 약속어음으로 받았다.

권	호		거래명세표(보관용)			
20 ×1 년 05 월 6 일		공급자	사업자등록번호	101-23-33351		
진안상사 귀하			상 호	천원상사	성명	정곰숙 ㊞
			사업장소재지	서울특별시 강남구 밤고개로1길 10		
아래와 같이 계산합니다.			업 태	도소매	종목	화장품
합계금액	이천오백만 원정 (₩ 25,000,000)					
월 일	품 목	규 격	수 량	단 가	공 급 대 가	
5월 6일	화장품		100	250,000원	16,500,000원	
	계				25,000,000원	
전잔금	없음		합 계		25,000,000원	
입금	20,000,000원	잔금	5,000,000원	인수자	이진안 ㊞	
비고	당좌수표 수령, 잔금은 6개월 만기 약속어음으로 수령					

(38) 5월 8일   사무실에서 사용할 소모품 200,000원을 솔이상점에서 구입하고 대금은 당좌수표를 발행하여 지급하다. (단, 구입시 자산으로 처리할 것)

(39) 5월 9일   판매용 화장품 10,000,000원을 브리상사에서 구입하기로 하고 계약금 1,000,000원을 현금으로 지급하다.

(40) 5월 10일   재고상품의 부족으로 거래처 브리상사로부터 상품 3,000,000원을 매입하기로 하고 상품매입대금 10%를 계약금으로 당좌예금통장에서 거래처 브리상사통장으로 이체시키다.

(41) 5월 11일   브리상사에서 상품 1,500,000원을 매입하고, 5월 9일에 지급한 계약금 300,000원을 제외한 금액은 1개월 후에 지급하기로 하다.

(42) 5월 12일   브리상사에서 5월 8일 매입 계약한 상품을 인수하고, 계약금 1,000,000원을 차감한 잔액 9,000,000원을 2개월 후에 지급하기로 하다. 단, 인수운임 20,000원은 현금으로 지급하다.

(43) 5월 13일   사업장 이전을 위하여 새롭게 브리상사와 임대차계약을 맺고 계약금을 보통예금에서 지급하였다.

<임대차계약서일부>

상가임대차계약서

임대물건	경기도 부천시 조마루로248번길 52, 408호 전체 (중동, 네이버시티)			
임대면적	33㎡	임대용도	사무실	
임대조건				
임대개시일	20×1. 10. 1.	임대종료일	20×2. 09. 30.	
임대보증금	10,000,000원	월 임차료	500,000원	(매월 11일, 선불)
대금 지급조건				
구분	금액	지급일		
계약금	1,000,000원	계약일 당일		
잔금	9,000,000원	20×1. 10. 1.		
계약일 : 20×1. 05. 12.				

(44) 5월 14일　신규 채용한 영업부 신입사원들이 사용할 컴퓨터 5대를 주문하고, 견적서 금액의 10%를 계약금으로 보통예금 계좌에서 송금하였다.

견 적 서

공급자	사업자번호	206-13-30738			견적번호 : 바삭-01112 아래와 같이 견적서를 발송 20×1년 5월 14일
	상　　　호	바삭컴퓨터	대 표 자	최바삭 (인)	
	소　재　지	서울시 성동구 행당로 133 (행당동)			
	업　　　태	도소매	종　목	컴퓨터	
	담　당　자	한슬기	전화번호	1599-7700	

품명	규격	수량(개)	단가(원)	금액(원)	비고
삼성 센스 시리즈	S-7	5	2,000,000	10,000,000	
	이하 여백				
합 계 금 액				10,000,000	

유효기간 : 견적 유효기간은 발행 후 15일
납　　기 : 발주 후 3일
결제방법 : 현금결제 및 카드결제 가능
송금계좌 : KB국민은행 / 666-12-90238
기　　타 : 운반비 별도

(45) 5월 15일   브리상사에서 매입계약한 판매용 화장품을 인수받고, 계약금 750,000원을 차감한 잔액은 외상으로 하였다.

권		호		거래명세표(보관용)				
20 ×1 년 05 월 14 일			공급자	등록 번호	133-22-66643			
천원상사		귀하		상 호	브리상사	성명	이곰숙	㊞
				사업장 소재지	경기도 안산시 단원구 초지로 90			
아래와 같이 계산합니다.				업 태	도·소매업	종목	화장품	
합계 금액	일천육백오십만 원정 (₩ 7,500,000)							
월일	품 목		규 격	수량	단 가	공급가액		세 액
05/14	화장품			5	1,500,000원	7,500,000원		
	계							
전잔금					합 계			16,500,000원
입금	8/27 계약금 750,000원		잔 금		6,500,000원	인수자	정곰숙	㊞
비 고								

(46) 5월 16일   경북지방에 판로를 개척하기 위하여 1주일간 영업사원을 출장 보내면서 현금 500,000원을 지급하고 내역은 출장에서 돌아온 후 정산하기로 하다.

(47) 5월 17일   업무차 출장한 사원의 출장여비로 계산하여 지급하였던 150,000원에 대해 교통비 75,000, 숙박비 50,000, 기타제경비 40,000으로 정산하고, 출장비 초과분은 현금으로 지급하다.

(48) 5월 18일   총무부 천영현 과장은 세미나참석을 위한 출장 시 지급받은 업무 가지급금 500,000원에 대해 다음과 같이 사용하고 잔액은 현금으로 정산하다. (여비교통비로 처리할 것)

· 왕복항공료 : 240,000원   · 택시요금 : 50,000원   · 숙박비 : 200,000원

(49) 5월 19일   내용을 알 수 없는 출금 500,000원이 발견되어 가지급금으로 처리하였는데, 이는 거래처 브리상사에게 지급한 외상대금으로 판명되었다. (가지급금 거래처는 입력하지 않아도 무방함)

(50) 5월 20일   출장을 마치고 돌아온 영업부 박종호 대리로부터 출장비 정산내역을 보고받고 부족액은 현금으로 추가지급 하였다.

여비정산서						
소 속	영업부	직 위	대리	성 명		박종호
출장일정	일시	20×1년 5월 17일 ~ 20×1년 5월 18일				
	출장지	광주 일원				
출 장 비	지급받은금액	350,000원	지출한금액	400,000원	잔 액	△50,000원
지 출 내 역	숙박비	200,000원	교통비		200,000원	
20×1년 5월 18일 정산인 성명 박종호 (인)						

(51) 5월 21일   출장 갔던 영업부 직원 김성실이 출장에서 돌아와 출장비를 정산하였다. 제출한 여비 정산서는 다음과 같고, 초과하여 지출한 금액 70,000원은 당좌수표를 발행하여 지급하였다. 미리 출장비로 지급했던 금액은 가지급금으로 처리하였다.

소속	영업부		직위	사원	성명	김성실
출장일정	일시	20×1.5.17. ~ 20×1.5.18				
	출장지	부산광역시 동래구 충렬대로 128길 22				
출장비	지급액	200,000원	실제 사용액	270,000원	추가 지급액	70,000원
지출내역	숙박비	숙박비	150,000원	식비	70,000원	50,000원

(52) 5월 22일   현금출납장 잔액보다 실제현금잔액이 50,000원 부족하다.

(53) 5월 23일   현금출납장의 잔액과 비교하여 실제 현금이 60,000원 부족한데 그 원인을 파악할 수 없어서, 원인을 찾을 때까지 현금과부족으로 처리하기로 하였다.

(54) 5월 24일   현금시재를 확인한 결과 실제잔액이 장부잔액보다 110,000원이 많은 것을 발견하였으나 그 차액에 대하여는 원인이 아직 밝혀지지 않았다.

(55) 5월 25일   가온상사의 파산으로 인하여 가온상사에 대한 외상매출금 2,600,000원을 전액 대손 처리하기로 하다. (대손 처리 시점의 외상매출금에 대한 대손충당금 잔액은 3,000,000원이다.)

(56) 5월 26일   진주상점의 파산으로 외상매출금 700,000원이 회수불가능하게 되어 대손처리 하다. (단, 외상매출금의 대손충당금 잔액은 525,000원이다.)

(57) 5월 27일   전기에 대손처리한 평화상사의 외상매출금 중 100,000원이 당좌예금에 입금되었다.

(58) 5월 28일   전기에 대손 처리하였던 평화상사의 외상매출금 2,000,000원이 회수되어 보통예금 계좌로 입금되었다.

정답 및 해설

[1]	4월 1일	(차)	현금	5,000,000원	(대)	상품매출	12,000,000원
			외상매출금(진안상사)	7,000,000원			
[2]	4월 2일	(차)	외상매입금(바삭컴퓨터)	1,500,000원	(대)	현금	1,500,000원
[3]	4월 3일	(차)	상품	1,000,000원	(대)	당좌예금	600,000원
						현금	400,000원
[4]	4월 4일	(차)	상품	3,000,000원	(대)	당좌예금	2,000,000원
						당좌차월(또는 단기차입금)	1,000,000원
[5]	4월 5일	(차)	당좌예금	5,000,000	(대)	현금	5,000,000원
[6]	4월 6일	(차)	정기예금	10,000,000원	(대)	보통예금	10,000,000원
[7]	4월 7일	(차)	보통예금	10,500,000원	(대)	정기예금	10,000,000원
						이자수익	500,000원
[8]	4월 8일	(차)	단기매매증권	2,000,000원	(대)	보통예금	2,000,000원
[9]	4월 9일	(차)	단기매매증권	1,500,000원	(대)	보통예금	1,515,000원
			수수료비용(984)	15,000원			
[10]	4월 10일	(차)	보통예금	1,480,000원	(대)	단기매매증권	1,000,000원
						단기매매증권처분이익	480,000원
[11]	4월 11일	(차)	보통예금	9,880,000원	(대)	단기매매증권	9,000,000원
						단기매매증권처분이익	880,000원
[12]	4월 12일	(차)	단기대여금(세현상사)	2,000,000원	(대)	현금	2,000,000원
[13]	4월 13일	(차)	보통예금	5,250,000원	(대)	단기대여금(영재상사)	5,000,000원
						이자수익	250,000원
[14]	4월 14일	(차)	보통예금	8,000,000원	(대)	상품매출	10,000,000원
			외상매출금(데이상사)	2,000,000원			
[15]	4월 15일	(차)	현금	100,000원	(대)	상품매출	240,000원
			외상매출금(데이상사)	140,000원			
[16]	4월 16일	(차)	보통예금	32,000,000원	(대)	외상매출금(씨오피상사)	32,000,000원
[17]	4월 17일	(차)	현금	5,000,000원	(대)	외상매출금(감자마트)	15,000,000원
			보통예금	10,000,000원			
[18]	4월 18일	(차)	보통예금	1,100,000원	(대)	외상매출금(데이상사)	600,000원
						외상매출금(씨오피상사)	500,000원
[19]	4월 19일	(차)	외상매출금(솔이상점)	2,500,000원	(대)	상품매출	2,500,000원
			운반비(판)	30,000원		보통예금	30,000원
[20]	4월 20일	(차)	외상매출금(솔이상점)	3,000,000원	(대)	상품매출	3,000,000원
			운반비(판)	50,000원		현금	50,000원
[21]	4월 21일	(차)	보통예금	10,000,000원	(대)	상품매출	19,000,000원
			외상매출금(그린위즈덤)	9,000,000원			
[22]	4월 22일	(차)	당좌예금	10,000,000원	(대)	상품매출	16,500,000원
			외상매출금(가홀상사)	6,500,000원			
[23]	4월 23일	(차)	현금	3,000,000원	(대)	외상매출금(솔이상점)	3,000,000원

[24]	4월 24일	(차)	받을어음(진안상사)	3,500,000원	(대)	상품매출	3,500,000원
[25]	4월 25일	(차)	받을어음(브리상사)	2,000,000원	(대)	상품매출	3,000,000원
			외상매출금(진안상사)	1,000,000원			
[26]	4월 26일	(차)	받을어음(진안상사)	1,500,000원	(대)	외상매출금(진안상사)	250,000원
			보통예금	500,000원			
[27]	4월 27일	(차)	받을어음(진안상사)	3,000,000원	(대)	상품매출	5,000,000원
			외상매출금(진안상사)	2,000,000원			
[28]	4월 28일	(차)	받을어음(진안상사)	500,000원	(대)	상품매출	3,500,000원
			외상매출금(진안상사)	3,000,000원		현금	15,000원
			운반비(판)	15,000원			
[29]	4월 29일	(차)	받을어음(진안상사)	2,000,000원	(대)	상품매출	2,000,000원
			운반비(판)	50,000원		현금	50,000원
[30]	4월 30일	(차)	당좌예금	1,000,000원	(대)	받을어음(진안상사)	1,000,000원
[31]	5월 1일	(차)	보통예금	20,000,000원	(대)	받을어음(진안상사)	20,500,000원
			수수료비용(판)	500,000원			
[32]	5월 2일	(차)	당좌예금	1,880,000원	(대)	받을어음(진안상사)	2,000,000원
			수수료비용(판)	120,000원			
[33]	5월 3일	(차)	보통예금	1,850,000원	(대)	받을어음(진안상사)	2,000,000원
			매출채권처분손실	150,000원			
[34]	5월 4일	(차)	당좌예금	385,000원	(대)	받을어음(진안상사)	400,000원
			매출채권처분손실	15,000원			
[35]	5월 5일	(차)	상품	500,000원	(대)	받을어음(진안상사)	500,000원
[36]	5월 6일	(차)	현금	1,000,000원	(대)	상품매출	2,400,000원
			받을어음(진안상사)	1,400,000원			
[37]	5월 7일	(차)	현금	20,000,000원	(대)	상품매출	25,000,000원
			받을어음(진안상사)	5,000,000원			
[38]	5월 8일	(차)	소모품	200,000원	(대)	당좌예금	200,000원
[39]	5월 9일	(차)	선급금(브리상사)	1,000,000원	(대)	현금	1,000,000원
[40]	5월 10일	(차)	선급금(브리상사)	300,000원	(대)	당좌예금	300,000원
[41]	5월 11일	(차)	상품	1,500,000원	(대)	선급금(브리상사)	300,000원
						외상매입금(브리상사)	1,200,000원
[42]	5월 12일	(차)	상품	10,020,000원	(대)	선급금(브리상사)	1,000,000원
						외상매입금(브리상사)	9,000,000원
						현금	20,000원
[43]	5월 13일	(차)	선급금(브리상사)	1,000,000원	(대)	보통예금	1,000,000원
[44]	5월 14일	(차)	선급금(바삭컴퓨터)	1,000,000원	(대)	보통예금	1,000,000원
[45]	5월 15일	(차)	상품	7,500,000원	(대)	선급금(브리상사)	750,000원
						외상매입금(브리상사)	6,750,000원
[46]	5월 16일	(차)	가지급금	500,000원	(대)	현금	500,000원
[47]	5월 17일	(차)	여비교통비(판)	165,000원	(대)	가지급금	150,000원
						현금	15,000원

[48]	5월 18일	(차)	여비교통비(판)	490,000원	(대)	가지급금	500,000원
			현금	10,000원			
[49]	5월 19일	(차)	외상매입금(브리상사)	500,000원	(대)	가지급금	500,000원
[50]	5월 20일	(차)	여비교통비(판)	400,000원	(대)	가지급금	350,000원
						현금	50,000원
[51]	5월 21일	(차)	여비교통비(판)	270,000원	(대)	가지급금	200,000원
						현금	70,000원
[52]	5월 22일	(차)	현금과부족	50,000원	(대)	현금	50,000원
[53]	5월 23일	(차)	현금과부족	60,000원	(대)	현금	60,000원
[54]	5월 24일	(차)	현금	110,000원	(대)	현금과부족	110,000원
[55]	5월 25일	(차)	대손충당금(109)	2,600,000원	(대)	외상매출금(가온상사)	2,600,000원
[56]	5월 26일	(차)	대손충당금(109)	525,000원	(대)	외상매출금(진주상점)	700,000원
			대손상각비(판)	175,000원			
[57]	5월 27일	(차)	당좌예금	100,000원	(대)	대손충당금(109)	100,000원
[58]	5월 28일	(차)	보통예금	2,000,000원	(대)	대손충당금(109)	2,000,000원

이론 핵심 기출문제

01 다음에서 설명하고 있는 자산의 종류는 무엇인가?

> 1. 보고기간 종료일로부터 1년 이내에 보유하는 자산
> 2. 판매를 목적으로 보유하지 않는 자산

① 당좌자산　　② 재고자산　　③ 투자자산　　④ 무형자산

02 다음 중 당좌자산에 해당하지 않는 것은?

① 현금및현금성자산　　② 매출채권
③ 단기투자자산　　④ 당좌차월

03 아래 내용의 (가)에 해당하는 계정과목으로 옳은 것은?

> 자산은 1년을 기준으로 유동자산과 비유동자산으로 구분되며, 유동자산은 (가)과 재고자산으로 분류된다.

① 상품　　② 단기대여금　　③ 비품　　④ 외상매입금

정답 및 해설

01 ① 보기의 내용은 당좌자산에 대한 설명이다.

02 ④ 당좌차월은 단기차입금으로 유동부채에 해당한다. 당좌차월, 단기차입금 및 유동성장기차입금 등은 보고기간 종료일로부터 1년 이내에 결제되어야 하므로 영업주기와 관계없이 유동부채로 분류한다. 또한 비유동부채 중 보고기간 종료일로부터 1년 이내에 자원의 유출이 예상되는 부분은 유동부채로 분류한다.

03 ② (가)는 당좌자산이다. 상품은 재고자산, 비품은 유형자산, 외상매입금은 부채이다.

04 다음의 자료에서 당좌자산의 합계액은 얼마인가?

- 현금 300,000원
- 보통예금 800,000원
- 외상매입금 400,000원
- 외상매출금 200,000원
- 단기매매증권 500,000원

① 1,700,000원 ② 1,800,000원 ③ 2,000,000원 ④ 2,200,000원

05 다음 중 아래의 빈칸에 들어갈 내용으로 적절한 것은?

현금및현금성자산은 통화 및 타인발행수표 등 통화대용증권과 당좌예금, 보통예금 및 큰 거래비용 없이 현금으로 전환이 용이하고, 이자율 변동에 따른 가치변동의 위험이 경미한 금융상품으로서 취득 당시 만기일 또는 상환일이 (   ) 이내인 것을 말한다.

① 1개월 ② 2개월 ③ 3개월 ④ 6개월

06 다음에 설명하는 항목과 통합계정으로 재무제표에 표시되는 것이 아닌 것은?

큰 거래비용 없이 현금으로 전환이 용이하고 이자율 변동에 따른 가치변동의 위험이 중요하지 않은 금융상품으로서 취득 당시 만기일(또는 상환일)이 3개월 이내인 것

① 통화 및 타인발행수표 ② 당좌예금
③ 보통예금 ④ 매출채권

07 다음 중 현금및현금성자산 항목에 해당되지 않는 것은?

① 보통예금 ② 타인발행수표
③ 취득당시 만기가 5개월인 채권 ④ 배당금지급통지서

08 다음 중 현금및현금성자산에 포함되지 않는 것은?

① 지폐 ② 자기앞수표 ③ 우편환 ④ 선일자수표

09 아래의 자료를 토대로 재무상태표에 현금 및 현금성자산으로 합산되어 기록되는 금액은?

- 현 금 : 120,000원
- 외상매출금 : 110,000원
- 당 좌 예 금 : 180,000원
- 선 급 금 : 240,000원
- 보 통 예 금 : 150,000원
- 단기대여금 : 100,000원

① 270,000원　　② 300,000원　　③ 450,000원　　④ 560,000원

10 다음 중 단기매매증권에 대한 설명으로 옳지 않은 것은?

① 주로 단기간 내의 매매차익을 목적으로 하여 취득한 유가증권으로 매수 및 매도가 빈번하게 이루어지는 것을 말한다.
② 재무상태표상 단기투자자산으로 통합하여 표시할 수 있다.
③ 취득원가는 취득 시점의 공정가치로 인식하며, 매입수수료도 취득원가에 포함한다.
④ 결산일 현재 보유하고 있는 단기매매증권은
공정가치로 평가하고, 단기매매증권의 평가손익은 영업외 손익으로 보고한다.

정답 및 해설

04 ② 1,800,000원
= 현금 300,000원 + 보통예금 800,000원 + 외상매출금 200,000원 + 단기매매증권 500,000원

05 ③ 3개월

06 ④ 현금및현금성자산은 통화 및 타인발행수표 등 통화대용증권과 당좌예금, 보통예금 등으로 큰 거래비용 없이 현금으로 전환이 용이하고 이자율 변동에 따른 가치변동의 위험이 중요하지 않은 금융상품으로서 취득 당시 만기일(또는 상환일)이 3개월 이내인 것을 말한다.

07 ③ 취득일부터 만기가 3개월 이내에 도래되는 채권

08 ④ 수표에 기재된 발행일이 실제 발행일보다 앞선 수표를 말하며 거래의 성격에 따라 매출채권(받을어음) 또는 미수금으로 처리한다.

09 ③ 현금 및 현금성자산에는 현금, 당좌예금, 보통예금, 현금성자산 등이 포함된다. 그러므로 현금 120,000원, 보통예금 150,000원, 당좌예금 180,000원이 현금 및 현금성자산에 합산되어 기록된다.

10 ③ 단기매매증권 취득 시 발생한 매입수수료는 영업외비용으로 처리한다.

11 다음 자료에서 재무상태표에 단기투자자산 항목으로 표시되는 금액은?

- 현금 : 50,000원
- 당좌예금 : 200,000원
- 받을어음 : 100,000원
- 보통예금 : 500,000원
- 단기매매증권 : 150,000원
- 단기대여금 : 180,000원

① 330,000원　② 430,000원　③ 480,000원　④ 1,180,000원

12 무릉은 단기차익 목적으로 남양전자㈜ 주식 1,000주를 주당 60,000원에 매입했으며, 취득시 거래수수료 5,000원이 발생하였다. 이에 대한 다음 설명 중 거리가 먼 것은?

① 취득시 처리한 주식의 계정은 당좌자산에 속한다.
② 취득시 발생한 거래수수료는 영업외비용에 속한다.
③ 취득한 주식은 단기매매증권 계정으로 처리한다.
④ 취득시 처리한 주식 계정의 취득가액은 60,005,000원으로 계상된다.

13 다음 자료를 이용하여 단기매매증권처분손익을 계산하면 얼마인가?

- 매도금액 : 2,000,000원
- 처분 시 매각 수수료 : 100,000원
- 장부금액 : 1,600,000원

① (-)400,000원　② (-)300,000원
③ 300,000원　④ 400,000원

14 매출채권은 일반적 상거래에서 발생한 외상매출금과 받을어음을 말한다. 여기서 '일반적 상거래'의 의미를 가장 적절하게 설명한 것은?

① 당해 회사의 사업목적을 위한 정상적 영업활동에서 발생한 거래
② 회계상의 거래가 아니면서 일반적인 거래에 해당되는 것
③ 회계상의 거래이면서 일반적인 거래에 해당하는 것
④ 일반적인 거래가 아니면서 회계상의 거래에 해당되는 것

15 다음 자료는 대명가구의 거래내역이다. 기말 현재 재무상태표에 계상될 매출채권은 얼마인가?

> • 기초 매출채권 500,000원
> • 미래상사에게 침대를 200,000원에 판매하고 어음을 받다.
> • 부천유통에게 책상을 300,000원에 판매하고 100,000원은 현금으로, 200,000원은 어음을 받다.
> • 기말 현재 어음의 만기일은 도래하지 않다.

① 500,000원 ② 700,000원 ③ 900,000원 ④ 1,000,000원

16 다음 중 외상매출금 계정이 대변에 기입될 수 있는 거래를 모두 찾으시오.

> 가. 상품을 매출하고 대금을 한 달 후에 지급받기로 했을 때
> 나. 외상매출금이 보통예금으로 입금되었을 때
> 다. 외상매출금을 현금으로 지급받았을 때
> 라. 외상매입한 상품 대금을 한 달 후에 보통예금으로 지급했을 때

① 가, 나 ② 나, 다 ③ 다, 라 ④ 가, 라

정답 및 해설

11 ① 현금, 보통예금, 당좌예금은 '현금및현금성자산', 받을어음은 '매출채권', 단기매매증권과 단기대여금은 '단기투자자산'으로 표시한다. 150,000원 + 180,000원 = 330,000원

12 ④ 단기매매증권의 거래비용은 취득가액에 가산하지 않고, 영업외비용으로 처리한다.

13 ③ 300,000원
= 처분가액 1,900,000원 - 장부가액 1,600,000원
• 처분가액 : 매도금액 2,000,000원 - 매각 수수료 100,000원 = 1,900,000원

14 ①

15 ③ (500,000원 + 200,000원 + 200,000원) = 900,000원

16 ② 외상매출금이 대변에 기입되는 거래는 외상매출금을 현금이나 보통예금 등으로 회수한 때이다.

17 다음의 대화에서 박대리의 답변을 분개하는 경우 대변 계정과목으로 옳은 것은?

> 김부장 : 박대리님. 매출처 대한상점에 대한 외상 대금은 받았습니까?
> 박대리 : 네. 외상대금 100만원이 당사 보통예금 계좌에 입금된 것을 확인하였습니다.

① 현금　　　　② 보통예금　　　　③ 외상매출금　　　　④ 외상매입금

18 다음 거래에서 표시될 수 없는 계정과목은?

> • 11월 30일 상품 1,100,000원을 지니상사에 외상으로 판매하고 운송비 140,000원을 국민은행 보통예금으로 지급하였다.

① 외상매출금　　② 상품매출　　③ 보통예금　　④ 외상매입금

19 다음은 외상매출금계정의 차변과 대변에 기록되는 내용을 표시한 것이다. 틀리게 표시하고 있는 항목은?

외상매출금	
기초재고액	환입 및 에누리액
매출액	대손액
회수액	기말재고액

① 매출액　　　　　　　　② 회수액
③ 환입 및 에누리액　　　④ 대손액

20 다음 자료를 이용하여 당기 외상 매출액을 계산하면 얼마인가?

> • 외상매출금 기초잔액 300,000원　　• 외상매출금 기말잔액 400,000원
> • 당기 외상매출금 회수액 700,000원

① 300,000원　　② 700,000원　　③ 800,000원　　④ 1,200,000원

21 다음은 매출채권계정에 대한 설명이다. 당기에 매출액 중에서 현금으로 회수한 금액이 300,000원이라면 발생주의에 의한 당기매출액은 얼마인가? (매출거래는 모두 외상거래로 이루어짐.)

```
              매출채권
1/1 전기이월   200,000원  │
                          │  12/31 차기이월   240,000원
```

① 260,000원　② 340,000원　③ 440,000원　④ 300,000원

22 다음 자료에서 당기 중에 외상으로 매출한 금액은 얼마인가?

- 외상매출금 기초잔액 : 100,000원
- 외상매출금 당기회수액 : 400,000원
- 외상매출금 중 에누리액 : 20,000원
- 외상매출금 기말잔액 : 80,000원

① 300,000원　② 360,000원　③ 400,000원　④ 500,000원

정답 및 해설

17 ③ (차변) 보통예금 1,000,000원 (대변) 외상매출금 1,000,000원

18 ④ 외상매입금
　　차) 외상매출금　1,100,000원　　대) 상품매출　1,100,000원
　　　 운반비　　　　140,000원　　　　보통예금　　140,000원

19 ② 외상매출금의 회수액은, 외상매출금계정의 대변에 기입하여야 한다.

20 ③ 800,000원
　　= 외상매출금 회수액 700,000원 + 기말 외상매출금 400,000원 - 기초 외상매출금 300,000원

21 ② 당기매출액 340,000원 = 현금회수액 300,000원 + 기말매출채권 240,000원 - 기초매출채권 200,000원

22 ③ 400,000원

```
                   외상매출금
기초잔액    100,000원  │ 회수액      400,000원
당기 외상매출  (    )    │ 에누리액     20,000원
                        │ 기말잔액     80,000원
            500,000원   │           500,000원
```

23 다음 자료에 의하여 당기 중에 회수한 외상매출금을 계산하면 얼마인가?

> · 외상매출금 기초잔액 : 600,000원　　· 외상매출금 기말잔액 : 800,000원
> · 외상매출액 중 에누리액 : 150,000원　· 외상매출액 중 대손액 : 100,000원
> · 외상매출액 중 환입액 : 250,000원　　· 당기 외상매출액 : 1,500,000원

① 800,000원　② 900,000원　③ 950,000원　④ 1,050,000원

24 아래의 당기 외상매출금 자료를 이용하여 외상매출금 당기 수령액을 계산하면 얼마인가?

> · 기초잔액 : 4,000,000원　　　· 기말잔액 : 2,000,000원
> · 외상매출액 : 3,000,000원　　· 외상매출액 중 매출취소액 : 1,000,000원

① 3,000,000원　② 4,000,000원　③ 5,000,000원　④ 6,000,000원

25 다음 선급금계정에서 4월 6일 거래의 설명으로 옳은 것은?

선급금

| 4/6 현금 | 150,000 | 4/8 상품 | 150,000 |

① 상품을 주문하고 계약금을 지급하다.
② 상품을 주문받고 계약금을 받다.
③ 상품을 매입하고 계약금을 차감하다.
④ 상품을 매출하고 계약금을 차감하다.

26 현금과부족에 대한 설명으로 가장 옳은 것은?

① 회계기간 중 현금의 실제잔액이 장부잔액보다 많은 경우에만 처리하는 계정과목이다.
② 회계기간 중 현금의 실제잔액이 장부잔액보다 적은 경우에만 처리하는 계정과목이다.
③ 기말결산시 현금의 장부잔액과 실제잔액의 차이가 발생하는 경우 처리하는 계정과목이다.
④ 회계기간 중 현금의 장부잔액과 실제잔액의 차이가 발생하는 경우 처리하는 계정과목이다.

27 현금시재액이 장부상시재액보다 50,000원 부족한 경우 해야할 적절한 조치는?

① 당좌차월계정으로 대체한다.　　② 선급금계정으로 대체한다.
③ 현금과부족 계정에 대체한다.　　④ 소액현금계정으로 대체한다.

28 기말 결산 시 현금 계정 차변잔액 200,000원, 현금과부족계정 차변잔액 2,000원이며 현금 실제액이 199,000원이다. 결산 정리 분개 시 차변 계정과목과 금액으로 옳은 것은?

① 현금 1,000원　　　　　　　② 현금 3,000원
③ 잡손실 1,000원　　　　　　④ 잡손실 3,000원

29 11월 5일 현금과부족계정 대변 잔액 20,000원의 원인이 단기대여금 이자수입 누락으로 판명되었다. 분개로 맞는 것은?

① 11/5　(차) 현금 20,000원　　　　　(대) 이자수익 20,000원
② 11/5　(차) 현금과부족 20,000원　　(대) 현금 20,000원
③ 11/5　(차) 현금과부족 20,000원　　(대) 잡이익 20,000원
④ 11/5　(차) 현금과부족 20,000원　　(대) 이자수익 20,000원

정답 및 해설

23 ①　기초잔액 + 당기 외상매출액 = 에누리액 + 환입액 + 대손액 + 회수액 + 기말잔액
　　　600,000원 + 1,500,000원 = 150,000원 + 250,000원 + 100,000원 + 회수액 + 800,000원

24 ②

외상매출금

기초잔액	4,000,000원	매출취소액	1,000,000원
외상매출액	3,000,000원	수령액	( )
		기말잔액	2,000,000원
	500,000원		500,000원

25 ①

26 ④　회계기간 중에 현금의 실제잔액과 장부잔액과의 차이가 발생시 원인이 밝혀질 때까지 한시적으로 처리하는 계정과목이다.

27 ③　이 경우 현금과부족계정이라는 임시계정으로 대체하였다가 차후에 그 원인을 파악하여 본계정으로 대체한다.

28 ④　(차) 잡손실　3,000원　　(대) 현금과부족　2,000원
　　　　　　　　　　　　　　　　　　현　　　금　1,000원

29 ④　기중거래에서 현금과부족계정 대변 잔액은 현금과잉의 경우로 원인 규명시 수익으로 판명된다.

30 아래의 결산회계처리가 재무상태표상 자산과 손익계산서에 미치는 영향으로 가장 적절한 것은?

> 결산과정에서 당초 현금과부족으로 처리했던 현금부족액 100만원의 원인이 판명되지 않아서 잡손실계정으로 처리하였다.

① 재무상태표상 자산 - 영향 없음, 손익계산서 - 영향 없음
② 재무상태표상 자산 - 영향 없음, 손익계산서 - 당기순이익 증가
③ 재무상태표상 자산 - 자산 증가, 손익계산서 - 당기순이익 증가
④ 재무상태표상 자산 - 자산 감소, 손익계산서 - 당기순이익 감소

31 다음 분개에 대한 설명으로 옳은 것은?

> (차) 현 금 10,000   (대) 현금과부족 10,000

① 현금과잉액의 원인이 밝혀진 경우
② 현금의 실제 잔액이 장부 잔액보다 많음을 발견한 경우
③ 현금부족분의 원인이 밝혀진 경우
④ 현금의 실제 잔액이 장부 잔액보다 부족함을 발견한 경우

32 다음 분개에 대한 설명으로 옳은 것은?

> (차) 현금과부족 10,000원   (대) 현금 10,000원

① 현금과잉액의 원인이 밝혀진 경우
② 현금의 실제 잔액이 장부 잔액보다 많음을 발견한 경우
③ 현금부족분의 원인이 밝혀진 경우
④ 현금의 실제 잔액이 장부 잔액보다 부족함을 발견한 경우

33 다음 현금과부족계정의 (   )안에 들어갈 계정과목은?

```
                  현금과부족
12/10  이자수익   15,000 | 12/8  현금    30,000
12/31  (     )    15,000 |
```

① 현금과부족   ② 잡이익   ③ 잡손실   ④ 차기이월

34 다음 설명 중 옳은 것은?

① 대손상각비는 상품매입의 차감적 평가 계정이다.

② 대손충당금은 손익계산서에 표시된다.

③ 외상매입금에 대하여 대손충당금을 설정할 수 있다.

④ 대손충당금은 채권에 대한 차감적 평가계정이다.

35 다음 중 대손처리 할 수 없는 계정과목은 어느 것인가?

① 받을어음　　② 미수금　　③ 선수금　　④ 외상매출금

36 대손충당금을 설정할 경우의 거래내용과 회계처리가 적절하지 않는 것은?

거래내용	회계처리	
① 대손예상액 > 대손충당금 잔액	(차)대손상각비 ×××	(대)대손충당금 ×××
② 대손예상액 = 대손충당금 잔액	(차)대손상각비 ×××	(대)대손충당금 ×××
③ 대손예상액 < 대손충당금 잔액	(차)대손충당금 ×××	(대)대손충당금환입 ×××
④ 대손충당금 잔액이 없을 경우	(차)대손상각비 ×××	(대)대손충당금 ×××

정답 및 해설

30 ④ 손익계산서 비용 증가 → 당기순이익 감소/재무상태표 자산감소
- 현금부족액 처리시 :　　　　(차) 현금과부족　　1,000,000원　　(대) 현금　　1,000,000원
- 결산시 현금출금 원인 확인 :　(차) 잡손실　　　　1,000,000원　　(대) 현금과부족　1,000,000원
　　　　　　　　　　　　　　　　　(비용 발생)　　　　　　　　　　　　(자산 감소)

31 ②

32 ④ 부족한 실제 잔액에 맞추어 장부잔액의 현금을 줄임.

33 ② 기말결산 시 까지 현금과부족의 원인을 알 수 없으면 잡이익으로 처리한다.

34 ④ 대손충당금은 채권에 대한 차감적 평가계정으로 재무상태표에 표시된다.

35 ③ 매출채권, 매출채권이외의 채권에 대하여 대손처리를 할 수 있다. 선수금은 수주공사, 수주 및 기타일반상거래에서 계약금으로 미리 받은 것으로 부채 항목이기 때문에 대손처리 할 수 없다.

36 ② 분개없음

37 다음 자료에 의한 기말 현재 대손충당금 잔액은 얼마인가?

- 기말 매출채권 : 20,000,000원
- 기말 매출채권 잔액에 대하여 1%의 대손충당금을 설정하기로 한다.

① 200,000원　　② 218,000원　　③ 250,000원　　④ 320,000원

38 다음 자료에 의한 매출채권의 기말 대손충당금 잔액은 얼마인가?

- 기초 매출채권 : 500,000원
- 당기 매출액 : 2,000,000원 (판매시점에 전액 외상으로 판매함)
- 당기 중 회수한 매출채권 : 1,500,000원
- 기말 매출채권 잔액에 대하여 1%의 대손충당금을 설정하기로 한다.

① 0원　　② 5,000원　　③ 10,000원　　④ 15,000원

39 다음 거래에 대한 기말 분개로 가장 옳은 것은?

12월 31일 결산시 외상매출금 잔액 10,000,000원에 대해 1%의 대손을 예상하였다. (단, 당사는 보충법을 사용하고 있으며 기말 분개 전 대손충당금 잔액은 50,000원이 계상되어 있다.)

① (차) 대손충당금 100,000원　　(대) 대손상각비 100,000원
② (차) 대손상각비 50,000원　　(대) 대손충당금 50,000원
③ (차) 대손상각비 100,000원　　(대) 외상매출금 100,000원
④ (차) 대손상각비 100,000원　　(대) 대손충당금 100,000원

40 다음 자료를 토대로 당기 대손상각비로 계상할 금액은 얼마인가?

- 기초 대손충당금 잔액은 50,000원이다.
- 10월 거래처의 파산으로 회수불가능 매출채권이 200,000원 발생하였다.

① 30,000원　　② 80,000원　　③ 150,000원　　④ 200,000원

41 다음 자료에서 당기 손익계산서에 보고되는 외상매출금의 대손상각비는 얼마인가?

- 전기말 외상매출금의 대손충당금은 30,000원이다.
- 당기중 외상매출금 20,000원을 회수 불능으로 대손 처리하다.
- 당기말 외상매출금 잔액 5,000,000원에 대해 1%의 대손을 설정하다.

① 20,000원 ② 30,000원 ③ 40,000원 ④ 50,000원

정답 및 해설

37 ① 200,000원 = 기말 매출채권 20,000,000원×1%

38 ③ 10,000원
= 기말 매출채권 1,000,000원×1%
- 기말 매출채권 : 기초 매출채권 500,000원 + 당기 매출액 2,000,000원 - 당기 회수액 1,500,000원
  = 1,000,000원

39 ② 결산일 대손추산액 : 외상매출금 10,000,000원 × 대손율 1% = 100,000원 - 대손충당금 50,000원
= 50,000원(추가설정)

40 ③ 150,000원
= 회수불능채권 200,000원 - 대손충당금 50,000원
- 회계처리 : (차) 대손충당금   50,000원   (대) 매출채권 200,000원
                대손상각비   150,000원

41 ③ 기중 : (차) 대손충당금 20,000   (대) 외상매출금 20,000
기말 : (차) 대손상각비 40,000   (대) 대손충당금 40,000
5,000,000원(외상매출금 잔액) × 0.01 = 50,000원
50,000원 - 10,000원(대손충당금 잔액) = 40,000원

42 다음의 자료를 토대로 기말에 대손상각비로 추가로 계상할 금액은 얼마인가?(대손충당금은 보충법 적용)

- 기초 매출채권에 대한 대손충당금 잔액은 200,000원이다.
- 3월 3일 거래처의 파산으로 매출채권 250,000원이 회수불능되었다.
- 기말 매출채권 잔액 25,000,000원에 대해 1%의 대손을 설정하다.

① 50,000원　　② 100,000원　　③ 200,000원　　④ 250,000원

43 다음 자료에서 20×1년말 대손충당금 추가설정액은 얼마인가? 단, 대손충당금은 매출채권 잔액의 1%를 설정하며, 전기회수불능채권은 대손충당금으로 상계처리한 것으로 가정한다.

- 20×1. 1. 1 : 대손충당금 이월액 : 1,200,000원
- 20×1. 7. 1 : 전기회수불능채권 현금회수액 : 200,000원
- 20×1.12.31 : 매출채권잔액 : 200,000,000원

① 600,000원　　② 800,000원　　③ 1,000,000원　　④ 1,200,000원

44 다음 자료를 토대로 20×1년말 손익계산서에 보고할 대손상각비는 얼마인가?

- 20×1년 1월 1일 현재 대손충당금 잔액은 150,000원이다.
- 20×1년 5월 10일 거래처의 파산으로 매출채권 200,000원이 회수불능 되었다.
- 기말 매출채권 잔액 7,500,000원에 대해 1%의 대손을 설정하다.

① 25,000원　　② 75,000원　　③ 105,000원　　④ 125,000원

45 다음 계정 기입에 대한 설명으로 옳은 것만을 〈보기〉에서 있는 대로 고른 것은?

	대손충당금		
3/15 외상매출금　　100,000원	1/ 1	전 기 이 월	200,000원
	4/10	현　　　금	50,000원
		대손상각비	120,000원

보기
ㄱ. 당기 중 대손확정액은 50,000원이다.
ㄴ. 재무상태표에 표시되는 대손충당금은 270,000원이다.
ㄷ. 손익계산서에 표시되는 대손상각비는 120,000원이다.

① ㄱ, ㄴ　　② ㄱ, ㄷ　　③ ㄴ, ㄷ　　④ ㄱ, ㄴ, ㄷ

정답 및 해설

42 ④ 기초에 설정한 대손충당금을 3월 3일 대손처리에서 모두 사용하였으므로, 기말에 대손충당금을 전액 25,000,000*1%=250,000원을 새로 보충해야함. 따라서 250,000원을 대손상각비로 계상함.

43 ① 200,000,000원 x 1% - (1,200,000원 + 200,000원) = 600,000원

44 ④ 5월 10일 회계처리 :
(차) 대손충당금   150,000원   (대) 매출채권   200,000원
(차) 대손상각비   50,000원

기말 회계처리 :
(차) 대손상각비   75,000원   (대) 대손충당금   75,000원
20×1년말 손익계산서에 보고할 대손상각비는 50,000원 + 75,000원 = 125,000원

45 ③ 3/15 (차변) 대손충당금 100,000 (대변) 외상매출금 100,000으로 당기 중 대손확정액은 100,000원이다.

2 재고자산

1. 재고자산의 정의

재고자산이란 정상적인 영업과정에서 판매를 위하여 보유한 자산(상품, 제품), 생산과정에 있는 자산(반제품, 재공품), 생산과정에 투입될 자산(원재료)을 말한다.

2. 재고자산의 주요 계정과목

구분	내용
상품	판매를 목적으로 구입한 완성된 물품
제품	판매를 목적으로 제조하여 완성된 물품
재공품	제조과정에 있는 미완성품(판매가 가능한 반제품을 포함)
원재료	제품을 만들기 위하여 구입한 원료와 재료
매입환출 및 에누리	매입한 상품 중 하자나 파손이 발견되어 반품한 것(매입환출)과 매입금액에서 값을 깎은 것(매입에누리)으로 상품의 차감계정
매입할인	상품을 구매 시 발생한 외상대금을 조기에 지급하여 일부를 할인받은 금액으로 상품의 차감계정

3. 일반적인 상거래(주된 영업활동)에 대한 회계처리

상기업은 완성된 물품인 상품을 싸게 사와 이윤을 붙여 비싸게 파는 거래를 주로 한다. 상품을 구입하고 판매하는 일반적인 상거래에 대한 회계처리는 매출과 매출원가를 모두 표시하는 방법인 총액법(2분법)으로 회계처리한다.

참 상품매출 인식 방법

구분	총액법		순액법	
구입	(차) 상품 100	(대) 현금 100	(차) 상품 100	(대) 현금 100
판매	(차) 현금 300	(대) 상품매출 300 (수익)	(차) 현금 300	(대) 상품 100 상품매출이익 200 (수익)
결산	(차) 상품매출원가 100 (비용)	(대) 상품 100	-	
특징	• 상품 판매를 통해 발생한 총수익(상품매출)과 총비용(상품매출원가)이 별도로 모두 표시되기 때문에 유용한 정보를 제공 • 일반적인 상거래에서 사용		• 상품 판매를 통해 발생한 순수익(상품매출이익)만 표시되기 때문에 충분한 정보를 얻을 수 없음 • 일반적인 상거래 이외의 거래에 사용	

> 참 손익계산서(총액법): 총액법 사용을 통해 주된 영업활동의 거래에 대한 매출과 매출원가를 모두 확인할 수 있어 유용하다.

손익계산서(보고식)

뽀송상사 20×1년 1월 1일부터
20×1년 12월 31일까지 (단위:원)

Ⅰ. 매출액	300
Ⅱ. 매출원가	100
Ⅲ. 매출총이익(Ⅰ - Ⅱ)	200

1) 일반적인 상거래에 대한 회계처리

상품 취득	• 상품 취득 시 → 상품(자산)의 증가 → 차변 (차) 상품　　　　×××원　　(대) [계정과목]　　×××원
상품 판매	• 상품매출(수익): 주된 영업활동을 위해 판매 목적으로 구입한 상품을 판매하여 발생한 매출액 • 상품 판매(매출) 시 처분금액 전체를 상품매출로 인식 → 상품매출(수익)의 발생 → 대변 (차) [계정과목]　　×××원　　(대) 상품매출　　×××원
결산 (매출원가 계상)	• 상품매출원가(비용): 주된 영업활동을 위해 판매 목적으로 구입한 상품 중 판매된 상품의 구입 원가 • 기말 재고조사를 통해 기말재고액을 파악한 뒤 매출원가를 역으로 계산 → 상품(자산)의 감소, 상품매출원가(비용)의 발생 (차) 상품매출원가　　×××원　　(대) 상품　　×××원

[1] 진안상사로부터 상품 100,000원(10개, 개당 10,000원)을 현금으로 매입하다.

(차)　　　　　　　　　　　　　(대)

[2] 브리상사에 상품 10개를 500,000원에 판매하고 대금은 당좌수표로 받았다.

(차)　　　　　　　　　　　　　(대)

[3] 당기의 재고자산에 대한 자료이다. 상품매출원가를 계산하고 상품을 상품매출원가로 대체하는 회계처리를 하시오.

> • 기초상품재고액: 10,000원　• 당기상품순매입액: 320,000원　• 기말상품재고액: 200,000원

(차변) +　　　　　　　　　　　상품　　　　　　　　　　　- (대변)	
기초상품재고액(전기이월)	상품매출원가
당기상품순매입액	
	기말상품재고액(차기이월)
판매가능상품	판매가능상품

(차)　　　　　　　　　　　　　(대)

2) **상품의 취득원가**: 상품을 취득할 때 상품을 구입한 가격에 취득부대비용을 더하여 상품계정으로 회계처리한다. 매입환출 및 에누리, 매입할인은 상품을 차감하는 임시계정으로 최종 재무제표에는 순매입액만 표시하여 나타나지 않도록 해야한다.

> 취득원가(순매입액) = 매입가액 + 취득부대비용 - 매입환출 및 에누리 - 매입할인

취득 부대비용	• 상품 취득부대비용 발생 → 상품(자산)의 증가 → 차변 (차) 상품　　　　　×××원　　(대) [계정과목]　　　×××원
매입환출 및 에누리	• 매입한 상품 중 하자나 파손 등의 이유로 반품(매입환출)하거나 상품에 대해 값을 깎음(매입에누리) → 매입환출 및 에누리(상품의 차감계정)의 발생 → 대변 (차) 외상매입금　　　×××원　　(대) 매입환출및에누리(상품)　×××원
매입할인	• 상품 매입 시 발생한 외상매입금을 조기에 상환하여 할인받음(매입할인) → 매입할인(상품의 차감계정)의 발생 → 차변 (차) 외상매입금　　　×××원　　(대) 매입환출(상품)　　×××원

[4] 진안상사에 상품을 200,000원(20개, 개당 10,000원)을 외상으로 매입하고 운반비 20,000원은 현금으로 지급하였다.

　(차)　　　　　　　　　　　　(대)

[5] 진안상사에 외상으로 구입한 상품 중 2개(개당 10,000원)가 불량품이 발생하여 반품하다.

　(차)　　　　　　　　　　　　(대)

[6] 진안상사의 외상매입금 180,000원을 약정기일보다 빠르게 현금 지급하고, 외상매입금의 1%를 할인받다.

　(차)　　　　　　　　　　　　(대)

[7] 당기의 재고자산에 대한 자료이다. 상품매출원가를 계산하고 상품을 상품매출원가로 대체하는 회계처리를 하시오.

> • 기초상품재고액: 0원　　　　　• 당기상품총매입액: 200,000원
> • 매입운임: 20,000원　　　　　• 매입환출및에누리: 20,000원
> • 매입할인: 18,000원　　　　　• 기말상품재고액: 82,000원

(차변) +	상품	- (대변)
기초상품재고액(전기이월)	상품매출원가	
당기상품순매입액[3]		
	기말상품재고액(차기이월)	
판매가능상품	판매가능상품	
(차)	(대)	

[3] 당기상품순매입액 = 총매입액 + 매입운임 - 매입환출및에누리 - 매입할인

> 참 케이렙(KcLep)을 활용한 상품매출원가 계산: KcLep 프로그램에서 기말상품재고액만 입력하면 프로그램에 입력되어 있는 기초상품재고액과 당기상품매입액이 반영된 상품매출원가 금액을 자동으로 계산할 수 있다.

2. 매출원가			154,180,000
상품매출원가			
① 기초 상품 재고액			12,500,000
② 당기 상품 매입액			141,680,000
⑩ 기말 상품 재고액		기말상품재고액 입력 시 매출원가 자동 계산	

4. 매출원가와 기말재고액 계산

1) 단위원가 결정방법에 따른 금액 계산

재고자산 금액	=	수량	×	단가
		① 계속기록법		① 개별법
		② 실지재고조사법		② 선입선출법
		③ 혼합법		③ 후입선출법
				④ 총평균법
				⑤ 이동평균법

2) 수량결정방법

계속기록법	• 상품의 입고, 출고를 모두 기록하여 기말 재고 수량을 파악하는 방법으로 매출 수량이 정확하게 계산된다. • 기초재고수량 + 당기매입수량 - 당기매출수량 = 기말재고수량
실지재고 조사법	• 상품의 입고만 기록하고 기말 창고에 실제 남아있는 상품의 수량을 파악하여 당기 매출수량을 파악하는 방법으로 기말재고 수량이 정확하게 파악된다. • 기초재고수량 + 당기매입수량 - 기말재고수량 = 당기매출수량
혼합법	• 계속기록법과 실지재고조사법을 병행하여 파악하는 방법으로 매출 수량과 감모 수량[4]을 정확하게 파악할 수 있다.

[4] 재고자산의 감모란 파손, 도난 등의 이유로 재고가 없어진 것을 말한다.

> 참 수량결정방법

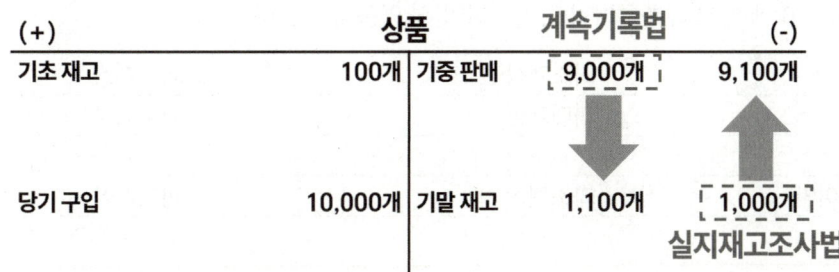

3) 단가결정방법

개별법		• 개별법: 개별 상품 각각에 가격표를 붙여서 개별적 단가를 결정하는 방법 • 장점: 실제 물량의 흐름과 동일하여 가장 정확한 방법이다. • 단점: 거래가 많을 경우 적용하기 어렵다.
선입선출법		• 선입선출법: 먼저 입고된 상품을 먼저 출고한다는 가정하에 출고단가를 결정하는 방법 • 장점: 실제 물량의 흐름과 일치하고, 기말재고자산 금액이 가장 최근 매입한 공정가치에 가깝게 표시된다. • 단점: 현재 수익에 오래된 매입가격으로 비용(매출원가)을 계산하기 때문에 수익·비용 대응의 원칙에 부적합하고 물가 상승 시 이익이 더 높게 보고되어 세금 부담이 크다.
후입선출법		• 후입선출법: 나중에 입고된 상품을 먼저 출고한다는 가정하에 출고단가를 결정하는 방법 • 장점: 현재 수익에 가장 최근 매입가격으로 비용(매출원가)을 계산하기 때문에 수익·비용 대응이 적절히 이루어진다. • 단점: 실제 물량 흐름의 동일하지 않고, 기말재고자산 금액이 오래전 매입가격으로 구성되어 공정가치에 가깝게 표시되지 않는다.
가중평균법	총평균법	• 기말에 총입고금액을 총입고수량으로 나누어 총평균단가로 출고단가 결정하는 방법 총평균단가 = (기초재고액 + 당기매입액) / (기초재고수량 + 당기매입수량)
	이동평균법	• 매입할 때마다 이동평균단가를 구하여 이동평균단가로 출고 단가를 결정하는 방법 이동평균단가 = (매입 직전 재고액 + 추가 매입액) / (매입 직전 재고수량 + 추가 매입수량)

4) 단가결정방법에 따른 기말재고액, 매출원가, 매출총이익(당기순이익)금액 결과 비교: 물가는 상승하고 기말재고수량은 기초재고수량보다 같거다 크다고 가정한다.

매출액	선입선출법 = 이동평균법 = 총평균법 = 후입선출법
말재고액	선입선출법 > 이동평균법 ≥ 총평균법 > 후입선출법
매출원가	선입선출법 < 이동평균법 ≤ 총평균법 < 후입선출법
매출총이익(당기순이익)	선입선출법 > 이동평균법 ≥ 총평균법 > 후입선출법

5) 매출원가 기말재고액의 과소·과대 계상에 따른 영향: 단가결정방법에 따라 기말재고액과 매출원가의 금액에 차이가 발생하고 이에 따라 매출총이익(당기순이익)에 영향을 미친다.

기말재고액	과소계상	과대계상
매출원가	과대계상	과소계상
	⇩	⇩
매출총이익(당기순이익)	과소계상	과대계상

정답 및 해설

[1]	(차)	상품	100,000원	(대)	현금	100,000원
[2]	(차)	현금	500,000원	(대)	상품매출	500,000원
[3]	(차)	상품매출원가	130,000원	(대)	상품	130,000원

(차변) +	상품		- (대변)
기초상품재고액(전기이월)	10,000	상품매출원가	130,000
당기상품순매입액	320,000		
		기말상품재고액(차기이월)	200,000
판매가능상품	330,000	판매가능상품	330,000

[4]	(차)	상품	220,000원	(대)	외상매입금(진안상사)	200,000원
					현금	20,000원
[5]	(차)	외상매입금(진안상사)	20,000원	(대)	매입환출및에누리(상품)	20,000원
[6]	(차)	외상매입금(진안상사)	180,000원	(대)	매입할인(상품)	18,000원
					현금	162,000원
[7]	(차)	상품매출원가	100,000원	(대)	상품	100,000원

(차변) +	상품		- (대변)
기초상품재고액(전기이월)	0	상품매출원가	100,000
당기상품순매입액[5]	182,000		
		기말상품재고액(차기이월)	82,000
판매가능상품	182,000	판매가능상품	182,000

[5] 당기상품순매입액 = 총매입액 + 매입운임 - 매입환출및에누리 - 매입할인

= 매입가액 200,000원 + 매입부대비용 20,000원 - 매입환출 및 에누리 20,000원 - 매입할인 18,000원

예제: 단가결정방법에 따른 매출원가와 기말재고액 계산

다음과 같은 상품거래가 발생했을 때 선입선출법, 후입선출법, 총평균법, 이동평균법에 따라 상품재고장[6]을 작성하고 기말상품재고액, 매출원가, 매출총이익을 구하시오.

날짜	내용	수량	단가
1월 1일	기초재고	10개	@80원 구입
3월 10일	매입	10개	@120원 구입
7월 20일	매출	10개	@300원 판매
8월 30일	매입	20개	@130원 구입
10월 15일	매출	20개	@350원 판매

1. 선입선출법(기말상품재고액   원, 상품매출원가   원)

날짜	적요	입고			출고			잔고		
		수량	단가	금액	수량	단가	금액	수량	단가	금액
	합계									

[6] 상품재고장: 상품을 매입 매출 할 때 마다 기입하는 보조원장

2. 후입선출법 (기말상품재고액   원, 상품매출원가   원)

날짜	적요	입고			출고			잔고		
		수량	단가	금액	수량	단가	금액	수량	단가	금액
	합계									

3. 총평균법 (기말상품재고액   원, 상품매출원가   원)

날짜	적요	입고			출고			잔고		
		수량	단가	금액	수량	단가	금액	수량	단가	금액
	합계									

4. 이동평균법 (기말상품재고액   원, 상품매출원가   원)

날짜	적요	입고			출고			잔고		
		수량	단가	금액	수량	단가	금액	수량	단가	금액
	합계									

5. 단가결정방법에 따른 기말재고액, 매출원가, 매출총이익(당기순이익)금액 결과 비교

구분	선입선출법	이동평균법	총평균법	후입선출법
매출액				
기말재고액				
매출원가				
매출총이익				

정답 및 해설

1. 선입선출법(기말상품재고액 1,300원, 상품매출원가 3,300원)

날짜	적요	입고 수량	입고 단가	입고 금액	출고 수량	출고 단가	출고 금액	잔고 수량	잔고 단가	잔고 금액
1월 1일	전기이월	10	@80	800				10	@80	800
3월 10일	매입	10	@120	1,200				10	@80	800
								10	@120	1,200
7월 20일	매출				10	@80	800	10	@120	1,200
8월 30일	매입	20	@130	2,600				10	@120	1,200
								20	@130	2,600
10월 15일	매출				10	@120	1,200	10	@130	1,300
					10	@130	1,300			
12월 31일	기말재고				10	@130	1,300			
합계		40		4,600	40		4,600			

2. 후입선출법(기말상품재고액 800원, 상품매출원가 3,800원)

날짜	적요	입고 수량	입고 단가	입고 금액	출고 수량	출고 단가	출고 금액	잔고 수량	잔고 단가	잔고 금액
1월 1일	전기이월	10	@80	800				10	@80	800
3월 10일	매입	10	@120	1,200				10	@80	800
								10	@120	1,200
7월 20일	매출				10	@120	1,200	10	@80	800
12월 30일	매입	20	@130	2,600				10	@80	800
								20	@130	2,600
10월 15일	매출				20	@130	2,600	10	@80	800
12월 31일	기말재고				10	@80	800			
합계		40		4,600	40		4,600			

3. 총평균법(기말상품재고액 1,150원, 상품매출원가 3,450원)

날짜	적요	입고 수량	입고 단가	입고 금액	출고 수량	출고 단가	출고 금액	잔고 수량	잔고 단가	잔고 금액
1월 1일	전기이월	10	@80	800				10		
3월 10일	매입	10	@120	1,200				20		
7월 20일	매출				10	@115	1,150	10		
12월 30일	매입	20	@130	2,600				30		
10월 15일	매출				20	@115	2,300	10		
12월 31일	기말재고				10	@115	1,150			
합계		40	@115	4,600	40		4,600			

4. 이동평균법(기말상품재고액 1,200원, 상품매출원가 3,400원)

날짜	적요	입고 수량	입고 단가	입고 금액	출고 수량	출고 단가	출고 금액	잔고 수량	잔고 단가	잔고 금액
1월 1일	전기이월	10	@80	800				10	@80	800
3월 10일	매입	10	@120	1,200				20	@100	2,000
7월 20일	매출				10	@100	1,000	10	@100	1,000
12월 30일	매입	20	@130	2,600				30	@120	3,600
10월 15일	매출				20	@120	2,400	10	@120	1,200
12월 31일	기말재고				10	@120	1,200			
합계		40		4,600	40		4,600			

5. 단가결정방법에 따른 기말재고액, 매출원가, 매출총이익(당기순이익)금액 결과 비교

구분	선입선출법	이동평균법	총평균법	후입선출법
매출액	10,000 = (10 × @300) + (20 × @350)			
기말재고액	1,300	1,200	1,150	800
매출원가	3,300	3,400	3,450	3,800
매출총이익	6,700	6,600	6,550	6,200

예 매출원가, 기말재고액의 과소·과대 계상에 따른 영향

기초상품재고액
(= 전기 이월된 상품의 구입원가)

상품

(차변=입고) (대변=출고)

1/1	기초	10 ×	@80	= 800
3/10	매입	10 ×	@120	= 1,200
8/30	매입	20 ×	@130	= 2,600

상품매출원가
(= 판매된 상품의 구입원가)

7/20	매출	10 ×	@80	= 800
7/20	매출	10 ×	@120	= 1,200
		10 ×	@130	= 1,300
12/31	기말재고	10 ×	@130	= 1,300

당기상품매입액
(= 당기 구입한 상품의 구입원가)

합계 40 4,600   합계 40 4,600

판매가능상품액
(= 판매 가능한 상품의 구입원가)

기말상품재고액
(= 기말에 남은 상품의 구입원가)

손익계산서(보고식)
20X1년 1월 1일부터 20X1년 12월 31일까지

Ⅰ. 매출액
Ⅱ. 매출원가 ↓↑
(1) 상품 매출원가
 1. 기초상품재고액　　 ×××
 2. 당기상품매입액　　 ×××
 3. 기말상품재고액 ↑↓ (×××)
Ⅲ. 매출총이익 ↑↓
(= Ⅰ - Ⅱ)
⋮
X. 당기순이익 ↑↓

실무 핵심 기출문제

천원상사(회사코드: 9010)의 데이터를 사용하여 연습할 수 있습니다.

(1) 7월 1일   상품 2,500,000원을 매입하고 대금은 전액 현금으로 지급하였다.

(2) 7월 2일   수입한 상품에 대해 인천세관에 관세 2,000,000원, 통관 수수료 200,000원을 보통예금 계좌에서 이체하여 납부하다.

(3) 7월 3일   리부상사의 외상매입금 420,000원을 약정기일 이전에 지급함으로써 20,000원을 할인받고, 잔액은 당좌수표를 발행하여 지급하였다.

(4) 7월 4일   리부상사에서 외상으로 매입한 상품 대금 4,000,000원을 약속기일 보다 빨리 지급하게 되어 외상대금의 3%를 할인받고 잔액은 보통예금통장에서 이체하여 지급하다. (매입할인 계정을 사용한다.)

정답 및 해설

[1]	7월 1일	(차)	상품	2,500,000원	(대)	현금	2,500,000원
[2]	7월 2일	(차)	상품	2,200,000원	(대)	현금	2,200,000원
[3]	7월 3일	(차)	외상매입금(리부상사)	420,000원	(대)	당좌예금	400,000원
						매입할인(상품)	20,000원
[4]	7월 4일	(차)	외상매입금(리부상사)	4,000,000원	(대)	매입할인(상품)	120,000원
						보통예금	3,880,000원

이론 핵심 기출문제

01 다음 괄호 안에 들어갈 내용으로 옳은 것은?

> (　　　)은(는) 영업과정에서 판매를 위하여 보유하거나 생산과정에 있는 자산 및 생산 또는 서비스 제공과정에 투입될 원재료나 소모품의 형태로 존재하는 자산이다.

① 무형자산　　　② 당좌자산　　　③ 유형자산　　　④ 재고자산

02 다음 중 재고자산에 대한 설명으로 가장 틀린 것은?

① 정상적인 영업 과정에서 판매를 위하여 보유하거나 생산과정에 있는 자산을 말한다.
② 자동차대리점에서 보유하고 있는 판매용 차량은 재고자산에 해당한다.
③ 재고자산은 감가상각을 통하여 비용으로 인식한다.
④ 재고자산의 단가결정방법에는 개별법, 선입선출법, 후입선출법, 평균법 등이 있다.

03 다음 중 재고자산에 대한 설명으로 틀린 것은?

① 재고자산의 취득원가에는 매입가액 뿐만 아니라, 매입운임 등 매입부대비용까지 포함한다.
② 선입선출법은 먼저 구매한 상품이 먼저 판매된다는 가정하에 매출원가 및 기말재고액을 구하는 방법이다.
③ 후입선출법은 나중에 구매한 상품이 나중에 판매된다는 가정하에 매출원가 및 기말재고액을 구하는 방법이다.
④ 개별법은 매입단가를 개별적으로 파악하여 매출원가와 기말재고액을 결정하는 방법이다.

정답 및 해설

01 ④ 재고자산에 관한 설명이다.

02 ③ 유형자산에 대한 설명이다. 재고자산은 판매된 부분에 대하여 수량(계속기록법, 실지재고조사법 등)과 단가(개별법, 선입선출법, 후입선출법, 평균법 등)를 산정하여 매출원가로 인식한다.

03 ③ 후입선출법은 나중에 구매한 상품이 먼저 판매된다는 가정하에 매출원가 및 기말재고액을 구하는 방법이다.

04 다음 중 재고자산에 대한 설명으로 틀린 것은?

① 판매를 위하여 보유하고 있는 상품 또는 제품은 재고자산에 해당한다.
② 판매와 관련하여 발생한 수수료는 판매비와관리비로 비용처리 한다.
③ 판매되지 않은 재고자산은 매입한 시점에 즉시 당기 비용으로 인식한다.
④ 개별법은 가장 정확하게 매출원가와 기말재고액을 결정하는 방법이다.

05 다음 중 재고자산에 해당하는 것은?

① 판매용으로 구입한 핸드폰
② 거래처 직원에게 명절에 줄 선물세트를 구매한 경우
③ 영업용으로 구입한 복사기
④ 직원에게 지급할 단체복을 구입한 경우

06 다음 중 재고자산으로 분류되는 것은?

① 투자 목적으로 취득한 건물
② 사무실에서 사용하는 책상과 의자
③ 부동산매매업자가 판매하기 위해 보유하고 있는 토지
④ 직원용 휴게실에 비치되어 있는 TV

07 다음 중 재고자산에 해당되는 것으로 올바르게 묶은 것은?

| a. 사무실에서 사용하는 컴퓨터 | b. 판매용 상품 |
| c. 당사가 제조한 제품 | d. 공장에서 사용하는 기계장치 |

① a, b　　　② b, c　　　③ c, d　　　④ b, d

08 다음 중 재고자산에 해당하지 않는 것은?

① 원재료
② 판매 목적으로 보유 중인 부동산매매업자의 건물
③ 상품
④ 상품매입 계약을 체결하고 지급한 선급금

09 다음 중 재고자산의 취득원가에 가산되는 항목은?

① 매입에누리 ② 매입환출 ③ 매입할인 ④ 매입운임

10 재고자산과 관련된 지출 금액 중 취득원가에서 차감되는 것은?

① 매입운임 ② 매출운반비 ③ 매입할인 ④ 매입수수료비용

11 다음 중 상품의 매입원가에 가산하지 않는 것은?

① 상품을 100,000원에 매입하다.

② 상품 매입 시 발생한 하역비 100,000원을 지급하다.

③ 상품 매입 시 발생한 운임 100,000원을 지급하다.

④ 매입한 상품에 하자가 있어 100,000원에 해당하는 상품을 반품하다.

정답 및 해설

04 ③ 판매하여 수익을 인식한 기간에 매출원가(비용)로 인식한다.

05 ① 재고자산은 판매를 목적으로 구입한 자산을 말하며 상품, 제품, 재공품, 원재료 등을 말한다.

06 ③ 판매용이므로 재고자산임.

07 ② b, c (상품, 제품) 재고자산임

08 ④ 선급금은 당좌자산이다.

09 ④ 매입에누리, 매입환출, 매입할인은 재고자산의 취득원가에서 차감한다.

10 ③ 매입할인은 재고자산의 취득원가에서 차감한다.
  • 상품 매출 시 운반비는 자산으로 처리하지 않고 비용(운반비)으로 처리한다.

11 ④ 재고자산의 매입원가는 매입금액에 매입운임, 하역료 및 보험료 등 취득과정에서 정상적으로 발생한 부대원가를 가산한 금액이다. 매입환출은 매입원가에서 차감한다.

12 다음 자료에서 상품의 순매입액은 얼마인가?

- 당기상품매입액 50,000원
- 상품매입과 관련된 취득부대비용 2,000원
- 상품매입할인 3,000원
- 상품매출에누리 5,000원

① 44,000원　② 47,000원　③ 49,000원　④ 52,000원

13 다음 자료에 의한 기말상품재고액은 얼마인가?

- 매출원가 : 20,000원
- 당기매입액 : 25,000원
- 기초상품재고액 : 5,000원
- 매입운반비 : 1,000원

① 5,000원　② 11,000원　③ 15,000원　④ 20,000원

14 다음 자료에 의하여 총매입액을 계산하면 얼마인가?

- 매입에누리 : 60,000원
- 매출총이익 : 100,000원
- 순 매 출 액 : 250,000원
- 기말재고액 : 250,000원
- 기초재고액 : 100,000원

① 350,000원　② 360,000원　③ 370,000원　④ 380,000원

15 다음 자료에서 기초상품재고액은 얼마인가?

- 당기매입액 : 300,000원
- 기말상품재고액 : 80,000원
- 당기매출액 : 600,000원
- 매출총이익 : 220,000원

① 160,000원　② 180,000원　③ 200,000원　④ 220,000원

16 다음은 상품과 관련된 내용이다. 매출원가는 얼마인가?

- 상품 월초잔액 : 500,000원
- 매입환출액 : 100,000원
- 매출환입액 : 50,000원
- 당월 매입액 : 700,000원
- 매출에누리 : 100,000원
- 상품 월말잔액 : 400,000원

① 550,000원　② 600,000원　③ 650,000원　④ 700,000원

17 다음은 미래상사의 상품거래와 관련된 내용이다. 판매가능금액으로 옳은 것은?

- 총매출액 : 1,000,000원
- 총매입액 : 800,000원
- 매출에누리액 : 100,000원
- 기초상품재고액 : 400,000원
- 매입에누리액 : 40,000원
- 기말상품재고액 : 450,000원

① 50,000원 ② 760,000원 ③ 900,000원 ④ 1,160,000원

18 다음 중 재고자산의 수량결정방법으로 맞은 것은?

① 실지재고조사법 ② 선입선출법 ③ 총평균법 ④ 이동평균법

정답 및 해설

12 ③ 순매입액 49,000원
= 당기매입액 50,000원 + 취득부대비용 2,000원 - 매입할인 3,000원

13 ② 상품매출원가 = 기초상품재고액 + 당기순매입액 - 기말상품재고액

14 ② 매출총이익 100,000 = 순매출액 250,000 - 매출원가 ? → 매출원가 : 150,000
매출원가 150,000 = 기초상품재고액 100,000 + 순매입액 ? - 기말상품재고액 250,000 → 순매입액 : 300,000
순매입액 300,000 = 총매입액 ? - 매입에누리 60,000 → 총매입액 : 360,000

15 ① 매출총이익 = 매출액 - 매출원가
매출원가 380,000원 = 기초재고액 + 당기매입액 300,000원 - 기말재고액 80,000원
기초재고액은 160,000원

16 ④ (월초상품재고액 + 당기순매입액) - 월말상품재고액 = 매출원가
당기순매입액 = 총매입액 -(매입에누리 + 환출액 + 매입할인)

17 ④ 판매가능금액이란 기초상품재고액 + 당기상품순매입액을 가산하여 산출
400,000원 + (800,000원 - 40,000원) = 1,160,000원임

18 ① 재고자산 수량결정방법은 계속기록법과 실지재고조사법이 있다.

19 다음 중 상품재고액의 단가를 결정하는 방법은?

① 계속기록법

② 실지재고조사법

③ 계속기록법과 실지재고조사법 동시 사용

④ 선입선출법 또는 후입선출법

20 다음 중 재고자산의 원가계산방법에 해당되지 않는 것은?

① 선입선출법　　② 개별법　　③ 연수합계법　　④ 이동평균법

21 다음 중 재고자산의 단가결정방법 중 선입선출법에 대한 설명으로 적절하지 않은 것은?

① 물가상승시 기말재고자산이 과소평가된다.

② 물량흐름과 원가흐름이 대체적으로 일치한다.

③ 기말재고자산이 현행원가에 가깝게 표시된다.

④ 물가상승시 이익이 과대계상된다.

22 물가가 지속적으로 하락하는 경우에 재고자산의 수량이 일정하게 유지된다면 매출원가가 가장 작게 나타나는 재고자산 평가방법은?

① 개별법　　② 총평균법　　③ 선입선출법　　④ 후입선출법

23 재고자산의 단가결정방법 중 아래의 자료에서 설명하는 특징을 가진 것은?

- 실제 물량 흐름과 유사하다.
- 현행수익에 과거원가가 대응된다.
- 기말재고가 가장 최근에 매입한 상품의 단가로 계상된다.

① 선입선출법　　② 후입선출법　　③ 총평균법　　④ 개별법

24 재고자산의 단가결정방법 중 후입선출법에 대한 설명으로 바르지 않은 것은?

① 실제 물량흐름과 원가흐름이 대체로 일치한다.

② 기말재고가 가장 오래 전에 매입한 상품의 단가로 계상된다.

③ 물가상승 시 이익이 과소계상된다.

④ 물가상승 시 기말재고가 과소평가된다.

25 재고자산은 그 평가방법에 따라 금액이 달라질 수 있다. 다음 중 평가방법에 따른 기말재고자산 금액의 변동이 매출원가와 매출총이익에 미치는 영향으로 옳은 것은?

① 기말재고자산 금액이 감소하면 매출원가도 감소한다.

② 기말재고자산 금액이 감소하면 매출총이익은 증가한다.

③ 기말재고자산 금액이 증가하면 매출원가도 증가한다.

④ 기말재고자산 금액이 증가하면 매출총이익이 증가한다.

정답 및 해설

19 ④ 상품재고액은 수량×단가로 계산되며, 수량의 결정은 계속기록법, 실지재고조사법 등이 있고, 단가의 결정에는 선입선출법, 후입선출법, 이동평균법, 총평균법 등이 있다.

20 ③ 연수합계법은 감가상각방법에 해당된다.

21 ① 후입선출법에 대한 설명이다.

22 ④ 후입선출법은 기말재고자산가액이 가장 오래전에 매입한 상품으로 구성되어 있으므로 물가가 하락하고 재고자산 수량이 일정하게 유지된다고 가정할 때, 후입선출법에서 기말재고자산가액이 가장 크게 나타난다. 기말재고자산가액이 크면 매출원가는 가장 작게 나타난다.

23 ① 선입선출법에 대한 설명이다.

24 ① 선입선출법에 대한 설명이다.

25 ④ 기말재고자산 금액이 증가하면 매출원가가 감소하고, 매출총이익은 증가한다.
- 매출원가 = 기초재고액 + 당기 매입액 - 기말재고액
- 매출총이익 = 순매출액 - 매출원가

구분	매출원가	매출총이익
기말재고 감소	증가	감소
기말재고 증가	감소	증가

26 다음은 12월 상품재고장이다. 재고자산평가방법으로 총평균법을 사용할 경우 12월의 매출총이익은 얼마인가?

상품재고장

구분	수량(개)	단가(원)	금액(원)
기초	100	100	10,000
매입	500	100	50,000
매출	250	210	52,500
매입	200	100	20,000
매출	250	210	52,500

① 55,000원 ② 60,000원 ③ 80,000원 ④ 130,000원

27 ㈜서울의 12월 매입과 매출자료이다. 선입선출법에 의한 12월 말 재고자산과 매출원가는 얼마인가?

| 일자 | 내역 | 입고 | | 출고 |
		수량	단가	수량
12월 1일	월초재고	100개	300원	
12월 10일	매입	200개	400원	
12월 18일	매출			150개
12월 27일	매입	100개	500원	

	기말재고자산	매출원가		기말재고자산	매출원가
①	110,000원	50,000원	②	80,000원	50,000원
③	60,000원	110,000원	④	50,000원	110,000원

28 다음은 당사의 당기 재고자산과 관련된 자료이다. 원가흐름의 가정을 선입선출법을 적용한 경우와 총평균법을 적용한 경우의 기말재고자산 가액의 차이는 얼마인가?

	수량	단가
기초재고(1월 1일)	10개	100원
매입(3월 10일)	20개	200원
매입(7월 25일)	30개	300원
매입(8월 20일)	40개	400원
매출(9월 15일)	30개	700원

① 3,000원 ② 4,000원 ③ 5,000원 ④ 6,000원

29 기말재고자산을 과소 평가한 경우 나타나는 현상으로 옳은 것은?

	매출원가	당기순이익		매출원가	당기순이익
①	과대계상	과대계상	②	과대계상	과소계상
③	과소계상	과대계상	④	과소계상	과소계상

30 다음 중 재무상태표상 기말재고자산이 50,000원 과대계상 되었을 때 나타날 수 없는 것은?

① 당기순이익 50,000원 과소계상

② 매출원가 50,000원 과소계상

③ 영업이익 50,000원 과대계상

④ 차기이월되는 재고자산 50,000원 과대계상

정답 및 해설

26 ① 매출액-매출원가=매출총이익(500개×210원 - 500개×100원 = 55,000원)

27 ① 선입선출법가정하의 출고수량 150개의 매출원가는 50,000원
(출고수량 150개에 적용되는 단가 : 12/1일 100개×300원 + 12/10일 50개×400원)
기말재고액 : (12/10일 150개×400원 + 12/27일 100개×500원) = 110,000원

28 ② 선입선출법: (30개×300원) + (40개×400원) = 25,000원
평균법: 총평균단가 30,000원/100개 = 300원, 300원×70개 = 21,000원
25,000원 - 21,000원 = 4,000원

29 ② 기초상품재고액 + 당기매입액 - 기말상품재고액(⇩) = 매출원가(⇩)
순매출액 - 매출원가(⇩) = 당기순이익(⇩)

30 ① 기말재고자산이 과대계상되면 매출원가가 과소계상되고 당기순이익은 과대계상된다.

3 투자자산

1. 투자자산의 정의
투자자산이란 비유동자산 중 기업의 판매활동 이외의 장기간에 걸쳐 투자이익을 얻을 목적으로 보유하는 자산이다.

2. 투자자산의 주요 계정과목

장기 금융상품	장기성예금	결산일 기준 만기가 1년 이후에 도래하는 정기예금, 정기적금
	특정현금과예금	결산일 기준 만기가 1년 이후에 도래하는 사용이 제한되어 있는 금융상품
장기대여금		결산일 기준 1년 이후 돌려받는 조건으로 빌려준 금전
투자부동산		기업의 고유 영업활동과 직접 관련 없이 시세차익을 목적으로 보유하는 토지 건물 및 기타의 부동산

3. 투자자산 계정과목별 회계처리

1) 장기성예금

납입	• 결산일 기준 만기가 1년 이후 도래하는 정기예·적금 납입 → 장기성예금(자산)의 증가 → 차변 (차) 장기성예금　　　　　×××원　(대) [계정과목]　　　　　×××원

[1] 만기가 3년 후인 정기적금에 이달분 1,500,000원을 예금하기 위해 보통예금통장에서 이체하다.

　　(차)　　　　　　　　　　　　　(대)

2) 장기대여금

금전대여	• 결산일 기준 만기가 1년 이후 도래하는 조건으로 금전을 빌려줌 → 장기대여금(자산)의 증가 → 차변 (차) 장기대여금　　　　　×××원　(대) [계정과목]　　　　　×××원

[2] 만기가 2년 후인 정기예금에 3,000,000원을 예금하기 위해 보통예금 통장에서 이체하다.

　　(차)　　　　　　　　　　　　　(대)

3) 투자부동산

취득	• 투자목적으로 부동산 구입 → 부자부동산(자산)의 증가 → 차변 (차) 투자부동산　　　　　×××원　(대) [계정과목]　　　　　×××원

[3] 리부상사에서 투자목적으로 건물을 70,000,000원에 매입하고 전액 약속어음을 발행하여 교부하다. 건물 매입에 따른 취득세 770,000원은 현금으로 납부하다.

　　(차)　　　　　　　　　　　　　(대)

정답 및 해설

[1]	(차)	장기성예금	1,500,000원	(대)	보통예금	1,500,000원
[2]	(차)	장기성예금	3,000,000원	(대)	보통예금	3,000,000원
[3]	(차)	투자부동산	70,770,000원	(대)	미지급금(리부상사)	70,000,000원
					현금	770,000원

4 유형자산

1. 유형자산의 정의

유형자산이란 비유동자산 중 기업의 영업활동에 장기간 사용할 목적으로 보유하는 물리적 형체가 있는 자산이다.

2. 유형자산의 주요 계정과목

토지	영업활동을 위해 소유·사용하고 있는 대지, 임야, 전, 답 예 업무용 공장용지, 본사 건물 대지, 창고용 부지
건물	영업활동을 위해 소유·사용하고 있는 건물과 기타 부속설비 예 사무실, 공장, 창고, 기숙사, 건물의 냉난방·보일러·승강기 설비 등
구축물	영업활동을 위해 소유·사용하고 있는 토지 위에 정착된 건물 이외의 토목설비, 공작물 및 이들의 부속설비 예 교량, 정원 설비 등
기계장치	영업활동을 위해 소유·사용하고 있는 기계 및 운송설비
차량운반구	영업활동을 위해 소유·사용하고 있는 승용차, 트럭, 오토바이, 지게차 등
비품	영업활동을 위해 소유·사용하고 있는 책상, 의자, 컴퓨터, 냉장고, 복사기 등
건설중인자산	특정 유형자산 취득(건설)이 완료되기 이전에 미리 지출한 금액(계약금, 중도금 등)을 취득(건설) 완료까지 처리하는 임시계정과목으로 건설이 완료되면 본래의 계정과목으로 대체

참 감가상각을 하지 않는 자산: 토지, 건설중인자산

참 부동산 취득 시 자산의 구분

판매목적	재고자산	상품
투자목적	투자자산	투자부동산
영업활동 사용목적	유형자산	토지, 건물

3. 유형자산의 회계처리

1) 유형자산의 취득원가

취득	• 취득원가 = 매입가액 + 취득부대비용 - 매입할인 • 취득부대비용: 매입수수료, 운송비, 하역비, 설치비, 설치장소 준비를 위한 지출, 시운전비, 취득세 등 • 유형자산의 취득원가는 구입 금액과 본래의 목적에 사용할 수 있게 하는데 발생한 모든 부대비용을 더하여 계산한다. (차) 해당 유형자산 계정　　　×××원　　(대) [계정과목]　　　×××원

> **참** 자산의 취득, 보유에 따른 세금
> - 취득세: 부동산 및 차량 등의 취득자에게 취득시점에 한번 납부하는 세금으로 취득부대비용으로 보아 자산(토지, 건물, 차량운반구)으로 회계처리한다.
> - 재산세, 자동차세: 부동산, 차량의 보유에 대해서 매년 납부하는 세금으로 납부 시 비용(세금과공과)으로 회계처리한다.

---

[1] 바삭컴퓨터에서 업무용 컴퓨터(비품)을 1,500,000원에 구입하고 대금은 현금으로 지급하였다.

    (차)   (대)

[2] 한국자동차에서 업무용 화물차를 10,000,000원에 구입하고, 대금 중 2,000,000원은 보통예금 계좌에서 이체하여 지급하고, 잔액은 3개월 후에 지급하기로 하다. 또한 화물차에 대한 취득세 200,000원을 현금으로 납부하다.

    (차)   (대)

[3] 세현상사에서 건물 50,000,000원을 구입하고 어음을 발행하였다. 취득세 500,000원은 당좌수표를 발행하여 지급하다.

    (차)   (대)

2) 유형자산의 취득 후 지출

자본적 지출	• 자본적 지출: 내용연수 증가, 생산능력 증대 등의 미래 경제적 효익(자산가치 증가) 증가를 위해 발생한 지출 예 건물의 엘리베이터 · 중앙냉난방장치 · 피난시설 설치, 자동차 엔진교체 등 • 회계 처리: 해당 자산의 증가 → 차변 (차) 해당 유형자산 계정　　×××원　　(대) [계정과목]　　×××원
수익적 지출	• 수익적 지출: 원상회복, 능률유지 등을 위한 성격으로 발생한 지출 예 건물의 도색, 에어컨 수리, 유리창 교체, 소모된 부품의 교체, 자동차 타이어 교체 등 • 회계 처리: 해당 비용(수선비, 차량유지비)의 발생 → 차변 (차) 수선비, 차량유지비　　×××원　　(대) [계정과목]　　×××원

[4] 판매부서의 건물에 엘리베이터 설치비(자본적지출) 3,000,000원과 외벽 도색비(수익적지출) 500,000원을 현금으로 지급하다.

    (차)   (대)

3) 유형자산의 감가상각

(1) **감가상각의 정의**: 유형자산을 사용하거나 시간의 경과에 따라 물리적 · 경제적으로 가치가 감소하는 현상을 합리적이고 체계적인 방법으로 배분하여 사용기간 동안 당기비용으로 인식하는 것을 말한다.

(2) **감가상각의 회계처리**: 회계연도 말 보유하고 있는 유형자산에 대한 감가상각 금액을 계산한다. 회계처리 방법은 해당 자산을 직접 감소시키는 직접상각법과 간접적으로 감소시키는 간접상각법이 있다. 기업회계기준에서 유형자산은 간접상각법을 인정한다.

감가상각비	유형자산을 감가상각에 따라 가치가 감소하는 것을 나타내는 비용 계정
감가상각누계액	토지와 건설중인자산을 제외한 유형자산에 대하여 가치가 하락한 부분을 누적적으로 표시하는 차감 계정
감가상각 회계처리	기말에 보유하고 있는 유형자산의 당기 감가상각 금액을 계산하여 회계처리한다. (차) 감가상각비　　　　×××원　(대) 감가상각누계액　　　　×××원 　　　　　　　　　　　　　　　　　　(유형자산 차감계정)
감가상각 누계액의 표시 (간접상각법)	**재무상태표** 20×1년 12월 31일 현재　　　(단위:원) 과목　　　　　　　　　금액 자산 토지　　　　　　　　　　　　　5,000,000 건물　　　　　　　8,100,000 감가상각누계액　　(800,000)　7,300,000　→　건물의 장부가액 　　　　　　　　　　　　　　　　　　(= 건물의 취득원가 - 감가상각누계액) 차량운반구　　　　2,200,000 감가상각누계액　　(200,000)　2,000,000　→　차량운반구의 장부가액 　　　　　　　　　　　　　　　　　　(= 차량운반구의 취득원가 - 감가상각누계액)

[5] 결산일 현재 사용하고 있는 자산에 대한 당기분 감가상각비는 건물 800,000원, 차량운반구 200,000원이다.
　(차)　　　　　　　　　　　　　(대)

(3) 감가상각의 계산요소

취득원가	구입 금액과 본래의 목적에 사용할 수 있게 하는데 발생한 모든 부대비용을 더한 가격(자본적 지출액이 있으면 포함한다.)
내용연수	유형자산이 영업활동에 사용 가능할 것으로 예상되는 기간
잔존가치	유형자산을 내용연수가 종료되는 시점까지 자산을 사용한 후 해당 유형자산을 처분하거나 폐기할 때 받을 것으로 예상되는 금액

(4) 감가상각방법

정액법	• 정액법이란 감가상각대상금액(취득원가 - 잔존가치)을 내용연수 동안 매년 동일한 금액으로 감가상각비를 인식하는 방법이다. • 특징: 가장 단순한 계산법으로 실무에서 가장 많이 사용된다. • 정액법 계산식 $$감가상각비 = (취득원가 - 잔존가치) \times \frac{1}{내용연수}$$ → 취득한 연도에는 월할상각
정률법	• 정률법이란 기초의 미상각잔액(장부가액 = 취득원가 - 감가상각누계액)을 매년 동일한 상각률을 곱해서 감가상각비를 인식하는 방법이다. • 특징: 취득 초기에 감가상각비를 많이 인식하고 취득 후반기에 감가상각비를 적게 인식한다. • 정률법 계산식 감가상각비 = 장부가액(취득원가 - 기초 감가상각누계액) × 감가상각률[7] [7] 상각률 = $1 - \sqrt[n]{\frac{잔존가치}{취득원가}}$ (n : 내용연수)
이중 체감법	• 이중체감법이란 정률법의 간편법으로 개발된 방식으로 정액법의 기초의 미상각잔액 (장부가액 = 취득원가 - 감가상각누계액)에 (2/내용연수)를 곱해서 감가상각비를 인식하는 방법이다. • 특징: 정률법보다 계산이 간편하고 취득 초기에 감가상각비를 많이 인식하고 취득 후반기에 감가상각비를 적게 인식한다. • 이중체감법 계산식 $$감가상각비 = 장부가액(취득원가 - 기초 감가상각누계액) \times \frac{2}{내용연수}$$
연수 합계법	• 연수합계법이란 감가상각대상금액(취득원가 - 잔존가치)을 내용연수의 합계로 나눈 뒤 남은 내용연수로 곱하여 감가상각비를 인식하는 방법이다. • 특징: 취득 초기에 감가상각비를 많이 인식하고 취득 후반기에 감가상각비를 적게 인식한다. • 연수합계법 계산식 $$감가상각비 = (취득원가 - 잔존가치) \times \frac{기초 기준 잔여내용연수}{내용연수의 합계}$$
생산량 비례법	• 생산량비례법이란 내용연수가 아닌 사용량에 비례해서 감가상각을 하는 방법 • 생산량비례법 계산식 $$감가상각비 = (취득원가 - 잔존가치) \times \frac{당기 실제 생산량}{총 예정 생산량}$$

참 감가상각대상금액과 미상각잔액(장부가액)

• 감가상각대상금액: 취득원가 - 잔존가치
• 미상각잔액(장부가액): 취득원가 - 기초 감가상각누계액

참 **감가상각방법에 따른 감가상각비**

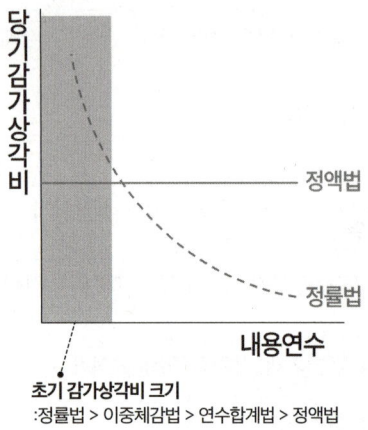

초기 감가상각비 크기
: 정률법 > 이중체감법 > 연수합계법 > 정액법

[6] 결산일 현재 1월 1일 취득한 기계장치의 감가상각비를 회계처리하시오. (취득원가 5,000,000원, 내용연수 5년, 잔존가치 1,000,000원, 정액법)

(차)   (대)

[7] 결산일 현재 1월 1일 취득한 건물의 감가상각비를 회계처리하시오. (취득원가 8,000,000원, 취득세 500,000원, 상각률 10%, 정률법)

(차)   (대)

4) **유형자산의 처분**: 유형자산을 처분 시 해당 자산의 취득원가와 감가상각누계액을 전부 제거하는 회계처리를 해야 한다. 처분가액과 장부가액을 비교하여 처분 시 발생한 손익은 유형자산처분손익으로 인식하고 처분 시 발생한 수수료 등은 유형자산처분손익 계정에서 가감한다.

유형자산 처분 회계처리 순서	① 유형자산 취득원가 제거 → 대변 ② 유형자산 감가상각누계액 제거 → 차변 ③ 처분하고 발생한 채권 등(미수금 등) → 차변 ④ 장부금액(취득원가- 감가상각누계액)과 처분금액 비교하여 유형자산처분손익 인식
장부금액 < 처분금액	(차) 감가상각누계액 ×××원 (대) [해당 유형자산 계정과목] ×××원 　　 [계정과목] ×××원 　　　유형자산처분이익(수익) ×××원
장부금액 > 처분금액	(차) 감가상각누계액 ×××원 (대) [해당 유형자산 계정과목] ×××원 　　 [계정과목] ×××원 　　 유형자산처분손실(비용) ×××원

[8] 사용 중인 업무용 화물차(취득가액 6,000,000원, 처분 시까지 감가상각누계액 2,500,000원)를 리부상사에 3,000,000원에 처분하고 대금은 월말에 받기로 했다.

(차)   (대)

[9] 전기에 취득한 업무용 자동차를 씨오피상사에 13,000,000원에 처분하고 대금 중 2,000,000원은 동점발행수표로 받고, 잔액은 월말에 받기로 하다. (자동차의 취득원가 15,000,000원, 처분 시까지 감가상각누계액 5,000,000원)

(차)   (대)

정답 및 해설

[1]	(차)	비품	1,500,000원	(대)	현금	1,500,000원
[2]	(차)	차량운반구	10,200,000원	(대)	보통예금	2,000,000원
					미지급금(한국자동차)	8,000,000원
					현금	200,000원
[3]	(차)	건물	50,500,000원	(대)	미지급금(세현상사)	50,000,000원
					현금	500,000원
[4]	(차)	건물	6,000,000원	(대)	현금	6,500,000원
		수선비(판)	500,000원			
[5]	(차)	감가상각비	1,000,000원	(대)	감가상각누계액(건물)	800,000원
					감가상각누계액(차량운반구)	200,000원
[6]	(차)	감가상각비	800,000원	(대)	감가상각누계액(기계장치)	800,000원
[7]	(차)	감가상각비	765,000원	(대)	감가상각누계액(건물)	765,000원
[8]	(차)	감가상각누계액	2,500,000원	(대)	차량운반구	6,000,000원
		미수금(리부상사)	3,000,000원			
		유형자산처분손실	500,000원			
[9]	(차)	감가상각누계액	5,000,000원	(대)	차량운반구	15,000,000원
		현금	2,000,000원		유형자산처분이익	3,000,000원
		미수금(씨오피상사)	11,000,000원			

예제: 감가상각방법에 따른 감가상각비 계산

20×1년 1월 1일에 차량운반구를 2,000,000원에 취득하였다. 다음 자료를 참고하여 정액법, 정률법으로 회계연도별 감가상각비를 계산하시오.

- 취득원가 = 10,000,000원
- 내용연수 = 5년
- 잔존가치 = 1,000,000원
- 감가상각률 = 0.369[8]

[8] 감가상각률 = $1 - \sqrt[5]{\dfrac{1}{10}} = 0.36904\cdots$

1. 정액법

날짜	감가상각비 계산식	당기 감가상각비	감가상각누계액 (A)	장부가액 (취득원가-A)
20×1년 12월 31일				
20×2년 12월 31일				
20×3년 12월 31일				
20×4년 12월 31일				
20×5년 12월 31일				

2. 정률법

날짜	감가상각비 계산식	당기 감가상각비	감가상각누계액 (A)	장부가액 (취득원가-A)
20×1년 12월 31일				
20×2년 12월 31일				
20×3년 12월 31일				
20×4년 12월 31일				
20×5년 12월 31일				

정답 및 해설

1. 정액법

날짜	감가상각비 계산식	당기 감가상각비	감가상각누계액 (A)	장부가액 (취득원가-A)
20×1년 12월 31일	(10,000,000 - 1,000,000) ÷ 5	1,800,000	1,800,000	8,200,000
20×2년 12월 31일	(10,000,000 - 1,000,000) ÷ 5	1,800,000	3,600,000	6,400,000
20×3년 12월 31일	(10,000,000 - 1,000,000) ÷ 5	1,800,000	5,400,000	4,600,000
20×4년 12월 31일	(10,000,000 - 1,000,000) ÷ 5	1,800,000	7,200,000	2,800,000
20×5년 12월 31일	(10,000,000 - 1,000,000) ÷ 5	1,800,000	9,000,000	1,000,000

2. 정률법

날짜	감가상각비 계산식	당기 감가상각비	감가상각누계액 (A)	장부가액 (취득원가-A)
20×1년 12월 31일	10,000,000 × 0.369	3,690,000	3,690,000	6,310,000
20×2년 12월 31일	6,000,000 × 0.369	2,328,390	6,018,390	3,981,610
20×3년 12월 31일	3,600,000 × 0.369	1,469,214	7,487,604	2,512,396
20×4년 12월 31일	2,160,000 × 0.369	927,074	8,414,678	1,585,322
20×5년 12월 31일	1,296,000 × 0.369	585,322[9]	9,000,000	1,000,000

[9] 20×5년 감가상각비를 직접 계산하면 584,984원이 계산되지만 감가상각이 종료되는 시점에 기말 장부금액과 잔존가치를 일치시키기 위해 단수차이를 조정함.

실무 핵심 기출문제

천원상사(회사코드: 9010)의 데이터를 사용하여 연습할 수 있습니다.

(1) 8월 1일   업무용 건물 취득시 건물대금 17,000,000원과 취득세 900,000원을 전액 현금으로 지급하다.

(2) 8월 2일   회사의 건물 취득 시 취득원가 75,000,000원과 취득세 2,000,000원 및 기타매입제비용 300,000원을 모두 보통예금으로 지급하다.

(3) 8월 3일   매장 건물을 신축하기 위하여 토지를 취득하고 그 대금 30,000,000원을 당좌수표를 발행하여 지급하다. 또한 부동산 중개수수료 500,000원과 취득세 600,000원은 현금으로 지급하다.

(4) 8월 4일   씨오피상사에서 영업부 비품(에어컨)을 1,100,000원에 외상으로 구입하였다.

(5) 8월 5일   신입사원에게 지급할 컴퓨터(비품)을 1,000,000원에 구입하고 보통예금에서 계좌이체하였다.

(6) 8월 6일   판매용 노트북 15,000,000원과 업무용 노트북 1,000,000원을 씨오피상사에서 구입하였다. 대금은 모두 보통예금으로 지급하였다.

(7) 8월 7일   영업부에서 사용할 차량 45,000,000원을 구입하고 당좌수표를 발행하여 지급하다.

(8) 8월 8일   영업부에서 사용할 차량 15,000,000원을 구입하고 당좌수표를 발행하여 지급하다.

(9) 8월 9일   신규 취득한 업무용 차량에 대한 취득세 2,637,810원을 현금으로 납부하였다.

(10) 8월 10일   회사의 차량을 15,000,000원에 취득하고 취득세 450,000원 및 기타매입부대비용 150,000원을 보통예금에서 이체하다.

(11) 8월 11일   판매부서의 건물에 엘리베이터 설치비(자본적지출) 6,000,000원과 외벽 도색비(수익적지출) 500,000원을 현금으로 지급하다.

(12) 8월 12일   관리부 소속 건물의 외벽에 피난 시설을 설치하면서 설치비 10,000,000원을 국민은행 보통예금으로 지급하고, 외벽 도장공사비 2,000,000원은 현금으로 지급하였다. (단, 피난시설 설치비는 자본적 지출, 도장공사는 수익적 지출로 처리함)

(13) 8월 13일   영업부 사무실의 냉장고가 고장이 나서 이를 수리하고 수리비 65,000원을 현금으로 지급하였다.

(14) 8월 14일   영업부 사무실 에어컨이 고장나서 이를 수리하고 수리비 30,000원을 현금으로 지급하였다. (단, 수익적 지출로 처리한다.)

(15) 8월 15일   당점이 소유하고 있던 영업용 트럭을 제일카센터에서 수리하고 수리대금 150,000원을 현금으로 지급하다. (차량유지비 계정을 사용하여 수익적지출로 처리할 것)

(16) 8월 16일   보유하고 있던 건물(취득원가 30,000,000원)을 브리상사에 29,000,000원에 매각하다. 대금 중 10,000,000원은 보통예금 계좌로 받고, 잔액은 다음 달 10일에 수령하기로 하다. 단, 해당 건물의 감가상각누계액은 2,500,000원이다.

(17) 8월 17일   영재상사에 당사가 보유하고 있던 차량운반구(취득원가 10,000,000원, 처분 시까지의 감가상각누계액 2,000,000원)를 9,000,000원에 매각하고 대금은 만안상사 발행 자기앞수표로 받았다.

(18) 8월 18일   전기에 취득한 업무용 자동차를 리부상사에 5,000,000원에 처분하고 대금 중 2,000,000원은 동점발행수표로 받고, 잔액은 월말에 받기로 하다. 처분하는 자동차의 취득원가는 15,000,000원이며, 처분시 감가상각누계액은 2,250,000원으로 가정한다.

(19) 8월 19일   사용 중인 업무용 승용차를 데이상사에 5,000,000원에 처분하고 대금은 1개월 후에 받기로 하였다. 업무용 승용차의 취득원가는 9,000,000원이고 처분시까지 계상한 감가상각누계액은 3,500,000원이다.

(20) 8월 20일   사용 중인 업무용 컴퓨터 1대(취득가액 2,000,000원, 처분 시까지 감가상각누계액 1,800,000원)를 바삭컴퓨터에 100,000원에 처분하고 대금은 월말에 받기로하다.

(21) 8월 21일   상품배송에 사용하는 트럭(취득가액 5,000,000원, 폐차시점까지 감가상각누계액 4,800,000원)을 폐차하고, 폐차에 대한 고철값 100,000원을 현금으로 받다.

(22) 8월 22일   당사는 보유하고 있던 토지(취득원가 30,000,000원)를 진안상사에 50,000,000원에 매각하고 대금 중 10,000,000원은 자기앞수표로 지급받았으며, 나머지는 다음달 10일 수령하기로 하였다.

정답 및 해설

[1]	8월 1일	(차)	건물	17,900,000원	(대)	현금	17,900,000원
[2]	8월 2일	(차)	건물	77,300,000원	(대)	보통예금	77,300,000원
[3]	8월 3일	(차)	토지	31,100,000원	(대)	당좌예금	30,000,000원
						현금	1,100,000원
[4]	8월 4일	(차)	비품	1,100,000원	(대)	미지급금(씨오피상사)	1,100,000원
[5]	8월 5일	(차)	비품	1,000,000원	(대)	보통예금	1,000,000원
[6]	8월 6일	(차)	상품	15,000,000원	(대)	보통예금	16,000,000원
			비품	1,000,000원			
[7]	8월 7일	(차)	차량운반구	45,000,000원	(대)	당좌예금	45,000,000원
[8]	8월 8일	(차)	차량운반구	15,000,000원	(대)	당좌예금	15,000,000원
[9]	8월 9일	(차)	차량운반구	2,637,810원	(대)	현금	2,637,810원
[10]	8월 10일	(차)	차량운반구	15,600,000원	(대)	보통예금	15,600,000원
[11]	8월 11일	(차)	건물	6,000,000원	(대)	현금	6,500,000원
			수선비(판)	500,000원			
[12]	8월 12일	(차)	건물	10,000,000원	(대)	보통예금	10,000,000원
			수선비(판)	2,000,000원		현금	2,000,000원
[13]	8월 13일	(차)	수선비(판)	65,000원	(대)	현금	65,000원
[14]	8월 14일	(차)	수선비(판)	30,000원	(대)	현금	30,000원
[15]	8월 15일	(차)	차량유지비(판)	150,000원	(대)	현금	150,000원
[16]	8월 16일	(차)	감가상각누계액(203)	2,500,000원	(대)	건물	30,000,000원
			보통예금	10,000,000원		유형자산처분이익	1,500,000원
			미수금(브리상사)	19,000,000원			
[17]	8월 17일	(차)	현금	9,000,000원	(대)	차량운반구	10,000,000원
			감가상각누계액(209)	2,000,000원		유형자산처분이익	1,000,000원
[18]	8월 18일	(차)	감가상각누계액(209)	2,250,000원	(대)	차량운반구	15,000,000원
			현금	2,000,000원			
			미수금(리부상사)	3,000,000원			
			유형자산처분손실	7,750,000원			
[19]	8월 19일	(차)	감가상각누계액(209)	3,500,000원	(대)	차량운반구	9,000,000원
			미수금(데이상사)	5,000,000원			
			유형자산처분손실	500,000원			
[20]	8월 20일	(차)	감가상각누계액(비품)	1,800,000원	(대)	비품	2,000,000원
			미수금(바삭컴퓨터)	100,000원			
			유형자산처분손실	100,000원			
[21]	8월 21일	(차)	감가상각누계액(차량)	4,800,000원	(대)	차량운반구	5,000,000원
			유형자산처분손실	100,000원			
			현금	100,000원			
[22]	8월 22일	(차)	현금	10,000,000원	(대)	토지	30,000,000원
			미수금(진안상사)	40,000,000원		유형자산처분이익	20,000,000원

이론 핵심 기출문제

01 다음 중 유형자산의 정의로 틀린 것은?

① 물리적 형체가 있는 자산

② 모든 유형자산은 감가상각의 대상이 됨

③ 1년을 초과하여 사용할 것이 예상되는 자산

④ 재화의 생산, 용역의 제공, 타인에 대한 임대 또는 자체적으로 사용할 목적으로 보유

02 유형자산에 대한 설명으로 옳은 것은?

① 토지, 건물, 비품, 기계장치는 감가상각 대상자산이다.

② 구입시 취득세는 당기 비용으로, 운반비는 취득원가로 처리한다.

③ 물리적 형태가 없으며, 1년을 초과하여 사용할 것으로 예상되는 자산이다.

④ 유형자산 취득 후 유형자산의 능률을 유지하기 위한 지출은 당기의 비용으로 처리한다.

03 다음 중 유형자산에 해당하지 않는 것은?

① 토지　　② 특허권　　③ 기계장치　　④ 구축물

04 다음 중 유형자산에 해당하지 않는 것은?

① 본사 사옥으로 사용하기 위한 현재 완공 전의 건설중인자산

② 공장에서 사용하는 기계장치

③ 사무실에서 사용하는 비품

④ 투자 목적으로 구입한 건물

05
다음의 자료에서 설명하고 있는 (㉠), (㉡), (㉢)에 각각 들어갈 계정과목으로 바르게 연결된 것은?

> 판매용 건물은 (㉠), 본사 건물로 사용할 영업용 건물은 (㉡), 투자 목적으로 보유하고 있는 건물은 (㉢)(으)로 각각 회계 처리한다.

	㉠	㉡	㉢
①	건물	건물	투자부동산
②	상품	건물	투자부동산
③	상품	투자부동산	토지
④	투자부동산	건물	건물

06
다음 중 유형자산이 아닌 것은?

① 공장용 토지
② 영업부서용 차량
③ 상품보관용 창고
④ 본사 건물 임차보증금

정답 및 해설

01 ② 토지의 경우에는 감가상각의 대상이 아니다. 유형자산의 정의 (문단 10.4) '유형자산'은 재화의 생산, 용역의 제공, 타인에 대한 임대 또는 자체적으로 사용할 목적으로 보유하는 물리적 형체가 있는 자산으로서, 1년을 초과하여 사용할 것이 예상되는 자산을 말한다.

02 ④ 토지와 건설중인자산은 유형자산 중 비상각자산이다. 또한, 유형자산은 물리적 형태가 있으며, 취득시 취득세 및 운반비 등 부대비용은 취득원가에 포함한다.

03 ② 특허권은 일반기업회계기준상 무형자산에 해당됨

04 ④ 투자 목적으로 구입한 건물은 투자부동산으로 이는 투자자산에 해당한다.
• 건설중인자산, 기계장치, 비품은 모두 유형자산에 해당한다.

05 ②

06 ④ 본사 건물 임차보증금은 유형자산에 속하지 않는 기타비유동자산이다.

07 다음 중 유형자산을 처분하고 대금을 미회수했을 경우 처리하는 계정과목으로 올바른 것은?

① 미수수익　　② 선수수익　　③ 미수금　　④ 매출채권

08 다음의 유형자산과 관련된 지출금액 중 유형자산의 취득원가에 포함할 수 없는 것은?

① 취득시 발생한 설치비
② 사용가능 후에 발생하는 소액수선비
③ 유형자산을 본래 의도하는 방식으로 가동하는 데 필요한 시운전비
④ 유형자산을 본래 의도하는 장소로 이동하기 위한 운반비

09 다음 중 유형자산의 취득원가에 가산하는 항목이 아닌 것은?

① 취득세, 등록세 등 유형자산의 취득과 직접 관련된 제세공과금
② 매입할인, 매입에누리
③ 취득 당시 설치비
④ 취득 관련 운송비

10 다음 중 유형자산의 취득원가를 구성하는 항목이 아닌 것은?

① 재산세　　　　　　　　　② 취득세
③ 설치비　　　　　　　　　④ 정상적인 사용을 위한 시운전비

11 다음 자료에 의하여 토지의 취득가액을 구하시오.

　　• 토지 취득대금 : 15,000,000원　• 토지 취득세 : 1,000,000원　• 토지 재산세 : 500,000원

① 13,000,000원　② 13,500,000원　③ 16,000,000원　④ 16,500,000원

12 아래의 거래내용과 관련이 없는 계정과목은?

　　업무에 사용 중인 토지를 15,000,000원에 처분하였다. 대금 중 2,000,000원은 보통예금으로 이체받고, 나머지는 만기가 3개월 후인 어음으로 받았다. 이 토지의 취득가액은 10,000,000원이다.

① 보통예금　　② 미수금　　③ 감가상각누계액　　④ 유형자산처분이익

13 기계장치를 구입하면서 구입대금 250,000원, 구입한 기계장치를 운반하기 위해 지불한 비용 50,000원, 구입 후 설치비 30,000원이 발생하였다. 이후 시제품을 생산하는데 5,000원이 발생하였으며, 이 시제품을 7,000원에 판매하였다. 기계장치의 취득원가는 얼마인가?

① 328,000원　　　② 330,000원　　　③ 335,000원　　　④ 337,000원

정답 및 해설

07 ③ 상품 이외의 자산 매각으로 발생한 미수액은 미수금으로 처리한다.
- 정상적인 영업활동(일반적인 상거래)에서 발생한 판매대금의 미수액 : 매출채권
- 일반적인 상거래 이외에서 발생했으나 아직 기록(회수)되지 않은 수익 : 미수수익
- 수익 중 차기 이후에 속하는 금액이지만 그 대가를 미리 받은 경우 : 선수수익

08 ② 유형자산의 취득원가는 구입원가 또는 제작원가 및 경영진이 의도하는 방식으로 자산을 가동하는 데 필요한 장소와 상태에 이르게 하는데 직접 관련되는 지출로 구성된다. 따라서 유형자산을 사업에 사용한 후에 발생하는 수리비의 경우 취득원가에 포함되지 않는다. (일반기업회계기준서 제10장 유형자산 중 취득원가 10.8)

09 ② [일반기업회계기준 문단 10.8] 유형자산은 최초에는 취득원가로 측정하며, 매입할인 등이 있는 경우에는 이를 차감하여 취득원가를 산출한다.

10 ① 재산세는 유형자산의 보유기간 중 발생하는 지출로써 취득원가를 구성하지 않고 지출 즉시 비용으로 처리한다.

11 ③ 유형자산을 외부로부터 매입한 경우 취득원가는 매입가액뿐만 아니라 당해 자산을 본래의 목적에 사용할 수 있는 장소와 상태까지 지출된 모든 부대비용을 취득원가에 포함하며, 토지에 대한 재산세는 취득부대비용이 아니고 취득이후에 발생한 비용으로 세금과공과로 처리한다.
토지대금(15,000,000) + 취득세(1,000,000)=16,000,000원

12 ③ 일반적인 상거래가 아니므로 받을어음이 아니라 미수금으로 회계처리 한다.

(차)	보통예금	2,000,000원	(대)	토지	10,000,000원
	미수금	13,000,000원		유형자산처분이익	5,000,000원

13 ① 유형자산의 취득원가는 구입가격과 구입시부터 사용가능한 상태가 될 때까지 획득에 직접 관련된 추가적 지출도 포함한다.
취득원가(328,000원) = 250,000원+50,000원+30,000원-(7,000원-5,000원)

14 유형자산에 대한 지출내역이다. 자본적 지출로 처리해야 할 금액의 합계는 얼마인가?

> • 건물의 냉·난방설비 설치를 위한 지출 20,000,000원
> • 회사 전체 복사기의 토너 교체를 위한 지출 1,000,000원
> • 건물 외벽에 페인트를 칠하고 2,000,000원을 수선비로 처리
> • 5년째 운행 중인 화물차의 엔진과 주요 부품을 교체하고 4,000,000원을 지출하다. (그 결과 내용연수가 4년 연장됨)

① 20,000,000원　② 22,000,000원　③ 24,000,000원　④ 25,000,000원

15 다음 중 유형자산으로 인식되기 위한 조건을 충족한 자본적지출에 해당하지 않는 것은?

① 엘리베이터의 설치　② 건물의 증축비용
③ 건물 피난시설 설치　④ 건물 내부의 조명기구 교체

16 다음의 내용과 관련한 예시 중 성격이 다른 것은?

> 유형자산의 내용연수를 연장시키거나 가치를 실질적으로 증가시키는 지출은 <u>자본적 지출</u>로 하고, 당해유형 자산의 원상을 회복시키거나 능률유지를 위한 지출은 <u>수익적 지출</u>로 한다.

① 건물의 피난시설 설치
② 파손된 건물유리의 교체
③ 건물의 엘리베이터의 설치
④ 건물의 용도를 변경하기 위한 개조

17 다음은 서울상사의 수익적 지출 및 자본적 지출에 관한 내용이다. 다음 중 성격이 나머지와 다른 하나는 무엇인가?

① 사무실 유리창이 깨져서 새로운 유리창을 구입하여 교체하였다.
② 기계장치의 경미한 수준의 부속품이 마모되어 해당 부속품을 교체하였다.
③ 상가 건물의 편의성을 높이기 위해 엘리베이터를 설치하였다.
④ 사업장의 벽지가 찢어져서 외주업체를 통하여 다시 도배하였다.

18 유형자산에 대한 차감적 평가계정의 계정과목으로 옳은 것은?

① 인출금　② 대손충당금　③ 감가상각누계액　④ 단기매매증권평가손실

19 유형자산을 감가상각 할 경우 다음 중 감가상각의 3요소가 아닌 것은?

① 취득원가　　　② 감가상각누계액　　　③ 잔존가치　　　④ 내용연수

20 유형자산의 종류 중 감가상각을 하지 않는 것만 모은 것은?

① 토지, 건물　　　② 토지, 건설중인자산　　　③ 건물, 차량운반구　　　④ 건물, 구축물

21 다음은 유형자산의 감가상각방법을 나타낸다. A, B 에 해당하는 것은?

・정액법 = (취득원가 − A) ÷ 내용연수　　・정률법 = (취득원가 − B) × 감가상각률

	A	B		A	B
①	잔존가액	감가상각누계액	②	잔존가액	내용연수
③	감가상각누계액	잔존가액	④	내용연수	잔존가액

정답 및 해설

14 ③ = 20,000,000원 + 4,000,000원

15 ④ 건물 내부의 조명기구 교체는 수익적 지출에 해당한다.

16 ② 파손된 유리의 교체는 수익적 지출이며, 나머지는 자본적 지출에 해당된다.

17 ③ 자본적지출에 해당한다.
- ①, ②, ④은 수익적지출에 해당한다.
- [일반기업회계기준 문단 10.14] 유형자산의 취득 또는 완성 후의 지출이 문단 10.5의 인식기준을 충족하는 경우(예 생산능력 증대, 내용연수 연장, 상당한 원가절감 또는 품질향상을 가져오는 경우)에는 자본적 지출로 처리하고, 그렇지 않은 경우(예 수선유지를 위한 지출)에는 발생한 기간의 비용으로 인식한다.

18 ③

19 ②

20 ② 유형자산 중 감가상각을 하지 않는 자산에는 토지와 건설중인 자산이 있다.

21 ①

22 다음 중 일반기업회계기준상 유형자산의 감가상각방법으로 인정되지 않는 것은?

① 선입선출법　　② 정률법　　③ 연수합계법　　④ 생산량비례법

23 다음 중 감가상각에 대한 설명으로 틀린 것은?

① 자산이 사용가능한 때부터 감가상각을 시작한다.
② 정액법은 내용연수 동안 매년 일정한 상각액을 인식하는 방법이다.
③ 자본적 지출액은 감가상각비를 계산하는 데 있어 고려 대상이 아니다.
④ 정률법으로 감가상각하는 경우 기말 장부가액은 우하향 그래프의 곡선 형태를 나타낸다.

24 감가상각방법 중 정액법과 관련한 설명으로 가장 적합한 것은?

① 자산의 예상 조업도 혹은 예상 생산량에 근거하여 감가상각액을 인식하는 방법이다.
② 초기에 감가상각비가 많이 계상되는 가속상각방법이다.
③ (취득원가 - 잔존가액)을 내용연수 동안에 매기 균등하게 배분하여 상각하는 방법이다.
④ 취득원가를 내용연수의 합계로 나눈 다음 내용연수의 역순을 곱하여 계산하는 방법이다.

25 내용연수 경과에 따른 감가상각비 변화를 나타낸 그래프와 관련 없는 감가상각방법은?

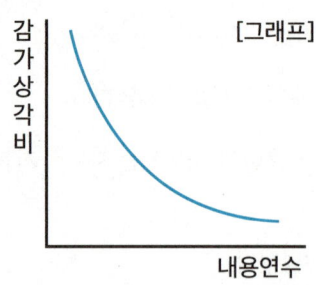

| A. 정률법 | B. 연수합계법 | C. 이중체감법 | D. 정액법 |

① A, B, C, D　　② B, C, D　　③ C, D　　④ D

26 당해연도 1월 1일에 취득원가가 5,000,000원이고, 잔존가치가 500,000원, 내용년수가 5년인 유형자산을 취득한 경우 연간 감가상각비는 얼마인가? 단, 유형자산의 감가상각방법은 정액법을 적용한다.

① 1,000,000원　　② 900,000원　　③ 800,000원　　④ 500,000원

27 12월 말 결산법인의 당기 취득 기계장치 관련 자료가 다음과 같다. 이를 바탕으로 당기 손익계산서에 반영될 당기의 감가상각비는 얼마인가?

- 7월 1일 기계장치를 1,000,000원에 취득하였다.
- 7월 1일 기계장치 취득 즉시 수익적지출 100,000원이 발생하였다.
- 위 기계장치의 잔존가치는 0원, 내용연수는 5년, 상각방법은 정액법이다. 단, 월할상각할 것.

① 100,000원 ② 110,000원 ③ 200,000원 ④ 220,000원

28 다음은 건물과 관련된 자료이다. 20×1. 12. 31. 건물의 감가상각비는 얼마인가?

- 취득일: 20×0. 1. 1.
- 취득세: 500,000원
- 취득가액: 8,000,000원
- 상각률: 10%(정률법)

① 560,000원 ② 688,500원 ③ 765,000원 ④ 850,000원

정답 및 해설

22 ① [일반기업회계기준 문단 10.40] 유형자산의 감가상각방법에는 정액법, 체감잔액법(예를 들면, 정률법 등), 연수합계법, 생산량비례법 등이 있다.

23 ③ 자본적 지출액은 취득원가에 가산되며 감가상각을 통해 비용으로 처리된다.

24 ③ 정액법은 자산의 내용연수 동안 일정액의 감가상각액을 인식하는 방법이다.

25 ④ 가속상각법의 내용연수 경과에 따른 감가상각비 추세를 나타내는 그래프이다. 가속상각법이 아닌 것은 정액법이다.

26 ② 정액법에 의한 감가상각비는 취득가액에서 잔존가치를 차감한 금액을 내용년수로 나눈 금액이다. 따라서 감가상각비는 (5,000,000원 - 500,000원) ÷ 5년 = 900,000원이다.

27 ① 100,000원

$$= \text{취득원가 } 1{,}000{,}000\text{원} \times \frac{1\text{년}}{5\text{년}} \times \frac{6\text{월}}{12\text{월}}$$

28 ③ 정률법 상각액 = (취득가액+취득세-감가상각누계액)×상각률
20×0년 : (8,000,000원+500,000원)×0.1 = 850,000원
20×1년 : (8,500,000원-850,000원)×0.1 = 765,000원

29 다음 자료에서 20×1년 12월 31일 결산 후 재무제표와 관련된 내용으로 옳은 것은?

> • 20×0년 1월 1일 차량운반구 10,000,000원에 취득
> • 정률법 상각, 내용연수 5년, 상각률 40%

① 손익계산서에 표시되는 감가상각비는 4,000,000원이다.
② 재무상태표에 표시되는 감가상각누계액은 6,400,000원이다.
③ 상각 후 차량운반구의 미상각잔액은 6,000,000원이다.
④ 상각 후 차량운반구의 미상각잔액은 2,400,000원이다.

30 20×1년 1월 1일 구입한 차량을 20×3년 1월 1일에 5,000,000원에 처분한 경우 유형자산처분손익은 얼마인가? (단, 상각방법은 정액법이다)

> • 취득원가 : 10,000,000원   • 내용연수 : 5년
> • 잔존가액 : 1,000,000원

① 유형자산처분이익 1,000,000원   ② 유형자산처분손실 1,000,000원
③ 유형자산처분이익 1,400,000원   ④ 유형자산처분손실 1,400,000원

31 다음은 차량 처분과 관련된 자료이다. 차량의 처분가액은 얼마인가?

> • 취득가액 : 35,000,000원   • 감가상각누계액 : 21,000,000원
> • 유형자산처분손실 : 9,000,000원

① 0원   ② 5,000,000원   ③ 14,000,000원   ④ 26,000,000원

32 다음은 기계장치 처분과 관련된 자료이다. 해당 기계장치의 감가상각누계액은 얼마인가?

> • 취득가액 : 680,000원   • 처분가액 : 770,000원
> • 유형자산처분이익 : 450,000원

① 300,000원   ② 330,000원   ③ 360,000원   ④ 390,000원

33 다음 자료를 참고하여 ㈜혜성이 당기 중에 처분한 업무용 승용차량의 취득가액으로 옳은 것은?

- 처분가액 1,000,000원
- 감가상각누계액 1,800,000원
- 유형자산처분이익 100,000원

① 2,500,000원 ② 2,600,000원 ③ 2,700,000원 ④ 2,800,000원

34 다음은 사용하던 업무용 차량의 처분과 관련된 자료이다. 가장 거리가 먼 것은?

- 취득가액 : 25,000,000원
- 감가상각누계액 : 14,000,000원
- 매각대금 : 10,000,000원
- 매각대금결제 : 전액 외상

① 이 차량의 장부가액은 25,000,000원이다.
② 매각대금 10,000,000원의 처리계정은 미수금이다.
③ 감가상각누계액 14,000,000원은 이전에 비용처리 되었다.
④ 이 차량의 매각으로 1,000,000원의 유형자산처분손실이 발생했다.

정답 및 해설

29 ② 20×0년 12월 31일의 감가상각비 : 10,000,000원 × 0.4 = 4,000,000원
20×1년 12월 31일의 감가상각비 : (10,000,000원 - 4,000,000원) × 0.4 = 2,400,000원
20×1년 12월 31일의 감가상각누계액은 6,400,000원(미상각잔액은 3,600,000원)

30 ④ 20×1년 감가상각비 (10,000,000원 - 1,000,000원) ÷ 5년 = 1,800,000원
20×2년 감가상각비 (10,000,000원 - 1,000,000원) ÷ 5년 = 1,800,000원
20×3년 1월 1일 장부가액 6,400,000원 (10,000,000원 - 3,600,000원)

31 ② 유형자산처분손실 = 처분가액 - (취득가액 - 감가상각누계액). 처분가액 5,000,000원

32 ③ 360,000원 = 취득가액 680,000원 + 유형자산처분이익 450,000원 - 처분가액 770,000원

33 ③ 2,700,000원 = 처분가액 1,000,000원 + 감가상각누계액 1,800,000원 - 유형자산처분이익 100,000원
• 유형자산처분이익 : 처분가액 1,000,000 - (취득가액 - 감가상각누계액 1,800,000원) = 100,000원

34 ① 이 차량의 장부가액은 취득가액에서 감가상각누계액을 차감한 11,000,000원이다.

35 다음 자료에 따라 유형자산처분이익(손실)을 계산하면 얼마인가?

• 유형자산 기초 자산가액 10,000,000원 • 유형자산 처분금액 6,000,000원
• 당기중 자본적 지출금액 2,000,000원 • 감가상각누계액 5,000,000원

① 처분손실 6,000,000원 ② 처분손실 4,000,000원
③ 처분손실 1,000,000원 ④ 처분이익 1,000,000원

36 다음 자료에서 차량 처분 시 유형자산처분손익을 계산한 금액으로 옳은 것은? (단, 회계기간은 1.1.~12.31. 이며, 감가상각은 월할계산 한다)

• 20×0년 1월 1일 : 차량운반구 취득(취득가액 10,000,000원, 잔존가액 0원, 내용연수 10년, 정액법 상각)
• 20×2년 7월 1일 : 차량운반구 처분(현금 처분금액 7,300,000원)

① 처분이익 200,000원 ② 처분이익 300,000원
③ 처분손실 200,000원 ④ 처분손실 300,000원

37 20×0년 1월 1일에 취득한 기계장치(취득가액 20,000,000원, 정액법, 내용연수 5년, 잔존가액 500,000원)를 20×1년 1월 1일에 처분하고 유형자산처분손실 300,000원을 인식하였다. 동 기계장치의 처분금액은 얼마인가? (해당 유형자산은 결산 시에 정액법으로 감가상각한다.)

① 15,400,000원 ② 15,800,000원 ③ 16,100,000원 ④ 16,400,000원

38 매장 건물에 엘리베이터를 설치하고 아래와 같이 회계 처리한 경우 발생하는 효과로 옳은 것은?

(차) 수선비(비용) 80,000,000원 (대) 보통예금 80,000,000원

① 비용의 과소계상 ② 부채의 과대계상 ③ 자산의 과소계상 ④ 순이익의 과대계상

39 건물 일부 파손으로 인해 유리창 교체 작업(수익적지출)을 하고, 아래와 같이 회계처리한 경우 발생하는 효과로 다음 중 옳은 것은?

| (차) 건물 | 6,000,000원 | (대) 보통예금 | 6,000,000원 |

① 부채의 과대계상 ② 자산의 과소계상 ③ 순이익의 과대계상 ④ 비용의 과대계상

정답 및 해설

35 ③ 처분금액 6,000,000원 - 장부가액 7,000,000원 = (-)1,000,000원
∴ 처분손실 1,000,000원
• 장부가액 : 기초 자산가액 10,000,000원 + 자본적지출 2,000,000원 - 감가상각누계액 5,000,000원

36 ③ (차) 감가상각누계액　　2,500,000원　　(대) 차량운반구　　10,000,000원
　　　현　금　　　　　　　7,300,000원
　　　유형자산처분손실　　　200,000원

37 ② 15,800,000원 = 취득가액 20,000,000원 - 감가상각누계액 3,900,000원 - 유형자산처분손실 300,000원
• 감가상각누계액 : (취득가액 20,000,000원 - 잔존가액 500,000원)×1/5 = 3,900,000원
• 회계처리
20×1.01.01. (차) 현금 등　　　　15,800,000원　(대) 기계장치　　20,000,000원
　　　　　　　감가상각누계액　　3,900,000원
　　　　　　　유형자산처분손실　　300,000원

38 ③ 누락된 분개: (차) 건물(자산)　　80,000,000　(대) 보통예금　　80,000,000
① 자산의 과소계상
② 비용의 과대계상
③ 당기순이익의 과소계상

39 ③ 수익적지출(수선비)로 처리해야 할 것을 자본적지출(건물)로 회계처리한 경우 비용의 과소계상과 자산의 과대계상으로 인해 당기순이익이 과대계상된다.

5 무형자산

1. 무형자산의 정의

무형자산이란 비유동자산 중 기업의 영업활동에 장기간 사용할 목적으로 보유하는 물리적 형체가 없는 자산을 말한다. (식별 가능하고, 기업이 통제하고 있으며, 미래 경제적 효익이 있는 비화폐성자산)

2. 무형자산의 주요 계정과목

영업권		기업의 좋은 이미지, 우수한 경영진, 뛰어난 영업망, 유리한 위치 등으로 동종의 타기업에 비해 특별히 유리한 자원(내부창출영업권은 인정하지 않고 사업결합으로 외부에서 취득한 영업권만 인정됨)
산업재산권	특허권	특정한 발명을 등록하여 일정기간 독점적, 배타적으로 사용할 수 있는 권리
	실용신안권	특정 물건의 모양이나 구조 등 실용적인 고안을 등록하여 일정기간 독점적, 배타적으로 사용할 수 있는 권리
	디자인권	특정 디자인이나 로고 등 고안을 등록하여 일정기간 독점적, 배타적으로 사용할 수 있는 권리
	상표권	특정 상표를 등록하여 일정기간 독점적, 배타적으로 사용할 수 있는 권리
개발비		신제품과 신기술 등의 개발활동과 관련하여 발생한 지출 • 무형자산 조건을 충족하는 것(무형자산 처리) → 개발비 • 무형자산 조건을 충족하지 못하는 것(비용 처리) → 경상연구개발비
소프트웨어		각종 컴퓨터 소프트웨어 구입 금액(회계프로그램 등)

3. 무형자산 계정과목별 회계처리

취득	• 취득원가 = 매입가액 + 취득부대비용 • 특허권, 회계소프트웨어 등 취득 → 무형자산(자산)의 증가 → 차변 (차) [해당 무형자산 계정]　　×××원　　(대) [계정과목]　　×××원

[1] 특허권을 2,000,000원 현금 매입하고 등록비용 100,000원을 현금 지급하다.
　　(차)　　　　　　　　　　　　(대)

[2] 새로운 회계 프로그램을 ㈜애플에서 구입하고, 소프트웨어 구입비용 3,000,000원은 당좌수표를 발행하여 지급하다. (무형자산으로 처리)
　　(차)　　　　　　　　　　　　(대)

정답 및 해설

[1]　(차)　특허권　　　　　2,100,000원　　(대)　현금　　　　　50,000원
[2]　(차)　소프트웨어　　　3,000,000원　　(대)　당좌예금　　3,000,000원

이론 핵심 기출문제

01 다음 내용을 모두 포함하는 계정과목에 해당하는 것은?

- 기업의 영업활동에 장기간 사용되며, 기업이 통제하고 있다.
- 물리적 형체가 없으나 식별가능하다.
- 미래의 경제적 효익이 있다.

① 유가증권　　② 미수금　　③ 특허권　　④ 상품권

02 다음 내용을 모두 포함하는 계정과목은 무엇인가?

- 기업의 영업활동에 장기간 사용되며, 기업이 통제하고 있다.
- 물리적 형체가 없으나 식별가능하다.
- 미래의 경제적 효익이 있다.

① 실용신안권　　② 선수금　　③ 기계장치　　④ 재고자산

03 물리적 실체가 없지만 미래의 경제적 효익을 갖는 비화폐성자산과 관련한 계정으로 올바른 것은?

① 기계장치　　② 특허권　　③ 급여　　④ 지급임차료

04 음은 무형자산에 대한 조건이다. 이에 해당하는 것으로 가장 옳은 것은?

- 물리적 실체는 없지만, 식별이 가능해야 함
- 자원에 대한 통제가 가능해야 함
- 미래 경제적효익을 가져올 수 있는 비화폐성 자산

① 기계장치　　② 소프트웨어　　③ 차량운반구　　④ 받을어음

정답 및 해설

01 ③ 무형자산에 대한 설명이다.

02 ① 무형자산에 대한 설명이다. 실용신안권은 무형자산이다.

03 ② 무형자산에 대한 설명이며, 특허권은 무형자산에 해당한다.

04 ② 무형자산은 재화의 생산이나 용역의 제공, 타인에 대한 임대, 관리에 사용할 목적으로 기업이 보유하고 있으며, 물리적 실체는 없지만 식별할 수 있고, 기업이 통제하고 있으며, 미래 경제적효익이 있는 비화폐성자산으로, 소프트웨어는 무형자산에 해당한다.

6 기타비유동자산

1. 기타비유동자산의 정의

기타비유동자산이란 비유동자산 중 투자자산, 유형자산, 무형자산에 속하지 않는 자산을 말한다.

2. 기타비유동자산의 주요 계정과목

	임차보증금	임대차계약에 따라 타인의 부동산 사용을 계약하고 임차인이 임대인에게 지급하는 보증금(계약기간이 끝나면 다시 돌려받음)
장기매출채권	장기외상매출금	일반적인 상거래에서 상품을 판매하고 결산일 기준 1년 이후에 받기로 한 대금
	장기받을어음	일반적인 상거래에서 상품을 판매하고 받은 어음으로 만기가 결산일 기준 1년 이후에 도래하는 것

3. 기타비유동자산 계정과목별 회계처리

1) 임차보증금

보증금 지급	• 부동산 사용을 계약하고 보증금을 지급 → 임차보증금(자산)의 증가 → 차변 (차) 임차보증금　　×××원　　(대) [계정과목]　　×××원
계약 만료	• 계약이 만료되어 보증금 회수 → 임차보증금(자산)의 감소 → 대변 (차) [계정과목]　　×××원　　(대) 임차보증금　　×××원

> [1] 상품 판매대리점을 개설하기 위하여 점포를 보증금 3,000,000원에 브리상사로부터 임차하고 대금은 현금으로 지급하다.
> 　　(차)　　　　　　　　　　　(대)
>
> [2] 당사 사무실 임차료로 300,000원을 현금지급하였다.
> 　　(차)　　　　　　　　　　　(대)
>
> [3] 상품보관을 위해 브리상사로부터 임차하여 사용하고 있던 창고건물의 임차기간이 완료되어 임차보증금 10,000,000원을 보통예금계좌로 돌려받다.
> 　　(차)　　　　　　　　　　　(대)

정답 및 해설

[1]	(차)	임차보증금(브리상사)	3,000,000원	(대)	현금	3,000,000원
[2]	(차)	임차료(판)	300,000원	(대)	현금	300,000원
[3]	(차)	보통예금	10,000,000원	(대)	임차보증금(브리상사)	10,000,000원

실무 핵심 기출문제

천원상사(회사코드: 9010)의 데이터를 사용하여 연습할 수 있습니다.

(1) 8월 28일   상품 홍보관을 운영하기 위해 감자마트 건물주와 상가 건물에 대한 임대차계약을 하고, 보증금 7,000,000원과 1개월분 임차료 300,000원을 현금으로 지급하다.

(2) 8월 29일   상품 판매대리점을 개설하기 위하여 점포를 보증금 3,000,000원에 솔이상점으로부터 임차하고 대금은 현금으로 지급하다.

(3) 8월 30일   상품보관을 위해 뉴랜드로부터 임차하여 사용하고 있던 창고건물의 임차기간이 완료되어 임차보증금 10,000,000원을 보통예금계좌로 돌려받다.

(4) 8월 31일　의류 판매 대리점을 개설하기 위해 미도상사(임대인)으로부터 건물을 임차하고 보증금 전액과 1개월분 임차료 보통예금계좌에서 이체하여 지급하다.

(사 무 실) 월 세 계 약 서						■ 임차인용
부동산의 표시	소재지	서울 강남구 강남대로 785 제일빌딩 3층				
	구 조	철근콘크리드	용 도	사무실	면 적	250㎡
보 증 금	금 10,000,000 원정			월 세	금 500,000 원정	
제 1 조 위 부동산의 임대인과 임차인의 합의하에 아래와 같이 계약함. 제 2 조 위 부동산의 임대차에 있어 임차인은 보증금을 아래와 같이 지불하기로 함.						
계 약 금	원정은 계약 시 지불하기로 함.					
중 도 금	원정은　　월　　일 계약 시 지불하고					
잔 금	10,000,000원정은 20×1년 8월 31일 중개업자 입회하에 지불함.					
제 3 조 위 부동산의 명도는 20×1년 8월 31일로 함. 제 4 조 임대차 기간은 20×1년 8월 31일로부터 (24)개월로 함.						
임 대 인	주 소	서울 강남구 강남대로 123				
	사업자등록번호	502-08-83162	전화번호		성 명	최영준
임 차 인	주 소	서울특별시 강남구 밤고개로1길 10				
	사업자등록번호	101-23-33351	전화번호		성 명	천원상사
중개업자	주 소	서울 강남구 강남대로 897		허가번호	337789-67	
	사업자등록번호		전화번호		성 명	

정답 및 해설

[1]	8월 28일	(차)	임차보증금(감자마트)	3,000,000원	(대)	현금	7,300,000원
			임차료	300,000원			
[2]	8월 29일	(차)	임차보증금(솔이상점)	3,000,000원	(대)	현금	3,000,000원
[3]	8월 30일	(차)	보통예금	10,000,000원	(대)	임차보증금(뉴랜드)	10,000,000원
[4]	8월 31일	(차)	임차보증금(미도상사)	10,000,000원	(대)	보통예금	10,500,000원
			임차료(판)	500,000원			

CHAPTER 03 부채

1 유동부채

1. 유동부채의 정의
유동부채란 결산일로부터 만기가 1년 이내인 부채를 말한다.

2. 유동부채의 주요 계정과목

매입채무	외상매입금	일반적인 상거래에서 상품을 구입하고 나중에 주기로 한 대금
	지급어음	일반적인 상거래에서 상품을 구입하고 발행한 어음
단기차입금		1년 이내 갚는 조건으로 빌린 금전
미지급금		일반적인 상거래 이외의 거래에서 나중에 주기로 한 대금 또는 발행한 어음
선수금		계약금 성격으로 미리 받은 금액 참 선수금은 계약금을 받았을 때 자산을 지급해야할 의무가 생기고 계약 파기 시 돌려줘야 하는 금액이기 때문에 부채로 처리한다.
예수금		• 일시적으로 잠시 보관하고 있는 성격의 돈 • 기업이 의무이행을 위해 소득을 지급할 때 지급받는 자가 부담하는 세액을 원천징수(공제)한 금액 참 예수금은 나중에 해당 기관에 납부해야할 의무가 있기 때문에 부채이다.
가수금		금전이 입금되었으나 계정과목이나 금액이 확정되지 않았을 때 임시적으로 사용하는 계정과목
유동성장기부채		비유동부채 중 결산일 기준 1년 내에 만기가 되는 부채를 재분류한 것

3. 유동부채 계정과목별 회계처리

1) 외상매입금

매입	• 상품을 외상으로 매입 → 외상매입금(부채)의 증가 → 대변 (차) 상품　　　　　×××원　　(대) 외상매입금　　　　×××원
외상대금 지급	• 상품 외상매입으로 발생한 외상대금 지급 → 외상매입금(부채)의 감소 → 차변 (차) 외상매입금　　×××원　　(대) [계정과목]　　　　×××원

[1] 영재상사에 상품을 1,000,000원에 매입하고 대금은 1개월 후에 지급하기로 하였다. 상품 구입 시 발생한 운반비 10,000원은 현금으로 결제하였다.

　　(차)　　　　　　　　　　　　　　　(대)

[2] 영재상사에 외상매입금 1,000,000원을 보통예금에서 계좌이체하다.

　　(차)　　　　　　　　　　　　　　(대)

2) 지급어음

어음 발행	• 상품을 구입하고 어음 발행 → 지급어음(부채)의 증가 → 대변 (차) 상품　　　　×××원　　(대) 지급어음　　　　×××원 • 외상대금을 상환하기 위해 어음 발행 → 지급어음(부채)의 증가 → 대변 (차) 외상매입금　　×××원　　(대) 지급어음　　　　×××원
만기	• 발행한 어음의 만기가 되어 대금을 결제 → 지급어음(부채)의 감소 → 차변 (차) 지급어음　　×××원　　(대) [계정과목]　　　×××원

[3] 영재상사에 상품을 500,000원에 매입하고 대금은 당사 발행 약속어음으로 지급하다.

　　(차)　　　　　　　　　　　　　　(대)

[4] 영재상사에 상품매입 대금으로 발행해 준 약속어음 500,000원이 만기가 되어 당사 보통예금 계좌에서 이체하여 지급하다.

　　(차)　　　　　　　　　　　　　　(대)

[5] 데이상사에 상품 외상구입대금 100,000원을 당사 발행 약속어음으로 지급하다.

　　(차)　　　　　　　　　　　　　　(대)

3) 단기차입금

차입	• 결산일 기준 1년 이내 만기로 돈을 빌렸을 때 → 단기차입금(부채)의 증가 → 대변 (차) [계정과목]　　×××원　　(대) 단기차입금　　　×××원
원금과 이자 상환	• 만기일에 원금과 이자를 지급했을 때 → 단기차입금(부채)의 감소, 이자비용 발생 (차) 단기차입금　　×××원　　(대) [계정과목]　　　×××원 　　이자비용　　　×××원

[6] 당사가 바삭컴퓨터로부터 6,000,000원을 6개월간 차입하여 금액이 당사 보통예금 계좌에 이체되다.

　　(차)　　　　　　　　　　　　　　(대)

[7] 바삭컴퓨터의 단기차입금 6,000,000원과 그에 대한 이자 60,000원을 보통예금 계좌에서 이체하여 지급하다.

　　(차)　　　　　　　　　　　　　　(대)

[8] 국민은행에서 10,000,000원을 2개월간 차입하고, 선이자 500,000원을 차감한 잔액이 당사 보통예금통장에 계좌이체 되다. (선이자는 이자비용으로 회계처리)

　　(차)　　　　　　　　　　　　　　(대)

4) 미지급금

판매	• 일반적인 상거래 이외의 거래에서 대금을 나중에 주기로 했을 때 → 미지급금(부채)의 증가 → 대변 (차) [계정과목]　　　　×××원　　(대) 미지급금　　　　×××원 • 일반적인 상거래 이외의 거래에서 어음을 발행 → 미지급금(부채)의 증가 → 대변 (차) [계정과목]　　　　×××원　　(대) 미지급금　　　　×××원 • 일반적인 상거래 이외의 거래에서 신용카드로 결제했을 때 → 미지급금(부채)의 증가 → 대변 (차) [계정과목]　　　　×××원　　(대) 미지급금(거래처: 신용카드사) ×××원
대금 지급	• 일반적인 상거래 이외의 거래에서 발생한 외상매입액, 발행한 어음, 카드결제 금액 대금 지급 → 미지급금(부채)의 감소 → 차변 (차) 미지급금　　　　×××원　　(대) [계정과목]　　　×××원

참 신용카드 결제로 발생한 지급채무
- 계정과목: 외상매입금(일반적인 상거래) 또는 미지급금(일반적인 상거래 이외의 거래)
- 거래처: 신용카드사(신용카드로 결제한 금액은 결제한 거래처가 아닌 신용카드사에 지급해야 하는 채무)

---

[9] 바삭컴퓨터에서 비품 3,000,000원을 취득하고 대금 중 2,000,000원은 현금으로 지급하고 잔액은 할부로 하다.

　　(차)　　　　　　　　　　(대)

[10] 매장건물을 리부상사에서 50,000,000원에 구입하고 대금은 당사발행 약속어음으로 지급하다. 이 건물에 대한 취득세 200,000원은 당사 보통예금 계좌에서 이체하다.

　　(차)　　　　　　　　　　(대)

[11] 홍삼나라에서 본사 영업부 직원에게 지급하기 위한 홍삼세트 1,000,000원을 신용카드(현대카드)로 구입하였다.

　　(차)　　　　　　　　　　(대)

[12] 바삭컴퓨터에서 비품을 할부로 구입하고 미지급금으로 처리한 200,000원이 보통예금계좌에서 자동이체되다.

　　(차)　　　　　　　　　　(대)

[13] 전월 직원 선물세트 구입에 따른 현대카드사의 당월 결제금액 1,000,000원이 보통예금에서 자동이체되어 지급되다.

　　(차)　　　　　　　　　　(대)

5) 선수금

계약금 수령	• 계약금 성격으로 미리 대금을 받음 → 선수금(부채)의 증가 → 대변 (차) [계정과목]　　　　×××원　　(대) 선수금　　　　×××원
매출	• 계약금을 받았던 상품을 판매 → 선수금(부채)의 감소 → 차변 (차) 선수금　　　　×××원　　(대) 상품매출　　　×××원 　　[계정과목]　　　×××원

[14] 거래처 브리상사에 상품 2,000,000원을 판매하기로 계약하고 계약금으로 판매금액의 10%를 현금으로 받다.
  (차)   (대)

[15] 거래처 브리상사에 판매하기로 계약하였던 상품 2,000,000원을 인도하고 계약금 200,000원을 제외한 나머지 금액은 외상으로 하다.
  (차)   (대)

6) 예수금

원천징수	• 소득을 지급할 때 지급 받는자가 부담하는 부분을 원천징수(공제)함 → 예수금(부채)의 증가 → 대변 (차) [계정과목]　　　×××원　　(대) 예수금　　　×××원
원천징수 금액 납부	• 원천징수한 금액을 해당 기관에 납부 → 예수금(부채)의 감소 → 차변 (차) 예수금(직원부담분)　×××원　　(대) [계정과목]　　×××원 　　복리후생비 등(회사부담분)　×××원

[16] 영업부 사원 박종호씨의 급여 3,000,000원 중에서 소득세 및 지방소득세 80,000원, 건강보험료 50,000원을 제외한 금액을 현금으로 지급하다.
  (차)   (대)

[17] 종업원 급여 지급 시 원천징수한 소득세 및 국민연금 130,000원과 회사 부담분 건강보험료 50,000원을 해당 기관에 보통예금으로 이체하여 납부하다. (회사부담분 건강보험료는 복리후생비로 처리한다.)
  (차)   (대)

7) 가수금

입금 시	• 입금된 금액의 내용이 확정되지 않았을 경우 → 가수금(부채)의 증가 → 대변 (차) [계정과목]　　　×××원　　(대) 가수금　　　×××원
내용확정	• 가수금 처리한 항목의 내용이 확정되었을 때 → 가수금(부채)의 감소 → 차변 (차) 가수금　　　×××원　　(대) [계정과목]　　×××원

[18] 보통예금 계좌에 1,000,000원이 입금되었으나, 입금자명이 불분명하여 그 내역을 확인할 수 없다.
  (차)   (대)

[19] 가수금 1,000,000원은 6월 31일 입금된 내용을 알 수 없었던 것으로 가수금 처리하였으나 거래처 세현상사로부터 회수한 외상 대금으로 판명되었다.
  (차)   (대)

8) 유동성장기부채

| 결산 | • 결산일 기준 1년 내에 만기가 되는 비유동부채를 재분류 → 장기차입금을 유동성장기부채로 대체
(차) 장기차입금　　　　　×××원　　(대) 유동성장기부채　　　×××원 |

[20] 결산일 현재 기업은행으로부터 차입한 장기차입금 5,000,000원의 상환기일이 내년으로 도래하였음을 확인하였다.
　　　(차)　　　　　　　　　　　　　　(대)

정답 및 해설

[1]	(차)	상품	1,010,000원	(대)	외상매입금(영재상사)	1,000,000원
					현금	10,000원
[2]	(차)	외상매입금(영재상사)	1,000,000원	(대)	보통예금	1,000,000원
[3]	(차)	상품	500,000원	(대)	지급어음(영재상사)	500,000원
[4]	(차)	지급어음(영재상사)	500,000원	(대)	보통예금	500,000원
[5]	(차)	외상매입금(데이상사)	100,000원	(대)	지급어음(데이상사)	100,000원
[6]	(차)	보통예금	6,000,000원	(대)	단기차입금(바삭컴퓨터)	6,000,000원
[7]	(차)	단기차입금(바삭컴퓨터)	6,000,000원	(대)	보통예금	6,060,000원
		이자비용	60,000원			
[8]	(차)	보통예금	9,500,000원	(대)	단기차입금(국민은행)	10,000,000원
		이자비용	500,000원			
[9]	(차)	비품	3,000,000원	(대)	현금	2,000,000원
					미지급금(바삭컴퓨터)	1,000,000원
[10]	(차)	건물	50,200,000원	(대)	미지급금(리부상사)	50,000,000원
					보통예금	200,000원
[11]	(차)	복리후생비(판)	1,000,000원	(대)	미지급금(현대카드)	1,000,000원
[12]	(차)	미지급금(바삭컴퓨터)	200,000원	(대)	보통예금	200,000원
[13]	(차)	미지급금(현대카드)	1,000,000원	(대)	보통예금	1,000,000원
[14]	(차)	현금	200,000원	(대)	선수금(브리상사)	200,000원
[15]	(차)	선수금(브리상사)	200,000원	(대)	상품매출	2,000,000원
		외상매출금(브리상사)	1,800,000원			
[16]	(차)	급여(판)	3,000,000원	(대)	예수금	130,000원
					현금	2,870,000원
[17]	(차)	예수금	130,000원	(대)	보통예금	180,000원
		복리후생비	50,000원			
[18]	(차)	보통예금	1,000,000원	(대)	가수금	1,000,000원
[19]	(차)	가수금	1,000,000원	(대)	외상매출금(세현상사)	1,000,000원
[20]	(차)	장기차입금(기업은행)	5,000,000원	(대)	유동성장기부채(신한은행)	5,000,000원

2 비유동부채

1. 비유동부채의 정의
비유동부채란 결산일로부터 만기가 1년 이후인 부채를 말한다.

2. 비유동부채의 주요 계정과목

장기차입금		결산일 기준 1년 이후 갚는 조건으로 빌린 금전
임대보증금		임대차계약에 따라 타인의 부동산 사용을 계약하고 임대인이 임차인에게 받은 보증금(계약기간이 끝나면 다시 돌려줌)
퇴직급여충당부채		종업원이 일시에 퇴직할 경우 지급하여야 할 퇴직금으로 적립한 금액
장기매입채무	장기외상매입금	일반적인 상거래에서 발생한 결산일 기준 1년 이후에 주기로 한 외상대금
	장기지급어음	일반적인 상거래에서 발행한 어음으로 만기가 결산일 기준 1년 이후에 도래하는 것

3. 비유동부채 계정과목별 회계처리

1) 장기차입금

장기차입	• 결산일 기준 1년 이후 갚는 조건으로 돈을 빌렸을 때 → 장기차입금(부채)의 증가 → 대변 (차) [계정과목]　　　　×××원　　(대) 장기차입금　　　　×××원
상환	• 장기차입한 금액을 상환했을 때 → 장기차입금(부채)의 감소 → 차변 (차) 장기차입금　　　　×××원　　(대) [계정과목]　　　　×××원

[1] 신한은행으로부터 3년 후 상환하기로 하고 현금 5,000,000원을 차입하다.
　(차)　　　　　　　　　　　(대)

[2] 신한은행으로부터 차입한 장기차입금에 대한 원금 5,000,000원과 이자 50,000원을 보통예금 계좌에서 자동이체하여 지급하였다.
　(차)　　　　　　　　　　　(대)

2) 임대보증금

보증금 수취	• 부동산 사용을 계약하고 보증금을 받음 → 임대보증금(부채)의 증가 → 대변 (차) [계정과목]　　　　×××원　　(대) 임대보증금　　　　×××원
임대료 입금	• 빌려준 부동산에 대한 계약에 따른 임대료가 입금됨 → 임대료(수익)의 발생 → 대변 (차) [계정과목]　　　　×××원　　(대) 임대료　　　　×××원
계약 만료	• 계약이 만료되어 임대보증금 지급 → 임대보증금(부채)의 감소 → 차변 (차) 임대보증금　　　　×××원　　(대) [계정과목]　　　　×××원

[3] 회사가 소유한 창고를 영재상사에게 임대하는 임대차계약을 체결하여 2,000,000원을 보통예금으로 이체받다.
   (차)   (대)

[4] 영재상사에 임대한 건물의 계약기간이 만료되어 계약 체결당시 받았던 보증금 2,000,000원을 현금으로 반환하였다.
   (차)   (대)

[5] 회사가 소유한 창고를 씨오피상사에게 임대하는 임대차계약을 체결하여 임대보증금의 10%인 200,000원을 계약금으로 현금수령하다.
   (차)   (대)

[6] 회사가 소유한 창고를 2년간 씨오피상사에 보증금 2,000,000원에 임대하기로 계약하고 계약금을 제외한 잔금을 영재상사가 발행한 당좌수표로 받다. (단, 계약금은 7월 10일에 현금으로 200,000원을 이미 받아 선수금으로 회계처리 하였다.)
   (차)   (대)

[7] 수익증대를 위해 사무실을 2년간 데이상사에 임대하기로 계약하고, 보증금 3,000,000원과 1개월분 임대료 300,000원을 보통예금으로 이체받다. (임대개시일은 9월 25일이다.)
   (차)   (대)

정답 및 해설

[1]	(차)	현금	5,000,000원	(대)	장기차입금(신한은행)	5,000,000원
[2]	(차)	장기차입금(신한은행)	5,000,000원	(대)	보통예금	5,050,000원
		이자비용	50,000원			
[3]	(차)	보통예금	2,000,000원	(대)	임대보증금(영재상사)	2,000,000원
[4]	(차)	임대보증금(영재상사)	2,000,000원	(대)	현금	2,000,000원
[5]	(차)	현금	200,000원	(대)	선수금(씨오피상사)	200,000원
[6]	(차)	선수금(씨오피상사)	200,000원	(대)	임대보증금(씨오피상사)	2,000,000원
		현금	1,800,000원			
[7]	(차)	보통예금	3,300,000원	(대)	임대보증금(데이상사)	2,000,000원
					임대료	300,000원

핵심 기출문제

천원상사(회사코드: 9010)의 데이터를 사용하여 연습할 수 있습니다.

(1) 11월 1일   솔이상점으로부터 판매용 사무용품 5,000,000원을 외상으로 매입하고, 매입시 당사부담 운반비 50,000원을 한길택배에 현금으로 지급하다.

(2) 11월 2일   판매할 상품을 거래처 솔이상점에서 15,000,000원에 구입하고 현대카드(신용카드)로 결제하였다. (계정과목은 외상매입금 계정을 사용하시오.)

(3) 11월 3일   세현상사의 외상매입금 350,000원에 대하여 당좌수표를 발행하여 지급하다.

(4) 11월 4일   판매용 복사기 구입과 관련하여 감자마트에게 지급하지 못한 외상매입금 중 1,000,000원을 다른 거래처가 발행한 당좌수표로 지급하다.

(5) 11월 5일   솔이상점의 외상매입금 7,000,000원 중 2,000,000원은 현금으로 지급하고 잔액은 보통예금 계좌에서 이체하였다.

(6) 11월 6일   솔이상점의 외상매입금 2,500,000원을 지급하기 위해 브리상사로부터 받아서 보관 중인 약속어음 2,500,000원을 배서양도하다.

(7) 11월 7일   솔이상점에 대한 외상매입금 1,300,000원을 지급하기 위하여 진안상사로부터 매출대금으로 받은 약속어음 1,200,000원을 배서양도하고 나머지는 현금으로 지급하다.

(8) 11월 8일   브리상사에 상품 5,000,000원을 판매하고 판매대금 중 3,000,000원은 브리상사에 대한 외상매입금과 상계하고 나머지는 외상으로 하다.

(9) 11월 9일   리부상사에 상품 7,000,000원을 판매하고 판매대금 중 5,000,000원은 리부상사에 대한 외상매입금과 상계하고 나머지는 동점발행 약속어음으로 수취하다.

(10) 11월 10일   세현상사의 외상매입금 3,000,000원을 결제하기 위하여 당사가 상품매출대금으로 받아 보유하고 있던 영재상사 발행의 약속어음 2,000,000원을 배서양도하고, 잔액은 당사가 약속어음을 발행하여 지급하다.

(11) 11월 11일   당사는 거래처 진안상사로부터 상품 10개(1개당 10,000원)를 매입하고, 그 대금은 당사발행 어음으로 지급하였다.

(12) 11월 12일   진안상사에서 상품 3,000,000원을 매입하고, 바삭컴퓨터로부터 매출대금으로 받아 보관 중인 약속어음 2,000,000원을 배서양도 하고, 잔액은 당사 발행 약속어음으로 지급하다.

(13) 11월 13일   진안상사에 상품매입 대금으로 발행해 준 약속어음 900,000원이 만기가 되어 당사 보통예금 계좌에서 이체하여 지급하다.

(14) 11월 14일   브리상사에 상품매입 대금으로 발행해 준 약속어음 600,000원이 만기가 되어 당사 당좌예금 계좌에서 지급하다.

(15) 11월 15일   하나은행으로부터 6개월 후 상환조건으로 20,000,000원을 차입하고, 보통예금 계좌로 입금받다.

(16) 11월 16일   하나은행으로부터 5,000,000원을 4개월간 차입하기로 하고, 선이자 125,000원을 제외한 잔액이 당사 보통예금 계좌에 입금되었다. (선이자는 이자비용으로 회계처리하고, 하나의 전표로 입력할 것)

(17) 11월 17일   국민은행으로부터 원금 20,000,000원을 6개월 동안 차입하면서 수수료 200,000원을 차감한 금액이 당사 당좌예금계좌로 입금되었다. (단, 은행수수료는 판관비로 처리한다.)

(18) 11월 18일   하나은행으로부터 차입한 단기차입금 중 일부인 5,000,000원을 보통예금 통장에서 계좌이체하여 상환하다.

(19) 11월 19일   국민은행의 단기차입금 1,000,000원과 그에 대한 이자 80,000원을 당점 보통예금계좌에서 이체하여 지급하다.

(20) 11월 20일   삼보상사에서 투자목적으로 건물을 70,000,000원에 매입하고 전액 약속어음을 발행하여 교부하다. 건물 매입에 따른 취득세 770,000원은 현금으로 납부하다. (하나의 전표로 회계처리 하시오.)

(21) 11월 21일   매장 신축용 토지를 20,000,000원에 삼보상사에서 구입하고, 대금 중 5,000,000원은 자기앞수표로 지급하고, 잔액은 2개월 후에 지급하기로 하다. 또한 토지에 대한 취득세 300,000원을 현금으로 지급하다.

(22) 11월 22일   솔이상점으로부터 사무실 책상(내용연수 5년)을 1,600,000원에 구입하고 대금은 월말에 지급하기로 하다.

(23) 11월 23일   컴퓨터의 품질검사를 위해 바삭컴퓨터로부터 기계장치(유형자산)를 1,200,000원에 구입하다. 대금 중 500,000원은 현금으로 지급하고, 잔액은 1개월 후에 지급하기로 하다.

(24) 11월 24일   상품 운반용 중고 화물차를 7,000,000원에 구매하면서 전액 현대카드로 결제하고, 취득세 300,000원은 보통예금 계좌에서 이체하였다.

(25) 11월 25일   매장 건물의 모든 출입문을 자동화 시설로 교체하고, 출입문 설치비 6,000,000원은 가온상사에 2개월 후에 지급하기로 하다. (자본적지출로 회계처리)

(26) 11월 26일   판매용 전기부품 5,000,000원과 업무용 컴퓨터 2,000,000원을 바삭컴퓨터에서 구입하였다. 대금 중 판매용 전기부품은 당좌수표를 발행하여 지급하고, 업무용 컴퓨터는 외상으로 하였다.

(27) 11월 27일   판매용 문서세단기 5,000,000원(5대분)과 업무용 문서세단기 1,000,000원(1대)를 솔이상점에서 구입하고, 대금은 이번 달 30일에 모두 지급하기로 하였다. (하나의 전표로 회계처리 할 것)

(28) 11월 28일   바삭컴퓨터에서 판매용 컴퓨터 10,000,000원과 업무용 컴퓨터 2,000,000원을 매입하였다. 대금은 당사가 발행한 약속어음 2매(10,000,000원 1매, 2,000,000원 1매)로 지급하였다. (단, 하나의 분개로 입력할 것)

(29) 11월 29일   전월 사무용품 구입에 따른 국민카드사의 당월 결제금액 300,000원이 보통예금 통장에서 자동 이체되어 지급되다.

(30) 11월 30일   진안상사에서 할부로 구입하고 미지급금으로 처리했던 차량할부금 중 500,000원을 현금으로 지급하였다.

(31) 11월 31일   씨오피상사에 상품을 7,000,000원에 판매하기로 계약하고, 계약금 2,000,000원을 당사 당좌예금 계좌로 이체받다.

(32) 12월 1일   씨오피상사에 상품 1,000,000원을 판매하고, 미리 받은 계약금 200,000원을 제외한 나머지 대금은 동사가 발행한 어음을 받다.

(33) 12월 2일   리부상사와의 판매계약이 해지되어 수령하였던 계약금 450,000원을 보통예금계좌에서 송금하다.

(34) 12월 3일   거래처 영재상사에 판매하기로 계약하였던 상품 3,000,000원을 인도하고 계약금 200,000원을 제외한 나머지 금액은 외상으로 하다.

(35) 12월 4일   지난달 매출계약 한 세현상사에 상품 2,000,000원을 매출하고, 계약금 500,000원을 차감한 대금 중 800,000원은 현금으로 받고 잔액은 외상으로 하다.

(36) 12월 5일   데이상사에 매출 계약한 판매가격 5,000,000원의 상품을 인도하고, 계약금 500,000원을 차감한 금액 중 3,000,000원은 데이상사가 발행한 약속어음으로 받고 나머지 잔액은 1개월 후에 받기로 하다.

(37) 12월 6일   소유한 창고를 감자마트에 임대하는 임대차계약을 아래와 같이 체결하여 임대보증금의 10%를 계약일에 감자마트가 발행한 당좌수표로 받고 잔금은 임대를 개시하는 다음해 1월 1일에 받기로 하였다.

부동산 임대차 계약서						■ 월세	□ 전세
임대인과 임차인 쌍방은 표기 부동산에 관하여 다음 계약 내용과 같이 임대차계약을 체결한다.							
1. 부동산의 표시							
소재지		경기도 수원시 영통구 선원로 71 B13					
토 지	지목	대지			면적	572㎡	
건 물	구조	창고	용도	사업용	면적	176㎡	
임대할부분		전체			면적	572㎡	
2. 계약내용 제1조 (목적)위 부동산의 임대차에 한하여 임대인과 임차인은 합의에 의하여 임차보증금 및 차임을 아래와 같이 지불하기로 한다.							
보증금	金	300,000,000 원정					
계약금	金	30,000,000원정은 계약시에 지불하고 영수함 영수자( )					(인)
중도금	金	원정은 년 월 일에지불하며					
잔 금	金	270,000,000 원정은 20×2 년 1 월 1일에 지불한다.					
차 임	金	5,000,000 원정은 매월 25 일 (후불)에 지불한다.					

(38) 12월 7일   영업사원의 급여 2,000,000원을 지급하면서, 소득세등 175,000원을 차감한 잔액을 당사 보통예금 계좌에서 사원 통장으로 자동 이체하다.

(39) 12월 8일   본사 영업부 직원들의 업무역량 강화를 위해 외부강사를 초청하여 교육을 진행하고, 강사료 3,000,000원 중 132,000원을 원천징수하고, 2,868,000원을 보통예금 통장에서 이체하여 지급하다.

(40) 12월 9일   당사는 사업확장과 판매촉진에 관련되는 자문을 개인인 김창해에게 받고, 자문료 5,000,000원 중 원천징수세액 165,000원을 차감한 나머지 금액인 4,835,000원을 보통예금통장에서 이체하여 지급하다. (단, 당사는 자문료를 수수료비용으로 회계처리하기로 하다.)

(41) 12월 10일 12월 판매사원의 급여를 다음의 급여내역과 같이 당사 보통예금 계좌에서 사원 통장으로 자동이체하다.

천원상사 20×1년 12월 급여내역

이 름	박종호	지 급 일	12월 10일
기본급여	2,200,000원	소 득 세	50,000원
직책수당		지방소득세	5,000원
상 여 금		고용보험	
특별수당		국민연금	110,000원
차량유지	120,000원	건강보험	40,000원
교육지원	180,000원	기 타	
급 여 계	2,500,000원	공제합계	205,000원
노고에감사드립니다.		지급총액	2,295,000원

(42) 12월 11일 당월분 영업사원 급여를 다음과 같이 보통예금계좌에서 종업원 급여계좌로 이체하다.

성 명	직 급	급 여	원천징수세액		차감지급액
			소득세	지방소득세	
한복판	과 장	4,200,000원	250,000원	25,000원	3,925,000원
장병지	대 리	3,500,000원	180,000원	18,000원	3,302,000원
계		7,700,000원	430,000원	43,000원	7,227,000원

(43) 12월 12일 종업원 급여 지급 시 원천징수한 금액 중 소득세 20,000원을 관할세무서에 현금으로 납부하다.

(44) 12월 13일 건강보험료 250,000원(회사부담분 125,000원 본인부담분 예수액 125,000원)을 현금으로 납부하였다. (회사부담분은 복리후생비로 처리하며, 하나의 전표로 입력할 것)

(45) 12월 14일　영업부 사원의 급여 지급 시 공제한 근로자부담분 국민연금보험료 150,000원과 회사부담분 국민연금보험료 150,000원을 보통예금 계좌에서 이체하여 납부하다. (단, 하나의 전표로 처리하고, 회사부담분 국민연금보험료는 세금과공과로 처리한다.)

(46) 12월 15일　당사 보통예금통장에 50,000원이 입금 되었으나 그 내역을 알 수 없다.

(47) 12월 16일　가수금 5,000,000원은 입금된 내용을 알 수 없었던 것으로 가수금 처리하였으나 거래처 진안상사로부터 회수한 외상 대금으로 판명되었다. (가수금 거래처는 입력하지 않아도 무방함)

(48) 12월 17일　기업 운영자금을 확보하기 위해서 10,000,000원을 국민은행으로부터 2년 후 상환조건으로 차입하고 차입금은 보통예금 계좌로 이체 받았다.

(49) 12월 18일　기업은행으로부터 아래와 같이 사업확장을 위한 자금을 차입하고 보통예금 계좌로 송금받았다.

차입금액	자금용도	연이자율	차입기간	이자 지급 방법
15,000,000원	시설자금	7%	3년	만기 일시 지급

(50) 12월 19일　수익증대를 위하여 사무실을 2년간 영재상사에 임대하기로 계약하고, 보증금 2,000,000원과 1개월분 임대료 300,000원을 보통예금으로 이체 받다.

정답 및 해설

[1]	11월 1일	(차)	상품	5,050,000원	(대)	외상매입금(솔이상점)	5,000,000원
						현금	50,000원
[2]	11월 2일	(차)	상품	15,000,000원	(대)	외상매입금(현대카드)	15,000,000원
[3]	11월 3일	(차)	외상매입금(세현상사)	350,000원	(대)	당좌예금	350,000원
[4]	11월 4일	(차)	외상매입금(감자마트)	1,000,000원	(대)	현금	1,000,000원
[5]	11월 5일	(차)	외상매입금(솔이상점)	7,000,000원	(대)	보통예금	5,000,000원
						현금	2,000,000원
[6]	11월 6일	(차)	외상매입금(솔이상점)	2,500,000원	(대)	받을어음(브리상사)	2,500,000원
[7]	11월 7일	(차)	외상매입금(솔이상점)	1,300,000원	(대)	받을어음(진안상사)	1,200,000원
						현금	100,000원
[8]	11월 8일	(차)	외상매입금(브리상사)	3,000,000원	(대)	상품매출	5,000,000원
			외상매출금(브리상사)	2,000,000원			
[9]	11월 9일	(차)	외상매입금(리부상사)	5,000,000원	(대)	상품매출	7,000,000원
			받을어음(리부상사)	2,000,000원			
[10]	11월 10일	(차)	외상매입금	3,000,000원	(대)	받을어음(영재상사)	2,000,000원
						지급어음(세현상사)	1,000,000원
[11]	11월 11일	(차)	상품	100,000원	(대)	지급어음(진안상사)	100,000원
[12]	11월 12일	(차)	상품	3,000,000원	(대)	받을어음(바삭컴퓨터)	2,000,000원
						지급어음(진안상사)	1,000,000원
[13]	11월13일	(차)	지급어음(진안상사)	900,000원	(대)	보통예금	900,000원
[14]	11월 14일	(차)	지급어음(브리상사)	600,000원	(대)	당좌예금	600,000원
[15]	11월 15일	(차)	보통예금	20,000,000원	(대)	단기차입금(하나은행)	20,000,000원
[16]	11월 16일	(차)	보통예금	4,875,000원	(대)	단기차입금(하나은행)	5,000,000원
			이자비용	125,000원			
[17]	11월 17일	(차)	당좌예금	19,800,000원	(대)	단기차입금(국민은행)	20,000,000원
			수수료비용(판)	200,000원			
[18]	11월 18일	(차)	단기차입금(하나은행)	5,000,000원	(대)	보통예금	5,000,000원
[19]	11월 19일	(차)	단기차입금(국민은행)	1,000,000원	(대)	보통예금	1,080,000원
			이자비용	80,000원			
[20]	11월 20일	(차)	투자부동산	70,770,000원	(대)	현금	770,000원
						미지급금(삼보상사)	70,000,000원
[21]	11월 21일	(차)	토지	20,300,000원	(대)	현금	5,300,000원
						미지급금(삼보상사)	15,000,000원
[22]	11월 22일	(차)	비품	1,600,000원	(대)	미지급금(솔이상점)	1,600,000원
[23]	11월 23일	(차)	기계장치	1,200,000원	(대)	현금	500,000원
						미지급금(바삭컴퓨터)	700,000원
[24]	11월 24일	(차)	차량운반구	7,300,000원	(대)	미지급금(현대카드)	7,000,000원
						보통예금	300,000원
[25]	11월 25일	(차)	건물	6,000,000원	(대)	미지급금(가온상사)	6,000,000원

[26]	11월 26일	(차)	상품	5,000,000원	(대)	당좌예금	5,000,000원
			비품	2,000,000원		미지급금(바삭컴퓨터)	2,000,000원
[27]	11월 27일	(차)	상품	5,000,000원	(대)	외상매입금(솔이상점)	5,000,000원
			비품	1,000,000원		미지급금(솔이상점)	1,000,000원
[28]	11월 28일	(차)	상품	10,000,000원	(대)	지급어음(바삭컴퓨터)	10,000,000원
			비품	2,000,000원		미지급금(바삭컴퓨터)	2,000,000원
[29]	11월 29일	(차)	미지급금(국민카드)	300,000원	(대)	보통예금	300,000원
[30]	11월 30일	(차)	미지급금(진안상사)	500,000원	(대)	현금	500,000원
[31]	11월 30일	(차)	당좌예금	2,000,000원	(대)	선수금(씨오피상사)	2,000,000원
[32]	12월 1일	(차)	받을어음(씨오피상사)	800,000원	(대)	상품매출	1,000,000원
			선수금(씨오피상사)	200,000원			
[33]	12월 2일	(차)	선수금(리부상사)	450,000원	(대)	보통예금	450,000원
[34]	12월 3일	(차)	선수금(영재상사)	200,000원	(대)	상품매출	3,000,000원
			외상매출금(영재상사)	2,800,000원			
[35]	12월 4일	(차)	선수금(세현상사)	500,000원	(대)	상품매출	2,000,000원
			현금	800,000원			
			외상매출금(세현상사)	700,000원			
[36]	12월 5일	(차)	선수금(데이상사)	500,000원	(대)	상품매출	5,000,000원
			받을어음(데이상사)	3,000,000원			
			외상매출금(데이상사)	1,500,000원			
[37]	12월 6일	(차)	현금	30,000,000원	(대)	선수금(감자마트)	30,000,000원
[38]	12월 7일	(차)	급여(판)	2,000,000원	(대)	예수금	175,000원
						보통예금	1,825,000원
[39]	12월 8일	(차)	교육훈련비(판)	3,000,000원	(대)	예수금	132,000원
						보통예금	2,868,000원
[40]	12월 9일	(차)	수수료비용(판)	5,000,000원	(대)	예수금	165,000원
						보통예금	4,835,000원
[41]	12월 10일	(차)	급여(판)	2,500,000원	(대)	예수금	2,295,000원
						보통예금	205,000원
[42]	12월 11일	(차)	급여(판)	7,700,000원	(대)	예수금	473,000원
						보통예금	7,227,000원
[43]	12월 12일	(차)	예수금	20,000원	(대)	현금	20,000원
[44]	12월 13일	(차)	예수금	125,000원	(대)	현금	250,000원
			복리후생비(판)	125,000원			
[45]	12월 14일	(차)	예수금	150,000원	(대)	보통예금	300,000원
			세금과공과(판)	150,000원			
[46]	12월 15일	(차)	보통예금	50,000원	(대)	가수금	50,000원
[47]	12월 16일	(차)	가수금	5,000,000원	(대)	외상매출금(진안상사)	5,000,000원
[48]	12월 17일	(차)	보통예금	10,000,000원	(대)	장기차입금(국민은행)	10,000,000원
[49]	12월 18일	(차)	보통예금	15,000,000원	(대)	장기차입금(기업은행)	15,000,000원
[50]	12월 19일	(차)	보통예금	2,300,000원	(대)	임대보증금(영재상사)	2,000,000원
						임대료	300,000원

이론 핵심 기출문제

01 다음 중 재무제표 구성요소 중 부채에 대한 설명이 틀린 것은?

① 부채는 1년을 기준으로 유동부채와 비유동부채로 분류한다.
② 부채란 과거의 거래나 사건의 결과로 현재 기업실체가 부담하고 있고 미래에 자원의 유출 또는 사용이 예상되는 의무이다.
③ 단기차입금은 보고기간종료일부터 1년 이내에 결제되어야 하므로 영업주기와 관계없이 유동부채로 분류한다.
④ 비유동부채 중에서 보고기간종료일로부터 1년 이내에 자원의 유출이 예상되는 부분은 유동부채로 분류할 수 없다.

02 다음은 부채에 대한 설명이다. 가장 옳지 않은 것은?

① 외상매입금은 일반적 상거래에서 발생하는 채무이다.
② 선수금은 상품을 주문받고 대금의 일부를 계약금으로 수취하였을 때 처리하는 계정과목이다.
③ 가지급금은 미래에 특정한 사건에 의해 외부로 지출하여야 할 금액을 기업이 급여 등을 지급시 종업원 등으로부터 미리 받아 일시적으로 보관하는 금액을 처리하는 계정과목에 해당한다.
④ 가수금은 현금의 수입이 발생하였으나 처리할 계정과목이나 금액이 확정되지 않은 경우 계정과목이나 금액이 확정될 때까지 일시적으로 처리하는 계정과목이다.

03 다음 중 부채계정으로만 짝지어진 것은?

① 선급금, 선수금　　② 미지급금, 미수금　　③ 선급금, 미수금　　④ 선수금, 미지급금

정답 및 해설

01 ④ 비유동부채 중 보고기간종료일로부터 1년 이내에 자원의 유출이 예상되는 부분은 유동부채로 분류한다.

02 ③ 예수금에 대한 설명이다.
미래에 특정한 사건에 의해 외부로 지출하여야 할 금액을 기업이 급여지급시 종업원으로부터 미리 받아 일시적으로 보관하는 금액을 처리하는 계정과목을 말한다.

03 ④ 선수금·미지급금은 부채, 선급금·미수금은 자산

04 다음 중 유동부채 계정과목만 짝지어진 것은?

① 미수금, 선수금, 외상매입금, 받을어음
② 미지급금, 선수금, 외상매입금, 지급어음
③ 미수금, 선급금, 외상매출금, 받을어음
④ 미지급금, 선급금, 외상매출금, 지급어음

05 다음 중 비유동부채에 해당하는 것은?

① 장기차입금　　② 외상매입금　　③ 미지급비용　　④ 선수금

06 다음 자료의 (　) 안에 들어갈 적절한 단어는 무엇인가?

> (　)이란 기업이 일시적으로 맡아서 나중에 지급하는 부채이다. 일반적 상거래 이외에서 발생하는 일시적인 것으로 유동부채에 속한다.

① 예수금　　② 선급비용　　③ 선수금　　④ 가수금

07 아래 내용의 (가)에 해당하는 계정과목으로 옳은 것은?

> 부채는 1년을 기준으로 유동부채와 (　가　)로 분류된다.

① 외상매입금　　② 예수금　　③ 퇴직급여충당부채　　④ 선수금

08 다음 자료에서 비유동부채 금액은?

> • 외상매입금 : 6,000,000원　　• 미지급비용 : 1,000,000원
> • 장기차입금 : 2,000,000원　　• 퇴직급여충당부채 : 5,000,000원

① 5,000,000원　　② 7,000,000원　　③ 8,000,000원　　④ 11,000,000원

09 다음 자료에서 부채 금액은 얼마인가?

> • 외상매입금 : 3,000,000원　　• 미지급비용 : 700,000원
> • 선수금 : 1,000,000원　　• 단기차입금 : 2,000,000원
> • 임차보증금 : 1,000,000원　　• 예수금 : 300,000원

① 8,000,000원　　② 7,000,000원　　③ 6,700,000원　　④ 6,300,000원

10 다음은 합격물산의 당기 말 부채계정 잔액의 일부이다. 재무상태표에 표시될 매입채무는 얼마인가?

- 선수금 10,000원
- 외상매입금 30,000원
- 미지급금 50,000원
- 지급어음 20,000원
- 단기차입금 40,000원

① 50,000원　　② 60,000원　　③ 100,000원　　④ 110,000원

11 급여 지급 시 총급여 300,000원 중 근로소득세 10,000원을 차감하고 290,000원을 현금으로 지급하였다. 이 거래에서 나타날 유동부채 계정으로 적합한 것은?

① 예수금　　② 미수금　　③ 가수금　　④ 선수금

정답 및 해설

04 ② 미수금, 선급금, 외상매출금, 받을어음은 자산계정 이다.

05 ① 비유동부채는 재무상태표일로부터 1년 이후에 걸쳐 만기가 도래하는 부채로 장기차입금은 비유동부채에 해당한다.

06 ① 예수금

07 ③ 부채는 상환기간 1년을 기준으로 유동부채와 비유동부채로 구분한다.

08 ② 7,000,000원 = 2,000,000원(장기차입금) + 5,000,000원(퇴직급여충당부채)

09 ② 7,000,000원
= 3,000,000원 + 700,000원 + 1,000,000원 + 2,000,000원 + 300,000원
- 임차보증금은 자산계정이다.

10 ① 50,000원
= 지급어음 20,000원 + 외상매입금 30,000원

11 ① 급여 지급 시 종업원이 부담해야 할 소득세 등을 회사가 일시적으로 받아두는 경우 예수금 계정을 사용한다.
- 회계처리 : (차) 급여　　300,000원　　(대) 예수금　　10,000원
　　　　　　　　　　　　　　　　　　　　　현금　　290,000원

CHAPTER 04 자본

1 개인기업의 자본

1. 자본의 정의

자본이란 기업이 운영과 미래 성장을 위해 보유하고 있는 자금으로 자산에서 부채를 뺀 금액을 말하며 순자산, 자기자본, 소유주의 잔여청구권이라고도 한다. 개인기업의 자본은 자본금으로만 구성되어 있다.

2. 자본의 주요 계정과목

자본금	기업주가 사업을 시작할 때 회사에 넣는 돈(출자액), 개인적인 용도의 지출(인출액), 경영성과로 인한 당기순손익을 처리하는 계정
인출금	• 기중의 자본금 증감에 대하여는 인출금이라는 임시계정 사용한다. • 인출금은 자본금을 증가시키거나 감소시키는 계정(자본금의 평가계정)이다. • 기말 결산 시 인출금 계정의 잔액을 자본금 계정으로 대체한다.

3. 자본 계정과목별 회계처리

1) 자본금(인출금)

인출	• 기업주가 개인적인 용도로 사용하기 위해 지출 → 차변에 인출금 (차) 인출금　　　　　×××원　　(대) [계정과목]　　　×××원
추가 출자	• 기업주가 회사에 돈을 넣음(출자) → 대변에 인출금 (차) [계정과목]　　　×××원　　(대) 인출금　　　　　×××원
인출금 계정 자본금 대체 (결산)	• 기말 결산 시 인출금 계정 잔액을 자본금으로 대체한다. ① 인출액 > 추가 출자액: 인출금 계정 차변 잔액 (차) 자본금(자본금 감소)　×××원　　(대) 인출금(인출금 감소)　×××원 ② 인출액 < 추가 출자액: 인출금 계정 대변 잔액 (차) 인출금(인출금 감소)　×××원　　(대) 자본금(자본금 증가)　×××원

[1] 사업주가 사업주 자녀 등록금 납입을 위해 3,500,000원을 현금 인출하였다.

　　　(차)　　　　　　　　　　　　　　(대)

[2] 사용 중인 업무용 화물차의 자동차세 60,000원과 사장 개인 승용차의 자동차세 80,000원을 현금으로 납부하다. (단, 기업주의 개인적 지출은 인출금 계정으로 처리함)

　　　(차)　　　　　　　　　　　　　　(대)

[3] 대표자 자택에 사용할 가구를 가구나라에서 600,000원에 현금으로 구입하고 인출금 계정으로 회계처리하다.

(차)   (대)

[4] 기업주가 현금 10,000,000원을 추가출자하였다.

(차)   (대)

[5] 결산일 현재 인출금 계정 잔액(대변에 5,820,000원)을 자본금 계정에 대체하다.

(차)   (대)

4. 자본 변동 공식

재무상태표의 기초 자본 ± 손익계산서의 당기순손익 + 출자액 - 인출액 = 재무상태표의 기말 자본

재무상태표
20×1. 1. 1.

기초 자산 | 기초 부채
         | 기초 자본

손익계산서
20×1. 1. 1. ~ 20×1. 12. 31.
총 수익
- 총 비용
± 당기순손익
+ 추가 출자액
- 기업주 인출액

재무상태표
20×1. 12. 31.

기말 자산 | 기말 부채
         | 기말 자본 =
         | 기초자본
         | ±당기순손익
         | + 출자액
         | - 인출액

정답 및 해설

[1]	(차)	인출금	3,500,000원	(대)	현금	3,600,000원
[2]	(차)	세금과공과(판)	60,000원	(대)	현금	140,000원
		인출금	80,000원			
[3]	(차)	인출금	600,000원	(대)	현금	600,000원
[4]	(차)	현금	10,000,000원	(대)	인출금	10,000,000원
[5]	(차)	인출금	5,820,000원	(대)	자본금	5,820,000원

천원상사(회사코드: 9010)의 데이터를 사용하여 연습할 수 있습니다.

핵심 기출문제

(1) 12월 20일   대표자 자택에서 사용할 가구를 상록가구에서 600,000원에 현금으로 구입하고 인출금 계정으로 회계처리하다.

(2) 12월 21일   사업주가 업무와 관련없이 개인용도로 사용하기 위해 신형 스마트폰기기 990,000원을 구매하고 회사 현대카드(신용카드)로 결제하다.

(3) 12월 22일   사업주가 가정에서 사용할 목적으로 컴퓨터를 현대카드로 1,000,000원에 구입하였다.

(4) 12월 23일   대표자 개인 차량 과태료 60,000원을 현금지급하였다.

(5) 12월 24일   영업용 트럭의 자동차세 100,000원과 사장 개인 승용차의 자동차세 60,000원을 현금으로 납부하다. (단, 기업주의 개인적 지출은 인출금 계정으로 처리함)

정답 및 해설

[1]	12월 20일	(차)	인출금	600,000원	(대)	현금	600,000원
[2]	12월 21일	(차)	인출금	990,000원	(대)	미지급금(현대카드)	990,000원
[3]	12월 22일	(차)	인출금	1,000,000원	(대)	미지급금(현대카드)	1,000,000원
[4]	12월 23일	(차)	인출금	60,000원	(대)	현금	60,000원
[5]	12월 24일	(차)	세금과공과(판)	100,000원	(대)	현금	160,000원
			인출금	60,000원			

이론 핵심 기출문제

01 다음 ( ) 안에 들어갈 내용으로 옳은 것은?

> ( )은(는) 순자산으로서 기업실체의 자산에 대한 소유주의 잔여청구권이다.

① 자산　　② 부채　　③ 자본　　④ 당기순이익

02 다음 설명에 해당하는 계정과목으로 옳은 것은?

> 주로 기업주가 개인적으로 소비하는 것을 말하며, 개인기업의 자본금 계정에 대한 평가계정으로 자본금계정을 대신하여 사용되는 임시계정이다. 또한 기말 결산 시 자본금 계정에 대체 한다.

① 인출금　　② 예수금　　③ 미지급비용　　④ 선수금

정답 및 해설

01 ③ 재무회계개념체계[문단104] 자본은 기업실체의 자산 총액에서 부채 총액을 차감한 잔여액 또는 순자산으로서 기업실체의 자산에 대한 소유주의 잔여청구권이다.

02 ① 기업주가 기업의 현금, 상품 등을 개인적으로 소비하는 것을 인출이라고 하며, 기업주의 인출이 자주 발생하는 경우 별도로 인출금 계정을 설정하여 처리할 수 있다. 기업주의 인출이 발생한 경우에는 인출금 계정 차변에 기입하였다가 기말 결산 시 인출금 계정 잔액을 자본금 계정에 대체한다.

03
다음은 인출금 계정과목의 특징에 대한 설명이다. 다음 중 아래의 (가)~(다)에 각각 관련 설명으로 모두 옳은 것은?

> • 주로 기업주(사업주)의 (가)의 지출을 의미한다.
> • (나)에서 사용되며 임시계정에 해당한다.
> • (다)에 대한 평가계정으로 보고기간 말에 (다)으로 대체되어 마감한다.

	(가)	(나)	(다)
①	개인적 용도	개인기업	자본금 계정
②	사업적 용도	법인기업	자본금 계정
③	개인적 용도	법인기업	자산 계정
④	사업적 용도	개인기업	자산 계정

04
인출금계정에 대해 올바르게 설명되지 않은 것은?

① 인출금계정은 차변과 대변 어느 쪽에도 기입될 수 있다.
② 임시계정이 아닌, 재무제표에 공시된다.
③ 인출금계정은 기말에 자본금 계정으로 대체한다.
④ 기업주가 개인적인 용도로 현금·상품 등을 인출하거나, 자본금의 추가 출자 등이 빈번하게 나타날 때 설정하여 회계처리 한다.

05
다음 중 개인기업의 자본금계정에서 처리되는 항목이 아닌 것은?

① 원시출자액   ② 인출액   ③ 당기순손익   ④ 이익잉여금

06
다음 중 인출금 계정에 대한 설명으로 옳은 것은?

① 임시계정으로 개인기업의 자본금 계정에 대한 평가계정이다.
② 임시계정으로 외상매출금에 대한 평가계정이다.
③ 법인기업에서 사용하는 결산정리 분개이다.
④ 결산시 재무상태표에 필수적으로 기재할 계정이다.

07 다음 거래 중 8월 3일 거래 분개시 차변에 올 수 있는 계정과목은?

> • 1월 1일   현금 10,000,000원을 출자하여 영업을 개시하였다.
> • 8월 3일   사업주가 사업주 자녀 등록금 납입을 위해 3,500,000원을 인출하였다.
> • 12월 31일   기말 결산시 사업주가 인출한 금액을 자본금계정으로 대체하였다.

① 단기대여금   ② 단기차입금   ③ 자본금   ④ 인출금

08 다음 중 자본금계정이 차변에 나타나는 것은?

① 현금 5,000,000원을 출자하여 영업을 개시하다.
② 기중에 현금 5,000,000원 추가출자하다.
③ 기말 결산시 인출금 3,000,000원을 정리하다.
④ 기말 결산시 당기순이익 300,000원을 자본금계정으로 대체하다.

정답 및 해설

03 ① 인출금 계정은 개인기업의 사업주가 개인적 용도로 지출한 금액을 처리하는 임시계정으로 결산기일에 자본금 계정으로 대체하여 마감한다.

04 ②

05 ④ 이익잉여금은 법인기업이 표시하는 항목이다.

06 ① 인출금은 개인기업에서 사용하며 자본금에 대한 평가계정으로 기말결산 시 자본금계정에 대체하는 임시계정이다.

07 ④ 인출금

08 ③   ① (차) 현금   5,000,000원 (대) 자본금   5,000,000원
         ② (차) 현금   5,000,000원 (대) 자본금   5,000,000원
         ③ (차) 자본금   3,000,000원 (대) 인출금   3,000,000원
         ④ (차) 손익   300,000원 (대) 자본금   300,000원

09 다음 중 개인기업의 자본금계정에 영향을 미치는 거래가 아닌 것은?

① 영업용 비품을 1,000,000원에 구입하고 대금은 현금으로 지급하다.
② 당기 중에 현금 5,000,000원을 추가 출자하다.
③ 기말 결산 시 인출금 3,000,000원을 자본금으로 대체하다.
④ 기말 결산 시 당기순이익 300,000원을 자본금계정으로 대체하다.

10 다음 거래에서 개인기업의 자본금계정에 영향을 미치지 않는 거래는?

① 현금 1,000,000원을 거래처에 단기대여하다.
② 사업주가 단기대여금 1,000,000원을 회수하여 사업주 개인 용도로 사용하다.
③ 결산 시 인출금 계정의 차변 잔액 1,000,000원을 정리하다.
④ 사업주의 자택에서 사용할 에어컨 1,000,000원을 회사 자금으로 구입하다.

11 다음 자료에서 대동상사의 기말자본총계는 얼마인가?

기초자산	기초부채	총수익	총비용	추가출자금
3,000,000원	2,000,000원	3,500,000원	2,800,000원	800,000원

① 2,500,000원 ② 2,000,000원
③ 1,700,000원 ④ 1,000,000원

12 다음 자료를 이용하여 제2기 기말자본금을 계산하면?

구분	기초자본금	추가출자액	기업주 인출액	당기순이익
제1기	100,000원	20,000원	10,000원	5,000원
제2기	( )	30,000원	20,000원	10,000원

① 105,000원   ② 115,000원   ③ 125,000원   ④ 135,000원

13 다음 자료에서 기초부채를 계산하면 얼마인가?

- 기초자산 : 60,000원
- 추가출자 : 15,000원
- 당기순이익 : 5,000원
- 기말자산 : 70,000원
- 기말부채 : 30,000원

① 40,000원   ② 35,000원   ③ 30,000원   ④ 25,000원

14 다음 자료를 이용하여 제2기 기말자본금을 계산한 금액으로 옳은 것은?

회계연도	기초자본금	추가출자액	기업주 인출액	당기순이익
제1기	1,000원	500원	300원	200원
제2기	( )	300원	0원	100원

① 1,400원　　② 1,500원　　③ 1,800원　　④ 1,900원

15 다음 자료에 의한 자본금의 추가 출자액은 얼마인가?

기초자산	기초부채	총수익	총비용	추가출자금
420,000원	200,000원	580,000원	80,000원	40,000원

① 280,000원　　② 320,000원　　③ 500,000원　　④ 540,000원

정답 및 해설

09 ①　① (차) 비품　　　　1,000,000원　(대) 현금　　　1,000,000원
　　　② (차) 현금　　　　5,000,000원　(대) 자본금　　5,000,000원
　　　③ (차) 자본금　　　3,000,000원　(대) 인출금　　3,000,000원
　　　③ (차) 손익　　　　　300,000원　(대) 자본금　　　300,000원

10 ①　① (차) 단기대여금　　　1,000,000원　(대) 현금　　　　1,000,000원
　　　② (차) 자본금(인출금)　1,000,000원　(대) 단기대여금　1,000,000원
　　　③ (차) 자본금　　　　　1,000,000원　(대) 인출금　　　1,000,000원
　　　④ (차) 자본금(인출금)　1,000,000원　(대) 현금　　　　1,000,000원

11 ①　기초자본 1,000,000+당기순이익 700,000+출자금 800,000=2,500,000

12 ④　제1기 기말자본금(115,000원)을 제2기 기초자본금으로 계산

13 ①　기초자본 ? + 추가출자 15,000 + 순이익 5,000원 = 기말자본 40,000원(기말자산-기말부채) 따라서 기초자본은 20,000원. 기초자산 60,000 = 기초부채 ? + 기초자본 20,000

14 ③　제1기 기말 자본금: 1,000+500-300+200=1,400원
　　　제2기 기말 자본금: 1,400+300+100=1,800원

15 ②　추가 출자액 = 기말자본 - 기초자본 - 순이익 = 580,000원 - 220,000원 - 40,000원 = 320,000원

16 다음 자료에서 시언상회의 총비용은 얼마인가?

- 기초자본 : 8,000,000원
- 추가출자금 : 5,000,000원
- 기말자본 : 16,000,000원
- 총수익 : 6,000,000원

① 2,000,000원　② 2,500,000원　③ 3,000,000원　④ 4,000,000원

17 다음과 같은 자료에서 당기의 추가출자액은 얼마인가?

- 기초자본금 : 10,000,000원
- 기말자본금 : 10,000,000원
- 기업주의 자본인출액 : 4,000,000원
- 당기순이익 : 2,000,000원

① 2,000,000원　② 4,000,000원　③ 6,000,000원　④ 10,000,000원

18 다음은 한국상사의 자료이다. 당기 총수익으로 옳은 것은?

- 기초자본 : 200,000원
- 추가출자액 : 100,000원
- 기말자본 : 1,000,000원
- 총비용 : 3,000,000원

① 3,500,000원　② 3,600,000원　③ 3,700,000원　④ 3,800,000원

19 기말자본금이 1,200,000원일 때, 다음 자료에서 알 수 있는 기초자본금은 얼마인가?

- 인출금 : 150,000원
- 총수익 : 700,000원
- 추가출자액 : 250,000원
- 총비용 : 580,000원

① 980,000원　② 1,080,000원　③ 1,130,000원　④ 1,380,000원

20 개인 회사인 대성상사의 기말자본금이 510,000원일 때, 다음 자료에서 알 수 있는 당기의 인출금은 얼마인가?

- 기초자본금 1,000,000원
- 총수익 400,000원
- 추가출자액 300,000원
- 총비용 290,000원

① 900,000원　② 1,000,000원　③ 1,100,000원　④ 1,200,000원

21 다음 자료에서 개인기업의 12월 31일 현재 자본금은 얼마인가?

- 1월 1일   현금 5,000,000원을 출자하여 영업을 개시하였다.
- 10월 5일 사업주가 개인사용을 목적으로 1,500,000원을 인출하였다.
- 12월 31일 기말 결산시 사업주가 인출한 금액을 자본금계정으로 대체하였다.
- 12월 31일 기말 결산시 당기순이익 5,000,000원이다.

① 10,000,000원   ② 8,500,000원   ③ 6,500,000원   ④ 5,000,000원

22 다음과 같은 자료만으로 알 수 있는 당기의 추가출자액은 얼마인가?

- 당기에 현금 50,000,000원을 출자하여 영업을 개시하다.
- 사업주가 개인사용을 목적으로 인출한 금액은 5,000,000원이다.
- 당기의 기말자본금은 70,000,000원이다.
- 당기 기말결산의 당기순이익은 10,000,000원이다.

① 5,000,000원   ② 9,000,000원   ③ 15,000,000원   ④ 20,000,000원

정답 및 해설

16 ③ 3,000,000원
기초자본 + 추가출자금 + 총수익 - 총비용 = 기말자본
8,000,000원 + 5,000,000원 + 6,000,000원 - 총비용 = 16,000,000원

17 ① 인출액 + 기말자본금 = 기초자본금 + 추가출자액 + 당기순이익
4,000,000원 + 10,000,000원 = 10,000,000원 + 추가출자액 + 2,000,000원

18 ③ 기말자본 = 기초자본 + 추가출자액 + 당기순이익(총수입-총비용)
1,000,000원 = 200,000원 + 100,000원 + (x-3,000,000원) ∴ x = 3,700,000원

19 ① 980,000원
- 기초자본금 - 인출금 + 추가출자액 + (총수익 - 총비용) = 기말자본금

20 ① 900,000원 = 기초자본금 1,000,000원 + 추가출자액 300,000원 + (총수익 400,000원 - 총비용 290,000원) - 기말자본금 510,000원

21 ② 8,500,000원 = 자본금 5,000,000원 - 인출금 1,500,000원 + 당기순이익 5,000,000원

22 ③ 15,000,000원 = (기말자본금 70,000,000원 + 인출액 5,000,000원) - (기초자본금 50,000,000원 + 당기순이익 10,000,000원)
- 기말자본금 70,000,000원 + 인출액 5,000,000원 = 기초자본금 50,000,000원 + 당기순이익 10,000,000원 + 추가출자액 A

CHAPTER 05 수익과 비용

1 수익과 비용의 정의

1. 수익의 개념

1) **수익의 정의**: 기업이 모든 활동을 통해 벌어들인 경제적 가치를 말하며 자산의 증가 또는 부채의 감소로 나타난다.

2) **수익의 인식시점**(실현주의): 수익은 실현조건을 충족시키는 판매시점 또는 인도시점에 인식한다.

3) **수익의 분류**

영업수익	기업이 모든 활동을 통해 벌어들인 경제적 가치 중 주요 영업활동과 관련된 수익
영업외수익	기업이 모든 활동을 통해 벌어들인 경제적 가치 중 주요 영업활동이 아닌 다른 활동에서 발생한 수익

2. 비용의 개념

4) **비용의 정의**: 기업의 경제적 활동에 따라 수익을 얻는 과정에서 소비 또는 지출한 경제가치로 자산의 감소 또는 부채의 증가로 나타난다.

5) **비용의 인식시점**(수익·비용 대응의 원칙): 비용은 수익을 인식한 회계기간에 대응해서 인식한다.

6) **비용의 분류**

영업비용	• 수익을 얻는 과정에서 소비 또는 지출한 경제가치 중 주요 영업활동과 관련있는 비용 ① 매출원가: 도소매업을 운영하는 기업(상기업)에서는 상품매출원가 계정과목이 매출원가에 집계되며 당기에 판매된 상품들의 구입 금액을 말한다. ② 판매비와 관리비: 주요 영업활동에서 판매와 관련된 비용과 회사를 운영하는데 필요한 비용으로 매출원가에 속하지 않는 모든 영업비용을 말한다.
영업외비용	기업의 주요 영업활동이 아닌 다른 활동에서 발생한 비용
소득세비용	개인이 벌어들인 수입에 대해 정부에 내야하는 세금

2 매출액과 매출원가

1. 손익계산서의 양식

손익계산서(보고식)

기업명 20x1년 1월 1일부터 20x1년 12월 31일까지 (단위:원)

과목		금액
Ⅰ. 매출액		xxx
Ⅱ. 매출원가		xxx
Ⅲ. 매출총이익(또는 매출총손실)	(= Ⅰ - Ⅱ)	xxx
Ⅳ. 판매비와관리비		xxx
Ⅴ. 영업이익(또는 영업손실)	(= Ⅲ - Ⅳ)	xxx
Ⅵ. 영업외수익		xxx
Ⅶ. 영업외비용		xxx
Ⅷ. 소득세비용차감전순손익	(= Ⅴ + Ⅵ - Ⅶ)	xxx
Ⅸ. 소득세비용		xxx
Ⅹ. 당기순이익(또는 당기순손실)	(= Ⅷ - Ⅸ)	xxx

2. 매출액

1) 매출액의 정의: 기업의 주요 영업활동과 관련된 수익으로 도소매업을 운영하는 기업(상기업)에서는 상품매출 계정과목이 매출액에 집계된다. 손익계산서의 매출액에는 순매출액이 기재된다.

> (순)매출액 = 총매출액 - 매출환입 및 에누리 - 매출할인

2) 상품매출 관련 계정과목

상품매출	판매를 목적으로 구입한 상품을 외부에 판매한 금액
매출환입 및 에누리	판매한 상품 중 하자나 파손이 있는 상품에 대해 반품받는 것(매출환입) 또는 상품에 대해 값을 깎아 주는 것(매출에누리)으로 상품매출의 차감계정
매출할인	상품을 판매 시 발생한 외상매출금을 조기에 회수하는 경우 약정에 의해 할인해주는 금액으로 상품매출의 차감계정

3) 회계처리

매출	• 상품을 매출 → 상품매출(수익)의 발생 → 대변 (차) [계정과목]　　　×××원　　(대) 상품매출　　　×××원
매출환입 및 에누리	• 매출한 상품 중 하자나 파손 등의 이유로 반품(매출환입)받거나 상품에 대해 값을 깎아줌(매출에누리) → 매출환입 및 에누리(상품매출의 차감계정)의 발생 차변 (차) 매출환입및에누리(상품)　×××원　　(대) [계정과목]　　　×××원

매출할인	• 상품 판매 시 발생한 외상매출금을 조기 회수하여 할인받음(매출할인) → 매출할인(상품매출의 차감계정)의 발생 → 차변 (차) 매출할인(상품)　　　×××원　　(대) 외상매출금　　　×××원

[1] 진안상사에 상품을 100,000원에 외상으로 매출하다.

(차)　　　　　　　　　　　　(대)

[2] 진안상사에 외상으로 매출한 상품 중 불량품 20,000원이 반품되어 오다. 반품액은 외상매출금과 상계하기로 하였다.

(차)　　　　　　　　　　　　(대)

[3] 거래처 진안상사의 상품매출에 대한 외상대금 80,000원을 회수하면서 약정기일보다 빠르게 회수하여 2%를 할인해주고 대금은 보통예금 계좌로 입금받다.

(차)　　　　　　　　　　　　(대)

[4] 손익계산서에 집계되는 순 매출액은?

　　• 총매출액: 100,000원　• 매출환입및에누리: 20,000　• 매출할인: 1,600

3. 매출원가

매출원가란 매출에 직접 대응되는 원가로 도소매업을 운영하는 기업(상기업)에서는 상품매출원가 계정과목이 매출원가에 집계되며 당기에 판매된 상품들의 구입 금액을 말한다.

• 상품매출원가 = 기초상품재고액 + 당기상품(순)매입액 - 기말상품재고액
• 당기상품(순)매입액 = 매입가액 + 취득부대비용 - 매입환출 및 에누리 - 매입할인

(차변) +	상품	- (대변)
기초상품재고액(전기이월) 당기상품순매입액	상품매출원가	
	기말상품재고액(차기이월)	
판매가능상품	판매가능상품	

정답 및 해설

[1]	(차)	외상매출금(진안상사)	100,000원	(대)	상품매출	100,000원
[2]	(차)	매출환입및에누리(상품)	20,000원	(대)	외상매출금(진안상사)	20,000원
[3]	(차)	매출할인(상품)	1,600원	(대)	외상매출금(진안상사)	80,000원
		보통예금	78,400원			

[4] (순) 매출액 = 총매출액 - 매출환입 및 에누리 - 매출할인
　　　　= 100,000 - 20,000 - 1,600 = 78,400

예제 매출액과 매출원가

01 다음 자료에 의하여 매출총이익을 계산하면 얼마인가?

- 당기매출액 : 5,000,000원
- 당기상품매입액 : 800,000원
- 매입운임 : 50,000원
- 기초상품재고액 : 700,000원
- 기말상품재고액 : 1,000,000원
- 이자비용 : 300,000원

① 3,850,000원 ② 4,150,000원 ③ 4,450,000원 ④ 4,500,000원

02 다음 자료에 의하여 매출총이익을 계산하면 얼마인가?

- 당기매출액 : 2,250,000원
- 당기상품총매입액 : 1,850,000원
- 기초상품재고액 : 300,000원
- 매출환입및에누리 : 140,000원
- 매입환출및에누리 : 220,000원
- 기말상품재고액 : 400,000원

① 500,000원 ② 540,000원 ③ 580,000원 ④ 620,000원

03 다음의 자료를 이용하여 영업이익을 계산하면 얼마인가?

- 매 출 액 : 6,000,000원
- 당기상품매입액 : 3,000,000원
- 판매비와관리비 : 1,000,000원
- 기초상품재고액 : 1,000,000원
- 기말상품재고액 : 1,500,000원
- 영 업 외 수 익 : 1,200,000원

① 1,300,000원 ② 2,500,000원 ③ 3,500,000원 ④ 3,700,000원

정답 및 해설

01 ③ 매출총이익 구할 때 이자비용은 고려대상이 아니다.
매출총이익= 매출액- {기초재고 + (당기매입+ 매입운임)- 기말재고}
x= 5,000,000-{700,000+(800,000+50,000)-1,000,000}
x= 4,450,000원

02 ③ 순매출액(2,110,000원)=총매출액(2,250,000원)-매출환입및에누리(140,000원)
매출원가(1,530,000원)=기초상품(300,000원)+순매입액(1,630,000원)-기말상품(400,000원)
순매입액(1,630,000원)=총매입액(1,850,000원)-매입환출및에누리(220,000원)
매출총이익(580,000원)=순매출액(2,110,000원)-매출원가(1,530,000원)

03 ② 매출액 6,000,000원에서 매출원가 2,500,000원(기초상품재고액 1,000,000원 + 당기상품매입액 3,000,000원 - 기말상품재고액 1,500,000원)을 차감하면 매출총이익이 3,500,000원이고, 판매비와 관리비 1,000,000원을 차감하면 영업이익은 2,500,000원이다.

3 판매비와 관리비

1. 판매비와 관리비의 정의

판매비와 관리비는 주요 영업활동에서 판매와 관련된 비용과 회사를 운영하는데 필요한 비용으로 매출원가에 속하지 않는 모든 영업비용을 말한다.

2. 판매비와 관리비 주요 계정과목

계정과목	설명
급여	직원에게 일한 대가로 주는 돈 예 직원 월급, 보너스
잡급	일용직 근로자에게 일한 대가로 주는 돈 예 일용질 근로자의 일당
복리후생비	직원들이 일하기 좋은 환경을 만들어주기 위해 사용하는 돈 예 직원회식대, 임직원 경조사비, 건강보험료, 고용보험료
여비교통비	업무와 관련하여 다른 곳에 갈 때 드는 교통비나 숙박비 예 출장에 따른 교통비, 숙박비, 항공권, 식사대, 주차료, 통행료
기업업무추진비	업무와 관련하여 거래처와 관계를 유지하기 위하여 사용한 돈 예 거래처의 경조사비, 선물대금, 식대 등
통신비	업무와 관련하여 전화, 인터넷 같은 통신 서비스를 사용하기 위해 지불하는 돈 예 우편요금, 인터넷요금, 전화요금, 휴대폰요금, 팩스요금 등
수도광열비	업무와 관련하여 사용한 물, 전기, 가스 등의 사용료 예 수도요금, 전기요금, 가스요금, 난방비 등
세금과공과	업무와 관련하여 발생한 세금과 공과금 예 재산세, 자동차세, 국민연금 회사부담액, 상공회의소회비, 조합회비, 협회비, 적십자회비 등
감가상각비	업무와 관련된 유형자산을 사용하면서 당기의 가치가 감소한 부분을 나타내는 비용 계정
임차료	업무와 관련하여 토지, 건물, 기계장치, 차량운반구 등을 빌리고 지급하는 사용료 예 사무실 임차료, 창고 임차료, 복사기 임차료 등
수선비	업무와 관련하여 건물, 기계장치 등의 현상유지를 위한 수리비용 예 건물 유리창 교체비, 건물 에어컨 수리비, 건물 외벽 도색비, 화장실 타일 수리비, 냉장고 수리비 등
보험료	업무와 관련된 자산의 사고나 손해를 대비하기 위해 내는 돈 예 산재보험료, 자동차보험료, 화재보험료 등
차량유지비	업무와 관련하여 차량운반구의 유지와 수선을 위한 비용 예 유류대, 차량수리비, 정기주차료, 검사비 등
운반비	상품을 매출하는 과정에서 지출한 배송비 예 운반비, 상하차비, 배달비
교육훈련비	직원의 역량강화를 위해 지출하는 교육 및 훈련에 드는 돈 예 강사 초청료, 위탁교육훈련비
도서인쇄비	업무와 관련된 책이나 문서를 인쇄하고 구매하는데 드는 돈 예 신문구독료, 도서대금, 인쇄대금, 사진현상대금, 명함인쇄대금 등

소모품비	업무와 관련된 소모성 물품을 구매하는데 드는 돈 예 소모자재, 차·음료, 복사용지, 문구류 등
수수료비용	업무와 관련된 서비스를 이용하고 지불한 비용 예 은행수수료, 추심수수료, 법률자문 세무기장수수료 등
광고선전비	업무와 관련하여 광고목적으로 신문, 방송 등에 들어간 돈 예 TV 광고 비용, 온라인 마케팅 비용, 광고물제작·배포비, 선전용품 제작비
대손상각비	매출채권(외상매출금, 받을어음)의 회수가 불가능해 손실로 처리하는 경우와 회수가 불확실한 금액을 계산하여 결산시점에 대손충당금을 설정하는 경우에 사용하는 계정과목
건물관리비	건물의 청소, 유지 보수 등 관리를 위해 지출하는 비용 예 사무실 관리비, 건물 청소비 등
대손충당금환입	매출채권(외상매출금, 받을어음)의 대손충당금을 환입할 때 사용하는 계정과목(판매비와 관리비의 차감계정)

3. 판매비와 관리비 회계처리

[1] 입사한 영업부 신입사원 신종한의 급여를 다음과 같이 보통예금으로 지급하다.

천원상사 20×1년 10월 급여명세서				
이름	신 종 한	지 급 일	20×1.10.04.	
기 본 급 여	750,000원	소 득 세	0원	
직 책 수 당	0원	지 방 소 득 세	0원	
상 여 금	0원	고 용 보 험	6,000원	
특 별 수 당	0원	국 민 연 금	0원	
자가운전보조금	0원	건 강 보 험	0원	
교 육 지 원 수 당	0원	기 타 공 제	0원	
급 여 계	750,000원	공 제 합 계	6,000원	
귀하의 노고에 감사드립니다.		차 인 지 급 액	744,000원	

(차)　　　　　　　　　　　　　　(대)

[2] 브리상사에 납품하기 위한 상품의 상차작업을 위해 고용한 일용직 근로자에게 일당 100,000원을 현금으로 지급하였다.

(차)　　　　　　　　　　　　　　(대)

[3] 영업부 직원들을 위한 간식을 200,000원에 현금으로 구매하였다.

(차)　　　　　　　　　　　　　　(대)

[4] 영업부 신종한 사원이 베트남 출장시 지급받은 가지급금 500,000원에 대해 아래와 같이 사용하고 잔액은 회사 보통예금으로 이체받고 가지급금을 정산하였다.

・숙박비 : 200,000원　　　・왕복항공료 : 200,000원

(차)　　　　　　　　　　　　　　(대)

[5] 거래처 대표로부터 청첩장을 받고 축의금 150,000원을 현금으로 지급하였다.
　　　(차)　　　　　　　　　　　　　(대)

[6] 휴대폰 이용요금으로 납부해야할 20,000원을 현금으로 지급하다.
　　　(차)　　　　　　　　　　　　　(대)

[7] 사무실 수도요금 60,000원을 보통예금 계좌에서 이체하였다.
　　　(차)　　　　　　　　　　　　　(대)

[8] 업무용 차량에 대한 자동차세 190,000원을 사업용카드(비씨카드)로 납부하였다.
　　　(차)　　　　　　　　　　　　　(대)

[9] 당사 사무실 임차료로 300,000원을 현금 지급하였다.
　　　(차)　　　　　　　　　　　　　(대)

[10] 영업용 컴퓨터를 수리하고 대금 150,000원을 당사 보통예금 계좌에서 이체하다. (수익적 지출로 처리할 것)
　　　(차)　　　　　　　　　　　　　(대)

[11] 업무용 화물차의 당기 자동차보험료 600,000원을 보통예금 계좌에서 이체하여 지급하다.
　　　(차)　　　　　　　　　　　　　(대)

[12] 업무용 차량의 주유비 50,000원을 현금으로 결제하다.
　　　(차)　　　　　　　　　　　　　(대)

[13] 상품을 판매면서 발생한 운송비 50,000원은 현금으로 지급하였다.
　　　(차)　　　　　　　　　　　　　(대)

[14] 영업부 직원들의 직무역량 강화 교육을 위한 학원 수강료 100,000원을 보통예금 계좌에서 이체하여 지급하다.
　　　(차)　　　　　　　　　　　　　(대)

[15] 회사의 사내 게시판에 부착할 사진을 우주사진관에서 현상하고, 대금 30,000원은 현대카드로 결제하다.
　　　(차)　　　　　　　　　　　　　(대)

[16] 세무법인으로부터 세무 컨설팅을 받고 수수료 300,000원을 현금으로 지급하다.
　　　(차)　　　　　　　　　　　　　(대)

[17] 매장을 홍보하기 위한 광고비용 330,000원을 현금지급하다.
　　　(차)　　　　　　　　　　　　　(대)

[18] 영업부가 사용하는 본사 사무실의 관리비 200,000원을 보통예금에서 이체하였다.
　　　(차)　　　　　　　　　　　　　(대)

정답 및 해설

[1]	(차)	급여(판)	750,000원	(대)	예수금		6,000원
					보통예금		744,000원
[2]	(차)	잡급(판)	100,000원	(대)	현금		100,000원
[3]	(차)	복리후생비(판)	200,000원	(대)	현금		200,000원
[4]	(차)	여비교통비(판)	400,000원	(대)	가지급금		500,000원
		보통예금	100,000원				
[5]	(차)	기업업무추진비(판)	150,000원	(대)	현금		150,000원
[6]	(차)	통신비(판)	20,000원	(대)	현금		20,000원
[7]	(차)	수도광열비	60,000원	(대)	보통예금		20,000원
[8]	(차)	세금과공과(판)	190,000원	(대)	미지급금(비씨카드)		190,000원
[9]	(차)	임차료(판)	300,000원	(대)	현금		300,000원
[10]	(차)	수선비(판)	150,000원	(대)	보통예금		150,000원
[11]	(차)	보험료(판)	600,000원	(대)	보통예금		600,000원
[12]	(차)	차량유지비(판)	50,000원	(대)	현금		50,000원
[13]	(차)	운반비(판)	50,000원	(대)	현금		50,000원
[14]	(차)	교육훈련비(판)	100,000원	(대)	보통예금		100,000원
[15]	(차)	도서인쇄비(판)	30,000원	(대)	미지급금(현대카드)		30,000원
[16]	(차)	수수료비용(판)	300,000원	(대)	현금		300,000원
[17]	(차)	광고선전비(판)	330,000원	(대)	현금		330,000원
[18]	(차)	건물관리비(판)	200,000원	(대)	보통예금		200,000원

4 영업외손익

1. 영업외손익의 정의
기업이 모든 활동을 통해 벌어들인 경제적 가치 중 주요 영업활동이 아닌 다른 활동에서 발생한 수익 또는 비용을 말한다.

2. 영업외손익 주요 계정과목

1) 영업외수익

계정과목	내용
이자수익	예금이나 대여금에 대하여 받은 이자(은행 예금 이자, 채권 이자)
배당금수익	다른 회사의 주식을 가지고 있을 때 그 회사가 번 돈의 일부를 받은 돈(주식 투자로 받는 배당금)
임대료	임대업이 주업이 아닌 기업이 부동산이나 기계를 빌려주고 받은 대가(건물을 임대해주고 받는 월세, 장비 임대료)
단기매매증권평가이익	결산시 단기매매증권을 공정가치로 평가할 때 장부금액보다 공정가치가 높은 경우 그 차액
단기매매증권처분이익	단기매매증권을 처분할 때 장부금액보다 처분금액이 높은 경우 그 차액
외화환산이익	외화 자산 및 부채를 결산일 기준의 환율로 평가할 때 발생하는 이익
유형자산처분이익	유형자산을 장부금액보다 높은 금액으로 처분할 때 발생하는 이익
대손충당금환입	매출채권 이외의 수취채권(미수금, 대여금)에 대하여 대손충당금을 환입할 때 사용하는 계정과목
채무면제이익	회사가 채무를 면제받아 발생하는 수익
잡이익	영업활동 이외의 활동에서 발생한 금액이 적은 이익이나 빈번하지 않은 이익

2) 영업외비용

계정과목	내용
이자비용	차입대가로 지불하는 이자
기부금	업무와 관련 없이 무상으로 기증한 금전이나 물건
기타의대손상각비	매출채권 이외의 채권(대여금, 미수금 등)이 회수가 불가능해 손실로 처리하는 경우와 회수가 불확실한 금액을 계산하여 결산시점에 대손충당금을 설정하는 경우에 사용하는 계정과목
매출채권처분손실	받을어음이 만기가 되기 전 은행에 할인하며 발생한 수수료
단기매매증권평가손실	결산시 단기매매증권을 공정가치로 평가할 때 장부금액보다 공정가치가 낮은 경우 그 차액
단기매매증권처분손실	단기매매증권을 처분할 때 장부금액보다 처분금액이 낮은 경우 그 차액
외화환산손실	외화 자산 및 부채를 결산일 기준의 환율로 평가할 때 발생하는 손실
재해손실	천재지변 등의 예측치 못한 상황으로 발생한 손실

유형자산처분손실	유형자산을 장부금액보다 높은 금액으로 처분할 때 발생하는 손실
잡손실	영업활동 이외의 활동에서 발생한 금액이 적은 비용이나 빈번하지 않은 손실

3. 영업외손익 회계처리

[1] 거래처 진안상사의 단기대여금에 대한 이자 50,000원을 현금으로 받다.
　　(차)　　　　　　　　　　　　　　　(대)

[2] 보유 중인 주식에 대하여 배당금이 확정되어 1,500,000원을 보통예금계좌로 받았다.
　　(차)　　　　　　　　　　　　　　　(대)

[3] 진안상사에 임대한 사무실의 1개월분 임대료 200,000원을 현금으로 받다.
　　(차)　　　　　　　　　　　　　　　(대)

[4] 거래처 진안상사로부터 외상매입금 2,000,000원의 지급을 면제 받았다.
　　(차)　　　　　　　　　　　　　　　(대)

[5] 국민은행의 단기차입금에 대한 이자 150,000원이 당사의 보통예금 계좌에서 자동이체됨을 확인하고 회계처리하다.
　　(차)　　　　　　　　　　　　　　　(대)

[6] 폭설로 인한 자연재해 피해자를 돕기 위해 현금 200,000원을 인제구청에 지급하다.
　　(차)　　　　　　　　　　　　　　　(대)

[7] 기말 현재 외상매출금 중에는 미국 YP의 외상매출금 12,000,000원(미화 $10,000)이 포함되어 있으며 결산일 환율에 의해 평가하고 있다. 결산일 현재의 적용 환율은 미화 1$당 1,100원이다.
　　(차)　　　　　　　　　　　　　　　(대)

[8] 기말 현재 외상매입금 중에는 미국 olive의 외상매입금 12,000,000원(미화 $10,000)이 포함되어 있으며 결산일 환율에 의해 평가하고 있다. 결산일 현재의 적용 환율은 미화 1$당 1,100원이다.
　　(차)　　　　　　　　　　　　　　　(대)

정답 및 해설

[1]	(차)	현금	50,000원	(대)	이자수익	50,000원
[2]	(차)	보통예금	1,500,000원	(대)	배당금수익	1,500,000원
[3]	(차)	현금	200,000원	(대)	임대료	200,000원
[4]	(차)	외상매입금(진안상사)	2,000,000원	(대)	채무면제이익	2,000,000원
[5]	(차)	이자비용	150,000원	(대)	보통예금	150,000원
[6]	(차)	기부금	200,000원	(대)	현금	200,000원
[7]	(차)	외상매출금(YP)	1,000,000원	(대)	외화환산이익	1,000,000원
[8]	(차)	외화환산손실	1,000,000원	(대)	외상매입금(olive)	1,000,000원

핵심 기출문제

천원상사(회사코드: 9010)의 데이터를 사용하여 연습할 수 있습니다.

(1) 10월 1일   거래처 진안상사의 상품매출에 대한 외상대금 1,500,000원을 회수하면서 약정기일보다 빠르게 회수하여 1%를 할인해 주고, 대금은 보통예금 계좌로 입금받다.

(2) 10월 2일   거래처 진안상사의 외상매출금 중 1,800,000원이 예정일보다 빠르게 회수되어 할인금액 2%를 제외한 금액을 당좌예금 계좌로 입금받았다. (단, 매출할인 계정을 사용할 것)

(3) 10월 3일   진안상사에 외상으로 매출한 상품 중 불량품 500,000원이 반품되어 오다. 반품액은 외상매출금과 상계하기로 하였다.

(4) 10월 4일   진안상사에 외상으로 9월 3일에 판매하였던 상품 3,000,000원이 견본과 다르다는 이유로 반품되었다. 반품액은 매출환입및에누리로 처리한다. (단, 음수로 회계처리하지 말 것)

(5) 10월 5일   3/4분기 매출목표를 달성하여 영업부 직원들에게 상여금 3,000,000원을 보통예금계좌에서 이체하다. (단, 소득세등 예수한 금액은 없다.)

(6) 10월 6일   성수기를 맞이하여 상품포장을 위해 일용직근로자 5명을 일당 50,000원에 고용하여 250,000원을 현금으로 지급하다.

(7) 10월 7일   창고에서 상품의 적재를 위해 고용한 일용직 근로자에게 일당 150,000원을 현금으로 지급하였다.

(8) 10월 8일   직원들에게 지급할 한우선물세트를 원마트에서 구입하고 대금 1,000,000원은 현금으로 지급하다.

(9) 10월 9일   영업부서 직원들의 사기진작을 위하여 회식비 182,000원을 지출하고 현금영수증을 수취하다.

(10) 10월 10일   판매매장에서 일하는 판매직원들과 식사를 하고, 다음과 같은 현금영수증을 받다.

```
                       연산식당
            607-34-31245              김경현
     부산 연제구 안연로 10  TEL:051-523-7561
     홈페이지
                 현금(지출증빙)
     구매 20×1/10/10/21:30    거래번호 : 0829-0197
          상품명           수량          금액
           정식             3          45,000원
                         -생략-
          합   계                      45,000원
          받은금액                     45,000원
```

(11) 10월 11일   직원의 결혼식에 보내기 위한 축하화환을 멜리꽃집에서 주문하고 대금은 현금으로 지급하면서 아래와 같은 현금영수증을 수령하다.

현금영수증		
승인번호	구매자 발행번호	발행방법
G54782245	305-52-36547	지출증빙
신청구분	발행일자	취소일자
사업자번호	20×1.10.11.	-
상품명		
축하3단화환		
구분	주문번호	상품주문번호
일반상품	2022103054897	2022103085414

판매자 정보	
판매자상호	대표자명
멜리꽃집	김나리
사업자등록번호	판매자전화번호
201-17-45670	032-459-8751
판매자사업장주소	
인천시 계양구 방축로 106, 75-3	

금액							
공급가액		1	0	0	0	0	0
부가세액							
봉사료							
승인금액		1	0	0	0	0	0

(12) 10월 12일   감자마트에서 종업원 회식을 하고 식사대금 200,000원은 월말에 지급하기로 하다.

(13) 10월 13일   감자마트에서 영업부 직원 회식 후 식사대 200,000원은 신용카드(현대카드)로 결제하다.

(14) 10월 14일   영업부 직원의 시내 출장용으로 교통카드를 충전하고 대금은 현금으로 지급하다.

> [교통카드 충전영수증]
> 역사명   : 종각역
> 장비번호 : 151
> 카드번호 : 10122521223251
> 결재방식 : **현금**
> 충전일시 : 20×1. 10. 14.
> ----------------------------
> 충전전잔액 :   800원
> **충전금액   :   50,000원**
> 충전후잔액 :   50,800원
> ----------------------------
> 대표자명: 서울메트로 사장
> 사업자번호: 114-82-01319
> 주소: 서울특별시 서초구 효령로 432

(15) 10월 15일   거래처 바삭컴퓨터 과장의 결혼식에 축하화환을 장미화원에 의뢰하고, 화환대금 100,000원을 당사 보통예금계좌에서 이체하다.

(16) 10월 16일   당사 영업사원의 부친 회갑연 축하화환 100,000원, 거래처직원의 조문화환 100,000원을 팔도꽃배달에 주문하고 화환대금인 200,000원을 보통예금 통장에서 이체하다. (하나의 전표로 입력할 것)

(17) 10월 17일   매출처의 체육행사에 협찬으로 제공하기 위해 스마트폰을 1,200,000원에 구매하고 회사 현대카드(신용카드)로 결제하다.

(18) 10월 18일   추석을 맞이해 직원선물용 과일바구니 500,000원과 거래처선물용 홍삼세트 200,000원을 현대카드로 결제하다.

(19) 10월 19일   매출거래처 직원 접대용으로 식사를 하고 다음과 같이 신용카드 매출전표를 받았다.

가맹점	성남식당		
대표자	고성남	TEL	(031)323-3388
가맹점번호	123456	사업자번호	131-92-23923
주소	경기 성남시 수정구 고등동 525-5		
카드종류		거래종류	결재방법
현대카드		신용구매	**일시불**
회원번호(Card No)		취소시 원거래일자	
3321-4563-6520-1235			
유효기간	거래일시 20×1.10.19		품명
/			
전표제출	공급대가총액		80,000
	***		
전표매입사	***		
	합계금액		**80,000**
거래번호	승인번호/(Approval No.)		
	98421147		

(20) 10월 20일   고객들에게 문구 할인판매 안내장을 남대문우체국에서 등기 우편으로 발송하고 등기요금 120,000원을 현금으로 일괄 지급하다.

(21) 10월 21일   다음의 휴대폰 이용요금 영수증을 수령하고 납부해야할 총 금액을 현금으로 지급하다.

기본내역	
휴대폰서비스이용요금	19,526
기본료	16,000
국내이용료	3,636
메세지이용료	60
할인 및 조정	-170
기타금액	4,764
당월청구요금	24,290
미납요금	0
납부하실 총 금액	**24,290**

(22) 10월 22일   매장 인터넷요금 33,000원과 전기요금 165,000원을 보통예금 계좌에서 인출하여 납부하다.

(23) 10월 23일   영업부 사무실의 8월분 인터넷이용료 50,000원과 수도요금 40,000원을 현대카드로 결제하였다.

(24) 9월 30일   토지에 대한 재산세 500,000원을 현금으로 납부하였다.

(25) 10월 25일   마포구청에 영업관련 공과금 800,000원을 현금으로 지급하였다.

(26) 12월 20일   영업부에서 사용하는 업무용 승용차에 대한 자동차세 365,000원을 보통예금계좌에서 이체하여 납부하다.

(27) 12월 21일   영업부 업무용 차량에 대한 아래의 공과금을 현대카드로 납부하였다.

20×1-2기 년분 자동차세 세액 신고납부서				납세자 보관용 영수증	
납세자	천원상사				
주 소	서울특별시 강남구 밤고개로1길 10				
납세번호	기관번호	제목	납세년월기		과세번호
과세대상	45조4079 (비영업용, 1998cc)	구 분	자동차세	지방교육세	납부할 세액 합계
		당초산출세액	199,800	59,940	
과세기간	20×1.07.01. ~20×1.12.31.	선납공제액(10%)		(자동차세액×30%)	259,740 원
		요일제감면액(5%)			
		납부할세액	199,800	59,940	

<납부장소>   위의 금액을 영수합니다.
                                                20×1 년   12 월   21 일

*수납인이 없으면 이 영수증은 무효입니다   *공무원은 현금을 수납하지 않습니다.

(28) 10월 26일   영업부 사무실에 대한 당월분 임차료 250,000원을 보통예금계좌에서 이체 하여 지급하다.

(29) 10월 27일   영업부 사무실의 냉장고가 고장이 나서 이를 수리하고 수리비 60,000원을 현금으로 지급하였다.

(30) 10월 28일   상품배송용 화물차에 대한 자동차종합보험을 수원화재에 가입하고 1년분 보험료 1,200,000원을 현금으로 지급하고 비용으로 처리하였다.

(31) 10월 29일   영업부 업무용화물차에 대하여 자동차세 60,000원과 자동차보험료 600,000원을 보통예금 계좌에서 이체하여 지급하다.

(32) 10월 30일   영업부 건물 화재보험료(20×1년 10월 30일 ~ 20×1년 12월 31일 귀속분) 150,000원을 현금으로 납부하였다.

(33) 10월 31일   업무용 차량의 휘발유대금 150,000원을 성동주유소에 현금으로 지급하다.

(34) 11월 1일   업무용 오토바이의 주유비 20,000원을 신용카드(현대카드)로 결제하였다.

(35) 11월 2일   당사 상품을 구매한 고객에게 ee로지스를 통해 상품을 퀵으로 보냈다. 상품 운송 비용 25,000원은 현금으로 지급하다.

(36) 11월 3일   영업부 직원의 전략적 성과관리 교육을 하나컨설팅에 위탁하고 교육비 800,000원을 보통예금 계좌에서 이체하여 지급하다.

(37) 11월 4일   영업부 직원들의 직무역량 강화 교육을 위한 학원 수강료 100,000원을 보통예금 계좌에서 이체하여 지급하다.

(38) 11월 5일   본사 영업부 직원들의 업무역량 강화를 위해 외부강사를 초청하여 교육을 진행하고, 강사료 3,000,000원 중 120,000원을 원천징수하고, 2,880,000원을 보통예금 통장에서 이체하여 지급하다.

(39) 11월 6일   회사대표 정곰숙씨의 명함을 디자인명함에서 인쇄 제작하고 대금 20,000원은 현금으로 지급하였다.

(40) 11월 7일   관리부 직원의 경리실무 책을 구매하고 대금 88,000원을 현금으로 지급하다.

(41) 11월 8일   회계부에서 구독한 신문구독료 30,000원을 현금으로 지급하였다.

(42) 11월 9일   영업부 신입직원의 명함을 솔이상점에서 인쇄하고, 대금 550,000원은 어음을 발행하여 지급하였다.

(43) 11월 10일   당사의 장부기장을 의뢰하고 있는 세무사사무소에 장부기장수수료 500,000원을 보통예금계좌에서 이체하여 지급하다.

(44) 11월 11일   당사는 사업확장과 판매촉진에 관련되는 자문을 개인인 이혜원에게 받고, 자문료 5,000,000원 중 원천징수세액 165,000원을 차감한 나머지 금액인 4,835,000원을 보통예금통장에서 이체하여 지급하다. (단, 당사는 자문료를 수수료비용으로 회계처리하기로 하다.)

(45) 11월 12일   광고 선전을 목적으로 불특정 다수에게 배포할 판촉물을 제작하고 제작대금 990,000원은 당좌수표를 발행하여 지급하다.

(46) 11월 13일   매장을 홍보하기 위한 광고비용으로 330,000원을 현금으로 지급하다.

(47) 11월 14일   영업부가 사용하는 본사 사무실의 관리비 300,000원을 보통예금에서 이체하였다.

(48) 11월 15일   업무용 복사용지(비용처리)를 구입하고 대금 100,000원은 보통예금 계좌에서 인터넷 뱅킹으로 지급하다.

(49) 11월 16일   국민은행에 예치한 1년 만기 정기예금의 만기가 도래하여 원금 10,000,000원과 이자 200,000원이 보통예금 계좌로 입금되다.

(50) 11월 17일   보유 중인 (주)소랜토의 주식에 대하여 배당금이 확정되어 1,500,000원을 보통예금계좌로 받았다.

(51) 11월 18일   수익증대를 위하여 사무실을 진안상사에 임대하고 당월분 임대료 300,000원을 보통예금으로 이체 받고 수익으로 처리하다.

(52) 11월 19일   거래처 진안상사로부터 외상매입금 1,500,000원의 지급을 면제 받았다.

(53) 11월 20일   브리상사에서 차입한 단기차입금 10,000,000원에 대하여 상환기일이 도래하여 이자 300,000원과 함께 전액 보통예금 계좌에서 이체하였다.

(54) 11월 21일   태풍으로 인한 피해자를 돕기 위해 송파구청에 현금 100,000원을 기부하였다.

(55) 11월 22일   서울시에서 주관하는 나눔천사 기부릴레이에 참여하여 서대문구청에 현금 1,000,000원을 기부하다.

정답 및 해설

[1]	10월 1일	(차)	매출할인(403)	15,000원	(대)	외상매출금(진안상사)	1,500,000원
			보통예금	1,485,000원			
[2]	10월 2일	(차)	당좌예금	1,764,000원	(대)	외상매출금(수분상사)	1,800,000원
			매출할인(403)	36,000원			
[3]	10월 3일	(차)	매출환입및에누리(402)	500,000원	(대)	외상매출금	500,000원
[4]	10월 4일	(차)	매출환입및에누리(402)	3,000,000원	(대)	외상매출금(반월상사)	3,000,000원
[5]	10월 5일	(차)	상여금(판)	3,000,000원	(대)	보통예금	3,000,000원
[6]	10월 6일	(차)	잡급(판)	250,000원	(대)	현금	250,000원
[7]	10월 7일	(차)	잡급(판)	150,000원	(대)	현금	150,000원
[8]	10월 8일	(차)	복리후생비(판)	1,000,000원	(대)	현금	1,000,000원
[9]	10월 9일	(차)	복리후생비(판)	182,000원	(대)	현금	182,000원
[10]	10월 10일	(차)	복리후생비(판)	45,000원	(대)	현금	45,000원
[11]	10월 11일	(차)	복리후생비(판)	100,000원	(대)	현금	100,000원
[12]	10월 12일	(차)	복리후생비	200,000원	(대)	미지급금(감자마트)	200,000원
[13]	10월 13일	(차)	복리후생비	200,000원	(대)	미지급금(현대마트)	200,000원
[14]	10월 14일	(차)	여비교통비(판)	50,000원	(대)	현금	50,000원
[15]	10월 15일	(차)	기업업무추진비(판)	200,000원	(대)	현금	200,000원
[16]	10월 16일	(차)	복리후생비(판)	100,000원	(대)	보통예금	200,000원
			기업업무추진비(판)	100,000원			
[17]	10월 17일	(차)	기업업무추진비(판)	1,200,000원	(대)	미지급금(현대카드)	1,200,000원
[18]	10월 18일	(차)	복리후생비(판)	500,000원	(대)	미지급금(현대카드)	700,000원
			기업업무추진비(판)	200,000원			
[19]	10월 19일	(차)	기업업무추진비(판)	80,000원	(대)	미지급금(현대카드)	80,000원
[20]	10월 20일	(차)	통신비(판)	120,000원	(대)	현금	120,000원
[21]	10월 21일	(차)	통신비(판)	24,290원	(대)	현금	24,290원
[22]	10월 22일	(차)	통신비(판)	33,000원	(대)	보통예금	198,000원
			수도광열비(판)	165,000원			
[23]	10월 23일	(차)	통신비(판)	50,000원	(대)	미지급금(현대카드)	90,000원
			수도광열비(판)	40,000원			
[24]	9월 30일	(차)	세금과공과(판)	500,000원	(대)	현금	500,000원
[25]	10월 25일	(차)	세금과공과(판)	800,000원	(대)	현금	800,000원
[26]	12월 20일	(차)	세금과공과(판)	365,000원	(대)	보통예금	365,000원
[27]	12월 21일	(차)	세금과공과(판)	259,740원	(대)	미지급금(현대카드)	259,740원
[28]	10월 26일	(차)	임차료(판)	250,000원	(대)	보통예금	250,000원
[29]	10월 27일	(차)	수선비(판)	65,000원	(대)	현금	65,000원
[30]	10월 28일	(차)	보험료(판)	1,200,000원	(대)	현금	1,200,000원
[31]	10월 29일	(차)	세금과공과(판)	60,000원	(대)	보통예금	660,000원
			보험료(판)	600,000원			
[32]	10월 30일	(차)	보험료(판)	150,000원	(대)	현금	150,000원

[33]	10월 31일	(차)	차량유지비(판)	150,000원	(대)	현금	150,000원
[34]	11월 1일	(차)	차량유지비(판)	20,000원	(대)	미지급금(현대카드)	20,000원
[35]	11월 2일	(차)	운반비(판)	25,000원	(대)	현금	25,000원
[36]	11월 3일	(차)	교육훈련비(판)	800,000원	(대)	보통예금	800,000원
[37]	11월 4일	(차)	교육훈련비(판)	100,000원	(대)	보통예금	100,000원
[38]	11월 5일	(차)	교육훈련비(판)	3,000,000원	(대)	예수금	120,000원
						보통예금	2,880,000원
[39]	11월 6일	(차)	도서인쇄비(판)	20,000원	(대)	현금	20,000원
[40]	11월 7일	(차)	도서인쇄비(판)	88,000원	(대)	현금	88,000원
[41]	11월 8일	(차)	도서인쇄비(판)	30,000원	(대)	현금	30,000원
[42]	11월 9일	(차)	도서인쇄비(판)	550,000원	(대)	미지급금(솔이상점)	550,000원
[43]	11월 10일	(차)	수수료비용(판)	500,000원	(대)	보통예금	500,000원
[44]	11월 11일	(차)	수수료비용(판)	4,500,000원	(대)	예수금	150,000원
						보통예금	4,350,000원
[45]	11월 12일	(차)	광고선전비(판)	990,000원	(대)	당좌예금	990,000원
[46]	11월 13일	(차)	광고선전비(판)	330,000원	(대)	현금	330,000원
[47]	11월 14일	(차)	건물관리비(판)	300,000원	(대)	보통예금	300,000원
[48]	11월 15일	(차)	소모품비(판)	100,000원	(대)	보통예금	100,000원
[49]	11월 16일	(차)	보통예금	10,000,000원	(대)	정기예금	10,000,000원
						이자수익	200,000원
[50]	11월 17일	(차)	보통예금	1,500,000원	(대)	배당금수익	1,500,000원
[51]	11월 18일	(차)	보통예금	300,000원	(대)	임대료	300,000원
[52]	11월 19일	(차)	외상매입금(진안상사)	1,500,000원	(대)	채무면제이익	1,500,000원
[53]	11월 20일	(차)	단기차입금(브리상사)	10,000,000원	(대)	보통예금	10,300,000원
			이자비용	300,000원			
[54]	11월 21일	(차)	기부금	100,000원	(대)	현금	100,000원
[55]	11월 22일	(차)	기부금	1,000,000원	(대)	현금	1,000,000원

이론 핵심 기출문제

01 다음 괄호 안에 들어갈 손익계산서 구성항목은?

( )는(은) 제품, 상품, 용역 등의 판매활동과 기업의 관리활동에서 발생하는 비용으로서 매출원가에 속하지 아니하는 모든 영업비용을 포함한다.

① 매출액　　　② 영업외비용　　　③ 판매비와관리비　　　④ 영업외수익

02 다음 중 판매비와관리비에 해당되는 계정은 모두 몇 개인가?

ⓐ 선급비용　　ⓑ 미지급비용　　ⓒ 개발비　　ⓓ 기부금
ⓔ 이자비용　　ⓕ 기업업무추진비　　ⓖ 보험료　　ⓗ 세금과공과

① 3개　　　② 4개　　　③ 5개　　　④ 6개

03 다음 지출내역서에서 8월의 판매비와관리비 금액으로 옳은 것은?

(8월) 지출내역서 (단위:원)

일자	적요	금액	신용카드	현금	비고
8/5	종업원 회식비용	200,000	100,000	100,000	
8/11	차입금 이자 지급	50,000		50,000	
8/16	수재의연금 기부	30,000		30,000	
8/20	거래처 선물 대금	100,000	100,000		
8/30	8월분 영업부 전기요금	20,000		20,000	

① 220,000원　　　② 320,000원　　　③ 350,000원　　　④ 400,000원

정답 및 해설

01 ③ 일반기업회계기준[문단 2.49] 판매비와관리비에 해당한다.

02 ① ⓐ 선급비용-유동자산　ⓑ 미지급비용-유동부채　ⓒ 개발비-비유동자산
ⓓ 기부금-영업외비용　ⓔ 이자비용-영업외비용

03 ② 차입금 이자 지급액과 수재의연금 기부액은 영업외비용에 해당한다.

04 다음 자료에 의하여 판매비와 관리비를 계산하면 얼마인가?

- 이자비용 : 110,000원
- 복리후생비 : 120,000원
- 통 신 비 : 80,000원
- 개 발 비 : 220,000원
- 임 차 료 : 210,000원
- 기 부 금 : 100,000원

① 410,000원 ② 630,000원 ③ 730,000원 ④ 840,000원

05 다음 지출내역 중 판매비와관리비에 해당하는 것을 모두 고른 것은

가. 종업원 회식비용   ×××원
나. 차입금 지급이자   ×××원
다. 장애인단체 기부금 ×××원
라. 사무실 전화요금   ×××원

① 가, 나 ② 나, 다 ③ 가, 라 ④ 나, 라

06 다음 중 영업외비용에 해당하지 않는 것은?

① 보험료
② 기부금
③ 이자비용
④ 유형자산처분손실

07 다음 중 그 성격이 다른 계정과목은 무엇인가?

① 이자비용
② 외환차손
③ 감가상각비
④ 기타의 대손상각비

08 다음 중 영업외비용에 대하여 말한 내용은?

A : 오늘은 사무실 전기료 납부 마지막일이네!
B : 오늘 은행에 이자를 갚는 날인데!
C : 오늘은 종업원들에게 월급을 지급하는 날이구나!
D : 과장님 시내출장을 가시는데 여비를 드려야겠네!

① A ② B ③ C ④ D

09 다음 중 영업이익에 영향을 미치지 않는 거래는?

① 영업부 직원들의 야근식대 100,000원을 현금으로 지급하다.

② 거래처에 상품을 판매하고 배송비 5,000원을 현금으로 지급하다.

③ 광고용 전단지 인쇄대금 30,000원을 보통예금 통장에서 이체하여 주다.

④ (주)소망상사에게 단기차입금 10,000,000원에 대한 이자 100,000원을 현금으로 지급하다.

10 다음 중 회사의 당기순이익을 증가시키는 거래는?

① 회사 화장실의 거울이 파손되어 교체하였다.

② 직원의 경조사가 발생하여 경조사비를 지급하였다.

③ 명절이 되어 선물세트를 구입하여 거래처에 나누어 주었다.

④ 회사의 보통예금에 결산이자가 발생하여 입금되었다.

정답 및 해설

04 ① 판매비와관리비 = 복리후생비 + 통신비 + 임차료
410,000원 = 120,000원 + 80,000원 + 210,000원

05 ③ 차입금 지급이자와 기부금은 영업외비용에 해당한다.

06 ① 보험료는 판매비와관리비로 영업외비용에 해당하지 않는다.

07 ③ 감가상각비는 판매비와관리비에 해당한다.
  • 이자비용, 외환차손, 기타의 대손상각비는 영업외비용이다.

08 ② A: 수도광열비(판매비와 관리비), B:이자비용(영업외비용)
C: 급여(판매비와 관리비), D:여비교통비(판매비와 관리비)

09 ④ ①, ②, ③은 복리후생비, 운반비, 광고선전비로 회계처리하며 이는 판매비와관리비에 해당하므로 영업이익에 영향을 미친다. ④는 이자비용으로 회계처리하며 이자비용은 영업외비용이므로 영업이익에 영향을 미치지 않는다.

10 ④ 회사의 이자수익은 당기순이익을 증가시킨다. 나머지는 영향이 없거나 감소시킨다.

11 다음의 계정과목 중 영업이익에 영향을 주는 항목은?

① 유형자산처분이익　　② 외환차익　　③ 매출할인　　④ 기부금

12 다음 중 영업이익에 영향을 미치지 않는 것은?

① 이자비용　　② 매출원가　　③ 기업업무추진비　　④ 세금과공과

13 다음 중 영업이익에 영향을 미치지 않는 거래는?

① 영업부 직원들의 야근식대 100,000원을 현금으로 지급하다.
② 거래처에 상품을 판매하고 배송비 5,000원을 현금으로 지급하다.
③ 광고용 전단지 인쇄대금 30,000원을 보통예금 통장에서 이체하여 주다.
④ (주)소망상사에게 단기차입금 10,000,000원에 대한 이자 100,000원을 현금으로 지급하다.

14 다음 중 손익계산서의 영업이익에 영향을 미치는 것은?

① 기부금
② 차입금에 대한 이자 지급액
③ 판매촉진 목적으로 광고, 홍보, 선전 등을 위하여 지급한 금액
④ 유형자산을 장부가액보다 낮은 가격으로 처분하여 발생한 손실 금액

15 다음 자료에 의하여 매출총이익을 계산하면 얼마인가?

- 당기매출액 : 5,000,000원
- 당기상품매입액 : 800,000원
- 매입운임 : 50,000원
- 기초상품재고액 : 700,000원
- 기말상품재고액 : 1,000,000원
- 이자비용 : 300,000원

① 3,850,000원　　② 4,150,000원　　③ 4,450,000원　　④ 4,500,000원

16 다음 자료에 의해 매출총이익을 계산하면 얼마인가?

- 기초상품재고액 : 6,000,000원
- 기말상품재고액 : 3,100,000원
- 매입제비용(매입 시 운반비) : 250,000원
- 당기상품매출액 : 16,000,000원
- 당기상품매입액 : 7,100,000원
- 매출에누리 : 750,000원
- 매입에누리 및 매입할인액 : 660,000원

① 5,660,000원   ② 6,000,000원   ③ 6,410,000원   ④ 6,800,000원

정답 및 해설

11 ③ 매출할인은 매출총이익에 영향을 주는 항목이므로 영업이익에 영향을 주는 것이고, 다른 항목은 영업외손익 항목이다.

12 ① 이자비용은 영업외비용에 속한다.

13 ④ ①, ②, ③은 복리후생비, 운반비, 광고선전비로 회계처리하며 이는 판매비와관리비에 해당하므로 영업이익에 영향을 미친다. ④는 이자비용으로 회계처리하며 이자비용은 영업외비용이므로 영업이익에 영향을 미치지 않는다.

14 ③ 판매촉진 목적으로 광고, 홍보, 선전 등을 위하여 지급한 금액은 광고선전비로 판매비와관리비에 해당하며, 영업이익을 감소시킨다.

15 ③ 매출총이익 구할 때 이자비용은 고려대상이 아니다.
매출총이익= 매출액- { 기초재고 + (당기매입+ 매입운임)- 기말재고 }
×= 5,000,000-{700,000+(800,000+50,000)-1,000,000}
×= 4,450,000원

16 ① 5,660,000원
당기상품매출액 16,000,000 - 매출에누리 750,000원 = 순매출액 15,250,000원
기초상품재고액 6,000,000원 + (당기상품매입액 7,100,000원 + 매입제비용 250,000원 - 매입에누리 및매입할인액 660,000원) - 기말상품재고액 3,100,000원 = 상품매출원가 9,590,000원

17 다음 자료에 의하여 매출총이익을 계산하면 얼마인가?

- 당기총매출액 : 2,250,000원
- 당기상품총매입액 : 1,850,000원
- 기초상품재고액 : 300,000원
- 매출환입및에누리 : 140,000원
- 매입환출및에누리 : 220,000원
- 기말상품재고액 : 400,000원

① 500,000원 ② 540,000원 ③ 580,000원 ④ 620,000원

18 상품매매업을 영위하는 부산상사의 영업이익은?

- 매출액 : 120,000원
- 급 여 : 10,000원
- 이자비용 : 10,000원
- 매출원가 : 55,000원
- 임차료 : 5,000원
- 기부금 : 5,000원

① 35,000원 ② 45,000원 ③ 50,000원 ④ 55,000원

19 다음의 자료를 이용하여 영업이익을 계산하면 얼마인가?

- 매 출 액 : 6,000,000원
- 당기상품매입액 : 3,000,000원
- 판매비와관리비 : 1,000,000원
- 기초상품재고액 : 1,000,000원
- 기말상품재고액 : 1,500,000원
- 영 업 외 수 익 : 1,200,000원

① 1,300,000원 ② 2,500,000원 ③ 3,500,000원 ④ 3,700,000원

20 9월 중 개업한 튼튼가구점의 자료이다. 9월 영업이익을 계산한 금액으로 옳은 것은?

- 거실장판매 대금 : 450,000원
- 판매용 가구 구입 대금 : 250,000원
- 은행 장기차입금의 이자 : 10,000원
- 식탁판매 대금 : 300,000원
- 종업원 급여 : 100,000원
- 매장 임차료 : 100,000원

※ 9월 말 재고는 없는 것으로 가정한다.

① 300,000원 ② 400,000원 ③ 390,000원 ④ 290,000원

21 제과점의 5월 중 자료이다. 영업이익을 계산한 금액으로 옳은 것은?

- 빵 판매 대금 : 500,000원
- 빵/케익 구입 대금 : 250,000원
- 은행 차입금의 이자 : 10,000원
- 케익 판매 대금 : 300,000원
- 종업원 급여 : 100,000원
- 매장 임차료 : 20,000원

① 120,000원 ② 420,000원 ③ 430,000원 ④ 450,000원

정답 및 해설

17 ③
- 순매출액(2,110,000원)=총매출액(2,250,000원)-매출환입및에누리(140,000원)
- 매출원가(1,530,000원)=기초상품(300,000원)+순매입액(1,630,000원)-기말상품(400,000원)
- 순매입액(1,630,000원)=총매입액(1,850,000원)-매입환출및에누리(220,000원)
- 매출총이익(580,000원)=순매출액(2,110,000원)-매출원가(1,530,000원)

18 ③ 매출액 120,000원 - 매출원가 55,000원 = 매출총이익 65,000원
매출총이익 65,000원 - 판매비와관리비15,000원(급여10,000원+임차료5,000원) = 영업이익 50,000원
이자비용과 기부금은 영업외비용이다.

19 ② 매출액 6,000,000원에서 매출원가 2,500,000원(기초상품재고액 1,000,000원 + 당기상품매입액 3,000,000원 - 기말상품재고액 1,500,000원)을 차감하면 매출총이익이 3,500,000원이고, 판매비와 관리비 1,000,000원을 차감하면 영업이익은 2,500,000원이다.

20 ① 매출액 - 매출원가 = 매출총이익
(거실장과 식탁판매액 750,000원 - 구입원가 250,000원 = 매출총이익 500,000원)
매출총이익 - 판매비와 일반관리비(급여 + 임차료) = 영업이익
500,000원 - (100,000원 + 100,000원) = 300,000원
차입금에 대한 이자비용은 영업외비용이다.

21 ③ 매출액 800,000원 - 매출원가 및 판매관리비 370,000원 = 430,000원
은행 차입금의 이자는 영업외비용이다.

22 다음의 자료를 이용하여 당기순이익을 계산하면 얼마인가?

- 매 출 액 : 8,000,000원
- 판매비와관리비 : 2,000,000원
- 당기상품매입액 : 4,000,000원
- 기초상품재고액 : 1,500,000원
- 기말상품재고액 : 2,500,000원
- 영 업 외 비 용 : 700,000원

① 1,800,000원   ② 2,300,000원   ③ 3,800,000원   ④ 3,400,000원

23 다음 거래요소의 결합관계와 거래의 종류에 맞는 거래내용은?

거래요소 결합관계	거래의 종류
자산의 증가 - 부채의 증가	교환거래

① 업무용 컴퓨터 1,500,000원을 구입하고 대금은 나중에 지급하기로 하다.
② 거래처로부터 외상매출금 500,000원을 현금으로 받다.
③ 거래처에 외상매입금 1,000,000원을 현금으로 지급하다.
④ 이자비용 150,000원을 현금으로 지급하다.

24 아래의 거래내용에 대하여 거래요소의 결합관계와 거래의 종류가 바르게 표시된 것은?

상품 판매전시장에서 업무용으로 사용할 목적으로 컴퓨터와 프린터기를 1,500,000원에 구매하고, 구매대금은 신용카드로 결제하다.

거래요소의 결합관계	거래의 종류
① 자산의 증가 - 부채의 증가	교환거래
② 부채의 증가 - 자산의 감소	손익거래
③ 자산의 증가 - 자본의 증가	교환거래
④ 자산의 증가 - 자산의 감소	손익거래

25 다음 분개에 대한 거래의 종류가 날짜별로 옳은 것은?

```
9/5  (차) 현금      52,000  (대) 단기대여금  50,000
                                 이자수익      2,000
9/7  (차) 소모품비   30,000  (대) 보통예금    30,000
```

① 9/5 : 교환거래, 9/7 : 혼합거래   ② 9/5 : 교환거래, 9/7 : 손익거래
③ 9/5 : 혼합거래, 9/7 : 손익거래   ④ 9/5 : 혼합거래, 9/7 : 교환거래

26 다음 중 거래의 종류와 해당 거래의 연결이 올바르지 않은 것은?

① 교환거래 : 상품 1,000,000원을 매출하기로 계약하고 매출대금의 10%를 현금으로 받다.
② 손익거래 : 당월분 사무실 전화요금 50,000원과 전기요금 100,000원이 보통예금 계좌에서 자동으로 이체되다.
③ 손익거래 : 사무실을 임대하고 1년치 임대료 600,000원을 보통예금 계좌로 입금받아 수익 계정으로 처리하다.
④ 혼합거래 : 단기차입금 1,000,000원과 장기차입금 2,000,000원을 보통예금 계좌에서 이체하여 상환하다.

정답 및 해설

22 ② 매출총이익(5,000,000원) = 매출액(8,000,000원) - 매출원가(3,000,000원 = 기초재고 1,500,000원 + 당기매입 4,000,000원 - 기말재고 2,500,000원)
영업이익(3,000,000원) = 매출총이익(5,000,000원) - 판매관리비(2,000,000원)
당기순이익(2,300,000원) = 영업이익(3,000,000원) + 영업외수익(0원) - 영업외비용(700,000원)

23 ①

	거래요소의 결합관계	거래의 종류
①	자산의 증가 - 부채의 증가	교환거래
②	자산의 증가 - 자산의 감소	교환거래
③	부채의 감소 - 자산의 감소	교환거래
④	비용의 발생 - 자산의 감소	손익거래

24 ① (차) 비품(자산 증가)   1,500,000원   (대) 미지급금(부채 증가)   1,500,000원 : 교환거래

25 ③

26 ④ 교환거래에 해당하고 회계처리는 아래와 같다.
(차) 단기차입금(부채의 감소)   1,000,000원   (대) 보통예금(자산의 감소)   3,000,000원
    장기차입금(부채의 감소)   2,000,000원
• 혼합거래는 하나의 거래에서 교환거래와 손익거래가 동시에 발생하는 거래이다.

27 다음 중 거래의 결합관계 종류가 다른 하나는?

① 현금 100,000원을 당좌예금 계좌에 입금하다.

② 비품 50,000원을 구입하고, 대금은 외상으로 하다.

③ 단기차입금에 대한 이자 50,000원을 현금으로 지급하다.

④ 상품 100,000원을 구입하고, 그 대금과 운반비 5,000원은 나중에 지급하기로 하다.

28 다음 중 경영성과에 영향을 미치는 거래는?

① 미지급금을 보통예금으로 지급하다.

② 미지급금을 약속어음을 발행하여 지급하다.

③ 예수금을 현금으로 지급하다.

④ 차입금에 대한 이자를 현금으로 지급하다.

29 다음 중 경영성과에 영향을 미치는 거래는?

① 거래처로부터 외상매입금에 대한 채무를 면제받다.

② 외상매입금을 약속어음을 발행하여 지급하다.

③ 대여금을 회수하여 기업주 개인이 사용하다.

④ 기업주 개인의 차입금을 기업이 대신 지급하다.

정답 및 해설

27 ③ 손익거래
①, ②, ④는 교환거래이다. (④의 운반비는 상품 매입원가에 포함하므로 교환거래에 해당함)

28 ④ 손익거래(이자비용), ①, ②, ③ 교환거래

29 ① 손익거래(채무면제이익, 영업외수익), ②③④은 교환거래

CHAPTER 06 결산

1 회계의 순환과정과 결산

1. 회계의 순환과정

1) **회계의 순환과정의 정의**: 회계기간동안 거래를 인식하여 장부를 작성한 후 회계기간이 종료되면 재무제표 등을 작성하여 정보이용자에게 보고함으로써 회계기간은 끝나고 새로운 회계기간이 시작되는데 이러한 일련의 회계절차를 회계의 순환과정이라고 한다.

2) **회계의 순환과정 절차**

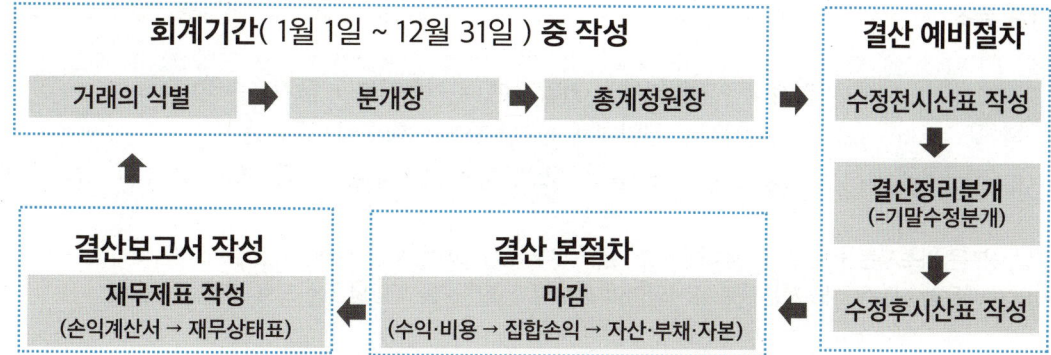

2. 결산

1) **결산의 정의**: 결산은 회계기간 말에 기중에 기록한 장부를 정리하고 마감하여 자산·부채·자본의 상태를 확인하고 발생된 수익과 비용을 비교하여 순손익을 정확하게 파악하는 절차를 말한다.

2) **결산의 절차**

결산 예비절차	• 수정전 시산표 작성: 결산일까지 거래에 의한 시산표 작성 • 결산정리분개: 재고조사 및 기타 결산정리사항 정리 • 수정후 시산표 작성: 결산정리분개 전기 후 시산표 작성
결산 본절차 (마감)	• 당기순손익의 결정: 수익·비용 계정의 마감 • 이익의 처분 또는 결손의 처리: 당기순손익의 자본 대체 • 이월시산표 작성: 자산·부채·자본 계정의 마감
결산보고서 작성	• 손익계산서, 재무상태표 등의 재무제표 작성

3. 시산표

1) **시산표의 정의**: 총계정원장에 있는 각 계정의 합계 또는 잔액을 모아놓은 표. 차변 총합계와 대변 총합계가 같아야 한다는 원리로 인해(대차평균의 원리) 거래의 분개 및 전기가 정확하게 기록되었는지 검증(자기검증기능)할 수 있다.

2) **시산표의 양식**

차변		계정과목	대변	
잔액	합계		합계	잔액
50,000	100,000	현금	50,000	
	10,000	외상매입금	20,000	10,000
		자본금	10,000	10,000
		상품매출	40,000	40,000
10,000	10,000	급여		
60,000	120,000	합계	120,000	60,000

3) **시산표 등식**

> 기말자산 = 기말부채 + 기말자본 (= 기초자본 + 당기순손익)
> 기말자산 = 기말부채 + 기초자본 + 총수익 - 총비용
> 기말자산 + 총비용 = 기말부채 + 기초자본[10] + 총수익

[10] 기말자본은 기초자본 + 총수익 - 총비용을 한 금액이다. 시산표에는 자산, 부채, 자본, 수익, 비용의 모든 항목이 다 표시되기 때문에 자본은 기초자본으로 표시되어야 총수익과 총비용을 포함한 등식으로 표현될 수 있다.

4) **시산표에서 발견할 수 있는 오류와 발견할 수 없는 오류**

발견할 수 있는 오류	차변과 대변의 차액이 발생한 오류 예 분개나 전기 시 차변금액과 대변금액을 다르게 입력, 차변이나 대변 한쪽을 입력하지 않은 경우
발견할 수 없는 오류	차변과 대변의 차액이 발생하지 않은 오류 예 계정과목을 잘못 입력한 경우, 차변과 대변금액을 같은 금액으로 잘못 입력한 경우, 거래가 누락또는 중복된 경우

4. 마감

1) 손익계산서계정 집합계정 대체

수익 계정의 대체	모든 수익계정의 대변잔액을 (집합)손익계정 대변으로 대체한다. 그 결과 수익계정 잔액은 0원이 되어 소멸되고 차기로 이월되지 않는다. (차) [모든 수익계정]　　　×××원　　(대) (집합)손익　　　×××원
비용 계정의 대체	모든 비용계정의 차변잔액을 (집합)손익계정 차변으로 대체한다. 그 결과 비용계정 잔액은 0원이 되어 소멸되고 차기로 이월되지 않는다. (차) (집합)손익　　　×××원　　(대) [모든 비용계정]　　　×××원
당기순 손익의 자본금 대체	(집합)손익계정의 대변잔액은 당기순이익을 의미하고 차변잔액은 당기순손실을 의미한다. 당기순이익은 자본금의 증가로 대체하고 당기순손실은 자본금의 감소로 대체한다. • 당기순이익의 대체 : 당기수익이 당기비용보다 커서 (집합)손익계정의 대변잔액이 발생한 경우에는 당기순이익이 발생한 것을 의미하므로 (집합)손익계정의 대변잔액을 자본금 대변으로 대체한다. (차) (집합)손익　　　×××원　　(대) 자본금(자본의 증가)　　　×××원 • 당기순손실의 대체: 당기비용이 당기수익보다 커서 (집합)손익계정의 차변잔액이 발생한 경우에는 당기순손실이 발생한 것을 의미하므로 (집합)손익계정의 차변잔액을 자본금 차변으로 대체한다. (차) 자본금(자본의 감소)　　　×××원　　(대) (집합)손익　　　×××원

2) 재무상태표 계정의 마감

자산 계정의 마감	• 자산계정의 잔액은 차변에 남게 되므로 잔액을 대변에 차기이월로 기입하여 총계정원장의 차변과 대변의 합계를 일치시키며 마감한다. • 차기에는 이월된 잔액을 차변에 전기이월로 기입하여 장부를 시작하게 된다.
부채, 자본 계정의 마감	• 부채, 자본계정의 잔액은 대변에 남게 되므로 잔액을 차변에 차기이월로 기입하여 총 계정원장의 차변과 대변의 합계를 일치시키며 마감한다. • 차기에는 이월된 잔액을 대변에 전기이월로 기입하여 장부를 시작하게 된다.

2 결산정리사항

1. 결산정리분개의 정의와 목적

결산정리분개란 회계연도 종료 시점(결산일) 기준으로 기중 거래 기록과정에서 적절하게 구분하지 못한 회계기간별 수익과 비용을 발생주의에 따라 수정하고, 자산과 부채를 정확하게 평가하기 위해 회계연도 종료 후 반영하는 분개이다. (회사의 실제 재무상태와 경영성과를 장부와 일치시키는 작업)

2. 결산정리사항의 유형

구분	결산정리사항	입력방법
수동결산	• 수익, 비용의 발생과 이연 • 소모품, 소모품비에 대한 정리 • 마이너스 통장에 대한 정리 • 현금과부족에 대한 정리 • 가지급금 · 가수금의 정리 • 단기매매증권의 평가 • 비유동부채의 유동성 대체 • 인출금의 정리 • 외화 채권, 채무에 대한 정리	[일반전표입력] 메뉴 12월 31일에 직접 수동분개 입력
자동결산	• 매출원가의 계상(기말재고액) • 대손충당금의 설정 • 감가상각비의 계상	[결산자료입력] 메뉴를 활용한 자동분개 생성

3. 결산정리사항 유형별 회계처리

1) 수익 · 비용의 발생과 이연

(1) 수익 · 비용의 발생과 이연 계정과목

미수수익(자산)	당기에 속하는 수익이나 아직 받지 못한 금액
미지급비용(부채)	당기에 속하는 비용이나 아직 지급하지 않은 금액
선수수익(부채)	당기에 받은 수익 중 차기 이후에 해당하는 수익
선급비용(자산)	당기에 지출한 비용 중 차기 이후에 해당하는 비용

(2) 발생주의에 수익 · 비용의 발생과 이연 회계처리

수익의 발생(인식)	• 발생주의에 따라 당기에 속하는 수익이지만 아직 받지 못한 부분을 수익 계정과목으로 인식 (차) 미수수익(자산)　　×××원　　(대) [수익 계정과목]　　×××원
비용의 발생(인식)	• 발생주의에 따라 당기에 속하는 비용이지만 아직 지급하지 않은 부분을 비용 계정과목으로 인식 (차) [비용 계정과목]　　×××원　　(대) 미지급비용(부채)　　×××원

수익의 이연	• 당기분은 [수익 계정과목], 차기분은 선수수익(부채)으로 회계처리 • 기중 전액 수익처리 시 → 결산일에 차기 이후 해당분 선수수익으로 대체 　(차) [수익 계정과목](수익 소멸)　×××원　　(대) 선수수익(부채 증가)　×××원 • 기중 전액 선수수익처리 시 → 결산일에 당기분 수익 계정과목으로 대체 　(차) 선수수익(부채 감소)　×××원　　(대) [수익 계정과목](수익 발생)　×××원
비용의 이연	• 당기분은 [비용 계정과목], 차기분은 선급비용(자산)으로 회계처리 • 기중 전액 비용처리 시 → 결산일에 차기 이후 해당분 선급비용으로 대체 　(차) 선급비용(자산 증가)　×××원　　(대) [비용 계정과목](비용 소멸)　×××원 • 기중 전액 선수수익처리 시 → 결산일에 당기분 수익 계정과목으로 대체 　(차) [비용 계정과목](비용 발생)　×××원　　선급비용(자산 감소)　×××원

[1] 결산일 현재 정기예금에 대한 기간경과분 미수이자 50,000원을 계상하시오.

　(차)　　　　　　　　　　　　　(대)

[2] 결산일 현재 예금에 대한 당기분 이자 미수액은 125,000원이다.

　(차)　　　　　　　　　　　　　(대)

[3] 12월분 건물 임차료 4,000,000원은 다음달 5일에 지급될 예정이다.

　(차)　　　　　　　　　　　　　(대)

[4] 12월분 영업부서 박종호씨의 직원급여 2,700,000원은 다음달 5일에 지급될 예정이다.

　(차)　　　　　　　　　　　　　(대)

[5] 결산일 현재 단기대여금에 대한 이자수익으로 처리한 금액 중 기간미경과분 150,000원이 포함되어 있다.

　(차)　　　　　　　　　　　　　(대)

[6] 대여금에 대한 이자수익 중 300,000원을 차기로 이연하다.

　(차)　　　　　　　　　　　　　(대)

[7] 7월 1일 1년치 주차장 임대료 4,800,000원을 일시에 수령하여 전액 선수수익으로 처리하였다. (단, 월할계산하고, 음수로 입력하지 말 것)

　(차)　　　　　　　　　　　　　(대)

[8] 10월에 지급한 차량 보험료 80,000원 중 60,000원은 차기 해당분이다.

　(차)　　　　　　　　　　　　　(대)

[9] 당기에 지급한 이자비용 3,600,000원은 20×1년 4월에서 20×2년 3월분까지이다. (월할계산하시오.)

　(차)　　　　　　　　　　　　　(대)

[10] 11월 1일 당사소유 화물차에 대한 보험료(보험기간 20×1년 11월 1일 ~ 20×2년 10월 31일) 1,200,000원을 지급하면서 자산으로 회계처리 하였다. 기말결산분개를 수행하시오. (월할계산할 것)

　(차)　　　　　　　　　　　　　(대)

[11] 4월 1일에 당사소유 차량에 대한 보험료(보험기간 20×1년 4월 1일~20×2년 3월 31일) 360,000원을 지급하면서 자산으로 회계처리 하였다. 기말결산분개를 수행하시오. (월할계산할 것)

(차)　　　　　　　　　　　　　　(대)

2) 소모품·소모품비의 정리: 결산 시 미사용분은 소모품(자산), 사용분은 소모품비(비용)로 회계처리한다. 받을어음(↔지급어음)

구입 시 자산 처리	• 취득 시 소모품(자산)처리 → 결산 시 사용분 소모품비(비용) 대체 (차) 소모품비(판)　×××원　(대) 소모품　×××원
구입 시 비용 처리	• 취득 시 소모품비(비용)처리 → 결산 시 미사용분 소모품(자산) 대체 (차) 소모품　×××원　(대) 소모품비　×××원

[12] 취득 시 소모품비로 계상한 것 중에 기말 현재 미사용 소모품은 1,000,000원이다.

(차)　　　　　　　　　　　　　　(대)

[13] 결산일 현재 영업부 소모품 구입 시 자산으로 처리한 금액 중 기말 현재 사용한 금액은 230,000원이다.

(차)　　　　　　　　　　　　　　(대)

3) 마이너스 통장의 정리: 마이너스 통장이란 통장에 돈이 없어도 미리 정한 한도 내에서 은행에서 돈을 빌려쓸 수 있는 계좌를 말한다. 결산 시 보통예금 잔액을 초과하여 인출된 마이너스(-) 금액을 단기차입금 계정으로 대체한다.

결산 시	(차) 보통예금　×××원　(대) 단기차입금　×××원

[14] 하나은행의 보통예금통장은 마이너스 통장으로 개설된 것이다. 기말현재 하나은행의 보통예금통장 잔액은 -6,352,500원이다. (단기차입금으로 대체하는 회계처리를 하시오.)

(차)　　　　　　　　　　　　　　(대)

4) 현금과부족의 정리: 결산일까지 현금과부족의 원인이 밝혀지지 않았을 때 잡이익 또는 잡손실 계정으로 대체한다.

현금 과잉	• 현금과잉: 장부상 현금 < 실제 현금 ① 기중 현금과잉 발견: 장부의 현금을 증가시켜 장부상 현금과 실제 현금 일치하도록 함 (차) 현금　×××원　(대) 현금과부족　×××원 ② 원인이 밝혀졌을 때: 해당 원인 계정으로 대체 (차) 현금과부족　×××원　(대) [계정과목]　×××원 ③ 결산까지 원인불명: 대변에 남아있는 현금과부족 계정과목을 잡이익(수익)으로 대체 (차) 현금과부족　×××원　(대) 잡이익　×××원

현금 부족	• 현금부족: 장부상 현금 > 실제 현금 ① 기중 현금부족 발견: 장부의 현금을 감소시켜 장부상 현금과 실제 현금 일치하도록 함 (차) 현금과부족　　　　　×××원　　(대) 현금　　　　　　×××원 ② 원인이 밝혀졌을 때: 해당 원인 계정으로 대체 (차) [계정과목]　　　　　×××원　　(대) 현금과부족　　　×××원 ③ 결산까지 원인불명: 차변에 남아있는 현금과부족 계정과목을 잡손실(비용)으로 대체 (차) 잡손실　　　　　　×××원　　(대) 현금과부족　　　×××원

[15] 결산일 현재 현금과부족으로 처리되었던 현금과다액(대변에 현금과부족 잔액) 70,000원에 대한 원인이 아직 밝혀지지 않았다.
　　(차)　　　　　　　　　　　　　　　(대)

[16] 결산일 현재 장부상 현금잔액은 8,268,560원이고, 실제 현금잔액은 8,286,160원이다. 그 차액의 원인을 알 수 없다.
　　(차)　　　　　　　　　　　　　　　(대)

[17] 결산일 현재 차변에 현금과부족 계정으로 처리되어 있는 현금부족액 60,000원에 대한 원인이 밝혀지지 않고 있다.
　　(차)　　　　　　　　　　　　　　　(대)

5) **가지급금 · 가수금의 정리**: 가지급금 가수금은 임시계정과목으로 결산일까지 적절한 계정과목으로 대체한다.

가지급금	(차) [계정과목]　×××원　(대) 가지급금　×××원
가수금	(차) 가수금　×××원　(대) [계정과목]　×××원

[18] 기말 현재 가지급금 잔액 100,000원은 영업부 직원의 시내출장비로 판명되다.
　　(차)　　　　　　　　　　　　　　　(대)

[19] 기말 현재 가수금 잔액은 550,000원은 거래처 진안상사에 대한 외상대금 회수액으로 판명되다.
　　(차)　　　　　　　　　　　　　　　(대)

6) **단기매매증권의 평가**: 결산 시 장부금액과 공정가치를 비교하여 공정가치로 평가한다.

장부금액 < 공정가치	(차) 단기매매증권　×××원　(대) 단기매매증권평가이익×××원
장부금액 > 공정가치	(차) 단기매매증권평가손실×××원　(대) 단기매매증권　×××원

[20] 기말 현재 단기매매차익을 목적으로 보유하고 있는 주식(100주, 1주당 취득원가 5,000원)의 기말현재 공정가치는 주당 7,000원이다.
　　(차)　　　　　　　　　　　　　　　(대)

[21] 결산일 현재 3개월 전 단기투자목적으로 주식 100주(액면금액 @5,000원)를 주당 25,000원에 취득하였으며, 기말 현재 이 주식의 공정가치는 주당 15,000원이다.
(차)   (대)

7) 비유동부채의 유동성 대체: 결산 시 상환일이 1년 이내 도래하는 장기차입금 등을 유동성장기부채로 대체한다.

결산 시	(차) 장기차입금 ×××원 (대) 유동성장기부채 ×××원

[22] 결산일 현재 기업은행으로부터 차입한 장기차입금 5,000,000원의 상환기일이 내년으로 도래하였음을 확인하였다.
(차)   (대)

8) 인출금의 정리: 결산 시 인출금 계정 잔액 자본금 대체한다.

인출액 > 추가 출자액 (인출금 계정 차변 잔액)	(차) 자본금 ×××원 (대) 인출금 ×××원
인출액 < 추가 출자액 (인출금 계정 대변 잔액)	(차) 인출금 ×××원 (대) 자본금 ×××원

[23] 결산일 현재 인출금 계정 잔액을 정리하다. (인출금 대변 잔액 500,000원)
(차)   (대)

9) 외화 채권·채무의 평가: 외화 자산 및 부채를 결산일 기준의 환율로 평가한다.

외화 자산	• 환율상승: 장부상 적혀있는 원화금액 < 결산일 환율에 따른 원화금액 (차) [자산 계정과목] ×××원 (대) 외화환산이익 ×××원 • 환율하락: 장부상 적혀있는 원화금액 > 결산일 환율에 따른 원화금액 (차) 외화환산손실 ×××원 (대) [자산 계정과목] ×××원
외화 부채	• 환율상승: 장부상 적혀있는 원화금액 < 결산일 환율에 따른 원화금액 (차) 외화환산손실 ×××원 (대) [부채 계정과목] ×××원 • 환율하락: 장부상 적혀있는 원화금액 > 결산일 환율에 따른 원화금액 (차) [부채 계정과목] ×××원 (대) 외화환산이익 ×××원

[24] 결산일 현재 외상매출금 계정에는 미국에 소재한 STAR에 대한 외상매출금 48,000,000원(미화 $40,000)이 포함되어 있다. (회계기간 종료일 현재 기준환율 : $1=1,250원)
(차)   (대)

[25] 결산일 현재 기말 외상매입금 계정 중에는 미국에 소재한 SMART의 외상매입금 5,000,000원(미화 $5,000)이 포함되어 있다. (결산일 현재 적용환율 : 1,100원/$)
(차)   (대)

정답 및 해설

[1]	(차)	미수수익	50,000원	(대)	이자수익	50,000원
[2]	(차)	미수수익	125,000원	(대)	이자수익	125,000원
[3]	(차)	임차료(판)	4,000,000원	(대)	미지급비용	4,000,000원
[4]	(차)	급여(판)	2,700,000원	(대)	미지급비용	2,700,000원
[5]	(차)	이자수익	150,000원	(대)	선수수익	150,000원
[6]	(차)	이자수익	300,000원	(대)	선수수익	300,000원
[7]	(차)	선수수익	2,400,000원	(대)	임대료	2,400,000원

- 7월 1일 (차) 현금 4,800,000원 (대) 선수수익 4,800,000원
- 월 임대료: 4,800,000원÷12개월 = 400,000원
- 당기분 임대료: 400,000원×6개월(20×1.7.1.~20×2.12.31.) = 2,400,000원

[8]	(차)	선급비용	60,000원	(대)	보험료	60,000원
[9]	(차)	선급비용	900,000원	(대)	이자비용	900,000원

- 당기 지급 시: (차) 이자비용 3,600,000 (대) 현금 3,600,000
- 월 이자: 3,600,000원÷12개월 = 300,000원
- 차기분 이자: 300,000원 × 3개월 = 900,000원

[10]	(차)	보험료(판)	200,000원	(대)	선급비용	200,000원

- 11월 1일 (차) 선급비용 1,200,000 (대) 현금 1,200,000
- 월 이자: 1,200,000원 ÷ 12개월 = 100,000원
- 당기분 이자: 100,000원 × 2개월 = 200,000원

[11]	(차)	보험료(판)	270,000원	(대)	선급비용	270,000원

- 4월 1일 (차) 선급비용 360,000 (대) 현금 360,000
- 월 보험료: 360,000원 ÷ 12개월 = 30,000원
- 당기분 보험료: 30,000원 × 9개월 = 270,000원

[12]	(차)	소모품	1,000,000원	(대)	소모품비(판)	1,000,000원
[13]	(차)	소모품비(판)	230,000원	(대)	소모품	230,000원
[14]	(차)	보통예금	6,352,500원	(대)	단기차입금(하나은행)	6,352,500원
[15]	(차)	현금과부족	70,000원	(대)	잡이익	70,000원
[16]	(차)	현금	17,600원	(대)	잡이익	17,600원
[17]	(차)	잡손실	60,000원	(대)	현금과부족	60,000원
[18]	(차)	여비교통비(판)	100,000원	(대)	가지급금	100,000원
[19]	(차)	가수금	550,000원	(대)	외상매출금(진안상사)	550,000원
[20]	(차)	단기매매증권	200,000원	(대)	단기매매증권평가이익	200,000원
[21]	(차)	단기매매증권평가손실	1,000,000원	(대)	단기매매증권	1,000,000원
[22]	(차)	장기차입금(신한은행)	5,000,000원	(대)	유동성장기부채(신한은행)	5,000,000원
[23]	(차)	외상매출금(STAR)	2,000,000원	(대)	외화환산이익	2,000,000원
[24]	(차)	외화환산손실	5200,000원	(대)	외상매입금(SMART)	5200,000원

예제 — 회계의 순환과정과 결산

뽀송상사는 화장품을 도·소매로 판매하는 개인기업이다. 당기(1기) 회계기간은 20×1. 1. 1 ~ 20×1. 12. 31이다. 당기 중 다음과 같은 거래가 발생했을 때 기중 회계처리와 기말 결산 작업을 수행하시오.

1. 기중 거래내역

- 1월 1일 뽀송상사을 설립하기 위해 현금 10,000,000원을 출자하였다.
- 1월 3일 영업자금이 부족하여 은행으로부터 6개월 상환조건으로 현금을 2,000,000원을 차입하였다.
- 1월 4일 본사로부터 화장품(상품)을 현금 500,000원에 구입하였다.
- 1월 5일 화장품(상품)을 1,500,000원에 모두 현금 판매하였다.
- 1월 20일 종업원 급여 100,000원을 현금 지급하였다.
- 1월 31일 건물 1개월분 월세(임차료) 700,000원을 현금 지급하였다.
- 1월 31일 차입금에 대한 이자비용 3,000원을 현금 지급하였다.

1) 분개

1월 1일	뽀송상사 설립하기 위해 현금 10,000,000원을 출자하였다.				
1월 1일	(차) 현금	10,000,000원	(대) 자본금		10,000,000원
1월 3일	영업자금이 부족하여 기업은행으로부터 6개월 상환조건으로 현금을 2,000,000원을 차입하였다.				
1월 3일	(차) 현금	2,000,000원	(대) 단기차입금(기업은행)		2,000,000원
1월 4일	본사로부터 화장품(상품)을 현금 500,000원에 구입하였다.				
1월 4일	(차) 현금	500,000원	(대) 현금		500,000원
1월 5일	500,000원에 구입(원가)한 화장품(상품)을 1,500,000원에 모두 현금 판매하였다.				
1월 5일	(차) 현금	1,500,000원	(대) 상품매출		1,500,000원
1월 20일	종업원 급여 100,000원을 현금 지급하였다.				
1월 20일	(차) 급여	100,000원	(대) 현금		100,000원
1월 31일	건물 1개월분 월세(임차료) 700,000원을 현금 지급하였다.				
1월 31일	(차) 임차료	700,000원	(대) 현금		700,000원
1월 31일	차입금에 대한 이자비용 3,000원을 현금 지급하였다.				
1월 31일	(차) 이자비용	3,000원	(대) 현금		3,000원

2) 전기

(+)		현금(자산)			(−)
1/1	기초	0	1/4	상품	500,000
1/2	자본금	10,000,000	1/20	급여	100,000
1/3	단기차입금	2,000,000	1/31	임차료	700,000
1/5	상품매출	1,500,000	1/31	이자비용	3,000

(+)		상품(자산)			(−)
1/1	기초	0			
1/4	현금	500,000			

(−)		단기차입금(부채)			(+)
			1/1	기초	0
			1/3	현금	2,000,000

(−)		자본금(자본)			(+)
			1/1	기초	0
			1/2	현금	10,000,000

(−)		상품매출(수익)			(+)
			1/5	현금	1,500,000

(+)		급여(비용)			(−)
1/20	현금	100,000			

(+)		임차료(비용)			(−)
1/31	현금	700,000			

(+)		이자비용(비용)			(−)
1/31	현금	3,000			

2. 결산 예비절차

1) 수정전시산표 작성

차변		계정과목	대변	
잔액	합계		합계	잔액
12,197,000	13,500,000	현금(자산)	1,303,000	
500,000	500,000	상품(자산)		
		단기차입금(부채)	2,000,000	2,000,000
		자본금(자본)	10,000,000	10,000,000
		상품매출(수익)	1,500,000	1,500,000
100,000	100,000	급여(비용)		
700,000	700,000	임차료(비용)		
3,000	3,000	이자비용(비용)		
13,500,000	14,803,000	합계	14,803,000	13,500,000

차변합계 = 대변합계

차변잔액 = 대변잔액

⇩

대차평균 원리에 따른
자기검증기능

2) 결산정리분개

- 12월 31일 기말 결산 시 상품 재고조사 결과 기말에 남아있는 상품 재고는 없었다. (기초상품재고액 0원, 당기순매입액 500,000원)

(1) 분개장

12월 31일   (차) 상품매출원가   500,000원   (대) 상품   500,000원

(2) 총계정원장: 단기차입금, 자본금, 상품매출, 급여, 임차료, 이자비용 계정은 변동 없음

(+)		상품(자산)			(-)
1/1	기초	0	12/31	상품매출원가	500,000
1/4	현금	500,000			

(+)		상품매출원가(비용)			(-)
12/31	상품매출원가	500,000			

3) 수정후시산표 작성

차변 잔액	차변 합계	계정과목	대변 합계	대변 잔액
12,197,000	13,500,000	현금(자산)	1,303,000	
	500,000	상품(자산)	500,000	
		단기차입금(부채)	2,000,000	2,000,000
		자본금(자본)	10,000,000	10,000,000
500,000	500,000	상품매출(수익)	1,500,000	1,500,000
100,000	100,000	급여(비용)		
700,000	700,000	임차료(비용)		
3,000	3,000	이자비용(비용)		
13,500,000	15,303,000	합계	15,303,000	13,500,000

차변합계 = 대변합계

차변잔액 = 대변잔액

⇩

대차평균 원리에 따른
자기검증기능

3. 결산 본절차

1) 수익·비용 계정의 마감

(1) 모든 수익 계정의 잔액 집합손익 계정으로 대체

| 12월 31일 | (차) | 상품매출 | 1,500,000원 | (대) | 집합손익 | 1,500,000원 |

(2) 모든 비용 계정의 잔액 집합손익 계정으로 대체

12월 31일	(차)	집합손익	1,303,000원	(대)	상품매출원가	500,000원
					급여	100,000원
					임차료	700,000원
					이자비용	3,000원

2) 집합손익 계정 자본 대체

| 12월 31일 | (차) | 집합손익 | 197,000원 | (대) | 자본금 | 197,000원 |

3) 수익 · 비용, 집합손익 계정의 마감 후 총계정원장

(-)		상품매출(수익)			(+)
12/31	집합손익	1,500,000	1/5	현금	1,500,000

(+)		상품매출원가(비용)			(-)
12/31	상품매출원가	500,000	12/31	집합손익	500,000원

(+)		급여(비용)			(-)
1/20	현금	100,000	12/31	집합손익	100,000

(+)		임차료(비용)			(-)
1/31	현금	700,000	12/31	집합손익	700,000

(+)		이자비용(비용)			(-)
1/31	현금	3,000	12/31	집합손익	3,000

(+)		집합손익			(-)
12/31	상품매출원가	500,000	12/31	상품매출	1,500,000
12/31	급여	100,000			
12/31	임차료	700,000			
12/31	이자비용	3,000			
12/31	자본금	197,000			

4) 자산 · 부채 · 자본 계정의 마감

(+)		현금(자산)			(-)
1/1	기초	0	1/4	상품	500,000
1/2	자본금	10,000,000	1/20	급여	100,000
1/3	단기차입금	2,000,000	1/31	임차료	700,000
1/5	상품매출	1,500,000	1/31	이자비용	3,000
			12/31	차기이월	12,197,000

(+)		상품(자산)			(-)
1/1	기초	0	12/31	상품매출원가	500,000
1/4	현금	500,000	12/31	차기이월	0

(-)		단기차입금(부채)			(+)
12/31	차기이월	2,000,000	1/1	기초	0
			1/3	현금	2,000,000

(-)		자본금(자본)			(+)
12/31	차기이월	10,197,000	1/1	기초	0
			1/3	현금	10,000,000
			12/31	집합손익	197,000

4. 결산보고서 작성

1) 손익계산서

손익계산서

20×1년 1월 1일 ~ 20×1년 12월 31일

비용		수익	
상품매출원가	500,000	상품매출	1,500,000
급여	100,000		
임차료	700,000		
이자비용	3,000		
당기순이익	197,000		

2) 재무상태표

재무상태표

20×1년 12월 31일

자산		부채	
현금	12,197,000	단기차입금	2,000,000
		자본	
		자본금	10,197,000

이론 핵심 기출문제

01 회계의 순환과정 중 일부이다. (가), (나)에 들어갈 용어로 옳은 것은?

| 거래의 발생 | (가) ⇨ | 분개장 | (나) ⇨ | 총계정원장 |

① (가):대체, (나):이월 ② (가):분개, (나):전기
③ (가):이월, (나):대체 ④ (가):전기, (나):분개

02 다음은 회계의 순환과정을 나타낸 것이다. 아래의 (가)에 들어갈 용어로 옳은 것은?

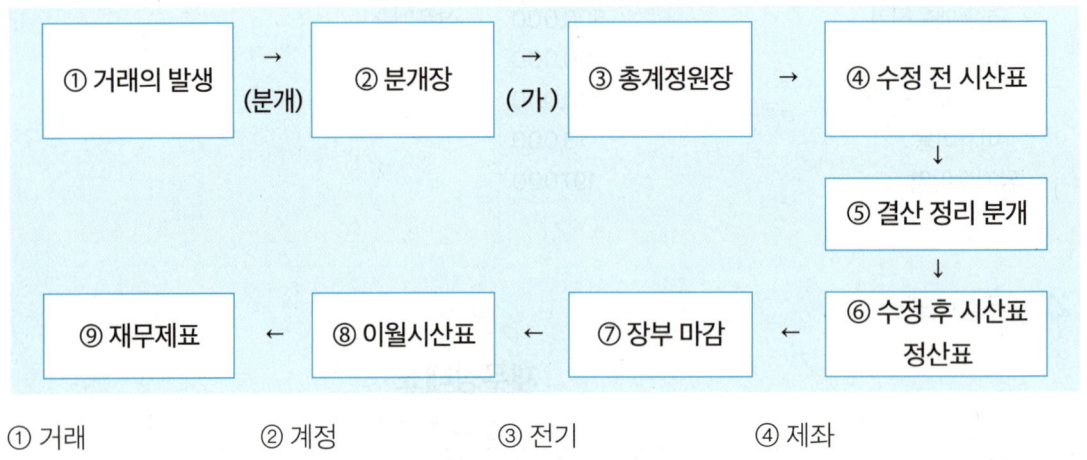

① 거래 ② 계정 ③ 전기 ④ 제좌

03 다음 그림의 (가) 절차에 대한 설명으로 옳은 것만을 〈보기〉에서 있는 대로 고른 것은?

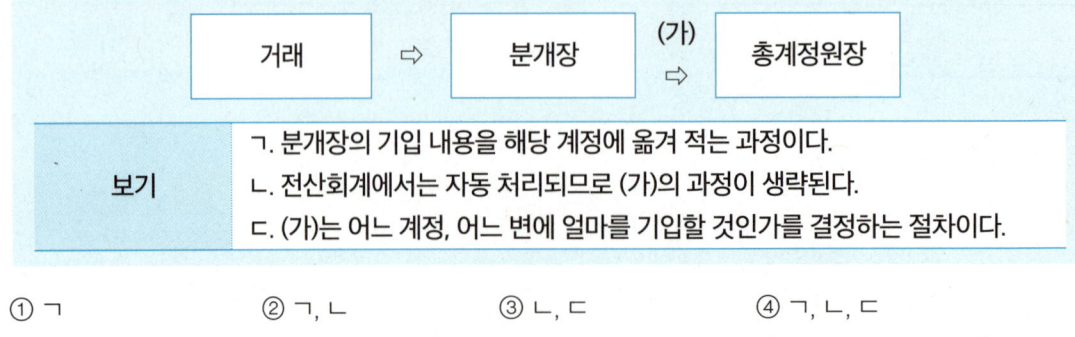

① ㄱ ② ㄱ, ㄴ ③ ㄴ, ㄷ ④ ㄱ, ㄴ, ㄷ

04

다음 자료는 회계의 순환과정의 일부이다. (가), (나), (다)의 순서로 옳은 것은?

거래 발생 → (가) → 전기 → 수정 전 시산표 작성 → (나) → 수정 후 시산표 작성 → (다) → 결산보고서 작성

	(가)	(나)	(다)
①	분개	각종 장부 마감	결산 정리 분개
②	분개	결산 정리 분개	각종 장부 마감
③	각종 장부 마감	분개결산	정리 분개
④	결산 정리 분개	각종 장부	마감분개

05

다음 중 밑줄 친 (가)의 결산 절차에 해당하는 내용으로 옳은 것은?

결산절차 : (가) → 본 절차 → 보고서 작성

① 시산표 작성   ② 재무상태표 작성   ③ 분개장 마감   ④ 원장의 마감

06

결산의 절차 중 결산준비를 위한 예비절차에 해당하는 것은?

① 재무상태표의 작성
② 시산표의 작성
③ 총계정 원장의 마감
④ 포괄손익계산서의 작성

정답 및 해설

01 ②

02 ③ 전기란 분개장의 거래 기록을 해당 계정의 원장에 옮겨 적는 것을 말한다.

03 ② (가)는 '전기'를 말하며, ㄷ. 은 분개에 대한 설명이다.

04 ② 거래 발생 → 분개 → 전기 → 수정 전 시산표 작성 → 결산 정리 분개 → 수정 후 시산표 작성 → 각종 장부 마감 → 결산보고서 작성

05 ① (가)는 예비절차로 시산표 등을 작성한다.

06 ② 예비절차: 시산표작성, 재고조사표 작성, 결산정리, 정산표작성

07 다음 개인기업의 집합손익계정에 관한 설명으로 올바르지 못한 것은?

① 집합손익계정은 임시계정이다.
② 집합손익계정은 마감단계에만 나타낸다.
③ 집합손익계정은 최종적으로 자본금으로 대체된다.
④ 집합손익계정은 결산정리 후에도 계정잔액들이 다음 회계기간에 이월된다.

08 다음 중 결산마감시 가장 먼저 마감되는 계정은?

① 자산   ② 부채   ③ 자본   ④ 수익과비용

09 기말결산시 집합손익계정으로 대체되는 계정과목은?

① 대손상각비   ② 선수금   ③ 단기차입금   ④ 외상매출금

10 다음 중 장부 마감시 차기로 이월 할 수 없는 계정은?

① 미지급비용   ② 선급금   ③ 이자비용   ④ 선수금

11 다음 중 계정의 마감이 옳지 않은 것은?

①
임대료수익
| 12/31 | 손익 | 150,000 | 8/19 | 현금 | 150,000 |

②
이자수익
| 12/31 | 손익 | 150,000 | 8/19 | 현금 | 150,000 |

③
보험료
| 8/19 | 현금 | 150,000 | 12/31 | 손익 | 150,000 |

④
미수금
| 8/19 | 현금 | 150,000 | 12/31 | 손익 | 150,000 |

12 다음과 같은 자본금계정의 설명으로 올바른 것은?

자본금					
12/31	인 출 금	1,000,000원	1/1	전 기 이 월	5,000,000원
12/31	손 익	1,000,000원			
12/31	차 기 이 월	3,000,000원			

① 기초자본금은 3,000,000원이다.

② 기업주가 1,000,000원의 추가출자를 하였다.

③ 당기순손실이 1,000,000원이다.

④ 기말자본금이 5,000,000원이다.

13 다음의 결산일 현재 계정별원장 중 자본금 원장에 대한 설명으로 옳지 않은 것은?

자본금					
12/31	차 기 이 월	2,900,000원	1/1	전 기 이 월	2,000,000원
			12/31	손 익	900,000원

① 기초자본금은 2,000,000원이다.

② 당기순이익 900,000원이 발생되었다.

③ 차기의 기초자본금은 2,900,000원이다.

④ 결산일 자본금 원장은 손익 2,000,000원으로 마감되었다.

정답 및 해설

07 ④ 집합손익계정은 결산시에만 설정되는 임시계정으로 차기로 이월되지 않는다.

08 ④ 수익과비용은 임시계정으로서 가장 먼저 마감된다.

09 ① 손익계산서 계정은 집합손익으로 계정대체되어 마감된다.

10 ③ 수익과 비용계정은 손익으로 마감한다.

11 ④ 미수금은 자산계정이므로 결산일 '차기이월'로 마감하고, 다음 회계년도 1월 1일에 '전기이월'로 개시 기입한다.

12 ③ 기초자본금은 5,000,000원, 기말자본금은 3,000,000원, 기업주가 1,000,000원의 현금인출 또는 상품을 개인적으로 사용

13 ④ 결산일 자본금 원장의 손익은 900,000원이며, 마감되는 차기이월액은 2,900,000원이다.

14 다음 중 총계정원장의 기록이 오류가 있는지 여부를 파악하는 검증기능을 갖는 것은?

① 분개장　　　② 재무상태표　　　③ 시산표　　　④ 원장

15 다음은 시산표에 대한 설명이다. 틀린 것은?

① 차변과 대변의 합계액이 일치한다면 계정기록의 오류가 전혀 없다는 것을 의미한다.
② 작성시기에 따라 수정전시산표와 수정후시산표로 구분된다.
③ 대차평균의 원리에 근거하여 분개장에서 원장으로의 전기의 정확성을 점검한다.
④ 시산표의 종류에는 잔액시산표, 합계시산표, 합계잔액시산표가 있다.

16 다음 중 시산표에서 발견할 수 있는 오류는 무엇인가?

① 차변과 대변에 같이 틀린 금액으로 분개나 전기한 경우
② 금액은 동일하게 기입하였으나 차변과 대변 계정을 반대로 전기한 경우
③ 차변과 대변 어느 한쪽의 전기를 누락한 경우
④ 거래 전체의 분개나 전기가 누락된 경우

17 다음 합계잔액시산표에서 틀리게 작성된 계정과목은?

차변		계정과목	대변	
잔액	합계		합계	잔액
10,000	250,000	현금	240,000	
20,000	330,000	외상매출금	310,000	
10,000	120,000	외상매입금	110,000	
		자본금	180,000	180,000
250,000	250,000	광고선전비		
		이자수익	110,000	110,000

① 현금　　　② 외상매출금　　　③ 외상매입금　　　④ 이자수익

18 다음 합계잔액시산표의 자본금(   )에 들어갈 금액은 얼마인가?

차변		계 정 과 목	대변	
잔액	합계		합계	잔액
4,400,000원	60,300,000원	현 금	55,900,000원	
7,550,000원	10,000,000원	당 좌 예 금	2,450,000원	
2,650,000원	5,000,000원	보 통 예 금	2,350,000원	
1,450,000원	1,450,000원	외 상 매 출 금		
5,300,000원	5,300,000원	상 품		
5,000,000원	5,000,000원	토 지		
65,000,000원	65,000,000원	건 물		
2,000,000원	2,000,000원	비 품		
		외 상 매 입 금	3,300,000원	3,300,000원
		지 급 어 음	3,000,000원	3,000,000원
		예 수 금	1,000,000원	1,000,000원
		자 본 금	( )	( )
		상 품 매 출	50,000,000원	50,000,000원
3,000,000원	3,000,000원	급 여		
2,000,000원	2,000,000원	감 가 상 각 비		
		합 계		

① 41,050,000원   ② 41,150,000원   ③ 44,050,000원   ④ 44,150,000원

정답 및 해설

14 ③ 시산표는 총계정원장의 기록이 정확한지 여부를 검증하는 계정잔액목록표이다.

15 ① 시산표가 정확하게 작성되었다 할지라도 발견할 수 없는 오류가 있을 수 있음.

16 ③ 시산표는 대차평균의 원리에 의하여 총계정원장까지의 전기가 올바르게 되었는지 확인하기 위하여 작성하는 계정집계표이다. 그러므로 차변과 대변금액이 다를 경우 확인이 가능하다.

17 ③ 외상매입금은 부채계정이므로 대변의 합계액이 많아야 하고, 잔액은 대변에 발생하여야 한다.

18 ① 차변의 합계 159,050,000원과 대변합계 118,000,000원을 집계하면 그 차액 41,050,000원이 자본금 금액이 된다.

19 다음의 잔액시산표에서 (가), (나)에 각각 들어갈 금액으로 옳은 것은?

잔액시산표

안산㈜ 20×1.12.31. 단위 : 원

차변	계 정 과 목	대변
100,000	현 금	
700,000	건 물	
	외 상 매 입 금	90,000
	자 본 금	(나)
	이 자 수 익	40,000
50,000	급 여	
(가)		(가)

	(가)	(나)
①	140,000원	740,000원
②	850,000원	740,000원
③	140,000원	720,000원
④	850,000원	720,000원

20 다음 중 잔액시산표에서 잔액이 차변에 나타나는 계정은?

① 미지급금 ② 외상매입금 ③ 토지 ④ 자본금

21 다음 중 시산표 등식으로 올바른 것은?

① 기말자산 + 총수익 = 기말부채 + 기초자본 + 총비용
② 기말자산 + 총수익 = 기말부채 + 기말자본 + 총비용
③ 기말자산 + 총비용 = 기말부채 + 기초자본 + 총수익
④ 기말자산 + 총비용 = 기말부채 + 기말자본 + 총수익

22 다음 중 기말결산 수정정리사항이 아닌 것은?

① 미지급비용의 인식
② 기타채권에 대한 대손의 추정
③ 유가증권 처분에 따른 손익 인식
④ 건물의 감가상각

23 손익에 관한 결산 정리 사항 중 수익의 이연에 해당하는 내용으로 옳은 것은?

① 이자 미수분을 계상　　② 미지급 이자를 계상
③ 임대료 선수분을 계상　　④ 보험료 미경과분을 계상

24 기말 결산 시 임차료 미지급분을 계상하다. 이와 관련 있는 내용은?

① 수익의 예상　　② 비용의 예상　　③ 비용의 이연　　④ 수익의 이연

25 다음 기말결산정리사항 중 수익과 비용의 "이연에 해당하는 것"으로 짝지어진 것은?

① 임대료 선수분 계상 및 임차료 선급분 계상
② 임대료 선수분 계상 및 임차료 미지급분 계상
③ 임대료 미수분 계상 및 임차료 선급분 계상
④ 임대료 미수분 계상 및 임차료 미지급분 계상

정답 및 해설

19 ④ 잔액시산표 등식에 따라 기말자산과 총비용은 차변에 기말부채, 기초자본, 총수익은 대변에 잔액을 기재한다.
(가) 850,000
(나) 720,000

20 ③ 자산은 차변잔액, 부채와 자본은 대변잔액을 나타낸다.

21 ③

22 ③ 유가증권 처분에 따른 손익 인식 - 처분시 인식한다. 결산정리와는 관계없다.

23 ③

24 ②

25 ① "이연"은 당해연도에 현금으로 받은 수익 및 현금으로 지급한 비용 중에서 차기연도에 속하는 수익과 비용을 의미함

26 다음 기말 결산정리사항 중 "수익과 비용의 발생"에 해당하는 것으로 짝지어진 것은?

① 임대료 선수분 계상 및 임차료 선급분 계상
② 임대료 선수분 계상 및 임차료 미지급분 계상
③ 임대료 미수분 계상 및 임차료 선급분 계상
④ 임대료 미수분 계상 및 임차료 미지급분 계상

27 8월 1일 보험료 6개월분 1,200,000원을 현금으로 지급하고 보험료 계정으로 회계처리 한 경우 결산시에 선급비용 계정에 계산되는 금액은 얼마인가?(단, 결산일은 12월 31일임)

① 0원　　　　② 200,000원　　　　③ 300,000원　　　　④ 400,000원

28 순천상사는 9월 1일 1년분(20×1. 9. 1. ~ 20×2. 8. 31.) 임대료 240,000원을 현금으로 받고 수익계정으로 처리 하였다. 20×2년 기말에 임대료를 월할계산 할 경우 결산정리분개로 옳은 것은?

① (차) 임 대 료 80,000원　　　(대) 선수수익 80,000원
② (차) 선수수익 80,000원　　　(대) 임 대 료 80,000원
③ (차) 임 대 료 160,000원　　(대) 선수수익 160,000원
④ (차) 선수수익 160,000원　　(대) 임 대 료 160,000원

29 다음 중 분개 시 차변에 기입해야 하는 계정과목은?

결산일까지 현금시재 부족액 5,000원의 원인이 밝혀지지 않았다.

① 잡손실　　　　② 재해손실　　　　③ 현금　　　　④ 현금과부족

30 성수상사는 9월 1일 차입한 차입금(만기 1년)에 대한 이자 3개월분 48,000원을 차입한 당일 현금으로 선지급하였다. 12월 31일 결산분개 시 미지급이자 계상액은 얼마인가?

① 24,000원　　　② 26,000원　　　③ 16,000원　　　④ 64,000원

31 다음 거래에 대한 결산시 (A), (B)의 회계처리로 맞는 것은?

> (A) 당기 발생하였으나 아직 지급되지 않은 사무실임차료 400,000원
> (B) 당기 지급된 비용 중 차기로 이월되는 보험료 100,000원

①	(A)	(차)	임차료	400,000원	(대)	미지급비용	400,000원
	(B)	(차)	선급비용	100,000원	(대)	보험료	100,000원
②	(A)	(차)	미지급비용	400,000원	(대)	임차료	400,000원
	(B)	(차)	보험료	100,000원	(대)	선급비용	100,000원
③	(A)	(차)	임차료	400,000원	(대)	선급비용	400,000원
	(B)	(차)	미지급비용	100,000원	(대)	보험료	100,000원
④	(A)	(차)	선급비용	400,000원	(대)	임차료	400,000원
	(B)	(차)	보험료	100,000원	(대)	미지급비용	100,000원

정답 및 해설

26 ④ "발생"은 당해연도에 인식하지 않은 수익이나 현금으로 지급하지 않은 비용 중 당기에 속하는 수익과 비용을 의미함

27 ② 1월분 보험료 1,200,000원 / 6월 = 200,000원
당기분보험료(8월~12월,5개월) × 200,000원=1,000,000원
선급보험료(다음년도 1월분) = 200,000원

28 ③ 20×1년 9월 1일 분개   (차) 현 금   240,000원 (대) 임 대 료   240,000원
20×1년 12월 31일 분개 (차) 임 대 료 160,000원 (대) 선수수익   160,000원

29 ①

30 ③ 당기 결산일까지의 경과분(9/1~12/31)에 해당되는 이자비용은 4개월 × 16,000원 = 64,000원 12월 경과분 이자비용 16,000원이 미지급됨.

31 ① 미지급비용은 결산시 손익의 정리에서 비용의 예상이다.
선급비용은 결산시 손익의 정리에서 비용의 이연이다.

32
아래의 결산회계처리가 재무상태표상 자산과 손익계산서에 미치는 영향으로 가장 적절한 것은?

> 결산과정에서 당초 현금과부족으로 처리했던 현금부족액 100만원의 원인이 판명되지 않아서 잡손실계정으로 처리하였다.

① 재무상태표상 자산 - 영향 없음, 손익계산서 - 영향 없음
② 재무상태표상 자산 - 영향 없음, 손익계산서 - 당기순이익 증가
③ 재무상태표상 자산 - 자산 증가, 손익계산서 - 당기순이익 증가
④ 재무상태표상 자산 - 자산 감소, 손익계산서 - 당기순이익 감소

33
20×1년 10월 1일 업무용 자동차 보험료 600,000원(보험기간: 20×1.10.1 ~ 20×2.09.30)을 현금지급하면서 전액 비용처리하고 20×1년 12월 31일 결산시에 아무런 회계처리를 하지 않았다. 20×1년 재무제표에 미치는 영향으로 옳은 것은?

① 손익계산서 순이익이 450,000원 과대계상
② 재무상태표 자산이 450,000원 과소계상
③ 손익계산서 순이익이 150,000원 과소계상
④ 재무상태표 자산이 150,000원 과대계상

34
기말 결산 시 당기에 미지급된 이자비용을 반영하지 않은 오류가 발견되었다. 당기 재무제표에 미치는 영향으로 옳은 것은?

① 부채의 과소계상
② 순이익의 과소계상
③ 비용의 과대계상
④ 수익의 과소계상

35
결산 시 선수이자에 대한 결산정리분개를 누락한 경우, 기말 재무제표에 미치는 영향으로 옳은 것은?

① 부채의 과소계상
② 수익의 과소계상
③ 자산의 과대계상
④ 비용의 과소계상

36 다음 중 아래의 빈칸에 각각 들어갈 내용으로 적합한 것은?

> 선급비용이 (㉠)되어 있다면 당기순이익은 과대계상된다
> 미수수익이 (㉡)되어 있다면 당기순이익은 과대계상된다.

	㉠	㉡
①	과대계상	과소계상
②	과소계상	과소계상
③	과소계상	과대계상
④	과대계상	과대계상

정답 및 해설

32 ④ 손익계산서 비용 증가 → 당기순이익 감소/재무상태표 자산감소
- 현금부족액 처리시: (차) 현금과부족 1,000,000원 (대) 현금 1,000,000원
- 결산시 (차) 잡손실 1,000,000원 (대) 현금과부족 1,000,000원
  현금출금 원인 확인: (비용 발생) (자산 감소)

33 ② 600,000*9/12=450,000원

34 ① 비용의 예상에 해당되므로 당기의 비용에 가산하고 미지급비용으로 회계처리한다. 즉 (차) 이자비용 (대) 미지급비용이므로 비용의 과소계상과, 부채의 과소계상이 발생한다. 또한 비용의 과소계상으로 순이익은 과대계상된다.

이자비용(비용)과 미지급비용(부채)의 과소계상 ⇒ 비용의 과소계상은 순이익의 과대계상

35 ① '(차) 이자수익 (대) 선수이자'의 누락으로 부채의 과소계상, 수익의 과대계상이 나타난다.

36 ④ 선급비용이 과대계상되면 당기의 비용이 과소계상되어 당기순이익이 과대계상된다.
미수수익이 과대계상되면 당기의 수익이 과대계상되어 당기순이익이 과대계상된다.

37 상품매출에 대한 계약금을 거래처로부터 현금으로 받고 대변에 "상품매출"계정으로 분개하였다. 이로 인해 재무상태표와 손익계산서에 미치는 영향으로 옳은 것은?

① 자산이 과소계상 되고, 수익이 과소계상 된다.
② 자산이 과대계상 되고, 수익이 과소계상 된다.
③ 부채가 과소계상 되고, 수익이 과대계상 된다.
④ 부채가 과대계상 되고, 수익이 과대계상 된다.

38 다음 중 외상대금의 조기회수로 인한 매출할인을 당기 총매출액에서 차감하지 않고 영업외비용으로 처리하였을 경우 손익계산서상 매출총이익과 당기순이익에 미치는 영향으로 옳은 것은?

	매출총이익	당기순이익		매출총이익	당기순이익
①	과소계상	과대계상	②	과소계상	불 변
③	과대계상	불 변	④	과대계상	과소계상

39 다음 중 외상매입금을 조기 지급함에 따라 매입할인을 받고 이를 영업외수익으로 회계처리 하였을 경우 손익계산서에 미치는 영향으로 옳지 않은 것은?

① 매출원가 과대계상
② 매출총이익 과소계상
③ 영업이익 과소계상
④ 당기순이익 과소계상

40 2월 말 결산일 현재 손익계산서상 당기순이익은 300,000원이었으나, 아래의 사항이 반영되어 있지 않음을 확인하였다. 아래 사항을 반영한 후의 당기순이익은 얼마인가?

> 손익계산서에 보험료 120,000원이 계상되어 있으나 해당 보험료 중 선급보험료 해당액은 30,000원으로 확인되었다.

① 210,000원 ② 270,000원 ③ 330,000원 ④ 390,000원

41 결산 결과 당기순이익 500,000원이 발생하였으나, 기말 정리 사항이 다음과 같이 누락되었다. 수정후의 당기순이익은 얼마인가?

> • 임대료 미수분 50,000원을 계상하지 않았다.
> • 단기차입금에 대한 이자 미지급액 10,000원을 계상하지 않았다.

① 460,000원　　② 495,000원　　③ 505,000원　　④ 540,000원

42 당기 말 결산 후 당기순이익은 5,000원이나 다음과 같은 사항이 누락되었음이 발견되었다. 수정 후 당기순이익은 얼마인가?

> • 보험료 미지급분 : 2,000원　• 임대료 선수분 : 1,000원　• 이자비용 선급분 : 3,000원

① 3,000원　　② 4,000원　　③ 5,000원　　④ 7,000원

정답 및 해설

37 ③ 정상적 처리된 분개는 "(차)　현금　　×××　(대)　선수금　　×××"
잘못 처리된 분개는 "(차)　현금　　×××　(대)　상품매출　×××"
부채가 과소계상 되고, 수익이 과대계상 되게 된다.

38 ③ 매출액의 과대계상으로 매출총이익이 과대계상
매출총이익 - 판매비와관리비 = 영업이익 과대계상
영업이익 + 영업외수익 - 영업외비용 = 당기순이익

39 ④ 매입할인액은 재고자산의 취득원가에서 차감하여야 하는 것이나 이를 당기매입액에서 차감하지 않고 영업외수익으로 회계처리 하였을 경우 당기매입액이 과대계상되어 매출원가 과대계상, 매출총이익 과소계상을 초래한다.
• 매출총이익 - 판매비와관리비 = 영업이익 과소계상
• 영업이익 + 영업외수익 - 영업외비용 = 당기순이익 불변

40 ③ 330,000원 = 수정 전 당기순이익 300,000원 + 차기분 보험료 30,000원
(차)　선급보험료(자산증가)　　30,000원　(대)　보험료(비용감소)　　30,000원

41 ④ 수정후 당기순이익(540,000원) = 당기순이익(500,000원) + 임대료 미수분(50,000원) - 이자 미지급액(10,000원)

42 ③ 수정 전 당기순이익(5,000원)에서 당기 발생하였으나 미지급한 보험료(2,000원, 비용의 증가)와 당기 수익으로 인식하였으나 차기 수익분인 선수 임대료(1,000원, 수익의 감소)를 각각 차감하고, 당기 비용으로 처리하였으나 차기 이자비용(3,000원, 비용의 감소)을 가산하여 수정 후 당기순이익(5,000원)이 산출된다.

혜원쌤이 알려주는 전산회계 2급의 모든 것!

Part 2 전산회계 2급 실무

CHAPETER 01 기초정보등록·수정

CHAPETER 02 거래자료의 입력

CHAPETER 03 결산정리사항 입력

CHAPETER 04 장부조회

PART 02

전산회계 2급 실무

CHAPTER 01 기초정보등록 · 수정

1 회사등록

1. 회사등록: [기초정보관리] → [회사등록]

[회사등록] 메뉴는 KcLep(케이랩) 프로그램을 사용할 회사의 기본정보를 등록하는 메뉴이다.

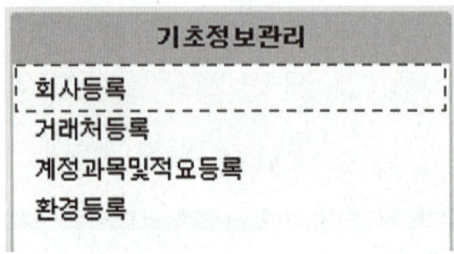

2. [회사등록] 문제 출제유형

실무시험 문제 1번(6점)으로 출제된다. 당사의 사업자등록증을 보고 [회사등록] 메뉴에서 입력·수정하는 문제가 출제된다.

3. [회사등록] 메뉴 입력방법

1. 회계연도   제 ☐ 기 ☐ 년 ☐ 월 ☐ 💬 일 ~ ☐ 년 ☐ 월 ☐ 💬 일
2. 사업자등록번호 ___-__-_____   3. 과세유형 ☐   과세유형전환일 ____-__-__ 💬
4. 대표자명 ☐   대표자거주구분 ☐
5. 대표자주민번호 _____-_____   주민번호 구분 ☐
6. 사업장주소 ☐ 💬 ☐
                              신주소 ☐
7. 자택주소 ☐ 💬 ☐
                              신주소 ☐
8. 업태 ☐   9. 종목 ☐
10. 주업종코드 ☐ 💬
11. 사업장전화번호 ☐)☐-☐   12. 팩스번호 ☐)☐-☐
13. 자 택 전 화 번 호 ☐)☐-☐   14. 공동사업장여부 ☐
15. 소득구분 ☐   16. 중소기업여부 ☐
17. 개업연월일 ____-__-__ 💬   18. 폐업연월일 ____-__-__ 💬
19. 사업장동코드 ☐ 💬
20. 주소지동코드 ☐ 💬
21. 사업장관할세무서 ☐ 💬   22. 주소지관할세무서 ☐ 💬
23. 지방소득세납세지 ☐ 💬   24. 주소지지방소득세납세지 ☐ 💬

코드	[0101 ~ 9999] 번호중 사용자가 원하는 숫자를 4자리로 입력
회사명	사업자등록증에 적힌 상호명 입력(한글 30자, 영문 30자이내)
구분	법인의 경우는 "0" 개인의 경우는 "1"을 선택
1. 회계연도	사업자등록 신고가 된 당해부터 기수를 계산하여 입력
2. 사업자등록번호	사업자등록증의 등록번호를 입력
3. 과세유형	• 부가가치세법상 과세유형을 입력 • 사업자등록증에 '간이과세자(2.간이과세)'나 '면세사업자(3.면세사업자)'라는 언급이 없으면 '일반과세(1.일반과세)'로 설정
4. 대표자명	사업자등록증에 적힌 대표자명 입력
6. 사업장주소	• 사업자등록증의 사업장소재지를 입력 • 우편번호란에 커서 위치 후 F2(또는 💬)를 눌러 우편번호를 검색 후 선택하여 기본주소를 반영하고, 상세주소는 직접 입력
8. 업태 / 9. 종목	사업자등록증에 적힌 사업자의 종류의 업태와 종목을 입력
17. 개업년월일	사업자등록증에 적힌 개업연월일을 입력
21. 사업장관할세무서	F2(또는 💬)를 눌러 사업장주소의 관할세무서를 검색하여 입력

예제 회사등록

01 다음은 진진상사의(회사코드: 9020)의 사업자등록증이다. 회사등록메뉴에 입력된 내용을 검토하여 누락분은 추가입력하고 잘못된 부분은 정정하시오. (주소입력시 우편번호는 입력하지 않아도 무방함)

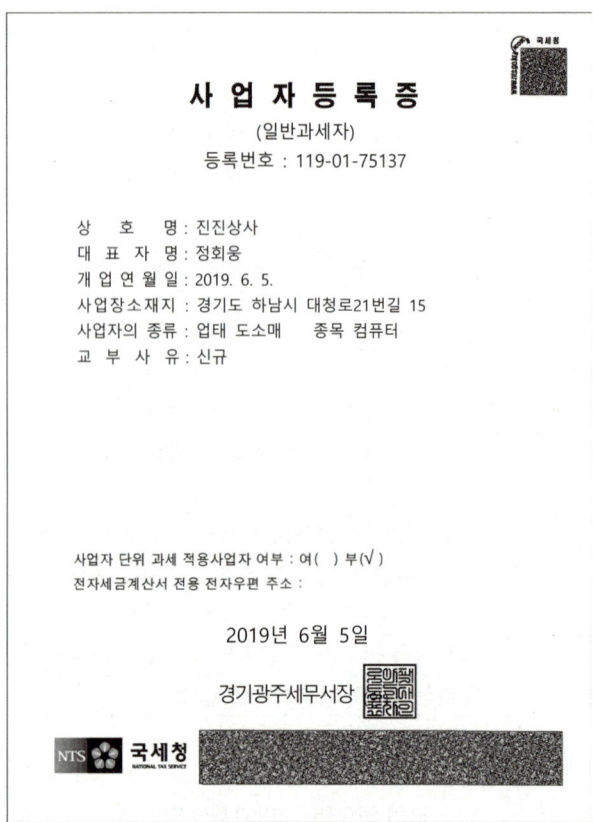

정답 및 해설

01 [회사등록]메뉴 수정
 ① 2. 사업자등록번호 : 119-01-75133를 119-01-75137으로 수정
 ② 3. 과세유형: [1.일반과세]로 수정
 ③ 4. 대표자명: 정회웅으로 수정
 ④ 17. 개업연월일: 2019년 06월 05일로 수정
 ⑤ 6. 사업장주소: 경기도 하남시 대청로21번길 15로 수정
 ⑥ 8. 업태: 제조업을 도소매로 수정
 ⑦ 21. 사업장관할세무서: 세무서를 경기광주세무서로 수정

핵심 기출문제

01 다음은 바삭문구(코드번호: 9030)의 사업자등록증이다. 회사등록메뉴에 입력된 내용을 검토하여 누락분은 추가입력하고 잘못된 부분은 정정하시오. (주소입력시 우편번호는 입력하지 않아도 무방함)

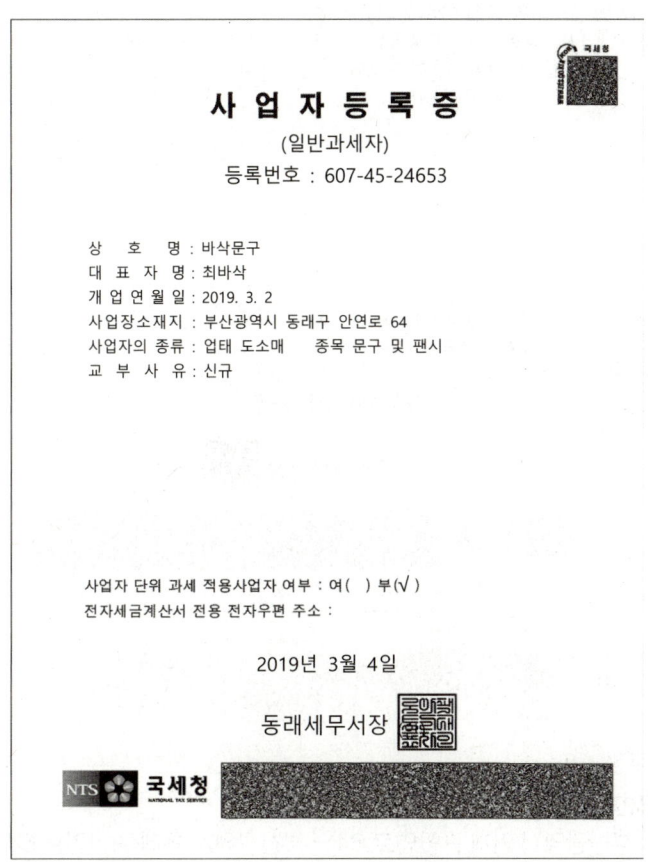

02 다음은 데이상사(회사코드: 9040)의 사업자등록증이다. 회사등록메뉴에 입력된 내용을 검토하여 누락분은 추가입력하고 잘못된 부분은 정정하시오.

사업자등록증
(일반과세자)

등록번호 : 104-04-11258

상 호 명 : 데이상사
대 표 자 명 : 김데이
개 업 연 월 일 : 2018. 1. 25.
사업장소재지 : 서울특별시 관악구 과천대로 855(남현동)
사업자의 종류 : 업태 도소매   종목 컴퓨터 및 컴퓨터부품
교 부 사 유 : 신규

사업자 단위 과세 적용사업자 여부 : 여( ) 부(√)
전자세금계산서 전용 전자우편 주소 :

2018년 1월 25일

관악세무서장

정답 및 해설

01 [회사등록] 메뉴 수정
① 2. 사업자등록번호 : 607-35-23559 → 607-45-24653
② 6. 사업장주소: 부산광역시 연제구 안연로 64 → 부산광역시 동래구 안연로 64
③ 9. 종목: 잡화 → 문구 및 팬시

02 [회사등록] 메뉴 수정
① 17 개업연월일: 2011년 1월 25일 → 2018년 1월 25일
② 9. 종목: 조명기구 → 컴퓨터 및 컴퓨터부품
③ 21. 사업장관할세무서: 용산 → 관악

2 거래처등록

1. 거래처등록: [기초정보관리] → [거래처등록]

[거래처등록] 메뉴는 회사의 채권, 채무의 관리 목적 등으로 거래처에 대한 정보를 등록하는 메뉴이다.

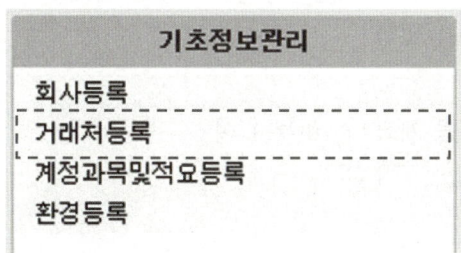

2. [거래처등록] 문제 출제유형

실무시험 문제 3번(3점)으로 출제된다. 거래처(일반거래처, 금융기관, 신용카드)의 자료를 주고 [거래처등록] 메뉴에서 입력·수정하는 문제가 출제된다.

3. [거래처등록] 메뉴 입력방법

1) 일반거래처

```
1. 사업자등록번호    ___-__-_____    NTS 사업자등록상태조회
2. 주 민 등 록 번 호   _____-_____   주 민 기 재 분  0:부 1:여
3. 대 표 자 성 명
4. 업       종      업태              종목
5. 주       소
```

코드	[0101~97999]의 범위 내에서 사용자가 입력
거래처명	사업자등록증에 적힌 상호명 입력(한글 30자, 영문 30자이내)
등록번호	사업자등록증상의 사업자등록번호로서 우측의 사업자등록번호 입력사항이 반영
유형	• [1.매출, 2.매입, 3.동시]중 해당 항목으로 선택(동시는 매출과 매입 동시에 해당될 때) • 선택 없이 엔터를 누를 경우 [3.동시]가 선택
사업자등록번호	거래처로부터 받은 사업자등록증 사본 등을 보고 사업자등록번호를 입력
대표자성명	거래처 대표자명을 입력
업종	거래처 사업자등록증상의 업태 및 종목을 입력
주소	우편번호란에 커서 위치 후 F2(또는 ⋯)를 눌러 우편번호를 검색 후 선택하여 기본주소를 반영하고, 상세주소는 직접 입력

2) 금융기관

1. 계 좌 번 호
2. 계좌개설은행/지점
3. 계 좌 개 설 일
4. 예금 종류 / 만기   예금종류   만기
5. 이자율/매월납입액   이자율   %   매월납입액
6. 당 좌 한 도 액
7. 은행 사업자 번호   8. 사업용 계좌   0:부 1:여
9. 전화번호 / 팩스   TEL ( ) -   FAX ( ) -
10. 거 래 처 분 류 명
11. 주   소
12. 비   고
13. 지방소득세납세지
14. 사 용 여 부   0:부 1:여

코드	[98000~98999]의 범위 내에서 사용자가 입력
거래처명	해당계좌 금융기관명을 입력
계좌번호	우측에서 입력한 계좌번호가 자동 반영
유형	예금의 종류이며 [1.보통예금, 2.당좌예금, 3.정기적금, 4.정기예금] 중 선택
1. 계좌번호	통장 계좌번호를 입력
2. 계좌개설은행/지점	계좌개설은행 및 지점을 F2(또는 💬)으로 조회하여 선택
3. 계좌개설일	계좌개설일을 입력
8. 사업용 계좌	당해 통장이 국세청에 신고한 사업용계좌에 해당하는 경우 [1.여]로 선택

3) 신용카드

```
 1. 사업자등록번호    ___-__-_____
 2. 가 맹 점 번 호   [          ]  직불, 기명식 선불전자지급수단 [ ]
 3. 카드번호(매입)   [          ]
 4. 카드종류(매입)   [ ] [        ]
 5. 카드 소유 담당   [ ] 💬 [           ] + 키 입력시 신규등록가능
 6. 전 화 번 호     [  ] ) [   ] - [   ]
 7. 결 제 계 좌    은행명 [  ] 💬 [              ]
                  계좌번호 [            ] 💬
 8. 신용카드사      [              ]
 9. 수  수  료     [   ] %
10. 결  제  일     [   ] 일
11. 담  당  자     [              ]
12. 홈 페 이 지    [                ]
13. 거래처 분류명   [  ] 💬 [         ]
14. 사 용 한 도    [              ]
15. 비        고  [                       ]
16. 사 용 여 부    [ ] 0:부 1:여
```

코드	[99600~99699]의 범위 내에서 사용자가 입력
거래처명	신용카드사 상호명을 입력
가맹정(카드)번호	우측에서 입력한 [가맹점번호], [카드번호]가 자동으로 반영
유형	매출인 경우에는 [1.매출], 매입인 경우에는 [2.매입]을 선택
1. 사업자등록번호	신용카드 거래처의 사업자등록번호를 입력
2. 가맹점 번호	[매출]인 경우 가맹점번호를 입력
3. 카드번호(매입)	[매입]인 경우 카드번호를 입력
4. 카드종류(매입)	• [매입]인 경우 카드종류를 선택 • [1.일반카드], [2.복지카드], [3.사업용카드]중 하나를 선택

예제 — 거래처등록

01 다음은 진진상사(회사코드: 9020)의 신규거래처이다. 아래의 자료를 이용하여 [거래처등록] 메뉴에 추가등록하시오. (주어진 자료 외의 다른 항목은 입력할 필요 없음)

- 상호 : 모닝문구
- 대표자명 : 최민혜
- 업태 : 도소매
- 유형 : 매출
- 회사코드 : 1038
- 사업자등록번호 : 305-24-63212
- 종목 : 문구 및 잡화
- 사업장소재지 : 대전광역시 대덕구 한밭대로 1000(오정동)
  ※ 주소입력 시 우편번호는 입력하지 않아도 무방함.

02 진진상사(회사코드: 9020)가 새로 개설한 은행계좌 정보이다. [거래처등록]메뉴에서 거래처(금융기관)를 추가로 등록하시오. (단, 주어진 자료 외의 다른 항목은 입력할 필요 없음)

- 거래처코드 : 98005
- 유형 : 정기적금
- 계좌개설일 : 20×1-03-05
- 거래처명 : 농협은행
- 계좌번호 : 2497-25-6699494

03 진진상사(회사코드: 9020)의 은행계좌 정보이다. 다음 자료를 이용하여 기초정보관리의 거래처등록 메뉴에서 거래처(금융기관)를 추가로 등록하시오. (단, 주어진 자료 외의 다른 항목은 입력할 필요 없음)

- 거래처코드 : 98006
- 유형 : 보통예금
- 예금종류 : 보통예금
- 거래처명 : 신나은행
- 계좌번호 : 1203-4562-48571
- 사업용계좌 : 여

04 진진상사(회사코드: 9020)의 거래처 내역이다. 다음 자료를 이용하여 [기초정보관리]의 [거래처등록] 메뉴에서 신용카드를 추가로 등록하시오. (주어진 자료 외의 다른 항목은 입력할 필요 없음)

- 코드 : 99604
- 유형 : 매입
- 카드종류(매입) : 3.사업용카드
- 거래처명 : 씨엔제이카드
- 카드번호 : 1234-5678-9012-3452

정답 및 해설

01 [거래처등록] > [일반거래처] 탭에 입력

| 01038 | 모닝문구 | | 305-24-63212 | 매출 |

1. 사업자등록번호: 305-24-63212 [NTS 사업자등록상태조회]
2. 주민 등록 번호: _____-_____ 주 민 기 재 분 부 0:부 1:여
3. 대 표 자 성 명: 최민혜
4. 업　　　　종: 업태 도소매　　종목 문구 및 잡화
5. 주　　　　소: 　 대전광역시 대덕구 한밭대로 1000 (오정동)

02 [거래처등록] > [금융기관] 탭에 입력

| 98005 | 농협은행 | 2497-25-6699494 | 정기적금 |

1. 계 좌 번 호: 2497-25-6699494
2. 계좌개설은행/지점:
3. 계 좌 개 설 일: -03-05

03 [거래처등록] > [금융기관] 탭에 입력

| 98006 | 신나은행 | 1203-4562-48571 | 보통예금 |

1. 계 좌 번 호: 1203-4562-48571
2. 계좌개설은행/지점:
3. 계 좌 개 설 일: ____-__-__
4. 예금 종류 / 만기: 예금종류 보통예금　　만기 ____-__-__
5. 이자율/매월납입액: 이자율 　%　매월납입액
6. 당 좌 한 도 액:
7. 은행 사업자 번호: ___-__-_____　8.사업용 계좌 여 0:부 1:여

04 거래처등록] > [신용카드] 탭에 입력

| 99604 | 씨엔제이카드 | 1234-5678-9012-3452 | 매입 |

1. 사업자등록번호: ___-__-_____
2. 가 맹 점 번 호:
3. 카드번호(매입): 1234-5678-9012-3452
4. 카드종류(매입): 3 3.사업용카드

핵심 기출문제

01 곰숙상사(회사코드: 9050)의 신규거래처인 찬별상사를 거래처 등록메뉴에 추가 등록하시오.

| 찬별상사
(코드:2220) | • 사업자등록번호 : 215-02-12344 • 대표자명 : 황찬별
• 업태 : 도소매 • 유형 : 동시 • 종목 : 컴퓨터및컴퓨터부품
• 사업장소재지 : 서울 강남구 테헤란로 410(금강타워, 대치동) |

02 곰숙상사(회사코드: 9050)의 [거래처등록]메뉴에서 거래처(금융기관)를 추가로 등록하시오. (단, 주어진 자료 외의 다른 항목은 입력할 필요 없음)

- 거래처코드 : 99200
- 유형 : 정기적금
- 계좌개설일 : 2020-03-05
- 거래처명 : 기업은행
- 계좌번호 : 2497-25-6699494

03 곰숙상사(회사코드: 9050)의 [거래처등록] 메뉴에서 신용카드를 추가로 등록하시오. (주어진 자료 외의 다른 항목은 입력할 필요 없음)

- 코드 : 99871
- 유형 : 매입
- 카드종류(매입) : 3.사업용카드
- 거래처명 : 믿음카드
- 카드번호 : 1234-5678-9012-3452

정답 및 해설

01 [거래처등록] > [일반거래처] 탭

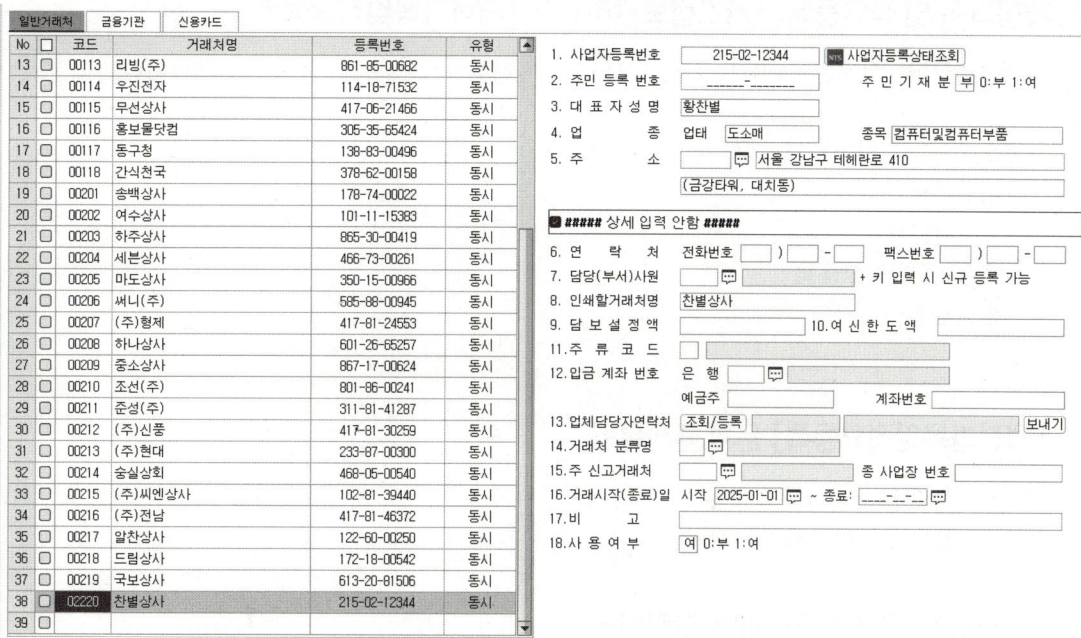

02 [거래처등록] > [금융기관] 탭

03 [거래처등록] > [신용카드] 탭

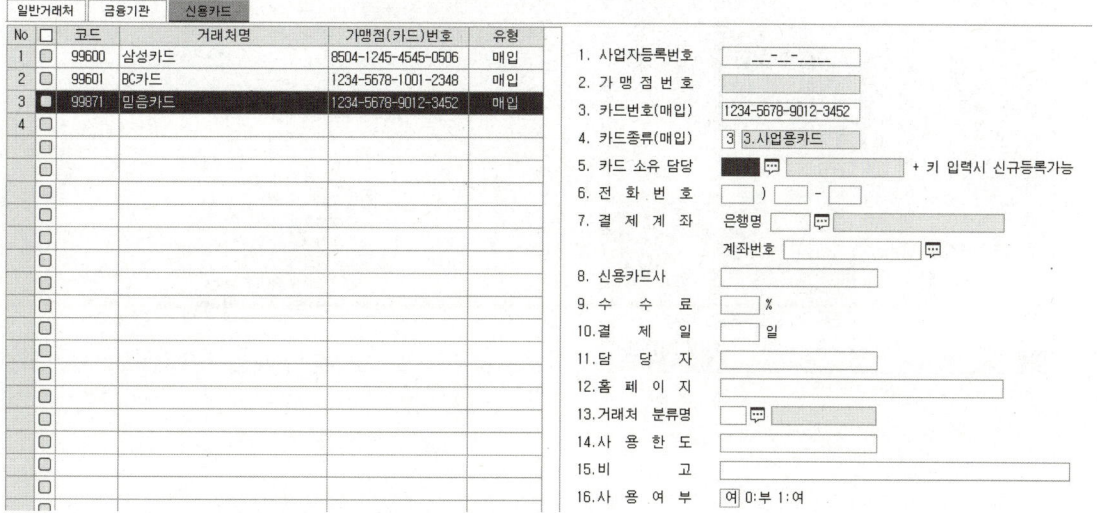

3 계정과목 및 적요등록

1. 계정과목 및 적요등록: [기초정보관리] → [계정과목및적요등록]

[계정과목 및 적요등록] 메뉴는 회사가 사용하는 계정과목과 적요를 등록하는 메뉴이다.

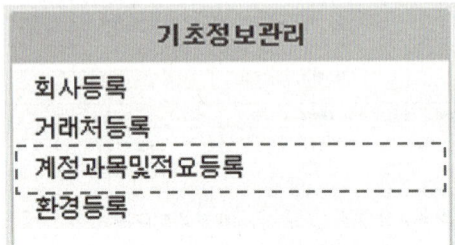

2. [계정과목및적요등록] 문제 출제유형

실무시험 문제 3번(3점)으로 출제된다. 계정과목에 대한 자료를 주고 [계정과목및적요등록] 메뉴에서 입력·수정하는 문제가 출제된다.

3. [계정과목및적요등록] 메뉴 입력방법

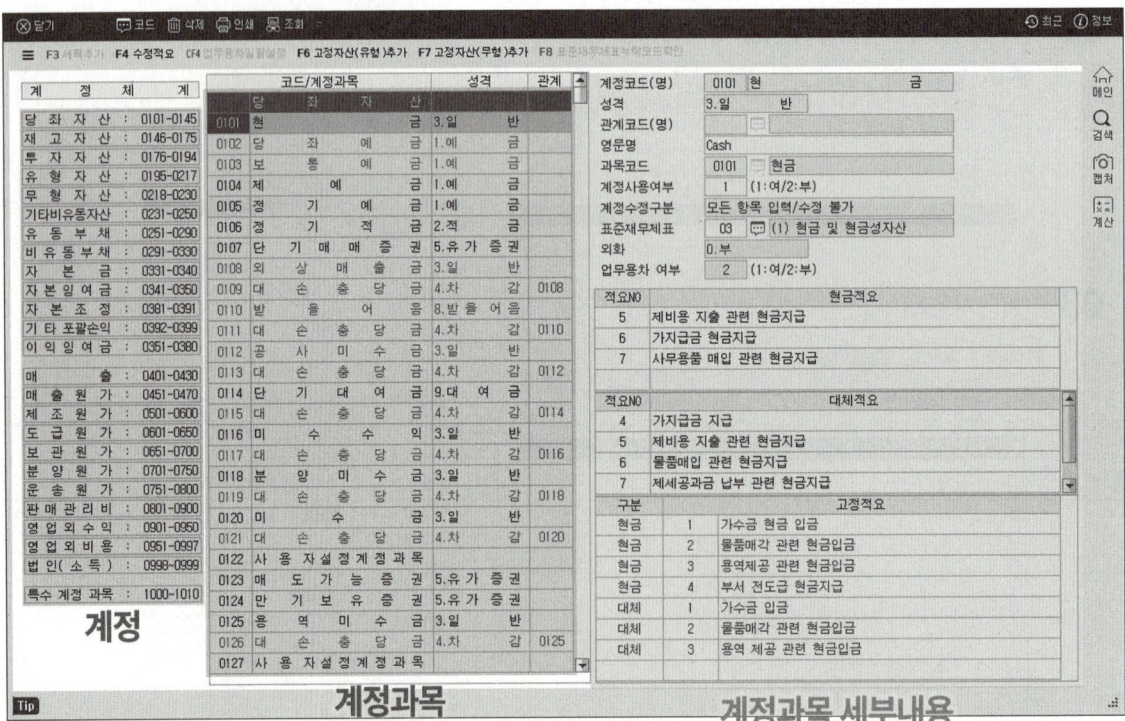

찾기	Ctrl+F (또는 마우스 오른쪽 - [찾기])를 눌러 찾기 창을 띄워 코드 및 계정과목을 검색할 수 있음
코드	• [101~1010]의 값으로 구성되어 있음 • 계정과목 코드에 커서 위치 후 원하는 코드를 입력하면 해당 계정과목으로 바로 이동
계정과목	• 검정색 계정과목: 커서를 오른쪽 화면의 [계정코드(명)]에 위치 후 입력 • 빨간색 계정과목: 프로그램 운영상 수정할 수 없도록 되어 있음(실무상 수정해야 하는 경우에 해당 계정과목을 클릭하고 Ctrl+F2를 누르면 수정 가능)
성격	해당 계정과목의 성격에 맞는 구분을 선택
관계코드(명)	서로 관련있는 계정을 짝 지워 주는 항목(예 외상매출금의 대손충당금)
적요	• 회계상 거래를 간단히 적어 어떠한 거래가 있었는지 알 수 있게 해주는 요약설명 • 적요의 입력 및 수정 작업을 원하는 계정과목에 커서를 두고 현금적요와 대체적요란 중 적합한 칸에 적요코드와 내용을 입력 • 현금적요: [일반전표입력] 메뉴의 [1.출금, 2.입금]을 선택할 때 나타나는 적요 • 대체적요: [일반전표입력] 메뉴의 [3.차변, 4.대변]을 선택할 때 나타나는 적요

예제 — 계정과목 및 적요등록

01 진진상사(회사코드: 9020)는 상품 매출시 당점 부담 택배비의 현금 지급 거래가 빈번하여 적요 등록을 하고자 한다.

계정과목	적요구분	적요 등록 사항
운 반 비	현금적요	4. 택배비 지급

02 진진상사(회사코드: 9020)는 매장 내에서 판매물품의 홍보를 위해 사용하는 광고선전용 전기요금에 대해 '전기요금'계정을 등록하여 사용하고자 한다. 판매비와 관리비의 853.사용자설정계정과목을 수정하여 등록하시오. (성격:3.경비)

정답 및 해설

01 [계정과목 및 적요등록] 메뉴 [824.운반비]계정에서 현금적요 등록

0824	운 반 비	3.경 비

적요NO	현금적요
1	운반비 지급
2	상하차비 지급
3	배달비 지급
4	택배비 지급

02 [계정과목 및 적요등록] 메뉴 [853.사용자설정계정과목]을 [853.전기요금(성격:3.경비)]으로 수정

0853	전기요금	3.경 비

계정코드(명) 0853 전기요금
성격 3.경 비

핵심 기출문제

01 곰숙상사(회사코드: 9050)의 [계정과목 및 적요등록] 메뉴에서 다음 각 계정과목의 적요를 추가로 등록하시오.

계정과목	적요 종류	적요 번호	적요 내용
복리후생비	대체적요	3	부서별 회식
미지급금	대체적요	9	카드대금 계좌이체 결제

02 곰숙상사(회사코드: 9050)는 창고의 일부를 1년간 임차하기로 계약하고 1년분 임차료를 선급하고 있다. 계정과목 및 적요등록 메뉴에서 유동자산항목에 다음 사항을 추가입력하시오.

코 드	계정코드	성 격	적 요
127	선급임차료	3. 일반	대체적요 1. 기간미경과임차료계상

정답 및 해설

01 [계정과목및적요등록] 메뉴의 [811.복리후생비], [253.미지급금] 계정과목의 대체적요에 해당 내용 입력

• 복리후생비 입력화면

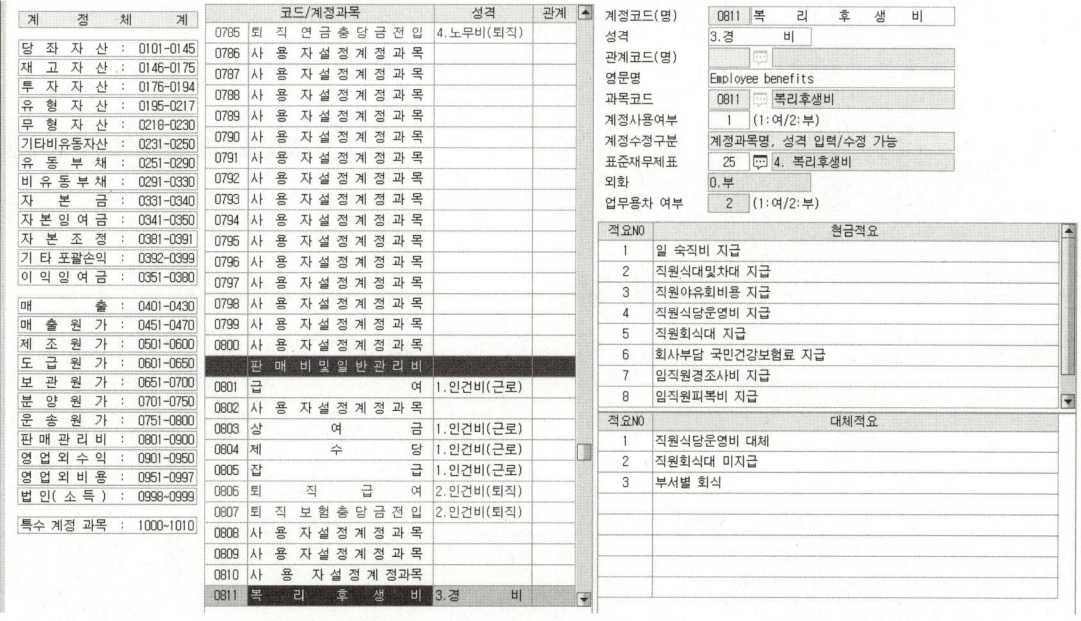

• 미지급금 입력화면

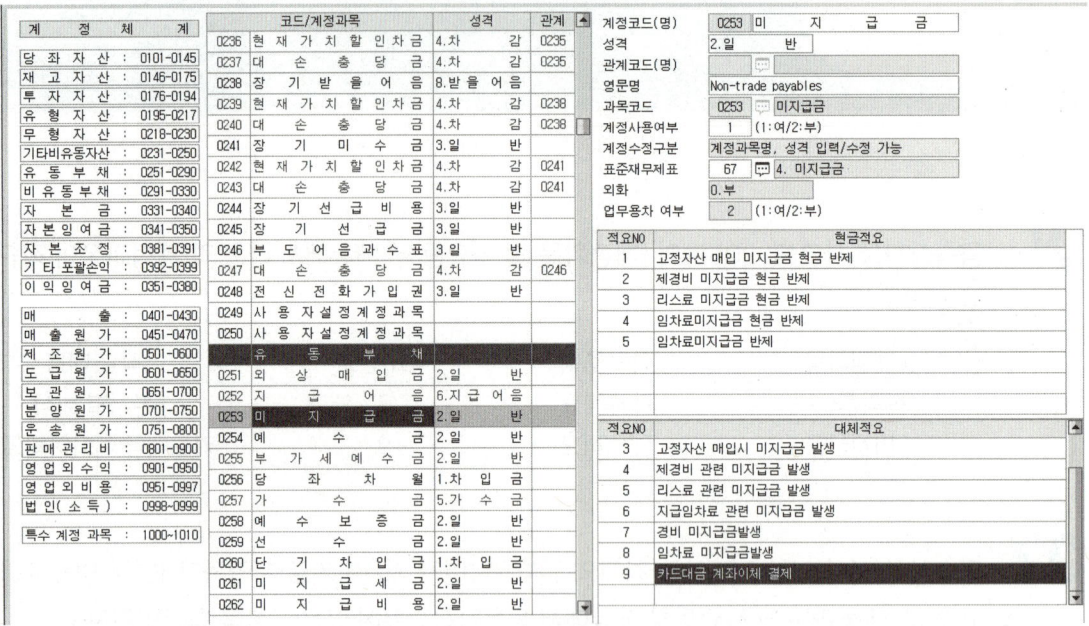

02 [계정과목및적요등록] 메뉴의 [127.사용자설정계정과목]란에 "선급임차료"를 기입하고 대체적요 1.란에 "기간미경과임차료계상" 이라고 입력

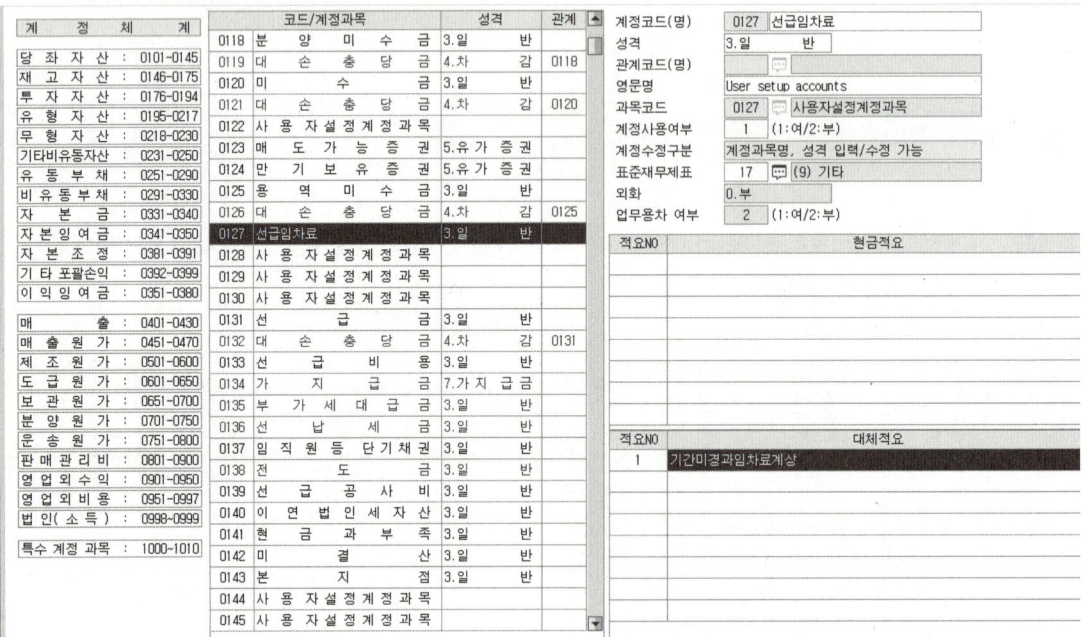

4 전기분재무상태표

1. 전기분 재무상태표: [전기분재무제표] → [전기분재무상태표]

[전기분재무상태표] 메뉴는 KcLep(케이랩) 프로그램을 처음 사용하는 경우 전기분 재무상태표를 입력하는 메뉴이다.

2. [전기분재무상태표] 문제 출제유형

실무시험 문제 2번(6점)으로 출제된다. 당사의 전기분 재무상태표를 보고 [전기분재무상태표] 메뉴에서 입력·수정하는 문제가 출제된다.

3. [전기분재무상태표] 메뉴 입력방법

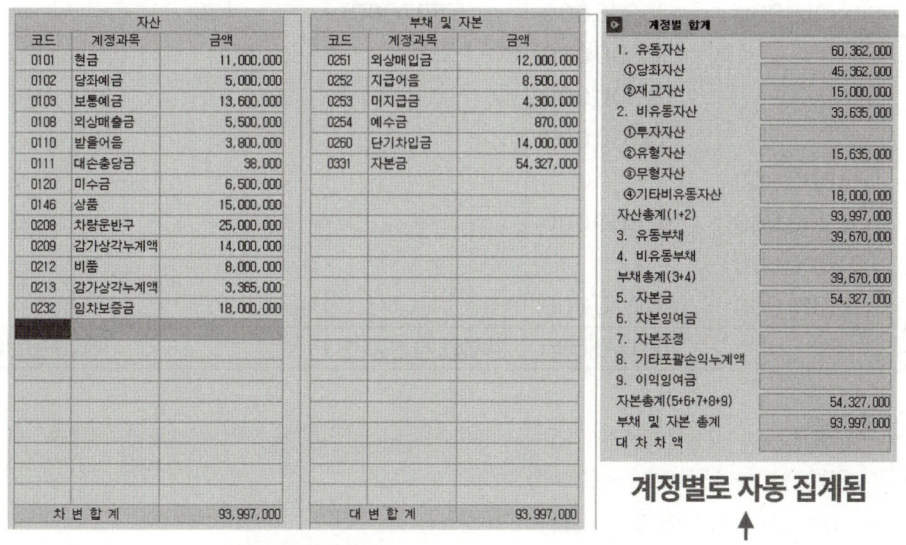

계정과목 입력	• 코드란에 커서를 위치 후 F2를 눌러 검색하여 입력 • 코드란에 계정과목을 두글자 이상 입력 후 검색하여 입력 • [전기분재무상태표]의 차감 계정(대손충당금, 감가상각누계액) 입력 시 해당 계정과목 코드 + 1로 입력 예 108. 외상매출금 → 109. 대손충당금(외상매출금) • 코드번호 순서대로 입력하지 않아도 코드번호 순으로 자동 정렬됨 • 모든 내용을 입력하면 화면 하단의 차액이 '0'이여야 함
금액 입력	숫자만 입력하고 키보드 +키를 누르면 [000]이 입력

예제 — 전기분재무상태표

다음은 바삭문구(회사코드: 9030)의 전기분재무상태표이다. 입력되어 있는 자료를 검토하여 오류부분은 정정하고 누락된 부분은 추가 입력하시오.

재 무 상 태 표

회사명 : 바삭문구 　　　제××기 20×0. 12. 31현재　　　(단위 : 원)

과목	금액		과목	금액
현　　　　　금		25,000,000	외 상 매 입 금	20,500,000
당 좌 예 금		18,700,000	지 급 어 음	11,600,000
보 통 예 금		5,600,000	미 지 급 금	17,000,000
외 상 매 출 금	32,500,000		선　　수　　금	12,000,000
대 손 충 당 금	325,000	32,175,000	자　　본　　금	104,970,000
받 을 어 음	15,500,000		(당기순이익	
대 손 충 당 금	155,000	15,345,000	： 57,717,000)	
단 기 대 여 금		6,500,000		
미 　수　 금		3,300,000		
상　　　　　품		14,650,000		
기 계 장 치	33,000,000			
감가상각누계액	2,200,000	30,800,000		
차 량 운 반 구	20,000,000			
감가상각누계액	6,000,000	14,000,000		
자 산 총 계		166,070,000	부채와 자본총계	166,070,000

[답] [전기분 재무상태표] 메뉴
① 받을어음 대손충당금 1,550,000을 155,000으로 수정
② 차량운반구 감가상각누계액 6,000,000원 추가 입력
③ 미지급금 170,000을 17,000,000원으로 수정

유미상사(회사코드: 9060)의 전기분 재무상태표이다. 입력되어 있는 자료를 검토하여 오류부분은 정정하고 누락된 부분은 추가 입력하시오.

재 무 상 태 표

회사명 : 유미상사　　　　　제××기 20×0. 12. 31현재　　　　　(단위 : 원)

과목	금액		과목	금액
현　　　　금		2,500,000	외 상 매 입 금	50,000,000
당 좌 예 금		43,000,000	지 급 어 음	8,100,000
보 통 예 금		50,000,000	미 지 급 금	29,000,000
외 상 매 출 금	20,000,000		단 기 차 입 금	5,000,000
대 손 충 당 금	900,000	19,100,000	장 기 차 입 금	10,000,000
받 을 어 음	4,900,000		자　　본　　금	49,757,000
대 손 충 당 금	43,000	4,857,000	(당기순이익	
미　　수　　금		600,000	:8,090,000)	
상　　　　품		7,000,000		
장 기 대 여 금		2,000,000		
차 량 운 반 구	10,000,000			
감가상각누계액	2,000,000	8,000,000		
비　　　　품	7,600,000			
감가상각누계액	2,800,000	4,800,000		
임 차 보 증 금		10,000,000		
자 산 총 계		151,857,000	부채와 자본총계	151,857,000

정답 및 해설

자산		
코드	계정과목	금액
0101	현금	2,500,000
0102	당좌예금	43,000,000
0103	보통예금	50,000,000
0108	외상매출금	20,000,000
0109	대손충당금	900,000
0110	받을어음	4,900,000
0111	대손충당금	43,000
0146	상품	7,000,000
0179	장기대여금	2,000,000
0208	차량운반구	10,000,000
0209	감가상각누계액	2,000,000
0212	비품	7,600,000
0213	감가상각누계액	2,800,000
0232	임차보증금	10,000,000
0120	미수금	600,000

부채 및 자본		
코드	계정과목	금액
0251	외상매입금	50,000,000
0252	지급어음	8,100,000
0253	미지급금	29,000,000
0260	단기차입금	5,000,000
0293	장기차입금	10,000,000
0331	자본금	49,757,000

계정별 합계	
1. 유동자산	127,057,000
①당좌자산	120,057,000
②재고자산	7,000,000
2. 비유동자산	24,800,000
①투자자산	2,000,000
②유형자산	12,800,000
③무형자산	
④기타비유동자산	10,000,000
자산총계(1+2)	151,857,000
3. 유동부채	92,100,000
4. 비유동부채	10,000,000
부채총계(3+4)	102,100,000
5. 자본금	49,757,000
6. 자본잉여금	
7. 자본조정	
8. 기타포괄손익누계액	
9. 이익잉여금	
자본총계(5+6+7+8+9)	49,757,000
부채 및 자본 총계	151,857,000
대 차 차 액	

[전기분재무상태표] 메뉴

① 미수금 600,000원 추가입력

② 지급어음 810,000원 → 8,100,000원으로 수정

③ 단기차입금 500,000원 → 5,000,000원으로 수정

5 전기분손익계산서

1. 전기분 손익계산서: [전기분재무제표] → [전기분손익계산서]

[전기분손익계산서] 메뉴는 KcLep(케이랩) 프로그램을 처음 사용하는 경우 전기분 손익계산서를 입력하는 메뉴이다.

```
전기분재무제표
  전기분재무상태표
  전기분손익계산서
  거래처별초기이월
  마감후이월
```

2. [전기분손익계산서] 문제 출제유형

실무시험 문제 2번(6점)으로 출제된다. 당사의 전기분 손익계산서를 보고 [전기분손익계산서] 메뉴에서 입력·수정하는 문제가 출제된다.

3. [전기분손익계산서] 메뉴 입력방법

코드	계정과목	금액
0401	상품매출	550,000,000
0451	상품매출원가	420,000,000
0801	급여	55,000,000
0811	복리후생비	5,500,000
0812	여비교통비	1,550,000
0813	기업업무추진비	2,780,000
0815	수도광열비	550,000
0817	세금과공과	630,000
0818	감가상각비	550,000
0819	임차료	550,000
0821	보험료	2,000,000
0822	차량유지비	1,500,000
0833	광고선전비	3,500,000
0901	이자수익	250,000
0951	이자비용	500,000
0953	기부금	550,000

계정별합계	
1. 매출	550,000,000
2. 매출원가	420,000,000
3. 매출총이익(1-2)	130,000,000
4. 판매비와관리비	74,110,000
5. 영업이익(3-4)	55,890,000
6. 영업외수익	250,000
7. 영업외비용	1,050,000
8. 소득세비용차감전순이익(5+6-7)	55,090,000
9. 소득세비용	
10. 당기순이익(8-9)	55,090,000
11. 주당이익(10/주식수)	

← 계정과목 입력란 ---- 계정별로 자동 집계됨 →

계정과목 입력	• 코드란에 커서를 위치 후 F2를 눌러 검색하여 입력 • 코드란에 계정과목을 두글자 이상 입력 후 검색하여 입력 • [전기분손익계산서]의 상품매출원가 금액란을 클릭하면 나오는 [매출원가]창의 금액 중 기초상품재고액, 당기상품매입은 직접 입력 가능하고 기말상품재고액은 [전기분재무상태표]의 상품 계정의 금액이 자동 반영됨 • 코드번호 순서대로 입력하지 않아도 코드번호 순으로 자동 정렬됨
금액 입력	숫자만 입력하고 키보드 +키를 누르면 [000]이 입력

참 전기분손익계산서의 기말상품재고액

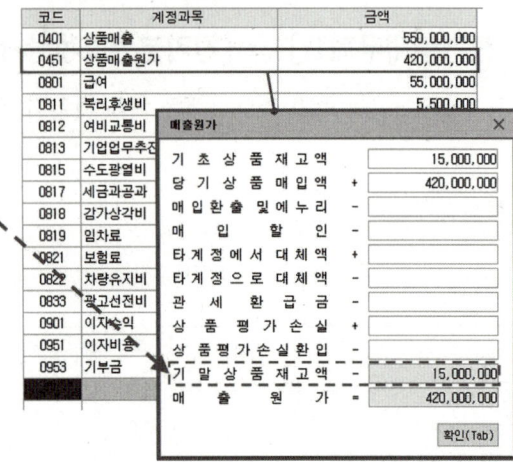

예제 — 전기분손익계산서

다음은 데이상사(회사코드: 9040)의 전기분손익계산서이다. 입력되어 있는 자료를 검토하여 오류부분은 정정하고 누락된 부분은 추가 입력하시오.

손 익 계 산 서

회사명 : 데이상사 제××기 20×0.1.1. ~ 20×0.12.31. (단위 : 원)

과 목	금액	과 목	금액
I 매출액	25,000,000	V 영업이익	8,850,000
상품매출	25,000,000	VI 영업외수익	550,000
II 매출원가	10,000,000	이자수익	100,000
상품매출원가	10,000,000	임대료	450,000
기초상품재고액	3,000,000	VII 영업외비용	200,000
당기상품매입액	11,000,000	이자비용	200,000
기말상품재고액	4,000,000	VIII 소득세차감전순이익	
III 매출총이익	15,000,000	IX 소득세 등	0
IV 판매비와관리비	6,150,000	X 당기순이익	9,200,000
급여	3,200,000		
복리후생비	2,000,000		
여비교통비	240,000		
차량유지비	200,000		
소모품비	130,000		
광고선전비	380,000		

[답]

① [전기분재무상태표]의 상품 3,000,000원을 4,000,000원으로 수정 후 전기분손익계산서 기말상품재고액 확인
② [전기분손익계산서]의 복리후생비 1,000,000원을 2,000,000원으로 수정
③ [전기분손익계산서의] 소모품비 130,000원 추가 입력

핵심 기출문제

곰숙상사(회사코드: 9050)의 전기분 손익계산서이다. 입력되어 있는 자료를 검토하여 오류부분은 정정하고 누락된 부분은 추가 입력하시오.

손 익 계 산 서

회사명 : 곰숙상사   제××기 20×0.1.1. ~ 20×0.12.31.   (단위 : 원)

과 목	금액	과 목	금액
I 매출액	257,000,000	V 영업이익	18,210,000
상품매출	257,000,000	VI 영업외수익	3,200,000
II 매출원가	205,000,000	이자수익	200,000
상품매출원가	205,000,000	임대료	3,000,000
기초상품재고액	20,000,000	VII 영업외비용	850,000
당기상품매입액	198,000,000	이자비용	850,000
기말상품재고액	13,000,000	VIII 소득세차감전순이익	20,560,000
III 매출총이익	52,000,000	IX 소득세 등	0
IV 판매비와관리비	33,790,000	X 당기순이익	20,560,000
급여	24,000,000		
복리후생비	1,100,000		
기업업무추진비	4,300,000		
감가상각비	500,000		
보험료	700,000		
차량유지비	2,300,000		
소모품비	890,000		

정답 및 해설

[전기분손익계산서] 메뉴

① 급여(801) : 20,000,000원 → 24,000,000원

② 복리후생비(811) : 1,500,000원 → 1,100,000원

③ 잡이익(930) 3,000,000원 삭제 → 임대료(904) 3,000,000원 추가입력

전기 제 015 기 년 01 월 01 일 ~ 년 12 월 31 일

코드	계정과목	금액
0401	상품매출	257,000,000
0451	상품매출원가	205,000,000
0801	급여	24,000,000
0811	복리후생비	1,100,000
0813	기업업무추진비	4,300,000
0818	감가상각비	500,000
0821	보험료	700,000
0822	차량유지비	2,300,000
0830	소모품비	890,000
0901	이자수익	200,000
0904	임대료	3,000,000
0951	이자비용	850,000

계정별합계

1.매출	257,000,000
2.매출원가	205,000,000
3.매출총이익(1-2)	52,000,000
4.판매비와관리비	33,790,000
5.영업이익(3-4)	18,210,000
6.영업외수익	3,200,000
7.영업외비용	850,000
8.소득세비용차감전순이익(5+6-7)	20,560,000
9.소득세비용	
10.당기순이익(8-9)	20,560,000
11.주당이익(10/주식수)	

6 거래처별초기이월

1. 거래처별초기이월 : [전기분재무제표] → [거래처별초기이월]

[거래처별초기이월] 메뉴는 [전기분재무상태표] 메뉴에 입력된 채권·채무 계정과목에 거래처를 입력하는 메뉴이다.

```
전기분재무제표
 전기분재무상태표
 전기분손익계산서
┌─────────────────┐
│ 거래처별초기이월 │
└─────────────────┘
 마감후이월
```

2. [거래처별초기이월] 문제 출제유형

실무시험 문제 3번(3점)으로 출제된다. 채권·채무 계정과목의 거래처별 초기이월 금액을 알려주고 [거래처별초기이월] 메뉴에서 입력·수정하는 문제가 출제된다.

3. [거래처별초기이월] 메뉴 입력방법

코드	계정과목	재무상태표금액		코드	거래처	금액
0102	당좌예금	5,000,000		98000	대한은행	5,000,000
0103	보통예금	13,600,000				
0108	외상매출금	5,500,000				
0110	받을어음	3,800,000				
0251	외상매입금	12,000,000				
0252	지급어음	8,500,000				
0253	미지급금	4,300,000				

거래처 입력란

입력	왼쪽 화면의 해당 계정과목을 클릭 → 오른쪽 화면의 거래처 코드란에 커서 위치 → F2를 눌러 거래처 검색 → 금액 입력
수정	왼쪽 화면의 해당 계정과목을 클릭 → 오른쪽 화면의 거래처 클릭 → 메뉴의 🗑 삭제 클릭 → F2를 눌러 거래처 검색 → 금액 입력

예제 — 거래처별초기이월

바삭문구(회사코드: 9030)의 거래처별 초기이월은 다음과 같다. 자료를 검토하여 거래처별초기이월 메뉴에서 잘못된 부분은 수정 또는 삭제, 추가 입력하여 주어진 자료에 맞게 정정하시오.

계정과목	거래처명	금액(원)	계정과목	거래처명	금액(원)
외상매출금	사직문구	15,000,000	외상매입금	장전팬시	15,000,000
	거제문구	12,000,000		부곡팬시	5,500,000
	서동문구	5,500,000	지급어음	지혜상사	11,600,000
받을어음	거제문구	11,000,000	선수금	수정문구	12,000,000
	서동문구	4,500,000			

[답] [거래처별초기이월] 메뉴

- 외상매출금 > 서동문구 : 15,000,000원 → 5,500,000원으로 수정
- 받을어음 > 세경상사 : 4,500,000원 삭제 → 서동문구 : 4,500,000원 입력
- 선수금: 수정문구 12,000,000원을 입력

실무 핵심 기출문제

01 유미상사(회사코드: 9060)의 외상매입금과 미지급금에 대한 거래처별 초기이월 잔액은 다음과 같다. 입력된 자료를 검토하여 잘못된 부분은 삭제 또는 수정, 추가 입력하여 주어진 자료에 맞게 정정하시오.

계정과목	거래처	잔액
외상매입금	고래전자	12,000,000원
	건우상사	11,000,000원
	석류상사	27,000,000원
미지급금	앨리스상사	25,000,000원
	용구상사	4,000,000원

02 곰숙상사(회사코드: 9050)의 외상매출금과 외상매입금의 거래처별 초기이월 채권과 채무잔액은 다음과 같다. 입력된 자료를 검토하여 잘못된 부분은 수정 또는 삭제, 추가 입력하여 주어진 자료에 맞게 정정하시오.

계정과목	거래처	잔액	계
외상매출금	믿음전자	20,000,000원	35,000,000원
	우진전자	10,000,000원	
	㈜형제	5,000,000원	
외상매입금	중소상사	12,000,000원	28,000,000원
	숭실상회	10,000,000원	
	국보상사	6,000,000원	

정답 및 해설

01
[답] [거래처별초기이월] 메뉴
① 외상매입금
- 고래전자: 10,000,000원 → 12,000,000원으로 수정
- 석류상사: 27,000,000원 추가입력

② 미지급금
- 앨리스상사: 2,500,000원 → 25,000,000원으로 수정

코드	계정과목	재무상태표금액
0102	당좌예금	43,000,000
0103	보통예금	50,000,000
0108	외상매출금	20,000,000
0110	받을어음	4,900,000
0251	**외상매입금**	**50,000,000**
0252	지급어음	810,000
0253	미지급금	29,000,000

코드	거래처	금액
01003	고래전자	12,000,000
01009	건우상사	11,000,000
01025	석류상사	27,000,000

코드	계정과목	재무상태표금액
0102	당좌예금	43,000,000
0103	보통예금	50,000,000
0108	외상매출금	20,000,000
0110	받을어음	4,900,000
0251	외상매입금	50,000,000
0252	지급어음	810,000
0253	**미지급금**	**29,000,000**

코드	거래처	금액
00101	앨리스상사	25,000,000
00103	용구상사	4,000,000

02
[답] [거래처별초기이월]
① 외상매출금
- 믿음전자: 15,000,000원 → 20,000,000원
- 리트상사: 5,000,000원 삭제 → (주)형제 5,000,000원 추가입력

② 외상매입금
- 중소상사: 1,000,000원 → 12,000,000원

코드	계정과목	재무상태표금액
0102	당좌예금	3,000,000
0103	보통예금	10,500,000
0108	**외상매출금**	**35,000,000**
0110	받을어음	9,000,000
0120	미수금	4,500,000
0251	외상매입금	28,000,000
0252	지급어음	15,000,000
0253	미지급금	4,600,000
0293	장기차입금	10,000,000

코드	거래처	금액
00112	믿음전자	20,000,000
00114	우진전자	10,000,000
00207	(주)형제	5,000,000

코드	계정과목	재무상태표금액
0102	당좌예금	3,000,000
0103	보통예금	10,500,000
0108	외상매출금	35,000,000
0110	받을어음	9,000,000
0120	미수금	4,500,000
0251	**외상매입금**	**28,000,000**
0252	지급어음	15,000,000
0253	미지급금	4,600,000
0293	장기차입금	10,000,000

코드	거래처	금액
00209	중소상사	12,000,000
00214	숭실상회	10,000,000
00219	국보상사	6,000,000

CHAPTER 02 거래자료의 입력

1 일반전표입력

1. 일반전표입력: [전표입력] → [일반전표입력]

[일반전표입력] 메뉴는 부가가치세신고와 관련 없는 모든 회계상 거래를 입력하는 메뉴이다.

전표입력
일반전표입력

2. [일반전표입력] 문제 출제유형

실무시험 문제 4번(8문제, 24점)으로 출제된다. 거래자료를 주고 분개하여 [일반전표입력] 메뉴에 입력하는 문제가 출제된다.

3. [일반전표입력] 메뉴 입력방법

① 날짜	• 전표일자 입력방법 두가지 　❶ 해당월만 입력 후 일자별 거래를 계속하여 입력 　❷ 해당일자를 입력 후 해당일 거래를 입력 • 월: 입력하고자 하는 전표의 해당 월 2자리 숫자를 입력하거나 마우스를 클릭하여 1월~12월 중 해당 월을 선택 • 일: 2자리 숫자를 입력하거나 1자리 숫자 입력 후 Enter↵
② 번호	• 전표번호는 각 일자별로 1부터 자동 부여 • 대체분개 입력 시 차변, 대변 합계가 일치할 때까지 1개의 전표로 인식 • 하나의 거래는 하나의 전표로 처리하는 것이 원칙 • 상단 메뉴의 SF2 번호수정 을 클릭하면 전표 번호를 수정할 수 있음

③ 구분	• 전표의 유형을 입력하는 곳		
	출금전표	1. 출금: (차) [계정과목] (대) 현금	
	입금전표	2. 입금: (차) 현금 (대) [계정과목]	
	대체전표	3. 차변, 4. 대변	
	결산전표	5. 결차(결산차변), 6. 결대(결산대변)	
	• 입력 시 차변 대변 순서는 상관없음 • 출금, 입금전표는 대체전표로 입력해도 상관없음		
④ 계정과목	코드란에 커서를 위치 후 F2를 눌러 검색하여 입력		
⑤ 거래처	코드란에 커서를 위치 후 F2를 눌러 검색하여 입력		
⑥ 적요	전산회계2급에서 적요의 입력은 생략(입력 여부가 채점에 영향을 미치지 않음)		
⑦ 금액	숫자만 입력하고 키보드 +키를 누르면 [000]이 입력		

4. [일반전표입력] 메뉴 입력 시 유의사항

1) 거래처 코드를 반드시 입력해야 하는 계정과목: 거래처를 반드시 입력해야 하는 채권, 채무 계정과목은 거래처를 입력하지 않으면 오답 처리된다. (채권, 채무 이외의 계정과목에는 거래처 입력 여부가 채점에 영향을 미치지 않음)

채권	채무
외상매출금	외상매입금
받을어음	지급어음
미수금	미지급금
선급금	선수금
장·단기 대여금	장·단기 차입금, 유동성장기부채
임차보증금	임대보증금

2) 계정과목 코드

비용 계정과목	전산회계2급의 비용은 판매비와 관리비(800번대)와 영업외수익 및 영업외비용(900번대)을 사용한다.
차감 계정	대손충당금, 감가상각누계액, 매출환입 및 에누리, 매출할인, 매입환출 및 에누리, 매입할인 등의 특정한 계정과목에 대응되는 차감 계정은 계정의 코드번호를 주의한다.

예제 — 일반전표입력

다음은 진진상사(회사코드: 9020)의 거래자료이다. [일반전표입력] 메뉴에 입력하시오.

(1) 1월 10일 상품을 1,000,000원에 현금으로 구입하다.

(2) 1월 11일 상품을 1,500,000원에 모두 현금 판매하다.

(3) 1월 12일 다나컴퓨터에 상품 500,000원을 판매하고 대금 중 100,000원은 현금으로 받고 잔액은 외상으로 하다.

정답 및 해설

[1] 1월 10일   (차) 상품   1,000,000원   (대) 현금   1,000,000원

[입력방법]
① 입력하고자 하는 월과 일을 입력한다.
② [구분]에 숫자 '1'를 입력하면 [출금]이 입력된다.
③ 계정과목 코드란에 커서를 위치 후 F2를 눌러 검색하여 입력 또는 계정과목을 두글자 이상 입력 후 검색하여 입력한다.
④ 복리후생비는 거래처를 생략해도 되는 계정과목으로 오른쪽 방향키(→)를 눌러 차변으로 이동한다.
⑤ 금액을 입력한다. → 대변에 (현금)으로 자동 입력된다.

[입력화면]

일	번호	구분	계정과목	거래처	적요	차변	대변
10		출금	0146 상품			1,000,000	(현금)

[2] 1월 11일   (차) 현금   1,500,000원   (대) 상품매출   1,500,000원

[입력방법]
① 입력하고자 하는 월과 일을 입력한다.
② [구분]에 숫자 '2'를 입력하면 [입금]이 입력된다.
③ 계정과목 코드란에 커서를 위치 후 F2를 눌러 검색하여 입력 또는 계정과목을 두글자 이상 입력 후 검색하여 입력한다.
④ 상품매출은 거래처를 생략해도 되는 계정과목으로 오른쪽 방향키(→)를 눌러 대변으로 이동한다.
⑤ 금액을 입력한다. → 차변에 (현금)으로 자동 입력된다.

[입력화면]

일	번호	구분	계정과목	거래처	적요	차변	대변
11		입금	0401 상품매출			(현금)	1,500,000

[3] 1월 12일   (차) 현금   100,000원   (대) 상품매출   500,000원
[입력방법]   외상매출금(다나컴퓨터)   400,000원

① 입력하고자 하는 월과 일을 입력한다.
② [구분]에 숫자 '3'를 입력해 [차변]을 입력한 뒤 계정과목, 거래처 코드, 금액을 입력한다.
③ [구분]에 숫자 '4'를 입력해 [대변]을 입력한 뒤 계정과목, 거래처 코드, 금액을 입력한다.

[입력화면]

일	번호	구분	계정과목	거래처	적요	차변	대변
12		차변	0101 현금			100,000	
12		차변	0108 외상매출금	01035 다나컴퓨터		400,000	
12		대변	0401 상품매출				500,000

2 입력자료의 오류수정

1. 일반전표의 오류수정: [전표입력] → [일반전표입력]

2. [입력자료의 오류수정] 문제 출제유형

실무시험 문제 5번(2문제, 6점)으로 출제된다. [일반전표입력] 메뉴에 잘못 입력된 내용을 검토하여 수정 또는 삭제, 추가입력하는 문제가 출제된다.

3. 오류유형에 따른 수정 방법

누락	• 처음부터 전표입력 자체를 누락 시 [일반전표입력]메뉴에 해당 일자로 추가입력
중복입력	• 동일한 전표를 두 번 입력 시 삭제할 전표의 왼쪽 체크박스를 클릭(☐ → ☑)한 뒤 상단 메뉴의 🗑 삭제 클릭
거래일자 입력오류	• 날짜를 옮길 전표의 왼쪽 체크박스를 클릭(☐ → ☑)한 뒤 상단 메뉴의 F4 복사 ▼ 의 아래 화살표에 숨어있는 SF3 이동 을 클릭 • 이동일자를 입력한 뒤 확인(Tab) 을 클릭
거래처 입력오류	• 거래처 코드란에 커서를 위치 후 F2를 눌러 검색하여 입력
계정과목 입력오류	• 계정과목 코드란에 커서를 위치 후 F2를 눌러 검색하여 입력

예제 — 입력자료의 오류수정

진진상사(회사코드: 9020)의 일반전표입력메뉴에 입력된 내용 중 다음과 같은 오류가 발견되었다. 입력된 내용을 확인하여 정정 또는 추가입력 하시오.

(1) 11월 29일   임차료 300,000원을 보통예금 계좌에서 이체하여 지급한 것이 아니라 당좌수표를 발행하여 지급한 것으로 확인되었다.

(2) 12월 20일   대한적십자사에 현금으로 기부한 100,000원이 세금과공과금(판)로 처리되어 있음을 확인하였다.

정답 및 해설

[1] 11월 29일 일반전표수정
- 수정 전 : 11월 29일   (차) 임차료(판)   300,000원   (대) 보통예금   300,000원
- 수정 후 : 11월 29일   (차) 임차료(판)   300,000원   (대) 당좌예금   300,000원

[2] 12월 20일 일반전표수정
- 수정 전 : 12월 20일   (차) 세금과공과금(판)   100,000원   (대) 현금   100,000원
- 수정 후 : 12월 20일   (차) 기부금   100,000원   (대) 현금   100,000원

핵심 기출문제

데이상사(회사코드: 9040)의 일반전표입력메뉴에 입력된 내용 중 다음과 같은 오류가 발견되었다. 입력된 내용을 확인하여 정정 또는 추가입력 하시오.

(1) 9월 20일   현금으로 지출한 500,000원은 영업부서의 광고선전비가 아니라 영업부서의 소모품비인 것으로 확인되었다.

(2) 11월 1일   수진상회로부터 상품을 매입하고 4,500,000원을 보통예금에서 지급하였다. 해당 상품매입에 대한 회계처리시 매입계약에 따라 선지급했던 계약금 500,000원을 누락하였다.

유미상사(회사코드: 9060)의 일반전표입력메뉴에 입력된 내용 중 다음과 같은 오류가 발견되었다. 입력된 내용을 확인하여 정정 또는 추가입력 하시오.

(3) 08월 16일   운반비로 계상한 50,000원은 무선상사로부터 상품 매입 시 당사 부담의 운반비를 지급한 것이다.

(4) 10월 20일   매출거래처 온천상가에서 당좌예금으로 입금된 250,000원이 담당직원의 실수로 10월 20일 이중으로 입력됨을 확인하였다.

정답 및 해설

[1] 9월 20일 [일반전표입력] 메뉴 수정
- 수정 전 : 9월 20일　(차)　광고선전비(판)　　500,000원　(대)　현금　　500,000원
- 수정 후 : 9월 20일　(차)　소모품비(판)　　　500,000원　(대)　현금　　500,000원

[2] 11월 1일 [일반전표입력] 메뉴 수정
- 수정 전 : 11월 1일　(차)　상품　　4,500,000원　(대)　보통예금　　4,500,000원
- 수정 후 : 11월 1일　(차)　상품　　5,000,000원　(대)　보통예금　　4,500,000원
　　　　　　　　　　　　　　　　　　　　　　　　　　선급금(수진상회)　500,000원

[3] 8월 16일 [일반전표입력] 메뉴 수정
- 수정 전 : 8월 16일　(차)　운반비　50,000원　(대)　현금　50,000원
- 수정 후 : 8월 16일　(차)　상품　　50,000원　(대)　현금　50,000원

※ 상품 매입 시 발생한 당사 부담 운반비는 상품계정으로 처리한다.

[4] 10월 20일 [일반전표입력] > 전표중복분 삭제
- 수정 전 : 10월 20일　(차)　당좌예금　250,000원　(대)　외상매출금(온천상가)　500,000원
　　　　　　　　　　　(차)　당좌예금　250,000원　(대)　외상매출금(온천상가)　500,000원
- 수정 후 : 10월 20일　(차)　당좌예금　250,000원　(대)　외상매출금(온천상가)　500,000원

CHAPTER 03 결산정리사항 입력

1 결산정리사항

1. 결산정리분개의 정의와 목적

결산정리분개란 회계연도 종료 시점(결산일) 기준으로 기중 거래 기록과정에서 적절하게 구분하지 못한 회계기간별 수익과 비용을 발생주의에 따라 수정하고, 자산과 부채를 정확하게 평가하기 위해 회계연도 종료 후 반영하는 분개이다. (회사의 실제 재무상태와 경영성과를 장부와 일치시키는 작업)

2. 결산정리사항의 유형과 입력방법

구분	입력 방법	결산정리사항
수동결산	1. [일반전표입력] 메뉴 12월 31일 2. [3. 차변, 4. 대변] 입력	• 수익, 비용의 발생과 이연 • 소모품, 소모품비에 대한 정리 • 마이너스 통장에 대한 정리 • 현금과부족에 대한 정리 • 가지급금 · 가수금의 정리 • 단기매매증권의 평가 • 비유동부채의 유동성 대체 • 인출금의 정리 • 외화 채권, 채무에 대한 정리
자동결산	1. [결산자료입력] 메뉴 클릭 2. [1월 ~ 12월] 입력 3. [매출원가 및 경비선택] 창에서 [확인 Enter↵] 클릭 4. [결산반영금액] 란에 금액 입력 5. 상단 메뉴의 [F3 전표추가] 클릭	• 매출원가의 계상(기말재고액) • 대손충당금의 설정 • 감가상각비의 계상
입력순서	수동결산 → 자동결산	

3. 결산정리사항 문제 출제유형

실무시험 문제 6번(4문제, 12점)으로 출제된다. 결산정리사항 자료를 주고 [일반전표입력] 메뉴에 직접 수동분개 입력 또는 [결산자료입력] 메뉴를 활용한 자동분개 생성을 통해 결산대체분개를 입력하는 문제가 출제된다.

2 결산정리사항의 입력

1. 수동결산: [전표입력] → [일반전표입력] → 날짜 [12월 31일]

결산정리사항 중 자동결산 항목을 제외한 분개는 [일반전표입력] 메뉴에 12월 31일 [3. 차변, 4. 대변]으로 수동 입력한다.

2. 자동결산: [결산/재무제표] → [결산자료입력] → 기간 [1월 ~ 12월]

결산정리사항 중 기말재고액 입력에 따른 매출원가의 계상, 감가상각비 계상, 대손충당금 설정은 [결산자료입력] 메뉴를 통해 자동으로 전표를 생성할 수 있다.

결산자료입력] 메뉴에서 금액을 입력하고 반드시 F3 전표추가 기능을 사용하여 자동분개 생성을 통한 결산대체분개를 입력해야 한다.

1) 매출원가의 계상(기말재고액)

2. 매출원가 - 상품매출원가 - ⑩ 기말 상품 재고액의 [결산반영금액] 칸에 기말재고액을 입력한다.

	2. 매출원가		154,180,000	154,180,000
0451	상품매출원가			154,180,000
0146	① 기초 상품 재고액		12,500,000	12,500,000
0146	② 당기 상품 매입액		141,680,000	141,680,000
0146	⑩ 기말 상품 재고액			

2) 감가상각비의 계상

4. 판매비와 일반관리비 - 4). 감가상각비의 [결산반영금액] 칸에 당기 감가상각비 입력한다.

4). 감가상각비			
건물			
차량운반구			
비품			

3) 대손충당금의 설정

① 상단 메뉴의 (또는 F8 대손상각) 클릭
② 대손율(%) 입력 → 대손율(%) 1.00
③ 대손충당금 설정하지 않는 계정과목의 [추가설정액(결산반영)]란의 금액 0으로 입력
④ 결산반영 클릭

참 F3 전표 추가

자동결산 금액을 모두 입력한 뒤 반드시 메뉴 상단에 있는 (또는 F3 전표추가)를 클릭하여 자동전표를 생성해야한다. 전표생성 후 일반전표 12월 31일에 구분란이 [5.결차], [6.결대]로 입력된 분개가 생성된 것을 확인할 수 있다.

매출원가의 계상	(결차)	상품매출원가	(결대)	상품
대손충당금의 설정	(결차)	대손상각비 (또는 기타의대손상각비)	(결대)	대손충당금
감가상각비의 계상	(결차)	감가상각비	(결대)	감가상각누계액

예제 — 자동결산

솔솔문구(회사코드:9070)의 결산정리사항은 다음과 같다. 해당 메뉴에 입력하시오.

(1) 결산을 위하여 창고의 재고자산을 실사한 결과, 기말상품재고액은 4,500,000원이다.

(2) 보유 중인 비품에 대한 당기분 감가상각비를 계상하다. (취득일 20×1년 1월 1일, 취득원가 55,000,000원, 잔존가액 0원, 내용연수 10년, 정액법 상각, 상각률 10%)

(3) 기말 받을어음 잔액에 대하여만 1%를 보충법에 따라 대손충당금을 설정하시오.

정답 및 해설

[1] [결산자료입력] > 기간 : 1월 ~ 12월 > 2. 매출원가 > ⑩ 기말 상품 재고액 결산반영금액란 4,500,000원 입력

		2. 매출원가		200,220,000	
	0451	상품매출원가			
	0146	① 기초 상품 재고액		104,610,000	
	0146	② 당기 상품 매입액		95,610,000	
	0146	⑩ 기말 상품 재고액			4,500,000

[2] [결산자료입력] > 4. 판매비와일반관리비 > 4). 감가상각비 > 비품 결산반영금액란 5,500,000원 입력

4). 감가상각비		300,000	5,500,000
건물			5,500,000
차량운반구			
비품			

[3] [결산자료입력] > 상단 메뉴의 F8 대손상각 (또는 F8) 클릭 > 대손충당금 설정하지 않는 계정과목 (외상매출금, 단기대여금, 미수금, 선급금)의 [추가설정액(결산반영)]란의 금액 0으로 입력 > 결산반영 클릭 > F3 전표추가 (또는 F3)를 클릭하여 자동전표를 생성

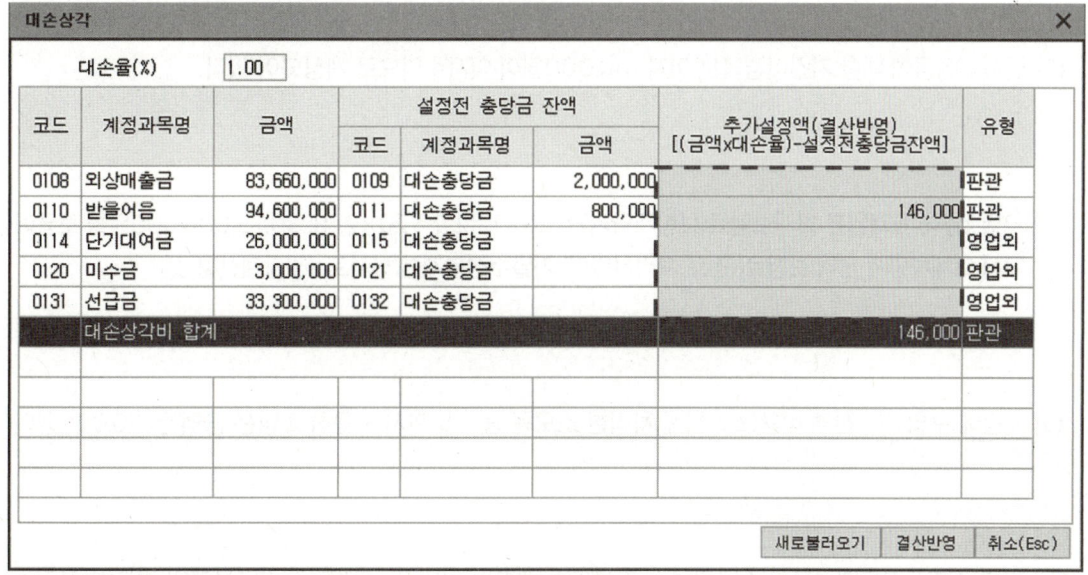

[일반전표입력] 메뉴 12월 31일에 결산분개가 자동으로 반영됨

실무 핵심 기출문제

영재상사(회사코드: 9080)의 결산정리사항을 입력하여 결산을 완료하시오.

(1) 결산일 현재 장부에 계상되지 않은 당기분 임대료(영업외수익)는 300,000원이다.

(2) 7월 1일 우리은행으로부터 10,000,000원을 연이자율 6%로 12개월 간 차입하고, 이자는 12개월 후 차입금 상환시 일시에 지급하기로 하였다. 월할 계산하여 결산분개 하시오.

(3) 단기대여금에 대한 기간미경과분 이자 410,000원이 이자수익으로 계상되어 있다.

(4) 12월 1일에 12개월분 화재보험료(보험계약기간: 20×1. 12. 1. ~ 20×2. 11. 30.) 3,000,000원을 보통예금계좌에서 이체하면서 전액 보험료(판)로 처리하였다. 기말수정분개를 하시오. (월할계산할 것)

(5) 기중에 구입하여 전액 비용으로 회계 처리한 소모품 중 기말까지 사용하고 남은 금액은 210,000원이다.

(6) 기업은행의 보통예금통장은 마이너스 통장으로 개설된 것이다. 기말현재 기업은행의 보통예금통장 잔액은 -6,352,500원이다. (단기차입금으로 대체하는 회계처리를 하시오.)

(7) 결산일 현재 현금과부족 계정으로 처리되어 있는 현금부족액 60,000원에 대한 원인이 밝혀지지 않고 있다.

(8) 기말 합계잔액시산표의 가지급금 잔액은 거래처 장미뷰티살롱에 이자를 지급한 것으로 판명되다.

(9) 기말합계잔액시산표의 가수금 잔액은 거래처 영순상사에 대한 외상대금 회수액으로 판명되다.

(10) 기말 현재 단기매매차익을 목적으로 보유하고 있는 주식(100주, 1주당 취득원가 5,000원)의 기말현재 공정가치는 주당 7,000원이다.

(11) 결산일 현재 인출금 계정을 자본금으로 대체하시오.

(12) 기말 외상매출금 중에는 미국 abc의 외상매출금 12,000,000원(미화 $10,000)이 포함되어 있으며, 결산일 환율에 의해 평가하고 있다. 결산일 현재의 적용환율은 미화 1$당 1,100원이다.

(13) 기말 결산시 기말상품재고액은 1,000,000원이다.

(14) 당기분 감가상각비는 비품 900,000원, 차량운반구 2,000,000원이다.

(15) 매출채권(외상매출금, 받을어음) 잔액에 대하여 1%의 대손충당금을 보충법으로 설정하다.

정답 및 해설

[1] (차) 미수수익 300,000원 (대) 임대료(904) 300,000원
[2] (차) 이자비용 300,000원 (대) 미지급비용 300,000원
　※ 미지급이자 = 10,000,000원 × 6% × 6개월/12개월 = 300,000원
[3] (차) 이자수익 410,000원 (대) 선수수익 410,000원
[4] (차) 선급비용 2,750,000원 (대) 보험료(판) 2,750,000원
[5] (차) 소모품 210,000원 (대) 소모품비(판) 210,000원
[6] (차) 보통예금 6,352,500원 (대) 단기차입금(기업은행) 6,352,500원
[7] (차) 잡손실 60,000원 (대) 현금과부족 60,000원
[8] (차) 이자비용 711,000원 (대) 가지급금 711,000원
　※ 합계잔액시산표에서 가지급금 잔액(711,000원) 조회 후 입력
[9] (차) 가수금 1,600,000원 (대) 외상매출금(영순상사) 1,600,000원
　※ 합계잔액시산표에서 가수금 잔액(1,600,000원) 조회 후 입력
[10] (차) 단기매매증권 200,000원 (대) 단기매매증권평가이익 200,000원
[11] (차) 인출금 658,000원 (대) 자본금 658,000원
　※ 합계잔액시산표에서 인출금 잔액(658,000원) 조회 후 입력
[12] (차) 외화환산손실 1,000,000원 (대) 외상매출금(미국 abc) 1,000,000원
[13] [결산자료입력] > 기간 : 1월 ~ 12월 > 2. 매출원가 > ⑩ 기말 상품 재고액 결산반영금액란 1,000,000원 입력

		2. 매출원가		169,880,000	168,880,000
	0451	상품매출원가			168,880,000
	0146	① 기초 상품 재고액		159,880,000	159,880,000
	0146	② 당기 상품 매입액		10,000,000	10,000,000
	0146	⑩ 기말 상품 재고액		1,000,000	1,000,000

[14] [결산자료입력] > 4. 판매비와일반관리비 > 4). 감가상각비 > 비품, 차량운반구 결산반영금액란 입력

	0818	4). 감가상각비		2,900,000	2,900,000
	0202	건물			
	0208	차량운반구		2,000,000	2,000,000
	0212	비품		900,000	900,000

[15] [결산자료입력] > 상단 메뉴의 F8 대손상각 (또는 F8) 클릭 > 대손충당금 설정하지 않는 계정과목 (외상매출금, 단기대여금, 미수금, 선급금)의 [추가설정액(결산반영)]란의 금액 0으로 입력 > 결산반영 클릭 > F3 전표추가 (또는 F3)를 클릭하여 자동전표를 생성

CHAPTER 04 장부조회

1 장부조회

1. 문제 유형에 따른 조회 장부

총계정원장	계정과목에 대한 월별 금액 비교
계정별원장	계정과목에 대한 거래 건수(현금 제외)
일계표(월계표)	현금 또는 대체거래액
거래처원장	거래처별 계정과목 금액
재무상태표	자산, 부채, 자본의 전기와 당기 금액 비교, 일정시점 현재 잔액, 장부가액
손익계산서	수익, 비용의 전기와 당기 금액 비교, 일정 기간의 금액
합계잔액시산표	일정시점의 계정과목별(자산, 부채, 자본, 수익, 비용) 금액

2. 장부조회 문제 출제유형

실무시험 문제 7번(3문제, 10점)으로 출제된다. 문제에서 요구하는 사항을 각종 장부를 조회하여 수험용 프로그램의 [이론문제 답안작성]에 입력하는 문제가 출제된다.

2 총계정원장

1. 총계정원장: [장부관리] → [총계정원장]

[총계정원장] 메뉴는 [일반전표입력] 메뉴에 입력된 분개 내용을 각 계정별로 집계한 장부이다. 총계정원장의 월별 금액을 더블클릭하면 나오는 [원장조회] 창에서 해당 금액에 대한 일자별 상세내역을 확인할 수 있다. (계정별원장과 동일)

2. [총계정원장] 메뉴 조회 방법

① **기간 입력**: 조회하고자 하는 기간을 입력한다.
② **계정과목**: 조회하고자 하는 계정과목을 입력한다.

일자	차 변	대 변	잔 액
[전기이월]	23,000,000		23,000,000
/01	3,600,000		26,600,000
/02	4,900,000		31,500,000
/03	3,700,000	1,000,000	34,200,000
/04	22,500,000	10,600,000	46,100,000
/05	16,500,000	1,000,000	61,600,000
/06	12,000,000	5,000,000	68,600,000
합 계	86,200,000	17,600,000	

월별 증감액, 잔액 조회 가능

예제 총계정원장

블리상사(회사코드: 9090)의 장부를 조회하여 알맞은 답을 찾으시오.
① 상반기(1월~6월) 중 외상매출이 가장 많이 발생한 달의 금액은 얼마인가?
② 6월의 외상매출금의 입금액(회수액)은 얼마인가?
③ 상반기(1월~6월) 중 외상매출금의 잔액이 가장 적은 달은 몇 월인가?

정답 및 해설

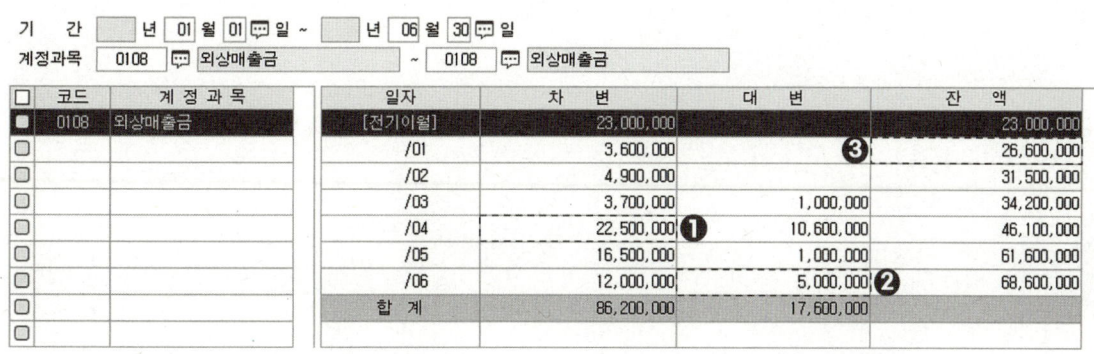

① 22,500,000원   ② 5,000,000원   ③ 26,000,000원

3 계정별원장

1. 계정별원장: [장부관리] → [계정별원장]

[계정별원장] 메뉴는 특정 계정(현금계정 제외)에 대하여 일자별로 기록되어 있는 장부이다.

2. [계정별원장] 메뉴 조회 방법

① **기간 입력**: 조회하고자 하는 기간을 입력한다.

② **계정과목**: 조회하고자 하는 계정과목을 입력한다.

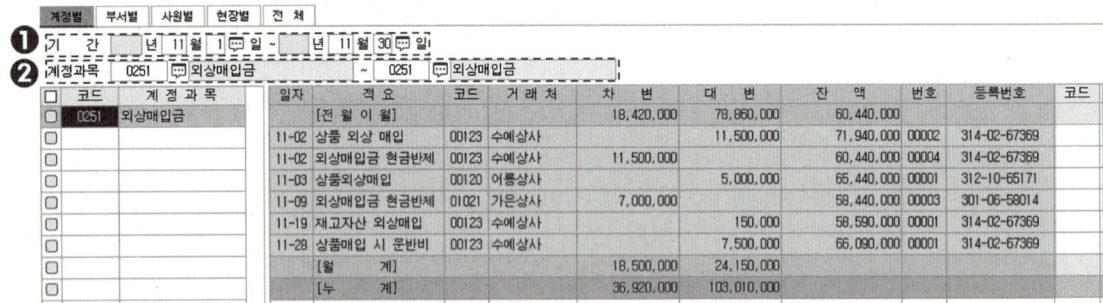

현금 계정을 제외한 일자별 거래내역 조회 가능

예제 — 계정별원장

블리상사(회사코드: 9090)의 장부를 조회하여 알맞은 답을 찾으시오.

① 11월(11월 1일~11월 30일) 중 외상 매입 건수는 몇 건인가?
② 11월(11월 1일~11월 30일) 중 외상매입금 상환 건수는 몇 건인가?

정답 및 해설

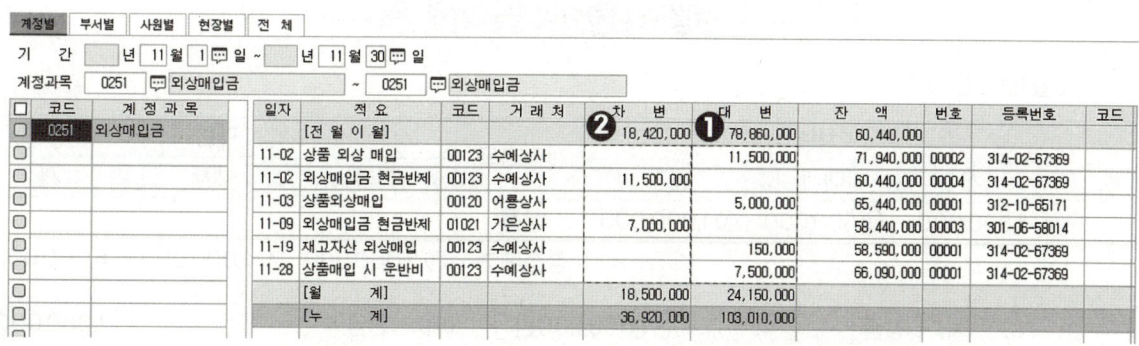

① 4건　　② 2건

4 일계표(월계표)

1. 일계표(월계표) : [장부관리] → [일계표(월계표)]

[일계표(월계표)] 메뉴는 전표에 입력된 분개 내용을 계정과목별로 집계한 메뉴이다. 현금 계정이 포함된 거래와 그렇지 않은 거래로 각각 현금과 대체란에 반영된다.

[일계표(월계표)] 메뉴의 금액은 당기의 증감액일뿐 누적잔액이 아니다.

2. [계정별원장] 메뉴 조회 방법

① **기간 입력**: 조회하고자 하는 기간을 입력한다.
② **계정과목**: 조회하고자 하는 계정과목을 입력한다.

일계표(월계표)는 조회기간의 발생한 금액이 나타난다.(기초금액 제외)

① 일계표 / 월계표
② 조회기간 [ ]년 4월 01일 ~ [ ]년 6월 30일

차변			계정과목	대변		
계	대체	현금		현금	대체	계
16,000,000	16,000,000		단 기 차 입 금	10,000,000		10,000,000
10,000,000	10,000,000		4.자 본 금			
10,000,000	10,000,000		자 본 금			
			5.매 출	11,000,000	81,200,000	92,200,000
			상 품 매 출	11,000,000	81,200,000	92,200,000
22,792,820	1,940,000	20,852,820	6.판매비및일반관리비			
8,300,000		8,300,000	급 여			
3,361,500	44,600	3,316,900	복 리 후 생 비			
546,500		546,500	여 비 교 통 비			
3,530,000	800,000	2,730,000	기 업 업 무 추 진 비			
323,000		323,000	통 신 비			
182,000	150,000	32,000	수 도 광 열 비			
1,500,000		1,500,000	수 선 비			
500,000		500,000	보 험 료			
2,559,120		2,559,120	차 량 유 지 비			
1,380,700	945,400	435,300	소 모 품 비			
610,000		610,000	수 수 료 비 용			
			7.영 업 외 수 익	1,000,000		1,000,000
			이 자 수 익	1,000,000		1,000,000
20,000		20,000	8.영 업 외 비 용			
20,000		20,000	이 자 비 용			
238,035,820	201,306,000	36,729,820	금일소계	47,050,000	201,306,000	248,356,000
35,012,000		35,012,000	금일잔고/전일잔고	24,691,820		24,691,820
273,047,820	201,306,000	71,741,820	합계	71,741,820	201,306,000	273,047,820

현금계정이 포함된 거래금액
현금 외 계정이 포함된 거래금액

참 일계표(월계표)

차변			계정과목	대변		
계	대체	현금		현금	대체	계
1,500,000	② 500,000	① 1,000,000	상품			
			상품매출	③ 2,000,000	④ 4,000,000	6,000,000

① (차) 상품 1,000,000원 (대) 현금 1,000,000원
② (차) 상품 500,000원 (대) [현금 외 계정과목] 1,000,000원
③ (차) 현금 500,000원 (대) 상품매출 1,000,000원
④ (차) [현금 외 계정과목] 500,000원 (대) 상품 1,000,000원

예제 — 일계표(월계표)

블리상사(회사코드: 9090)의 장부를 조회하여 알맞은 답을 찾으시오.
① 2/4분기(4월~6월)의 판매비와 관리비 항목 중 가장 많은 금액이 발생한 계정과목은?
② 2/4분기(4월~6월)의 판매비와 관리비 항목 중 현금으로 가장 적게 지출한 계정과목과 그 금액은 얼마인가?
③ 2/4분기(4월~6월)의 소모품비 대체거래액은 얼마인가?

정답 및 해설

차변			계정과목	대변		
계	대체	현금		현금	대체	계
16,000,000	16,000,000		단 기 차 입 금	10,000,000		10,000,000
10,000,000	10,000,000		4.자 본 금			
10,000,000	10,000,000		자 본 금			
			5.매 출	11,000,000	81,200,000	92,200,000
			상 품 매 출	11,000,000	81,200,000	92,200,000
22,792,820	1,940,000	20,852,820	6.판 매 비 및 일 반 관 리 비			
8,300,000 ❶		8,300,000	급 여			
3,361,500	44,600	3,316,900	복 리 후 생 비			
546,500		546,500	여 비 교 통 비			
3,530,000	800,000	2,730,000	기 업 업 무 추 진 비			
323,000		323,000	통 신 비			
182,000	150,000	32,000	수 도 광 열 비 ❷			
1,500,000		1,500,000	수 선 비			
500,000		500,000	보 험 료			
2,559,120		2,559,120	차 량 유 지 비			
1,380,700	945,400 ❸	435,300	소 모 품 비			
610,000		610,000	수 수 료 비 용			
			7.영 업 외 수 익	1,000,000		1,000,000
			이 자 수 익	1,000,000		1,000,000
20,000		20,000	8.영 업 외 비 용			
20,000		20,000	이 자 비 용			
238,035,820	201,306,000	36,729,820	금일소계	47,050,000	201,306,000	248,356,000
35,012,000		35,012,000	금일잔고/전일잔고	24,691,820		24,691,820
273,047,820	201,306,000	71,741,820	합계	71,741,820	201,306,000	273,047,820

① 급여   ② 수도광열비 32,000원   ③ 945,400원

5 거래처원장

1. 거래처원장: [장부관리] → [거래처원장]

[거래처원장] 메뉴는 계정과목별로 거래처별 금액을 조회하는 메뉴이다.

2. [거래처원장] 메뉴 조회 방법

① **기간 입력**: 조회하고자 하는 기간을 입력한다.
② **계정과목**: 조회하고자 하는 계정과목을 입력한다.
③ **거래처**: 조회하고자 하는 거래처를 입력한다.

코드	거래처	등록번호	대표자명	전기이월	차 변	대 변	잔 액	(담당)부서/사원
00101	수민상회	307-02-67153			2,400,000		2,400,000	
00105	구아상사	203-36-67725		4,000,000			4,000,000	
00107	의연상사	301-33-83713			3,000,000		3,000,000	
00108	휘음상사	312-14-72480		9,000,000	700,000		9,700,000	
00112	원근상사	312-13-58894		10,000,000	13,500,000		23,500,000	
00123	수예상사	314-02-67369			5,500,000	1,000,000	4,500,000	
01020	지우상사	126-05-51596			1,000,000		1,000,000	
01028	큰산테크(주)	134-81-57412			12,500,000		12,500,000	
01033	은재상사	130-01-81674			24,600,000	16,600,000	8,000,000	

검색한 계정과목에 대한 거래처별 금액 조회 가능

예제 — 거래처원장

블리상사(회사코드: 9090)의 장부를 조회하여 알맞은 답을 찾으시오.
① 상반기(1월~6월) 중 상품 외상매출액이 가장 작은 거래처의 코드번호와 금액은?
② 상반기(1월~6월) 중 은재상사로부터 회수한 외상매출금 금액?
③ 상반기(1월~6월) 중 구아상사의 외상매출금 잔액은?

정답 및 해설

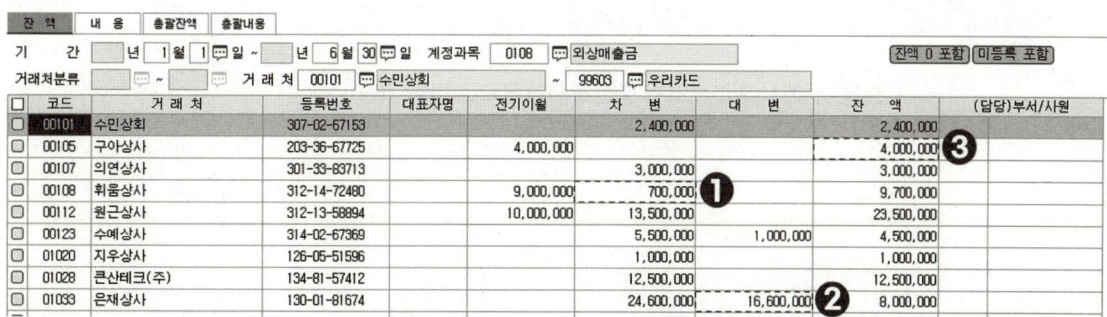

① 거래처코드 108, 금액 700,000원   ② 16,600,000원   ③ 4,000,000원

6 재무상태표

1. 재무상태표: [결산/재무제표] → [재무상태표]

[재무상태표] 메뉴는 일정 시점 자산, 부채, 자본의 잔액을 조회하는 메뉴로 당기와 전기를 비교하는 형식으로 보여준다.

2. [재무상태표] 메뉴 조회 방법

① **기간 입력**: 조회하고자 하는 월을 입력하면 입력한 월의 마지막 날로 조회된다.
② **해당하는 탭을 선택한다.**: 조회하고자 하는 계정과목을 입력한다.

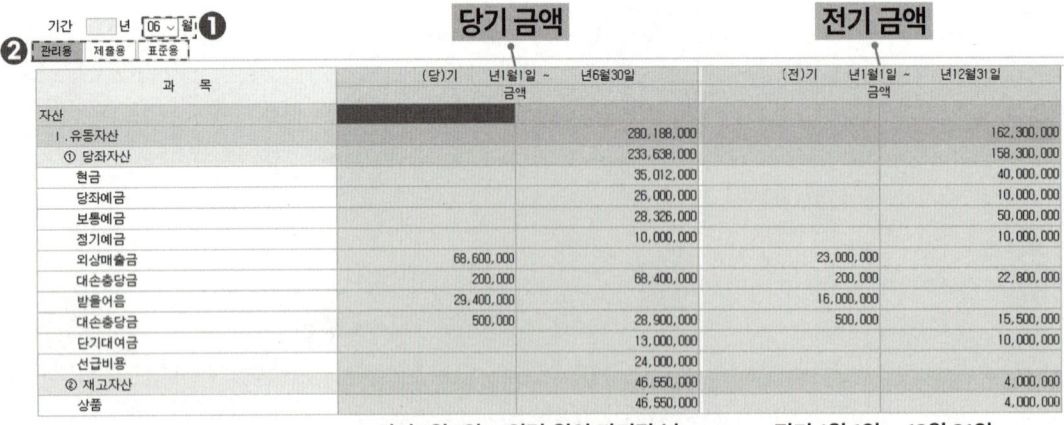

참 [재무상태표] 메뉴의 [제출용] 탭에서 외부보고용 통합표시계정으로 조회가 가능하다.

[제출용] 탭에서 외부보고용 통합표시계정으로 조회 가능

예제 — 재무상태표

블리상사(회사코드: 9090)의 장부를 조회하여 알맞은 답을 찾으시오.
① 6월말 현재 받을어음의 장부가액은 얼마인가?
② 6월말 현재 전기말과 대비해서 보통예금 증감액은 얼마인가?(단, 증가 또는 감소 여부를 기재할 것)
③ 6월말 현재 유동자산의 금액은 얼마인가?

정답 및 해설

과 목	(당)기 년1월1일 ~ 2024년6월30일		(전)기 년1월1일 ~ 2023년12월31일	
	금액		금액	
자산				
Ⅰ.유동자산		280,188,000 ❸		162,300,000
① 당좌자산		233,638,000		158,300,000
현금		35,012,000		40,000,000
당좌예금		26,000,000		10,000,000
보통예금	❷	28,326,000		50,000,000
정기예금		10,000,000		10,000,000
외상매출금	68,600,000		23,000,000	
대손충당금	200,000	68,400,000	200,000	22,800,000
받을어음	29,400,000		16,000,000	
대손충당금	500,000	28,900,000 ❶	500,000	15,500,000
단기대여금		13,000,000		10,000,000
선급비용		24,000,000		
② 재고자산		46,550,000		4,000,000
상품		46,550,000		4,000,000

① 28,900,000원   ② 21,674,000 감소   ③ 280,188,000원

7 손익계산서

1. 손익계산서: [결산/재무제표] → [손익계산서]

[손익계산서] 메뉴는 일정기간의 수익과 비용을 조회하는 메뉴로 당기와 전기를 비교하는 형식으로 보여준다.

2. [손익계산서] 메뉴 조회 방법

① **기간 입력**: 조회하고자 하는 월을 입력하면 1월 1일부터 입력한 월의 마지막 날까지 조회된다.

과 목	(당)기 년1월1일 ~ 년3월31일 금액	(전)기 년1월1일 ~ 년12월31일 금액
Ⅰ. 매출액	42,260,000	100,000,000
상품매출	42,260,000	100,000,000
Ⅱ. 매출원가		60,210,000
상품매출원가		60,210,000
기초상품재고액	4,000,000	26,000,000
당기상품매입액	25,850,000	38,210,000
기말상품재고액	29,850,000	4,000,000
Ⅲ. 매출총이익	42,260,000	39,790,000
Ⅳ. 판매비와관리비	21,859,180	18,700,000
급여	7,000,000	10,000,000
복리후생비	1,622,800	4,900,000
여비교통비	558,200	1,000,000
기업업무추진비	2,148,000	
통신비	480,000	400,000
수도광열비	451,000	

당기 금액: 당기 1월 1일 ~ 입력 월의 마지막 날
전기 금액: 전기 1월 1일 ~ 12월 31일

예제 — 손익계산서

블리상사(회사코드: 9090)의 장부를 조회하여 알맞은 답을 찾으시오.
① 3월말 현재 판매비와 관리비 중 가장 많이 발생한 계정과목은 무엇이고, 금액은 얼마인가?
② 전기말과 비교하여 당기 3월말 현재 상품매출액의 증감액은 얼마인가? (단, 증가 또는 감소 여부를 기재할 것)

정답 및 해설

기간 [ ]년 03월
관리용 / 제출용 / 표준용

과 목	(당)기 년1월1일 ~ 2024년3월31일 금액		(전)기 년1월1일 ~ 2023년12월31일 금액	
Ⅰ.매출액		42,260,000		100,000,000
상품매출 ②	42,260,000		100,000,000	
Ⅱ.매출원가				60,210,000
상품매출원가				60,210,000
기초상품재고액	4,000,000		26,000,000	
당기상품매입액	25,850,000		38,210,000	
기말상품재고액	29,850,000		4,000,000	
Ⅲ.매출총이익		42,260,000		39,790,000
Ⅳ.판매비와관리비		21,859,180		18,700,000
급여	7,000,000 ①		10,000,000	
복리후생비	1,622,800		4,900,000	
여비교통비	558,200		1,000,000	

① 7,000,000원　② 57,740,000원

8 합계잔액시산표

1. 합계잔액시산표: [결산/재무제표] → [합계잔액시산표]

[합계잔액시산표] 메뉴는 자산·부채·자본·수익·비용 계정별 차변과 대변의 합계와 잔액을 조회할 수 있는 장부이다.

2. [합계잔액시산표] 메뉴 조회 방법

① **기간 입력**: 조회하고자 하는 날짜를 입력한다.

조회시점까지의 자산, 부채, 자본의 누적 금액과 수익, 비용의 당기 발생 금액이 나타난다.

차 변		계정과목	대 변	
잔액	합계		합계	잔액
46,550,000	46,550,000	〈재 고 자 산〉		
46,550,000	46,550,000	상 품		
107,500,000	107,500,000	2.비 유 동 자 산	6,200,000	6,200,000
107,500,000	107,500,000	〈유 형 자 산〉	6,200,000	6,200,000
40,000,000	40,000,000	토 지		
61,000,000	61,000,000	차 량 운 반 구		
		감 가 상 각 누 계 액	6,000,000	6,000,000
6,500,000	6,500,000	비 품		
		감 가 상 각 누 계 액	200,000	200,000

예제: 합계잔액시산표

블리상사(회사코드: 9090)의 장부를 조회하여 알맞은 답을 찾으시오.

① 6월 30일 현재 상품재고액이 8,770,000원이라면 1월 1일부터 6월 30일까지의 매출총이익은 얼마인가?

정답 및 해설

기간 [ ]년 06월 30일

차 변		계정과목	대 변	
기초상품재고액 + 당기상품매입액	합계		합계	잔액
46,550,000	46,550,000	〈재 고 자 산〉		
46,550,000	46,550,000	상 품		
107,500,000	107,500,000	2.비 유 동 자 산	6,200,000	6,200,000
107,500,000	107,500,000	〈유 형 자 산〉	6,200,000	6,200,000
40,000,000	40,000,000	토 지		
61,000,000	61,000,000	차 량 운 반 구		
		감 가 상 각 누 계 액	6,000,000	6,000,000
6,500,000	6,500,000	비 품		
		감 가 상 각 누 계 액	200,000	200,000
	36,471,000	3.유 동 부 채	230,471,000	194,000,000
	16,360,000	외 상 매 입 금	41,550,000	25,190,000
	1,000,000	지 급 어 음	19,600,000	18,600,000
	2,451,000	미 지 급 금	78,211,000	75,760,000
	660,000	선 수 금	1,110,000	450,000
	16,000,000	단 기 차 입 금	90,000,000	74,000,000
		4.비 유 동 부 채	26,300,000	26,300,000
		장 기 차 입 금	26,300,000	26,300,000
	10,000,000	5.자 본 금	80,900,000	70,900,000
	10,000,000	자 본 금	80,900,000	70,900,000
		6.매 출	134,460,000	134,460,000
		상 품 매 출	134,460,000	134,460,000
44,652,000	44,652,000	7.판 매 비 및 일 반 관 리 비		
15,300,000	15,300,000	급 여		
433,560,000	676,115,000	합 계	676,115,000	433,560,000

① [합계잔액시산표] 6월 30일 조회 > 매출총이익 = 상품매출액 - 상품매출원가 = 134,460,000원 - (판매가능상품액(상품의 차변 잔액) 46,550,000원 - 상품재고액 8,770,000원) = 96,680,000원

실무 핵심 기출문제

블리상사(회사코드: 9090)의 장부를 조회하여 알맞은 답을 찾으시오.

(1) 상반기(1월 ~ 6월) 중 현금의 지출이 가장 많은 월(月)은 몇 월(月)이며, 그 금액은 얼마인가?

(2) 현금과 관련하여 상반기(1~6월) 중 입금액이 가장 많은 달의 그 입금액과 출금액이 가장 많은 달의 그 출금액과의 차액은 얼마인가? (단, 음수로 입력하지 말 것)

(3) 상반기(1~6월) 중 복리후생비(판) 지출액이 가장 많은 달의 지출액은 얼마인가?

(4) 1월부터 6월까지의 판매비와관리비 중 소모품비 지출액이 가장 많은 월의 금액과 가장 적은 월의 금액을 합산하면 얼마인가?

(5) 1월부터 3월 중 상품매출액이 가장 적은 달(月)의 상품매출액은 얼마인가?

(6) 3월(3월 1일 ~ 3월 31일) 중 외상매출금을 회수한 건수는 총 몇 건인가?

(7) 6월 중에 발생한 상품매출은 몇 건이며, 총 금액은 얼마인가?

(8) 2~3월 중에 발생한 상품구입 총구입건수와 총구입대금은 얼마인가?

(9) 2/4분기(4월~6월) 중 현금으로 지급한 수수료비용(판매비및관리비)은 얼마인가?

(10) 1월~5월 복리후생비(판매비와관리비) 지출액 중 현금으로 지출한 금액은 얼마인가?

(11) 3월 1일부터 6월 30일 사이의 유동부채 증가 금액은 얼마인가?

(12) 당사의 4월 1일부터 6월 30일까지에 대한 상품매출액과 상품매입액은 각각 얼마인가?

(13) 2/4분기(4월~6월)의 판매비와 관리비 항목 중 현금으로 가장 많이 지출한 계정과목코드 및 그 금액은 얼마인가?

(14) 4월 말 외상매출금 잔액이 가장 많은 거래처 상호와 금액은 얼마인가?

(15) 5월 31일 현재 매입처 어룡상사의 외상매입금 잔액은 얼마인가?

(16) 10월말 외상매입금 잔액이 가장 적은 거래처와 금액은 얼마인가?

(17) 매월 1일에서 말일까지의 하나신용카드 사용액이 다음달 25일에 보통예금으로 자동이체 되고 있다. 4월 25일 결제하여야 할 하나카드대금은 얼마인가?

(18) 4월 ~ 6월에 의연상사에 발행한 약속어음은 총 얼마인가?

(19) 6월 30일 현재 차량운반구의 장부가액은 얼마인가?

(20) 6월말 현재 외상매출금의 평가성충당금을 반영한 장부가액은 얼마인가?

(21) 6월 30일 현재 유동자산의 금액은 얼마인가?

(22) 전기 말과 비교하여 당기 6월 말 현재 외상매출금의 증감액은 얼마인가? (단, 증가 또는 감소 여부를 기재할 것)

(23) 6월말 현재 상품매출은 전기말과 대비하여 얼마 증가하였는가?

(24) 상반기(1월 ~ 6월)의 판매가능한 상품액은 얼마인가?

정답 및 해설

[1] (답) 2월, 36,289,400원

[총계정원장] 조회 > 기간: 1월 1일 ~ 6월 30일 > 계정과목: 현금

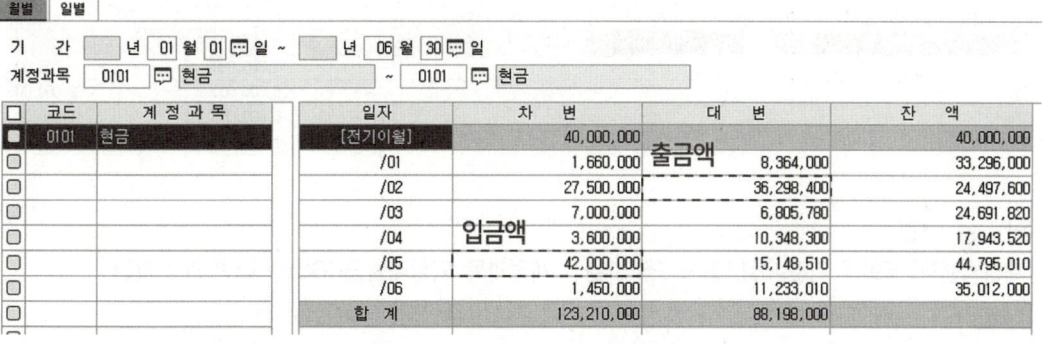

[2] (답) 5,701,600원

[총계정원장] 조회 > 기간: 1월 1일 ~ 6월 30일 > 계정과목: 현금
입금액 5월 42,000,000원 - 출금액 2월 36,298,400원 = 5,701,600원

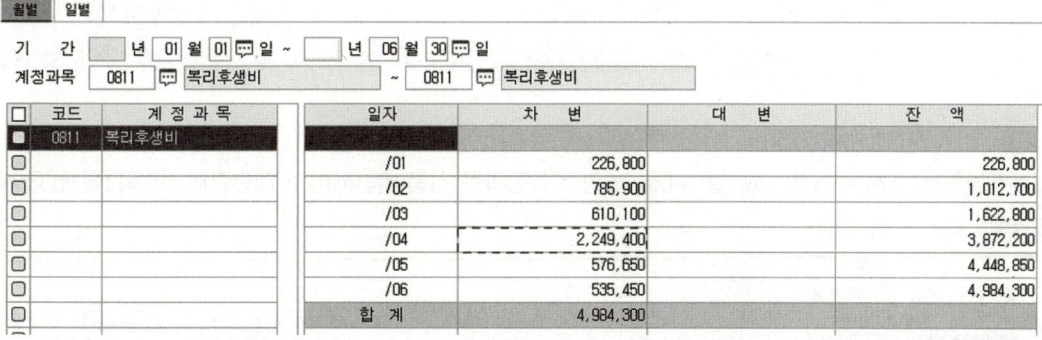

[3] (답) 2,249,400원

[총계정원장] 조회 > 기간: 1월 1일 ~ 6월 30일 > 계정과목: 현금

[4] (답)   1,040,000원

[총계정원장] 조회 > 기간: 1월 1일 ~ 6월 30일 > 계정과목: 소모품비(830)

가장 많은 월(4월) 965,400원 + 가장 적은 월(2월) 45,000원 = 1,040,400원

[5] (답)   6,260,000원

[총계정원장] 조회 > 기간: 1월 1일 ~ 3월 31일 > 계정과목: 상품매출(401)

[6] (답)   1건

[계정별원장] 조회 > 기간: 3월 1일 ~ 3월 31일 > 계정과목: 외상매출금(108) > 대변 건수 확인

[7] (답)   2건, 20,500,000원

[계정별원장] 조회 > 기간: 6월 1일 ~ 6월 30일 > 계정과목: 상품매출(401) > 대변란의 건수와 [월계] 금액확인

[8] (답)   5건, 16,750,000원

[계정별원장] 조회 > 기간: 2월 1일 ~ 3월 31일 > 계정과목: 상품(146)
① 총 구입건수(5건): 대변에 금액이 발생한 건수
② 총 구입대금(16,750,000원): 3월 [누계] - [전월이월] = 2월 [월계] + 3월 [월계]

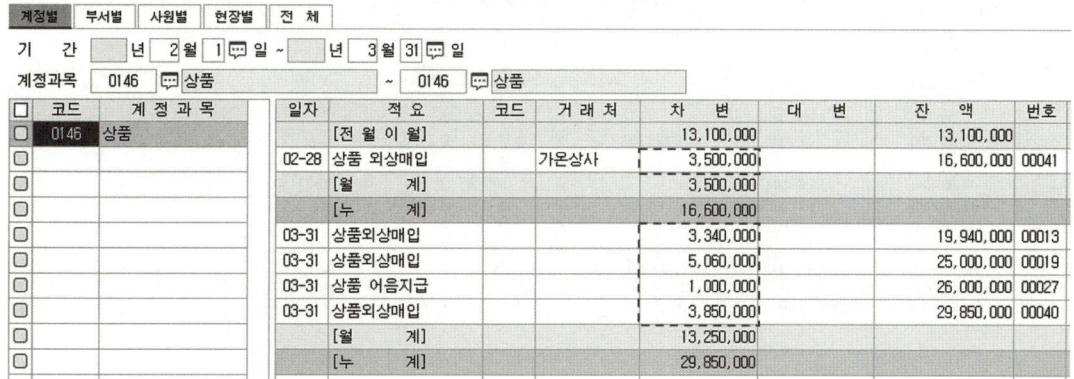

[9] (답)   610,000원

[일계표(월계표)] > 조회기간: 4월 ~ 6월(또는 4월 1일 ~ 6월 30일) > 판매비및일반관리비 > 수수료비용 > 차변의 현금란

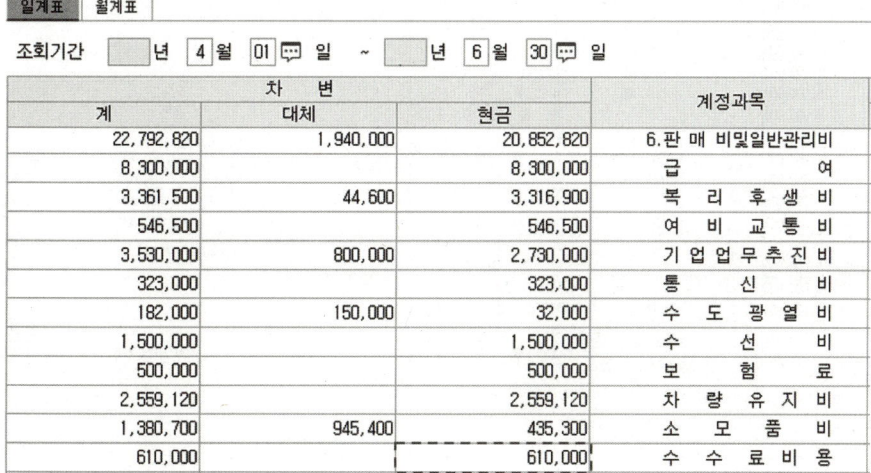

[10] (답)   4,298,250원

[일계표(월계표)] > 조회기간: 1월 ~ 5월(또는 1월 1일 ~ 5월 31일) > 판매비및일반관리비 > 복리후생비 > 차변의 현금란

[11] (답)　　　39,900,000원

[일계표(월계표)] > 조회기간: 3월 1일 ~ 6월 30일 > 유동부채 대변 [계] - 차변 [계]

차변			계정과목	대변		
계	대체	현금		현금	대체	계
25,000,000	25,000,000		차 량 운 반 구			
1,500,000		1,500,000	비　　　　품			
32,411,000	21,866,000	10,545,000	3.유 동 부 채	10,450,000	61,861,000	72,311,000
12,960,000	4,500,000	8,460,000	외 상 매 입 금		19,450,000	19,450,000
1,000,000	1,000,000		지 급 어 음		9,600,000	9,600,000
2,451,000	366,000	2,085,000	미 지 급 금		32,811,000	32,811,000
			선　　수　　금	450,000		450,000
16,000,000	16,000,000		단 기 차 입 금	10,000,000		10,000,000
10,000,000	10,000,000		4.자　본　금			
10,000,000	10,000,000		자　본　금			
			5.매　　　출	17,000,000	85,400,000	102,400,000
269,082,600	225,547,000	43,535,600	금일소계	54,050,000	225,547,000	279,597,000
35,012,000		35,012,000	금일잔고/전일잔고	24,497,600		24,497,600
304,094,600	225,547,000	78,547,600	합계	78,547,600	225,547,000	304,094,600

[12] (답)　　　상품매입액: 16,700,000원, 상품매출액: 92,200,000원

[일계표(월계표)] > 조회기간: 4월 1일 ~ 6월 30일 > 상품 차변 [계], 상품매출 대변 [계]

차변			계정과목	대변		
계	대체	현금		현금	대체	계
24,000,000	24,000,000		선 급 비 용			
16,700,000	13,300,000	3,400,000	<재 고 자 산>			
16,700,000	13,300,000	3,400,000	상　　　　품			
26,500,000	25,000,000	1,500,000	2.비 유 동 자 산			
26,500,000	25,000,000	1,500,000	<유 형 자 산>			
25,000,000	25,000,000		차 량 운 반 구			
1,500,000		1,500,000	비　　　　품			
32,411,000	21,866,000	10,545,000	3.유 동 부 채	10,450,000	41,820,000	52,270,000
12,960,000	4,500,000	8,460,000	외 상 매 입 금		7,200,000	7,200,000
1,000,000	1,000,000		지 급 어 음		8,600,000	8,600,000
2,451,000	366,000	2,085,000	미 지 급 금		26,020,000	26,020,000
			선　　수　　금	450,000		450,000
16,000,000	16,000,000		단 기 차 입 금	10,000,000		10,000,000
10,000,000	10,000,000		4.자　본　금			
10,000,000	10,000,000		자　본　금			
			5.매　　　출	11,000,000	81,200,000	92,200,000
			상 품 매 출	11,000,000	81,200,000	92,200,000

[13] (답)   계정과목코드: 801, 8,300,000원

[일계표(월계표)] > 조회기간: 4월 1일 ~ 6월 30일 > 판매비및일반관리비 > 차변의 현금 항목 조회
(계정과목코드는 계정과목을 더블클릭하면 확인할 수 있다.)

차변			계정과목
계	대체	현금	
10,000,000	10,000,000		4.자 본 금
10,000,000	10,000,000		자 본 금
			5.매 출
			상 품 매 출
22,792,820	1,940,000	20,852,820	6.판 매 비및일반관리비
8,300,000		8,300,000	급 여
3,361,500	44,600	3,316,900	복 리 후 생 비
546,500		546,500	여 비 교 통 비
3,530,000	800,000	2,730,000	기 업 업 무 추 진 비
323,000		323,000	통 신 비
182,000	150,000	32,000	수 도 광 열 비
1,500,000		1,500,000	수 선 비
500,000		500,000	보 험 료
2,559,120		2,559,120	차 량 유 지 비
1,380,700	945,400	435,300	소 모 품 비
610,000		610,000	수 수 료 비 용

원장조회
기 간: 년 4월 1일 ~ 년 6월 30일 전표수정(F3)
계정과목: 0801 급여 ~ 0801 급여

[14] (답)   은재상사, 13,000,000원

[거래처원장] > 조회기간: ~ 4월 30일 > 계정과목: 외상매출금(108) > 잔액란 확인

코드	거래처	등록번호	대표자명	전일이월	차변	대변	잔액
00101	수민상회	307-02-67153		2,400,000			2,400,000
00105	구아상사	203-36-67725		4,000,000			4,000,000
00108	휘움상사	312-14-72480		9,700,000			9,700,000
00112	원근상사	312-13-58894		11,500,000			11,500,000
00123	수예상사	314-02-67369		3,000,000	2,500,000		5,500,000
01033	은재상사	130-01-81674		3,600,000	20,000,000	10,600,000	13,000,000

[15] (답)   1,000,000원

[거래처원장] > 기간: ~ 5월 31일 > 계정과목: 외상매입금(251) > 잔액란 확인

코드	거래처	등록번호	대표자명	전일이월	차변	대변	잔액
00120	어룡상사	312-10-65171		5,060,000	4,060,000		1,000,000

[16] (답) 수예상사, 300,000원

[거래처원장] > 기간: ~ 10월 31일 > 계정과목: 외상매입금(251) > 잔액란 확인

코드	거래처	등록번호	대표자명	전일이월	차 변	대 변	잔 액
00101	수민상회	307-02-67153		2,640,000			2,640,000
00102	엘리상사	130-34-66652		3,000,000			3,000,000
00111	미국 BRIZ사			8,000,000			8,000,000
00119	동오상사	312-08-23732		7,500,000			7,500,000
00120	어룡상사	312-10-65171		1,000,000			1,000,000
00123	수예상사	314-02-67369		300,000			300,000
01021	가은상사	301-06-58014		20,900,000			20,900,000
01029	초이상사	112-22-86695		3,000,000			3,000,000
01030	하이상사	113-23-75000		4,100,000			4,100,000
100000	미등록 거래처			10,000,000			10,000,000

[17] (답) 6,000,000원

[거래처원장] > 기간: 3월 1일 ~ 3월 31일 > 계정과목: 외상매입금(251), 미지급금(253) > 거래처: 하나카드 > 대변

코드	거래처	등록번호	대표자명	전월이월	차 변	대 변	잔 액	(담당)부
99602	하나카드	5595-9865-1212-333				6,000,000	6,000,000	

[18] (답) 5,700,000원

[거래처원장] > 기간: 4월 1일 ~ 6월 30일 > 계정과목: 지급어음(252) > 거래처: 의연상사 > 대변

코드	거래처	등록번호	대표자명	전월이월	차 변	대 변	잔 액	(담당)부
00107	의연상사	301-33-83713		1,000,000	1,000,000	5,700,000	5,700,000	

[19] (답) 55,000,000원

[재무상태표] > 기간: 6월

과 목	(당)기 년1월1일 ~ 년6월30일 금액		(전)기 년1월1일 ~ 년12월31일 금액	
II. 비유동자산		101,300,000		73,800,000
① 투자자산				
② 유형자산		101,300,000		73,800,000
토지		40,000,000		40,000,000
차량운반구	61,000,000		36,000,000	
감가상각누계액	6,000,000	55,000,000	6,000,000	30,000,000
비품	6,500,000		4,000,000	
감가상각누계액	200,000	6,300,000	200,000	3,800,000

[20] (답)   68,400,000원
[재무상태표] > 기간: 6월

과 목	(당)기 년1월1일 ~ 년6월30일 금액		(전)기 년1월1일 ~ 년12월31일 금액	
자산				
Ⅰ.유동자산		280,188,000		162,300,000
① 당좌자산		233,638,000		158,300,000
현금		35,012,000		40,000,000
당좌예금		26,000,000		10,000,000
보통예금		28,326,000		50,000,000
정기예금		10,000,000		10,000,000
외상매출금	68,600,000		23,000,000	
대손충당금	200,000	68,400,000	200,000	22,800,000
받을어음	29,400,000		16,000,000	
대손충당금	500,000	28,900,000	500,000	15,500,000
단기대여금		13,000,000		10,000,000
선급비용		24,000,000		

[21] (답)   280,188,000원
[재무상태표] > 기간: 6월

과 목	(당)기 년1월1일 ~ 년6월30일 금액	(전)기 년1월1일 ~ 년12월31일 금액
자산		
Ⅰ.유동자산	280,188,000	162,300,000
① 당좌자산	233,638,000	158,300,000
현금	35,012,000	40,000,000

[22] (답)   45,600,000원 증가
[재무상태표] > 기간: 6월
  • 당기 6월 말 외상매출금: 68,600,000원
  • 전기말 외상매출금: 23,000,000원

과 목	(당)기 년1월1일 ~ 년6월30일 금액		(전)기 년1월1일 ~ 년12월31일 금액	
자산				
Ⅰ.유동자산		280,188,000		162,300,000
① 당좌자산		233,638,000		158,300,000
현금		35,012,000		40,000,000
당좌예금		26,000,000		10,000,000
보통예금		28,326,000		50,000,000
정기예금		10,000,000		10,000,000
외상매출금	68,600,000		23,000,000	
대손충당금	200,000	68,400,000	200,000	22,800,000

[23] (답)   34,460,000원 증가

[손익계산서] > 기간: 6월

• 당기 1월 1일 ~ 6월 30일 상품매출 134,460,000원

• 전기 상품매출 100,000,000원

[24] (답)   46,550,000원

• 판매가능상품 = 기초상품재고액 + 당기상품매입액

① [손익계산서] > 기간: 6월 > 기초상품재고액 4,000,000원 + 당기상품매입액 42,550,000원

② [합계잔액시산표] > 기간: 6월 30일 > 상품 차변 합계액

③ [총계정원장] > 기간: 1월 1일 ~ 6월 30일 > 차변 합계

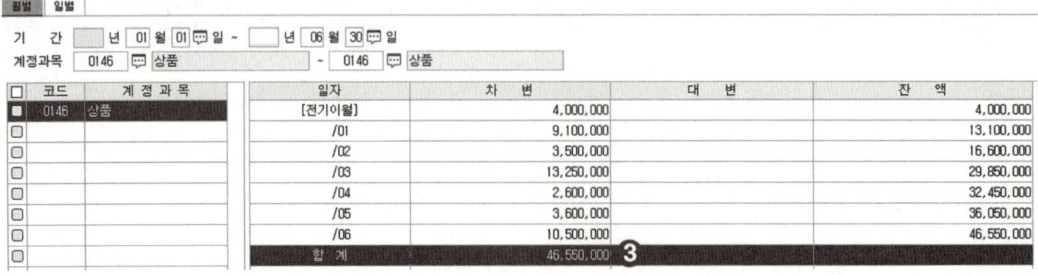

참 일계표(월계표)는 누계잔액이 아닌 발생금액의 합계가 나타난다.

[일계표(월계표)]

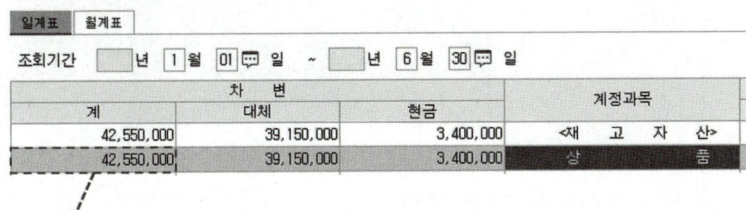

일계표(월계표)는 조회기간의 발생금액이 나타난다.(기초금액 제외)

혜원쌤이 알려주는 전산회계 2급의 모든 것!

Part 3 전산회계 2급 기출문제

CHAPETER 01 전산회계 2급 기출문제 분석

CHAPETER 02 전산회계 2급 모의고사(114회~103회)

PART 03

전산회계 2급 기출문제

CHAPTER 01 전산회계 2급 기출문제 분석

1 전산회계2급 기출문제 유형분석

이론	이론 1번 ~ 이론 15번	30점 (문항당 2점)	회계의 기본원리	• 회계의 기본개념, 재무제표, 재무상태표, 손익계산서, 재무상태표와 손익계산서 관계, 회계상 거래, 복식부기, 거래의 결합관계, 장부, 전기(계정의 작성방법)
			자산	• 당좌자산(당좌자산의 정의와 계정과목, 현금 및 현금성자산, 단기투자자산, 매출채권, 기타의 당좌자산, 대손) • 재고자산(재고자산의 정의와 계정과목, 상품의 취득원가, 매출원가와 기말재고액 계산(상품 T계정), 수량과 단가결정방법, 재고자산금액 오류의 영향) • 투자자산(투자자산의 정의와 계정과목) • 유형자산(유형자산의 정의와 계정과목, 유형자산의 취득원가, 유형자산의 취득 후 지출(수익적·자본적 지출), 유형자산의 감가상각, 유형자산의 처분, 수익적·자본적 지출 분개 오류의 영향) • 무형자산의 정의와 계정과목
			부채	• 부채의 정의와 계정과목
			자본	• 자본의 정의와 계정과목, 자본금(인출금)의 회계처리, 자본 변동 공식
			수익과 비용	• 수익과 비용의 정의와 계정과목, 손익계산, 거래의 종류
			결산	• 회계의 순환과정, 마감, 시산표, 결산정리사항, 분개 오류의 영향
실무	실무 1번	6점	회사등록	• 사업자등록증을 보고 [회사등록] 메뉴에서 입력·수정
	실무 2번	6점	전기분 재무제표	• 전기분 재무상태표, 손익계산서를 보고 [전기분재무상태표], [전기분손익계산서] 메뉴에서 입력·수정
	실무 3번	6점 (문항당 3점)	거래처 등록	• 거래처(일반거래처, 금융기관, 신용카드)의 자료를 주고 [거래처등록] 메뉴에서 입력·수정
			계정과목 및 적요등록	• 계정과목에 대한 자료를 주고 [계정과목및적요등록] 메뉴에서 입력·수정
			거래처별 초기이월	• 채권·채무 계정과목의 거래처별 초기이월 금액을 알려주고 [거래처별초기이월] 메뉴에서 입력·수정
	실무 4번	25점 (문항당 3점)	일반전표 입력	• 거래자료를 주고 분개하여 [일반전표입력] 메뉴에 입력
	실무 5번	6점 (문항당 3점)	오류수정	• [일반전표입력] 메뉴에 잘못 입력된 내용을 검토하여 수정 또는 삭제, 추가 입력
	실무 6번	12점 (문항당 3점)	결산정리 사항 입력	• 결산정리사항 자료를 주고 [일반전표입력] 메뉴에 직접 수동분개 입력 또는 [결산자료입력] 메뉴를 활용한 자동분개 생성을 통해 결산대체분개를 입력
	실무 7번	10점	장부조회	• 각종 장부를 조회하여 수험용 프로그램의 [이론문제 답안작성]에 입력

2 전산회계2급 기출문제 풀이 시 유의사항

1. 풀이순서

이론문제와 실무문제의 풀이를 진행하는 순서는 상관없으나 일반적으로 배점이 높고 시간이 많이 걸리는 실무문제 풀이를 먼저 진행하며 프로그램에 작업 한뒤 이론문제 풀이를 진행하는 것이 효율적입니다.

2. 입력 시 유의사항

문제에서 별도의 제시가 없는 한 [입력 시 유의사항]에 따라 입력하면 됩니다. 따라서 일반적인 경우에는 적요 입력을 생략하지만, [입력 시 유의사항]에서 타계정 대체거래는 적요 번호를 선택하여 입력할 것을 제시하고 있습니다. 문제에서 별도의 제시가 없다면 타계정 대체거래 이외의 사항에 대하여 적요를 입력하여도 입력하지 않은 것과 동일하게 채점됩니다.

참 [일반전표입력] 입력 시 유의사항

< 입력 시 유의사항 >
- 적요의 입력은 생략한다.
- 부가가치세는 고려하지 않는다.
- 채권·채무와 관련된 거래는 별도의 요구가 없는 한 반드시 기등록된 거래처코드를 선택하는 방법으로 거래처명을 입력한다.
- 회계처리 시 계정과목은 별도의 제시가 없는 한 등록된 계정과목 중 가장 적절한 과목으로 한다.

3. 거래처 코드

일반전표입력에서는 채권·채무에 관련된 계정과목에 대해서만 거래처코드를 입력하면 되며, 채권 채무에 관련된 계정과목 이외의 계정과목에도 정확한 거래처를 입력한 경우에는 감점 요인이 아닙니다.

참 거래처 코드를 반드시 입력해야 하는 계정과목

채권	채무
외상매출금	외상매입금
받을어음	지급어음
미수금	미지급금
선급금	선수금
장·단기 대여금	장·단기 차입금, 유동성장기부채
임차보증금	임대보증금

4. 일반전표입력

하나의 거래는 하나의 전표로 처리하는 것이 원칙입니다.

5. 일반전표입력·수정

전표의 추가입력, 수정 등은 메뉴 안에서 제시된 일자에 따라 추가입력(입·출금을 대체전표로 처리하여도 무방), 수정입력(해당 전표를 직접 수정하거나 삭제한 후 새로 입력하여도 무방)하면 됩니다.

6. 결산정리사항

결산대체분개는 먼저 일반전표입력 메뉴에 해당하는 결산정리사항(선급비용, 선납세금의 대체 등)을 입력한 후, 결산자료입력 메뉴의 해당란에 문제에서 제시한 금액을 입력하고 반드시 결산대체분개를 입력(전표 추가기능을 사용하여 자동분개 생성 또는 일반전표입력 메뉴에 직접 수동분개 입력) 하여야 합니다.

7. DATA 연결된 문제(결산정리사항, 장부조회)

앞선 문제의 답안에 따라서 영향을 받는 DATA가 연결된 문제는 앞의 문제가 틀렸다고 해도 각자 본인의 DATA를 적용하여 뒤에 나오는 문제를 요청에 따라 정확하게 회계처리 했다면 정답으로 인정합니다.

3 전산회계2급 시험 절차

20×1년 ×월 ×일 시행
제×××회 전산세무회계자격시험

종목 및 등급: **전산회계2급**
- 제한시간 : 60분
- 페이지수 : 12p

▶ 시험 시작 전 문제를 풀지 말 것 ◀

1. USB 수령	① 감독관으로부터 시험 응시에 필요한 종목별 수험용 BACKDATA 설치용 **USB**를 수령한다. ② **USB 꼬리표**가 **본인의 응시 종목과 일치**하는지 확인하고, 꼬리표 뒷면에 수험정보를 정확히 기재한다.
2. USB 설치	③ USB를 컴퓨터의 USB 포트에 삽입하여 인식된 해당 USB 드라이브로 이동한다. ④ USB 드라이브에서 수험용 BACKDATA 설치프로그램인 'Tax.exe' 파일을 실행한다. [주의] 수험용 BACKDATA 설치 이후, 시험 중 수험자 임의로 절대 재설치(초기화)하지 말 것.
3. 수험정보입력	⑤ [수험번호(8자리)]와 [성명]을 정확히 입력한 후 [설치] 버튼을 클릭한다. ※입력한 수험정보는 이후 절대 수정이 불가하니 본인의 수험정보를 정확히 입력할 것.
4. 시험지 수령	⑥ 시험지와 본인의 응시 종목 및 급수 일치 여부와 문제유형(A 또는 B)을 확인하고, 문제유형(A 또는 B)을 프로그램에 입력한다. ⑦ 시험지의 총 페이지수를 확인한다. ※응시 종목 및 급수와 파본 여부를 확인하지 않은 것에 대한 책임은 수험자에게 있음.
5. 시험 시작	⑧ 감독관이 불러주는 '감독관확인번호'를 정확히 입력하고, 시험에 응시한다.
6. (시험을 마치면) USB 저장	⑨ 이론문제의 답은 프로그램의 메인화면에서 `이론문제 답안작성` 을 클릭하여 입력한다. ⑩ 실무문제의 답은 문항별 요구사항을 수험자가 파악하여 각 메뉴에 입력한다. ⑪ 이론문제와 실무문제의 답안을 모두 입력한 후 `답안저장(USB로 저장)` 을 클릭하여 답안을 저장한다. ⑫ [답안저장] 팝업창의 USB로 전송완료 메시지를 확인한다.
7. USB 제출	⑬ 답안이 수록된 USB 메모리를 빼서, <감독관>에게 제출 후 조용히 퇴실한다.

▶ 본 자격시험은 전산프로그램을 이용한 자격시험입니다. 컴퓨터의 사양에 따라 자격검정(KcLep)프로그램의 구동이 원활하지 않을 수 있으므로 자격검정(KcLep)프로그램의 진행 속도를 고려하여 입력해주시기를 바랍니다.
▶ 수험번호나 성명 등을 잘못 입력했거나, 답안을 USB에 저장하지 않음으로써 발생하는 일체의 불이익과 책임은 수험자 본인에게 있습니다.
▶ 타인의 답안을 자신의 답안으로 부정 복사한 경우 해당 관련자는 모두 불합격 처리됩니다.
▶ 타인 및 본인의 답안을 복사하거나 외부로 반출하는 행위는 모두 부정행위 처리됩니다.
▶ PC, 프로그램 등 조작 미숙으로 시험이 불가능하다고 판단될 경우 불합격 처리될 수 있습니다.
▶ **시험 진행 중에는 자격검정(KcLep)프로그램을 제외한 일체의 다른 프로그램을 사용할 수 없습니다.**
 (예시. 인터넷, 메모장, 윈도우 계산기 등)

`이론문제 답안작성` 을 한번도 클릭하지 않으면 `답안저장(USB로 저장)` 을 클릭해도 답안이 저장되지 않습니다.

한국세무사회

114회 전산회계 2급

이론시험

다음 문제를 보고 알맞은 것을 골라 [이론문제 답안작성] 메뉴에 입력하시오. (객관식 문항당 2점)

―― < 기 본 전 제 > ――
문제에서 한국채택국제회계기준을 적용하도록 하는 전제조건이 없는 경우, 일반기업회계기준을 적용한다.

01 다음은 계정의 기록 방법에 대한 설명이다. 아래의 (가)와 (나)에 각각 들어갈 내용으로 옳게 짝지어진 것은?

- 부채의 감소는 (가)에 기록한다.
- 수익의 증가는 (나)에 기록한다.

	(가)	(나)
①	대변	대변
②	차변	차변
③	차변	대변
④	대변	차변

02 다음은 한국상점(회계기간 : 매년 1월 1일~12월 31일)의 현금 관련 자료이다. 아래의 (가)에 들어갈 계정과목으로 옳은 것은?

- 01월 30일 - 장부상 현금 잔액 400,000원
  - 실제 현금 잔액 500,000원
- 12월 31일 - 결산 시까지 현금과부족 계정 잔액의 원인이 밝혀지지 않음.

현금과부족					
7/1	이자수익	70,000원	1/30	현 금	100,000원
	(가)	30,000원			
		100,000원			100,000원

① 잡손실　② 잡이익　③ 현금과부족　④ 현금

03 다음 중 거래의 결과로 인식할 비용의 분류가 나머지와 다른 것은?

① 영업부 사원의 당월분 급여 2,000,000원을 현금으로 지급하다.
② 화재로 인하여 창고에 보관하던 상품 500,000원이 소실되다.
③ 영업부 사무실 건물에 대한 월세 200,000원을 현금으로 지급하다.
④ 종업원의 단합을 위해 체육대회행사비 50,000원을 현금으로 지급하다.

04 다음의 자료를 이용하여 계산한 당기 중 외상으로 매출한 금액(에누리하기 전의 금액)은 얼마인가?

• 외상매출금 기초잔액 : 400,000원   • 외상매출금 당기 회수액 : 600,000원
• 외상매출금 중 에누리액 : 100,000원   • 외상매출금 기말잔액 : 300,000원

① 300,000원   ② 400,000원   ③ 500,000원   ④ 600,000원

05 다음 중 아래의 자료에서 설명하는 특징을 가진 재고자산의 단가 결정방법으로 옳은 것은?

• 실제 재고자산의 물량 흐름과 괴리가 발생하는 경우가 많다.
• 일반적으로 기말재고액이 과소 계상되는 특징이 있다.

① 개별법   ② 가중평균법   ③ 선입선출법   ④ 후입선출법

06 다음은 한국제조가 당기 중 처분한 기계장치 관련 자료이다. 기계장치의 취득가액은 얼마인가?

• 유형자산처분이익 : 7,000,000원   • 처분가액 : 12,000,000원
• 감가상각누계액 : 5,000,000원

① 7,000,000원   ② 8,000,000원   ③ 9,000,000원   ④ 10,000,000원

07 다음의 자료를 참고하여 기말자본을 구하시오.

• 당기총수익 2,000,000원   • 기초자산 1,700,000원
• 당기총비용 1,500,000원   • 기초자본 1,300,000원

① 1,200,000원   ② 1,500,000원   ③ 1,800,000원   ④ 2,000,000원

08 다음 중 손익의 이연을 처리하기 위해 사용하는 계정과목을 모두 고른 것은?

| 가. 선급비용 | 나. 선수수익 | 다. 대손충당금 | 라. 잡손실 |

① 가, 나 ② 가, 다 ③ 나, 다 ④ 다, 라

09 다음 중 재고자산의 종류에 해당하지 않는 것은?

① 상품 ② 재공품 ③ 반제품 ④ 비품

10 다음 중 아래의 (가)와 (나)에 각각 들어갈 부채 항목의 계정과목으로 옳게 짝지어진 것은?

- 현금 등 대가를 미리 받았으나 수익이 실현되는 시점이 차기 이후에 속하는 경우 (가)(으)로 처리한다.
- 일반적인 상거래 외의 거래와 관련하여 발생한 현금 수령액 중 임시로 보관하였다가 곧 제3자에게 다시 지급해야 하는 경우 (나)(으)로 처리한다.

　　　(가)　　　　　(나)
① 선급금　　　　예수금
② 선수수익　　　예수금
③ 선수수익　　　미수수익
④ 선급금　　　　미수수익

11 다음 중 회계상 거래에 해당하는 것은?

① 직원 1명을 신규 채용하고 근로계약서를 작성했다.
② 매장 임차료를 종전 대비 5% 인상하기로 임대인과 구두 협의했다.
③ 제품 100개를 주문한 고객으로부터 제품 50개 추가 주문을 받았다.
④ 사업자금으로 차입한 대출금에 대한 1개월분 대출이자가 발생하였다.

12 다음 중 아래의 회계처리에 대한 설명으로 가장 적절한 것은?

| (차) 현금 | 10,000원 | (대) 외상매출금 | 10,000원 |

① 상품을 판매하고 현금 10,000원을 수령하였다.
② 지난달에 판매한 상품이 환불되어 현금 10,000원을 환불하였다.
③ 지난달에 판매한 상품에 대한 대금 10,000원을 수령하였다.
④ 상품을 판매하고 대금 10,000원을 다음달에 받기로 하였다.

13 다음 중 일반기업회계기준에서 규정하고 있는 재무제표의 종류로 올바르지 않은 것은?

① 시산표   ② 손익계산서   ③ 자본변동표   ④ 현금흐름표

14 ㈜서울은 직접 판매와 수탁자를 통한 위탁판매도 하고 있다. 기말 현재 재고자산의 현황이 아래와 같을 때, 기말 재고자산 가액은 얼마인가?

- ㈜서울의 창고에 보관 중인 재고자산 가액 : 500,000원
- 수탁자에게 위탁판매를 요청하여 수탁자 창고에 보관 중인 재고자산 가액 : 100,000원
- 수탁자의 당기 위탁판매 실적에 따라 ㈜서울에 청구한 위탁판매수수료 : 30,000원

① 400,000원   ② 470,000원   ③ 570,000원   ④ 600,000원

15 다음 자료를 이용하여 당기 매출총이익을 구하시오.

- 기초 재고자산 : 200,000원
- 재고자산 당기 매입액 : 1,000,000원
- 기말 재고자산 : 300,000원
- 당기 매출액 : 2,000,000원
- 판매 사원에 대한 당기 급여 총지급액 : 400,000원

① 600,000원   ② 700,000원   ③ 1,000,000원   ④ 1,100,000원

실무시험

두일상사(회사코드:9114)는 사무용가구를 판매하는 개인기업으로 당기 회계기간은 20×1.1.1.~20×1.12.31.이다. 전산세무회계 수험용 프로그램을 이용하여 다음 물음에 답하시오.

< 기본전제 >

· 문제에서 한국채택국제회계기준을 적용하도록 하는 전제조건이 없는 경우, 일반기업회계기준을 적용하여 회계처리 한다.
· 문제의 풀이와 답안작성은 제시된 문제의 순서대로 진행한다.

01 다음은 두일상사의 사업자등록증이다. [회사등록] 메뉴에 입력된 내용을 검토하여 누락분은 추가 입력하고 잘못된 부분은 정정하시오. (단, 우편번호 입력은 생략할 것) (6점)

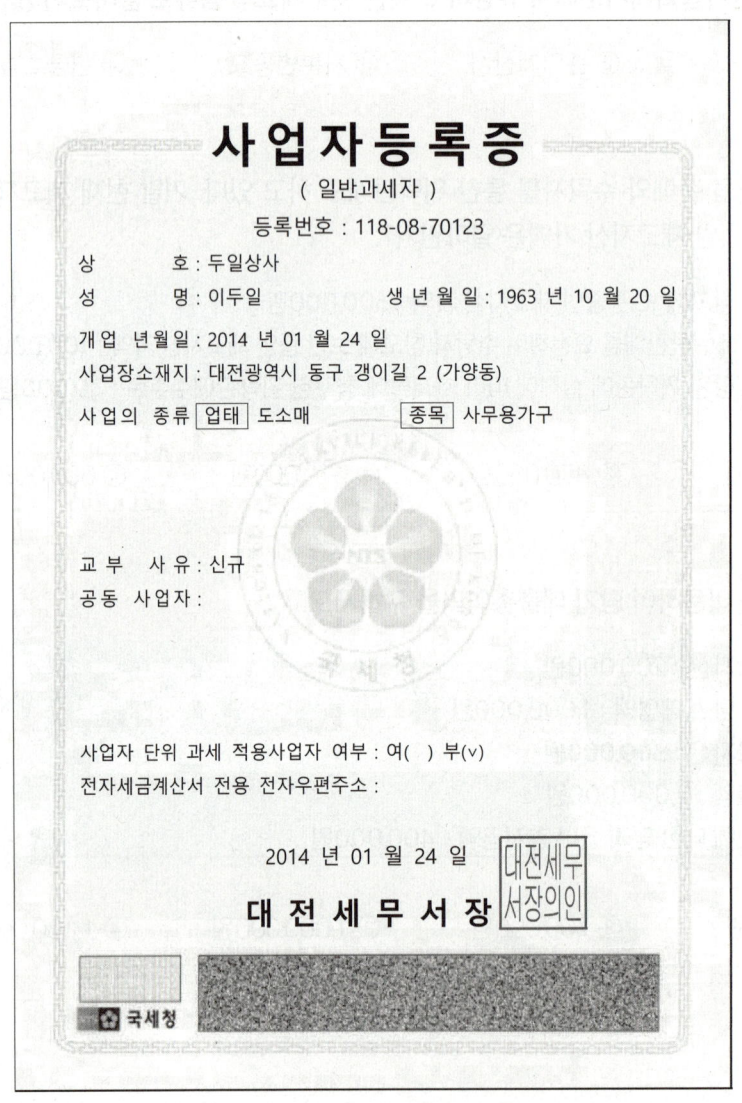

사 업 자 등 록 증
(일반과세자)
등록번호 : 118-08-70123

상   호 : 두일상사
성   명 : 이두일   생 년 월 일 : 1963 년 10 월 20 일
개 업 년월일 : 2014 년 01 월 24 일
사업장소재지 : 대전광역시 동구 갱이길 2 (가양동)

사업의 종류 업태 도소매   종목 사무용가구

교 부 사 유 : 신규
공 동 사업자 :

사업자 단위 과세 적용사업자 여부 : 여( ) 부(v)
전자세금계산서 전용 전자우편주소 :

2014 년 01 월 24 일
대 전 세 무 서 장

02

다음은 두일상사의 전기분 재무상태표이다. 입력되어 있는 자료를 검토하여 오류부분은 정정하고 누락된 부분은 추가 입력하시오. (6점)

재 무 상 태 표

회사명 : 두일상사　　　　　　　　제××기 20×0. 12. 31현재　　　　　　　　(단위 : 원)

과목	금액		과목	금액	
현　　　　　금		60,000,000	외 상 매 입 금		55,400,000
당 　좌 　예 　금		45,000,000	지 　급 　어 　음		90,000,000
보 　통 　예 　금		53,000,000	미 　지 　급 　금		78,500,000
외 상 매 출 금	90,000,000		단 기 차 입 금		45,000,000
대 손 충 당 금	900,000	89,100,000	장 기 차 입 금		116,350,000
받 　을 　어 　음	65,000,000		자 　본 　금		156,950,000
대 손 충 당 금	650,000	64,350,000	(당기순이익 :		
단 기 대 여 금		50,000,000	46,600,000)		
상 　　　　품		3,000,000			
소 　모 　품		500,000			
토 　　　　지		100,000,000			
차 량 운 반 구	64,500,000				
감가상각누계액	10,750,000	53,750,000			
비 　　　　품	29,500,000				
감가상각누계액	6,000,000	23,500,000			
자 　산 　총 　계		542,200,000	부채와 자본총계		542,200,000

03

다음 자료를 이용하여 입력하시오. (6점)

(1) 다음의 자료를 이용하여 기초정보관리의 [거래처등록] 메뉴를 거래처(금융기관)를 추가로 등록하시오. (단, 주어진 자료 외의 다른 항목은 입력할 필요 없음) (3점)

- 코드 : 98100
- 유형 : 정기적금
- 계좌개설은행 : 케이뱅크
- 거래처명 : 케이뱅크 적금
- 계좌번호 : 1234-5678-1234
- 계좌개설일 : 20×1년 7월 1일

(2) 외상매출금과 단기차입금의 거래처별 초기이월 채권과 채무의 잔액은 다음과 같다. 입력된 자료를 검토하여 잘못된 부분은 수정 또는 삭제, 추가 입력하여 주어진 자료에 맞게 정정하시오. (3점)

계정과목	거래처명	잔액	계
외상매출금	태양마트	34,000,000원	90,000,000원
	㈜애옹전자	56,000,000원	
단기차입금	은산상사	20,000,000원	45,000,000원
	세연상사	22,000,000원	
	일류상사	3,000,000원	

04 [일반전표입력] 메뉴를 이용하여 다음의 거래 자료를 입력하시오. (24점)

< 입력시 유의사항 >

· 적요의 입력은 생략한다.
· 부가가치세는 고려하지 않는다.
· 채권·채무와 관련된 거래는 별도의 요구가 없는 한 반드시 기등록된 거래처코드를 선택하는 방법으로 거래처명을 입력한다.
· 회계처리 시 계정과목은 별도의 제시가 없는 한 등록된 계정과목 중 가장 적절한 과목으로 한다.

(1) 07월 03일   거래처 대전상사로부터 차입한 단기차입금 8,000,000원의 상환기일이 도래하여 당좌수표를 발행하여 상환하다. (3점)

(2) 07월 10일   관리부 직원들이 시내 출장용으로 사용하는 교통카드를 충전하고, 대금은 현금으로 지급하였다. (3점)

```
         Seoul Metro
           서울메트로
       [교통카드 충전영수증]

   역 사 명 : 평촌역
   장 비 번 호 : 163
   카 드 번 호 : 5089-3466-5253-6694
   결 제 방 식 : 현금
   충 전 일 시 : 20×1.07.10.
   ------------------------------------
   충전전잔액 :         500원
   충 전 금 액 :      50,000원
   충전후잔액 :      50,500원
   ------------------------------------
   대표자명     이춘덕
   사업자번호   108-12-16395
   주소         서울특별시 서초구 반포대로 21
```

(3) 08월 05일   능곡가구의 파산으로 인하여 외상매출금 5,000,000원이 회수할 수 없는 것으로 판명되어 대손처리하기로 하였다. 단, 8월 5일 현재 대손충당금 잔액은 900,000원이다. (3점)

(4) 08월 13일   사업용 부지로 사용하기 위한 토지를 매입하면서 발생한 부동산중개수수료를 현금으로 지급하고 아래의 현금영수증을 발급받았다. (3점)

유성부동산

305-42-23567   김유성
대전광역시 유성구 노은동로 104   TEL : 1577-0000

현금영수증(지출증빙용)

구매 20×1/08/13   거래번호 : 12341234-123

상품명	수량	단가	금액
중개수수료		1,000,000원	1,000,000원
공 급 대 가			1,000,000원
합 계			1,000,000원
받 은 금 액			1,000,000원

(5) 09월 25일   임대인에게 800,000원(영업부 사무실 임차료 750,000원 및 건물관리비 50,000원)을 보통예금 계좌에서 이체하여 지급하였다. (단, 하나의 전표로 입력할 것) (3점)

(6) 10월 24일   정풍상사에 판매하기 위한 상품의 상차작업을 위해 일용직 근로자를 고용하고 일당 100,000원을 현금으로 지급하였다. (3점)

(7) 11월 15일   아린상사에서 상품을 45,000,000원에 매입하기로 계약하고, 계약금은 당좌수표를 발행하여 지급하였다. 계약금은 매입 금액의 10%이다. (3점)

(8) 11월 23일 영업부에서 사용할 차량을 구입하고, 대금은 국민카드(신용카드)로 결제하였다. (3점)

```
신용카드매출전표
20×1.11.23. 17:20:11

20,000,000원
정상승인 | 일시불

결제정보
카드          국민카드(7890-4321-1000-2949)
거래유형                           신용승인
승인번호                           75611061
이용구분                             일시불
은행확인                         KB국민은행

가맹점 정보
가맹점명                           오지자동차
사업자등록번호                 203-71-61019
대표자명                             박미래

본 매출표는 신용카드 이용에 따른 증빙용으로 국민카드사에서 발급한
것임을 확인합니다.
```

05 [일반전표입력] 메뉴에 입력된 내용 중 다음의 오류가 발견되었다. 입력된 내용을 검토하고 수정 또는 삭제, 추가 입력하여 올바르게 정정하시오. (6점)

< 입력시 유의사항 >

· 적요의 입력은 생략한다.
· 부가가치세는 고려하지 않는다.
· 채권·채무와 관련된 거래는 별도의 요구가 없는 한 반드시 기등록된 거래처코드를 선택하는 방법으로 거래처명을 입력한다.
· 회계처리 시 계정과목은 별도의 제시가 없는 한 등록된 계정과목 중 가장 적절한 과목으로 한다.

(1) 08월 16일 보통예금 계좌에서 출금된 1,000,000원은 임차료(판)가 아닌 경의상사에 지급한 임차보증금으로 확인되었다. (3점)

(2) 09월 30일 사업용 토지에 부과된 재산세 300,000원을 보통예금 계좌에서 이체하여 납부하고, 이를 토지의 취득가액으로 회계처리한 것으로 확인되었다. (3점)

06 다음의 결산정리사항을 입력하여 결산을 완료하시오. (12점)

> **< 입력시 유의사항 >**
> · 적요의 입력은 생략한다.
> · 부가가치세는 고려하지 않는다.
> · 채권·채무와 관련된 거래는 별도의 요구가 없는 한 반드시 기등록된 거래처코드를 선택하는 방법으로 거래처명을 입력한다.
> · 회계처리 시 계정과목은 별도의 제시가 없는 한 등록된 계정과목 중 가장 적절한 과목으로 한다.

(1) 포스상사로부터 차입한 단기차입금에 대한 기간경과분 당기 발생 이자는 360,000원이다. 필요한 회계처리를 하시오. (3점)

(2) 기말 현재 가지급금 잔액 500,000원은 ㈜디자인가구의 외상매입금 지급액으로 판명되었다. (3점)

(3) 영업부의 당기 소모품 내역이 다음과 같다. 결산일에 필요한 회계처리를 하시오. (단, 소모품 구입 시 전액 자산으로 처리하였다.) (3점)

소모품 기초잔액	소모품 당기구입액	소모품 기말잔액
500,000원	200,000원	300,000원

(4) 매출채권(외상매출금 및 받을어음) 잔액에 대하여만 2%의 대손충당금을 보충법으로 설정하시오. (단, 기타 채권에 대하여는 대손충당금을 설정하지 않는다.) (3점)

07 다음 사항을 조회하여 알맞은 답안을 이론문제 답안작성 메뉴에 입력하시오. (10점)

(1) 4월 말 현재 지급어음 잔액은 얼마인가? (3점)

(2) 5월 1일부터 5월 31일까지 기간의 외상매출금 회수액은 모두 얼마인가? (3점)

(3) 상반기(1월~6월) 중 복리후생비(판)의 지출이 가장 적은 월(月)과 그 월(月)의 복리후생비(판) 금액은 얼마인가? (4점)

113회 전산회계 2급

이론시험

다음 문제를 보고 알맞은 것을 골라 [이론문제 답안작성] 메뉴에 입력하시오. (객관식 문항당 2점)

< 기본 전제 >

문제에서 한국채택국제회계기준을 적용하도록 하는 전제조건이 없는 경우, 일반기업회계기준을 적용한다.

01 다음의 거래 내용을 보고 결합관계를 적절하게 나타낸 것은?

전화요금 50,000원이 보통예금 계좌에서 자동이체되다.

	차변	대변
①	자산의 증가	자산의 감소
②	부채의 감소	수익의 발생
③	자본의 감소	부채의 증가
④	비용의 발생	자산의 감소

02 다음 중 총계정원장의 잔액이 항상 대변에 나타나는 계정과목은 무엇인가?

① 임대료수입   ② 보통예금   ③ 수수료비용   ④ 외상매출금

03 다음 중 기말상품재고액 30,000원을 50,000원으로 잘못 회계처리한 경우 재무제표에 미치는 영향으로 옳은 것은?

① 재고자산이 과소 계상된다.
② 매출원가가 과소 계상된다.
③ 매출총이익이 과소 계상된다.
④ 당기순이익이 과소 계상된다.

04
다음 중 유동성배열법에 의하여 나열할 경우 재무상태표상 가장 위쪽(상단)에 표시되는 계정과목은 무엇인가?

① 영업권 ② 장기대여금
③ 단기대여금 ④ 영업활동에 사용하는 건물

05
다음 중 감가상각을 해야 하는 자산으로만 짝지은 것은 무엇인가?

① 건물, 토지
② 차량운반구, 기계장치
③ 단기매매증권, 구축물
④ 재고자산, 건설중인자산

06
회사의 재산 상태가 다음과 같은 경우 순자산(자본)은 얼마인가?

• 현금	300,000원	• 선급금	200,000원
• 매입채무	100,000원	• 대여금	100,000원
• 재고자산	800,000원	• 사채	300,000원

① 1,000,000원 ② 1,100,000원 ③ 1,200,000원 ④ 1,600,000원

07
다음 중 일정 시점의 재무상태를 나타내는 재무보고서의 계정과목으로만 연결된 것은?

① 선급비용, 급여 ② 현금, 선급비용
③ 매출원가, 선수금 ④ 매출채권, 이자비용

08
다음 중 현금및현금성자산 계정과목으로 처리할 수 없는 것은?

① 보통예금 ② 우편환증서 ③ 자기앞수표 ④ 우표

09 다음 자료에 의한 매출채권의 기말 대손충당금 잔액은 얼마인가?

- 기초 매출채권 : 500,000원
- 당기 매출액 : 2,000,000원 (판매시점에 전액 외상으로 판매함)
- 당기 중 회수한 매출채권 : 1,500,000원
- 기말 매출채권 잔액에 대하여 1%의 대손충당금을 설정하기로 한다.

① 0원 ② 5,000원 ③ 10,000원 ④ 15,000원

10 다음 자료에서 부채의 합계액은 얼마인가?

- 직원에게 빌려준 금전 : 150,000원
- 선지급금 : 120,000원
- 선수금 : 70,000원
- 선급비용 : 50,000원
- 선수수익 : 30,000원

① 100,000원 ② 120,000원 ③ 150,000원 ④ 180,000원

11 다음 자료는 회계의 순환과정의 일부이다. (가), (나), (다)의 순서로 옳은 것은?

거래 발생 → (가) → 전기 → 수정 전 시산표 작성 → (나) → 수정 후 시산표 작성 → (다) → 결산보고서 작성

	(가)	(나)	(다)
①	분개	각종 장부 마감	결산 정리 분개
②	분개	결산 정리 분개	각종 장부 마감
③	각종 장부 마감	분개	자산 계정
④	결산 정리 분개	각종 장부 마감	분개

12 다음 중 재고자산의 취득원가를 구할 때 차감하는 계정과목이 아닌 것은?

① 매입할인 ② 매입환출 ③ 매입에누리 ④ 매입부대비용

13 다음 중 영업외비용에 해당하지 않는 것은?

① 보험료　　　　　　　　② 기부금
③ 이자비용　　　　　　　④ 유형자산처분손실

14 다음 재고자산의 단가결정방법 중 선입선출법에 대한 설명으로 적절하지 않은 것은?

① 물가상승 시 이익이 과대계상된다.
② 물량흐름과 원가흐름이 대체로 일치한다.
③ 물가상승 시 기말재고자산이 과소평가된다.
④ 기말재고자산이 현행원가에 가깝게 표시된다.

15 다음과 같이 사업에 사용할 토지를 무상으로 취득한 경우, 토지의 취득가액은 얼마인가?

- 무상으로 취득한 토지의 공정가치 : 1,000,000원
- 토지 취득 시 발생한 취득세 : 40,000원

① 0원　　② 40,000원　　③ 1,000,000원　　④ 1,040,000원

실무시험

엔시상사(회사코드:9113)는 문구 및 잡화를 판매하는 개인기업으로 당기 회계기간은 20×1.1.1.~20×1.12.31.이다. 전산세무회계 수험용 프로그램을 이용하여 다음 물음에 답하시오.

── < 기 본 전 제 > ──
· 문제에서 한국채택국제회계기준을 적용하도록 하는 전제조건이 없는 경우, 일반기업회계기준을 적용하여 회계처리 한다.
· 문제의 풀이와 답안작성은 제시된 문제의 순서대로 진행한다.

01 다음은 엔시상사의 사업자등록증이다. [회사등록] 메뉴에 입력된 내용을 검토하여 누락분은 추가 입력하고 잘못된 부분은 정정하시오. (단, 우편번호 입력은 생략할 것) (6점)

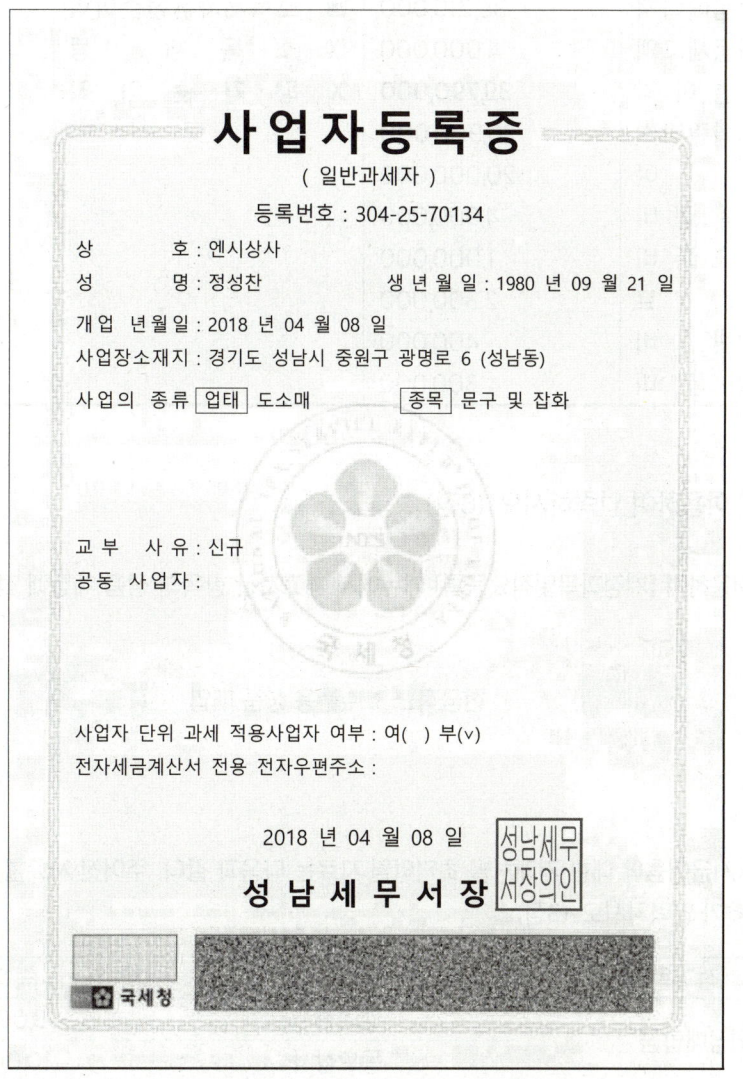

02

다음은 엔시상사의 전기분 손익계산서이다. 입력되어 있는 자료를 검토하여 오류부분은 정정하고 누락된 부분은 추가 입력하시오. (6점)

손 익 계 산 서
제××기
20×0.1.1. ~ 20×0.12.31.

회사명 : 엔시상사 (단위 : 원)

과목	금액	과목	금액
Ⅰ 매 출 액	100,000,000	Ⅴ 영 업 이 익	10,890,000
상 품 매 출	100,000,000	Ⅵ 영 업 외 수 익	610,000
Ⅱ 매 출 원 가	60,210,000	이 자 수 익	610,000
상 품 매 출 원 가	60,210,000	Ⅶ 영 업 외 비 용	2,000,000
기초상품재고액	26,000,000	이 자 비 용	2,000,000
당기상품매입액	38,210,000	Ⅷ 소득세차감전순이익	9,500,000
기말상품재고액	4,000,000	Ⅸ 소 득 세 등	0
Ⅲ 매 출 총 이 익	39,790,000	Ⅹ 당 기 순 이 익	9,500,000
Ⅳ 판매비와관리비	28,900,000		
급 여	20,000,000		
복 리 후 생 비	4,900,000		
여 비 교 통 비	1,000,000		
임 차 료	2,300,000		
운 반 비	400,000		
소 모 품 비	300,000		

03

다음 자료를 이용하여 입력하시오. (6점)

(1) 다음 자료를 이용하여 [계정과목및적요등록] 메뉴에서 재고자산 항목의 상품 계정에 적요를 추가로 등록하시오. (3점)

> 현금적요 3. 수출용 상품 매입

(2) 외상매입금과 지급어음에 대한 거래처별 초기이월 자료는 다음과 같다. 주어진 자료를 검토하여 누락된 부분을 수정 및 추가 입력하시오. (3점)

계정과목	거래처	잔액
외상매입금	엘리상사	3,000,000원
	동오상사	10,000,000원
지급어음	디오상사	3,500,000원
	망도상사	3,000,000원

04 [일반전표입력] 메뉴를 이용하여 다음의 거래 자료를 입력하시오. (24점)

> **< 입력시 유의사항 >**
>
> · 적요의 입력은 생략한다.
> · 부가가치세는 고려하지 않는다.
> · 채권·채무와 관련된 거래는 별도의 요구가 없는 한 반드시 기등록된 거래처코드를 선택하는 방법으로 거래처명을 입력한다.
> · 회계처리 시 계정과목은 별도의 제시가 없는 한 등록된 계정과목 중 가장 적절한 과목으로 한다.

(1) 08월 10일 매출거래처 수민상회에 대한 외상매출금을 현금으로 회수하고, 아래의 입금표를 발행하여 교부하였다. (3점)

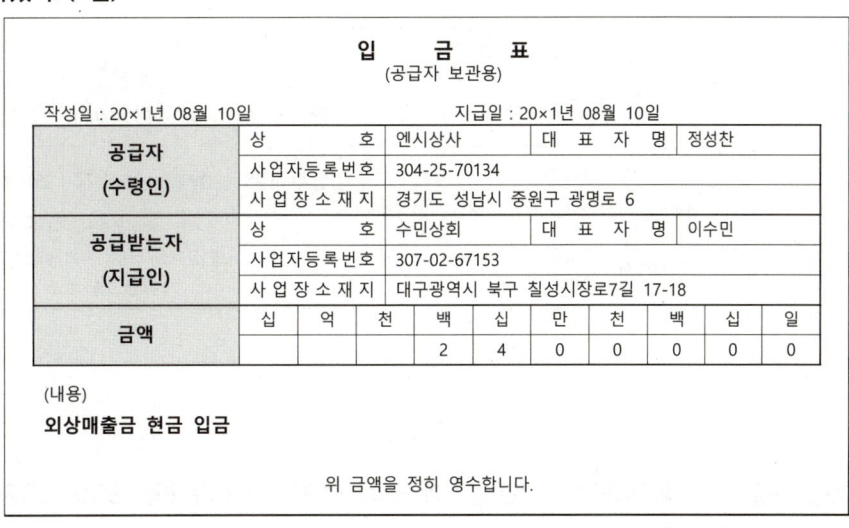

(2) 08월 25일 거래처 대표로부터 아래와 같은 모바일 청첩장을 받고, 축의금 200,000원을 현금으로 지급하였다. (3점)

(3) 09월 02일 영업부 직원의 고용보험료 220,000원을 보통예금 계좌에서 납부하였다. 납부한 금액 중 100,000원은 직원부담분이고, 나머지는 회사부담분으로 직원부담분은 직원의 8월 귀속급여에서 공제한 상태이다. (단, 하나의 전표로 처리하고 회사부담분은 복리후생비 계정으로 처리할 것) (3점)

(4) 09월 20일 유형자산인 토지에 대한 재산세 500,000원을 현금으로 납부하였다. (3점)

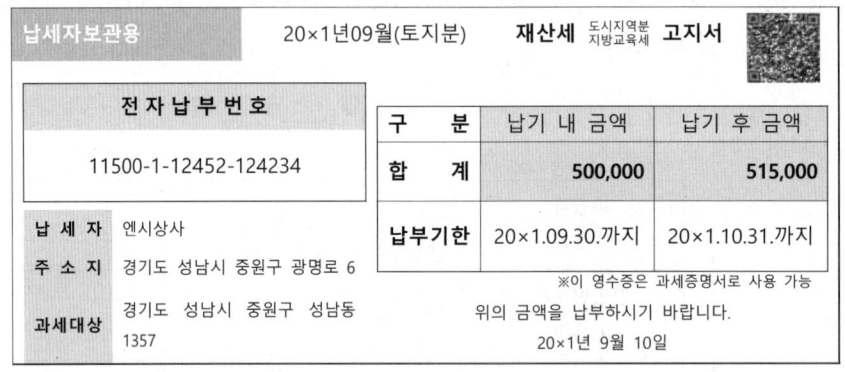

(5) 09월 25일 상품 매입대금으로 가은상사에 발행하여 지급한 약속어음 3,500,000원의 만기가 도래하여 보통예금 계좌에서 이체하여 상환하다. (3점)

(6) 10월 05일 다음과 같이 상품을 판매하고 대금 중 4,000,000원은 자기앞수표로 받고 잔액은 외상으로 하였다. (3점)

(7) 10월 20일 영업부 사무실의 10월분 수도요금 30,000원과 소모품비 100,000원을 삼성카드로 결제하였다. (3점)

(8) 11월 10일 정기예금 이자 100,000원이 발생하여 원천징수세액을 차감한 금액이 보통예금으로 입금되었으며, 다음과 같이 원천징수영수증을 받았다. (단, 원천징수세액은 선납세금 계정을 이용하고 하나의 전표로 입력할 것) (3점)

		이자소득 원천징수영수증		☑소득자 보관용 ☐발행자 보관용 ☐발행자 보고용		
※관리번호						
징수의무자	법인명(상호)	농협은행				
소득자	성명(상호)	정성찬(엔시상사)	사업자등록번호 304-25-70134		계좌번호 904-480-511166	
	주소	경기도 성남시 중원구 광명로 6				
지급일	이자율	지급액 (소득금액)	세율	원천징수세액		
				소득세	지방소득세	계
20×1/11/10	1%	100,000원	14%	14,000원	1,400원	15,400원

위의 원천징수세액(수입금액)을 정히 영수(지급)합니다.
20×1년 11월 10일
징수(보고)의무자 농협은행

05 [일반전표입력] 메뉴에 입력된 내용 중 다음의 오류가 발견되었다. 입력된 내용을 검토하고 수정 또는 삭제, 추가 입력하여 올바르게 정정하시오. (6점)

< 입력시 유의사항 >
· 적요의 입력은 생략한다.
· 부가가치세는 고려하지 않는다.
· 채권·채무와 관련된 거래는 별도의 요구가 없는 한 반드시 기등록된 거래처코드를 선택하는 방법으로 거래처명을 입력한다.
· 회계처리 시 계정과목은 별도의 제시가 없는 한 등록된 계정과목 중 가장 적절한 과목으로 한다.

(1) 08월 06일 보통예금 계좌에서 이체한 6,000,000원은 사업용카드 중 신한카드의 미지급금을 결제한 것으로 회계처리 하였으나 하나카드의 미지급금을 결제한 것으로 확인되었다. (3점)

(2) 10월 25일 구매부 직원의 10월분 급여 지급액에 대한 회계처리 시 공제 항목에 대한 회계처리를 하지않고 급여액 총액을 보통예금 계좌에서 이체하여 지급한 것으로 잘못 회계처리 하였다. (단, 하나의 전표로 처리하되, 공제 항목은 항목별로 구분하지 않는다.) (3점)

20×1년 10월분 급여명세서

사 원 명 : 박민정 부 서 : 구매부
입 사 일 : 2020.10.25. 직 급 : 대리

지 급 내 역	지 급 액	공 제 내 역	공 제 액
기 본 급 여	4,200,000원	국 민 연 금	189,000원
직 책 수 당	0원	건 강 보 험	146,790원
상 여 금	0원	고 용 보 험	37,800원
특 별 수 당	0원	소 득 세	237,660원
자 가 운 전 보 조 금	0원	지 방 소 득 세	23,760원
교 육 지 원 수 당	0원	기 타 공 제	0원
지 급 액 계	4,200,000원	공 제 액 계	635,010원
귀하의 노고에 감사드립니다.		차 인 지 급 액	3,564,990원

06 다음의 결산정리사항을 입력하여 결산을 완료하시오. (12점)

< 입력시 유의사항 >

· 적요의 입력은 생략한다.
· 부가가치세는 고려하지 않는다.
· 채권·채무와 관련된 거래는 별도의 요구가 없는 한 반드시 기등록된 거래처코드를 선택하는 방법으로 거래처명을 입력한다.
· 회계처리 시 계정과목은 별도의 제시가 없는 한 등록된 계정과목 중 가장 적절한 과목으로 한다.

(1) 4월 1일에 영업부 사무실의 12개월분 임차료(임차기간 : 20×1.4.1. ~ 20×2.3.31.) 24,000,000원을 보통예금 계좌에서 이체하여 지급하고 전액 자산계정인 선급비용으로 회계처리하였다. 기말수정분개를 하시오. (단, 월할 계산할 것) (3점)

(2) 기말 외상매출금 중 미국 BRIZ사의 외상매출금 20,000,000원(미화 $20,000)이 포함되어 있다. 결산일 현재 기준환율은 1$당 1,100원이다. (3점)

(3) 기말 현재 현금과부족 중 15,000원은 판매 관련 등록면허세를 현금으로 납부한 것으로 밝혀졌다. (3점)

(4) 결산을 위하여 창고의 재고자산을 실사한 결과, 기말상품재고액은 4,500,000원이다. (3점)

07 다음 사항을 조회하여 알맞은 답안을 이론문제 답안작성 메뉴에 입력하시오. (10점)

(1) 상반기(1월~6월) 중 어룡상사에 대한 외상매입금 지급액은 얼마인가? (3점)

(2) 상반기(1월~6월) 동안 지출한 복리후생비(판) 금액은 모두 얼마인가? (3점)

(3) 6월 말 현재 유동자산과 유동부채의 차액은 얼마인가? (4점)

112회 전산회계 2급

이론시험

다음 문제를 보고 알맞은 것을 골라 [이론문제 답안작성] 메뉴에 입력하시오. (객관식 문항당 2점)

< 기 본 전 제 >

문제에서 한국채택국제회계기준을 적용하도록 하는 전제조건이 없는 경우, 일반기업회계기준을 적용한다.

01 다음 중 손익계산서에 대한 설명으로 옳지 않은 것은?

① 재무제표의 종류에 속한다.
② 재산법을 이용하여 당기순손익을 산출한다.
③ 일정한 기간의 경영성과를 나타내는 보고서이다.
④ 손익계산서 등식은 '총비용 = 총수익 + 당기순손실' 또는 '총비용 + 당기순이익 = 총수익'이다.

02 다음의 자료를 통해 알 수 있는 외상매입금 당기 지급액은 얼마인가?

- 기초 외상매입금 60,000원
- 당기 외상매입액 300,000원
- 외상매입금 중 매입환출 30,000원
- 기말 외상매입금 120,000원

① 150,000원 ② 180,000원 ③ 210,000원 ④ 360,000원

03 다음 중 영업이익에 영향을 미치지 않는 것은?

① 이자비용 ② 매출원가 ③ 기업업무추진비 ④ 세금과공과

04 다음 중 결산 수정분개의 대상 항목 또는 유형으로 적합하지 않은 것은?

① 유형자산의 처분
② 수익과 비용의 이연과 예상
③ 현금과부족 계정 잔액의 정리
④ 매출채권에 대한 대손충당금 설정

05 다음 중 유형자산이 아닌 것은?

① 공장용 토지
② 영업부서용 차량
③ 상품보관용 창고
④ 본사 건물 임차보증금

06 다음 중 유동성이 가장 높은 자산을 고르시오.

① 재고자산   ② 당좌자산   ③ 유형자산   ④ 기타비유동자산

07 다음 자료를 이용하여 단기매매증권처분손익을 계산하면 얼마인가?

- 매도금액 : 2,000,000원
- 장부금액 : 1,600,000원
- 처분 시 매각 수수료 : 100,000원

① (-)400,000원
② (-)300,000원
③ 300,000원
④ 400,000원

08 다음 중 재고자산에 해당하지 않는 것은?

① 원재료
② 판매 목적으로 보유 중인 부동산매매업자의 건물
③ 상품
④ 상품매입 계약을 체결하고 지급한 선급금

09 다음 중 대손충당금 설정 대상에 해당하는 계정과목으로 옳은 것은?

① 받을어음   ② 지급어음   ③ 미지급금   ④ 선수금

10 다음 손익계정의 자료를 이용하여 매출총이익을 계산한 것으로 옳은 것은?

손익			
매입	600,000	매출	800,000

① 5,000원　② 195,000원　③ 200,000원　④ 795,000원

11 다음 중 일반기업회계준상 재무제표에 해당하는 것으로만 구성된 것은?

① 재무상태표, 손익계산서
② 주기, 시산표
③ 손익계산서, 시산표
④ 재무상태표, 총계정원장

12 다음은 기말 재무상태표상 계정별 잔액이다. 이 회사의 기말자본은 얼마인가?

- 현금　　　　100,000원
- 선수금　　　300,000원
- 단기차입금　100,000원
- 상품　　　1,000,000원
- 외상매입금　200,000원

① 300,000원　② 500,000원　③ 800,000원　④ 1,100,000원

13 다음 중 감가상각에 대한 설명으로 틀린 것은?

① 자산이 사용가능한 때부터 감가상각을 시작한다.
② 정액법은 내용연수 동안 매년 일정한 상각액을 인식하는 방법이다.
③ 자본적 지출액은 감가상각비를 계산하는 데 있어 고려 대상이 아니다.
④ 정률법으로 감가상각하는 경우 기말 장부가액은 우하향 그래프의 곡선 형태를 나타낸다.

14 다음 중 아래의 자료와 같은 결합관계가 나타날 수 있는 회계상 거래를 고르시오.

| (차) 자산의 증가 (대) 수익의 발생 |

① 판매용 물품 300,000원을 외상으로 매입하였다.
② 전월에 발생한 외상매출금 100,000원을 현금으로 회수하였다.
③ 직원 가불금 300,000원을 보통예금 계좌에서 인출하여 지급하였다.
④ 당사의 보통예금에 대한 이자 300,000원이 해당 보통예금 계좌로 입금되었다.

15 다음 중 아래 계정별원장의 (　) 안에 들어갈 계정과목으로 가장 적합한 것은?

( )			
당좌예금	300,000원	전기이월	200,000원
현금	150,000원	차량운반구	600,000원
차기이월	350,000원		
	800,000원		800,000원

① 미수금　　② 미지급금　　③ 선급금　　④ 외상매출금

실무시험

합격물산(회사코드:9112)은 문구 및 잡화를 판매하는 개인기업으로 당기 회계기간은 20×1.1.1.~20×1.12.31.이다. 전산세무회계 수험용 프로그램을 이용하여 다음 물음에 답하시오.

― < 기 본 전 제 > ―
· 문제에서 한국채택국제회계기준을 적용하도록 하는 전제조건이 없는 경우, 일반기업회계기준을 적용하여 회계처리 한다.
· 문제의 풀이와 답안작성은 제시된 문제의 순서대로 진행한다.

01 다음은 합격물산의 사업자등록증이다. [회사등록] 메뉴에 입력된 내용을 검토하여 누락분은 추가 입력하고 잘못된 부분은 정정하시오. (단, 우편번호 입력은 생략할 것) (6점)

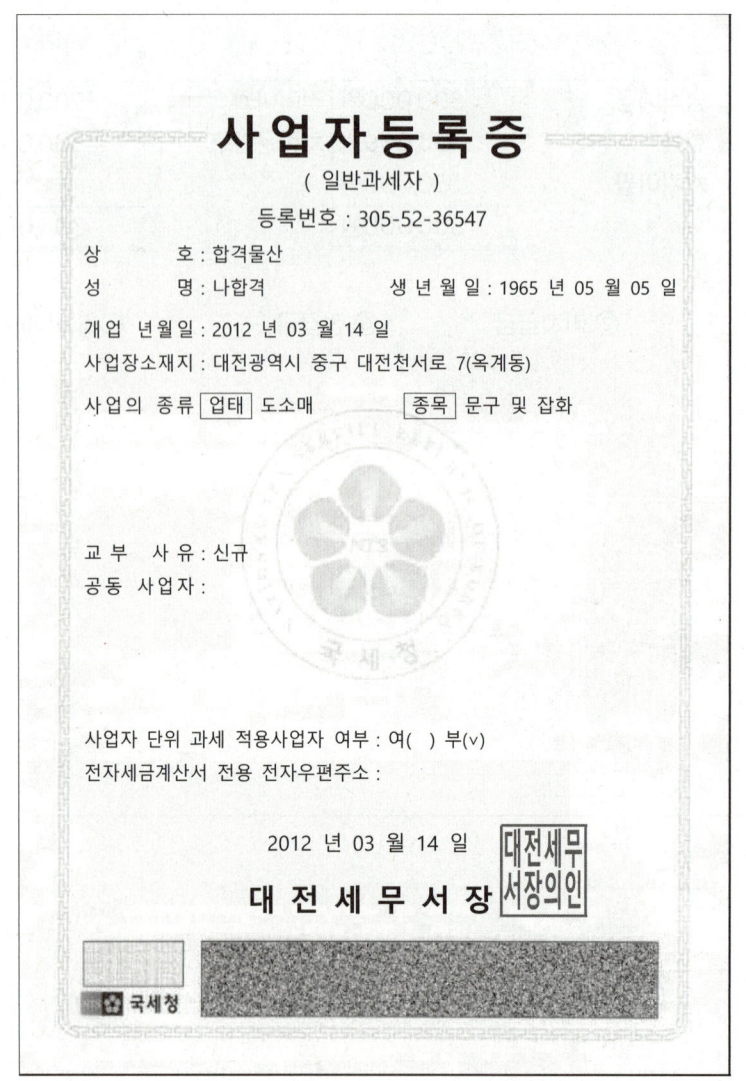

02
다음은 합격물산의 전기분 손익계산서이다. 입력되어 있는 자료를 검토하여 오류부분은 정정하고 누락된 부분은 추가 입력하시오. (6점)

손 익 계 산 서
제××기 20×0.1.1. ~ 20×0.12.31.

회사명 : 합격물산 (단위 : 원)

과 목	금 액	과 목	금 액
Ⅰ 매 출 액	237,000,000	Ⅴ 영 업 이 익	47,430,000
상 품 매 출	237,000,000	Ⅵ 영 업 외 수 익	670,000
Ⅱ 매 출 원 가	153,000,000	이 자 수 익	600,000
상 품 매 출 원 가	153,000,000	잡 이 익	70,000
기초상품재고액	20,000,000	Ⅶ 영 업 외 비 용	17,000,000
당기상품매입액	150,000,000	기 부 금	5,000,000
기말상품재고액	17,000,000	유형자산처분손실	12,000,000
Ⅲ 매 출 총 이 익	84,000,000	Ⅷ 소득세차감전순이익	31,100,000
Ⅳ 판매비와관리비	36,570,000	Ⅸ 소 득 세 등	0
급 여	20,400,000	Ⅹ 당 기 순 이 익	31,100,000
복 리 후 생 비	3,900,000		
기업업무추진비	4,020,000		
통 신 비	370,000		
감 가 상 각 비	5,500,000		
임 차 료	500,000		
차 량 유 지 비	790,000		
소 모 품 비	1,090,000		

03
다음 자료를 이용하여 입력하시오. (6점)

(1) 합격물산의 거래처별 초기이월 자료는 다음과 같다. 주어진 자료를 검토하여 잘못된 부분은 오류를 정정하고, 누락된 부분은 추가하여 입력하시오. (3점)

계정과목	거래처명	금액
받을어음	아진상사	5,000,000원
외상매입금	대영상사	20,000,000원
예수금	대전세무서	300,000원

(2) 다음 자료를 이용하여 [거래처등록] 메뉴에서 거래처(신용카드)를 추가로 등록하시오(단, 주어진 자료외의 다른 항목은 입력할 필요 없음). (3점)

- 거래처코드 : 99603
- 유형 : 매입
- 카드종류 : 사업용카드
- 거래처명 : BC카드
- 카드번호 : 1234-5678-1001-2348

04 [일반전표입력] 메뉴를 이용하여 다음의 거래 자료를 입력하시오. (24점)

< 입력시 유의사항 >

· 적요의 입력은 생략한다.
· 부가가치세는 고려하지 않는다.
· 채권·채무와 관련된 거래는 별도의 요구가 없는 한 반드시 기등록된 거래처코드를 선택하는 방법으로 거래처명을 입력한다.
· 회계처리 시 계정과목은 별도의 제시가 없는 한 등록된 계정과목 중 가장 적절한 과목으로 한다.

(1) 08월 09일 ㈜모닝으로부터 상품 2,000,000원을 구매하는 계약을 하고, 상품 대금의 10%를 계약금으로 지급하는 약정에 따라 계약금 200,000원을 현금으로 지급하였다. (3점)

(2) 08월 20일 상품 운반용 중고 화물차를 7,000,000원에 구매하면서 전액 삼성카드로 결제하고, 취득세 300,000원은 보통예금 계좌에서 이체하였다. (3점)

(3) 09월 25일 영업사원 김예진의 9월 급여를 보통예금 계좌에서 이체하여 지급하였으며, 급여내역은 다음과 같다. (단, 하나의 전표로 처리하되, 공제항목은 구분하지 않고 하나의 계정과목으로 처리할 것) (3점)

20×1년 9월 급여내역			
이름	김예진	지급일	20×1년 9월 25일
기 본 급 여	3,500,000원	소 득 세	150,000원
직 책 수 당	200,000원	지 방 소 득 세	15,000원
상 여 금		고 용 보 험	33,300원
특 별 수 당		국 민 연 금	166,500원
자 가 운 전 보 조 금		건 강 보 험	131,160원
		장 기 요 양 보 험 료	16,800원
급 여 계	3,700,000원	공 제 합 계	512,760원
노고에 감사드립니다.		지 급 총 액	3,187,240원

(4) 10월 02일   민족 최대의 명절 추석을 맞이하여 영업부의 거래처와 당사의 영업사원들에게 보낼 선물세트를 각각 2,000,000원과 1,000,000원에 구입하고 삼성카드로 결제하였다. (3점)

카드매출전표	
카드종류	신용/삼성카드
카드번호	1250-4121-2412-1114
거래일자	20×1.10.02.10:30:51
일시불/할부	일시불
승인번호	69117675
이용내역	
상품명	추석선물세트
단가	20,000원
수량	150개
결제금액	3,000,000원
가맹점정보	
가맹점명	하나로유통
사업자등록번호	130-52-12349
가맹점번호	163732104
대표자명	김현숙
전화번호	031-400-3240
위의 거래내역을 확인합니다.	
Samsung Card	

(5) 11월 17일   다음은 ㈜새로운에 상품을 판매하고 발급한 거래명세표이다. 대금 중 12,000,000원은 당좌예금 계좌로 입금되었고, 잔액은 ㈜새로운이 발행한 약속어음으로 받았다. (3점)

거 래 명 세 표

㈜새로운 귀하				등록번호				
				상 호	합격물산	대 표	나합격	
발행일	20×1.11.17.	거래번호	001	업 태	도소매업	종 목	문구 및 잡화	
				주 소	대전광역시 중구 대전천서로 7(옥계동)			
				전 화	042-677-1234	팩 스	042-677-1235	
NO.	품명	규격	수량	단가	금액	비고		
1	A상품	5′	100	350,000	35,000,000			
총계					35,000,000			
결제계좌	은행명	계좌번호	예금주	담당자	전화	042-677-1234		
	농협은행	123-456-789-10	나합격		이메일	allpass@nate.com		

(6) 12월 01일   사업장 건물의 엘리베이터 설치 공사를 하고 공사대금 15,000,000원은 보통예금 계좌에서 지급하였다. (단, 엘리베이터 설치 공사는 건물의 자본적 지출로 처리할 것) (3점)

(7) 12월 27일   세무법인으로부터 세무 컨설팅을 받고 수수료 300,000원을 현금으로 지급하였다. (3점)

(8) 12월 29일   현금 시재를 확인한 결과 실제 잔액이 장부상 잔액보다 30,000원 많은 것을 발견하였으나 그 원인이 파악되지 않았다. (3점)

05 [일반전표입력] 메뉴에 입력된 내용 중 다음의 오류가 발견되었다. 입력된 내용을 검토하고 수정 또는 삭제, 추가 입력하여 올바르게 정정하시오. (6점)

< 입력시 유의사항 >

- 적요의 입력은 생략한다.
- 부가가치세는 고려하지 않는다.
- 채권·채무와 관련된 거래는 별도의 요구가 없는 한 반드시 기등록된 거래처코드를 선택하는 방법으로 거래처명을 입력한다.
- 회계처리 시 계정과목은 별도의 제시가 없는 한 등록된 계정과목 중 가장 적절한 과목으로 한다.

(1) 07월 10일   거래처 하진상사로부터 보통예금 계좌로 입금된 200,000원에 대하여 외상매출금을 회수한 것으로 처리하였으나 당일에 체결한 매출 계약 건에 대한 계약금이 입금된 것이다. (3점)

(2) 11월 25일   세금과공과 200,000원으로 회계처리한 것은 회사 대표의 개인 소유 주택에 대한 재산세 200,000원을 회사 현금으로 납부한 것이다. (3점)

06 다음의 결산정리사항을 입력하여 결산을 완료하시오. (12점)

> **< 입력시 유의사항 >**
> · 적요의 입력은 생략한다.
> · 부가가치세는 고려하지 않는다.
> · 채권·채무와 관련된 거래는 별도의 요구가 없는 한 반드시 기등록된 거래처코드를 선택하는 방법으로 거래처명을 입력한다.
> · 회계처리 시 계정과목은 별도의 제시가 없는 한 등록된 계정과목 중 가장 적절한 과목으로 한다.

(1) 상품보관을 위하여 임차한 창고의 월(月)임차료는 500,000원으로 임대차계약 기간은 20×1년 12월 1일부터 20×2년 11월 30일까지이며, 매월 임차료는 다음 달 10일에 지급하기로 계약하였다. (3점)

(2) 당기 말 현재 단기대여금에 대한 당기분 이자 미수액은 300,000원이다. (3점)

(3) 결산일 현재 마이너스통장인 보통예금(기업은행) 계좌의 잔액이 (−)800,000원이다. (3점)

(4) 보유 중인 비품에 대한 당기분 감가상각비를 계상하다. (취득일 20×0년 1월 1일, 취득원가 55,000,000원, 잔존가액 0원, 내용연수 10년, 정액법 상각, 상각률 10%) (3점)

07 다음 사항을 조회하여 알맞은 답안을 [이론문제 답안작성] 메뉴에 입력하시오. (10점)

(1) 1월부터 5월까지 기간 중 현금의 지출이 가장 많은 달(月)은? (3점)

(2) 상반기(1월~6월) 중 현금으로 지급한 급여(판매비및일반관리비)액은 얼마인가? (3점)

(3) 6월 1일부터 6월 30일까지 외상매출금을 받을어음으로 회수한 금액은 얼마인가? (4점)

111회 전산회계 2급

이론시험

다음 문제를 보고 알맞은 것을 골라 「이론문제 답안작성」 메뉴에 입력하시오. (객관식 문항당 2점)

— < 기 본 전 제 > —
문제에서 한국채택국제회계기준을 적용하도록 하는 전제조건이 없는 경우, 일반기업회계기준을 적용한다.

01 다음 중 복식부기와 관련된 설명이 아닌 것은?

① 차변과 대변이라는 개념이 존재한다.
② 대차평균의 원리가 적용된다.
③ 모든 거래에 대해 이중으로 기록하여 자기검증기능이 있다.
④ 재산 등의 증감변화에 대해 개별 항목의 변동만 기록한다.

02 다음의 내용이 설명하는 계정과목으로 옳은 것은?

재화의 생산, 용역의 제공, 타인에 대한 임대 또는 자체적으로 사용할 목적으로 보유하는 물리적 형체가 있는 자산으로서, 1년을 초과하여 사용할 것이 예상되는 자산을 말한다.

① 건물   ② 사채   ③ 보험차익   ④ 퇴직급여

03 다음 괄호 안에 들어갈 내용으로 올바른 것은?

현금및현금성자산은 취득 당시 만기가 (   ) 이내에 도래하는 금융상품을 말한다.

① 1개월   ② 3개월   ③ 6개월   ④ 1년

04 다음 중 일반기업회계기준에 의한 회계의 특징으로 볼 수 없는 것은?

① 복식회계   ② 영리회계   ③ 재무회계   ④ 단식회계

05 다음 중 재고자산에 대한 설명으로 틀린 것은?

① 판매를 위하여 보유하고 있는 상품 또는 제품은 재고자산에 해당한다.
② 판매와 관련하여 발생한 수수료는 판매비와관리비로 비용처리 한다.
③ 판매되지 않은 재고자산은 매입한 시점에 즉시 당기 비용으로 인식한다.
④ 개별법은 가장 정확하게 매출원가와 기말재고액을 결정하는 방법이다.

06 다음의 자료가 설명하는 내용의 계정과목으로 올바른 것은?

> 금전을 수취하였으나 그 내용이 확정되지 않은 경우에 임시로 사용하는 계정과목이다.

① 미지급비용   ② 미지급금   ③ 가수금   ④ 외상매입금

07 다음은 영업활동 목적으로 거래처 직원과 함께 식사하고 받은 현금영수증이다. 이를 회계처리할 경우 차변에 기재할 계정과목으로 옳은 것은?

① 기부금   ② 기업업무추진비
③ 복리후생비   ④ 세금과공과

08 재고자산은 그 평가방법에 따라 금액이 달라질 수 있다. 다음 중 평가방법에 따른 기말재고자산 금액의 변동이 매출원가와 매출총이익에 미치는 영향으로 옳은 것은?

① 기말재고자산 금액이 감소하면 매출원가도 감소한다.
② 기말재고자산 금액이 감소하면 매출총이익은 증가한다.
③ 기말재고자산 금액이 증가하면 매출원가도 증가한다.
④ 기말재고자산 금액이 증가하면 매출총이익이 증가한다.

09

다음 중 판매비와관리비에 해당하는 계정과목은 모두 몇 개인가?

- 기부금
- 세금과공과
- 이자비용
- 보험료
- 미수금
- 미지급비용
- 선급비용

① 1개　　　② 2개　　　③ 3개　　　④ 4개

10

다음 중 아래의 잔액시산표에 대한 설명으로 옳은 것은?

잔액시산표

일산상사　　　20×1.1.1. ~ 20×1.12.31.　　　(단위 : 원)

차변	원면	계정과목	대변
220,000	1	현금	
700,000	2	건물	
	3	외상매입금	90,000
	4	자본금	820,000
	5	이자수익	60,000
50,000	6	급여	
970,000			970,000

① 당기의 기말자본금은 820,000원이다.

② 유동자산의 총합계액은 900,000원이다.

③ 판매비와관리비는 130,000원이다.

④ 당기순이익은 10,000원이다.

11

다음 중 회계상 거래와 관련하여 자산의 증가와 자산의 감소가 동시에 발생하는 거래로 옳은 것은?

① 영업용 차량을 현금 1,000,000원을 주고 구입하였다.

② 사무실 월세 1,000,000원을 현금으로 지급하였다.

③ 정기예금 이자 1,000,000원을 현금으로 수령하였다.

④ 상품을 1,000,000원에 외상으로 구입하였다.

12 다음은 서울상사의 수익적 지출 및 자본적 지출에 관한 내용이다. 다음 중 성격이 나머지와 다른 하나는 무엇인가?

① 사무실 유리창이 깨져서 새로운 유리창을 구입하여 교체하였다.
② 기계장치의 경미한 수준의 부속품이 마모되어 해당 부속품을 교체하였다.
③ 상가 건물의 편의성을 높이기 위해 엘리베이터를 설치하였다.
④ 사업장의 벽지가 찢어져서 외주업체를 통하여 다시 도배하였다.

13 다음은 합격물산의 세금 납부내역이다. 이에 대한 회계처리 시 (A)와 (B)의 차변 계정과목으로 주어진 자료에서 가장 바르게 짝지은 것은?

| (A) 합격물산 대표자의 소득세 납부 | (B) 합격물산 사옥에 대한 건물분 재산세 납부 |

	(A)	(B)
①	세금과공과	세금과공과
②	세금과공과	인출금
③	인출금	세금과공과
④	인출금	건물

14 다음은 합격물산의 당기 말 부채계정 잔액의 일부이다. 재무상태표에 표시될 매입채무는 얼마인가?

• 선수금   10,000원   • 지급어음   20,000원
• 외상매입금   30,000원   • 단기차입금   40,000원
• 미지급금   50,000원

① 50,000원   ② 60,000원   ③ 100,000원   ④ 110,000원

15 다음의 자료에서 기초자본은 얼마인가?

• 기초자본 (?)   • 총수익 100,000원
• 기말자본 200,000원   • 총비용 80,000원

① 170,000원   ② 180,000원   ③ 190,000원   ④ 200,000원

실무시험

파라상사(회사코드:9111)는 문구 및 잡화를 판매하는 개인기업으로 당기의 회계기간은 20×1.1.1.~20×1.12.31.이다. 전산세무회계 수험용 프로그램을 이용하여 다음 물음에 답하시오.

< 기본전제 >

· 문제에서 한국채택국제회계기준을 적용하도록 하는 전제조건이 없는 경우, 일반기업회계기준을 적용하여 회계처리 한다.
· 문제의 풀이와 답안작성은 제시된 문제의 순서대로 진행한다.

01 다음은 파라상사의 사업자등록증이다. [회사등록] 메뉴에 입력된 내용을 검토하여 누락분은 추가 입력하고 잘못된 부분은 정정하시오. (주소 입력 시 우편번호는 입력하지 않아도 무방함) (6점)

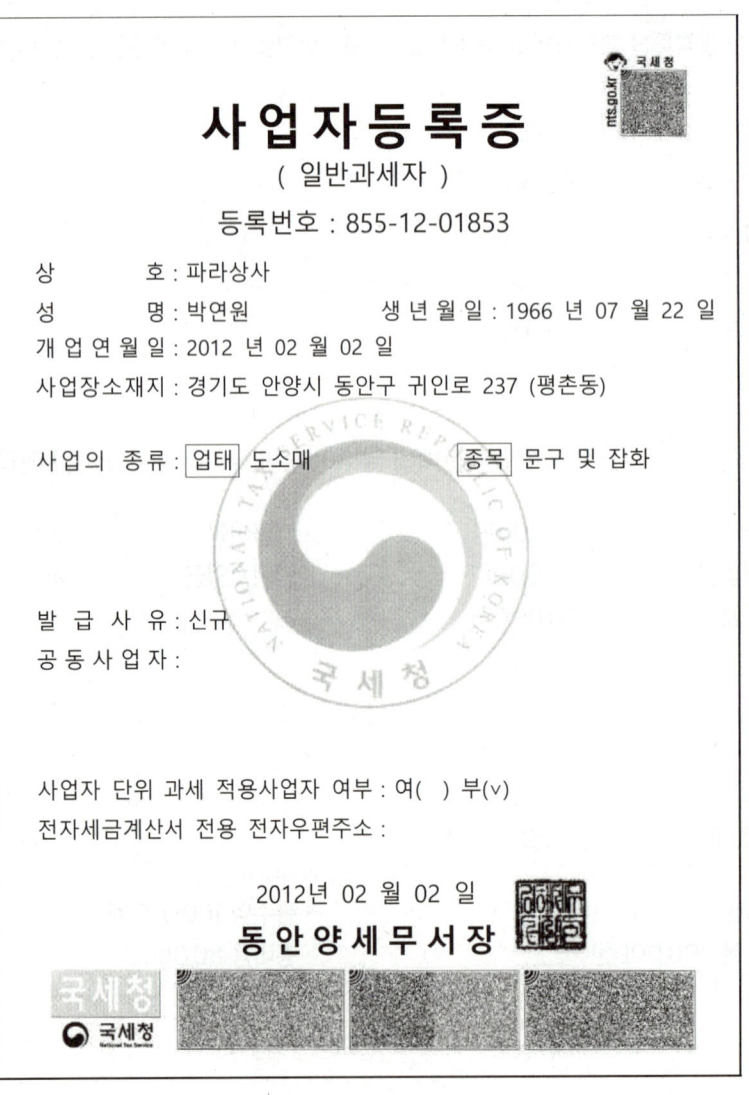

02 다음은 파라상사의 전기분 재무상태표이다. 입력되어 있는 자료를 검토하여 오류부분은 정정하고 누락된 부분은 추가 입력하시오. (6점)

재 무 상 태 표

회사명 : 파리상사　　　　제11기 20×0. 12. 31현재　　　　(단위 : 원)

과 목	금 액		과 목	금 액
현　　　　　금		2,500,000	외 상 매 입 금	50,000,000
당 좌 예 금		43,000,000	지 급 어 음	8,100,000
보 통 예 금		50,000,000	미 지 급 금	29,000,000
외 상 매 출 금	20,000,000		단 기 차 입 금	5,000,000
대 손 충 당 금	900,000	19,100,000	장 기 차 입 금	10,000,000
받 을 어 음	4,900,000		자　　본　　금	49,757,000
대 손 충 당 금	43,000	4,857,000	(당기순이익	
미 수 금		600,000	: 8,090,000)	
상　　　　　품		7,000,000		
장 기 대 여 금		2,000,000		
차 량 운 반 구	10,000,000			
감가상각누계액	2,000,000	8,000,000		
비　　　　　품	7,600,000			
감가상각누계액	2,800,000	4,800,000		
임 차 보 증 금		10,000,000		
자 산 총 계		151,857,000	부채와 자본총계	151,857,000

03 다음 자료를 이용하여 입력하시오. (6점)

(1) 파라상사의 외상매입금과 미지급금에 대한 거래처별 초기이월 잔액은 다음과 같다. 입력된 자료를 검토하여 잘못된 부분은 삭제 또는 수정, 추가 입력하여 주어진 자료에 맞게 정정하시오. (3점)

계정과목	거래처	잔액
외상매입금	고래전자	12,000,000원
	건우상사	11,000,000원
	석류상사	27,000,000원
미지급금	앨리스상사	25,000,000원
	용구상사	4,000,000원

(2) 다음의 내용을 [계정과목및적요등록] 메뉴를 이용하여 보통예금 계정과목에 현금적요를 등록하시오. (3점)

현금적요 : 적요No.5, 미수금 보통예금 입금

04 [일반전표입력] 메뉴를 이용하여 다음의 거래 자료를 입력하시오. (24점)

< 입력시 유의사항 >

· 적요의 입력은 생략한다.
· 부가가치세는 고려하지 않는다.
· 채권·채무와 관련된 거래는 별도의 요구가 없는 한 반드시 기등록된 거래처코드를 선택하는 방법으로 거래처명을 입력한다.
· 회계처리 시 계정과목은 별도의 제시가 없는 한 등록된 계정과목 중 가장 적절한 과목으로 한다.

(1) 07월 13일 전기에 대손 처리하였던 나마상사의 외상매출금 2,000,000원이 회수되어 보통예금 계좌로 입금되었다. (3점)

(2) 08월 01일 남선상사에 대한 외상매입금 2,000,000원을 지급하기 위하여 오름상사로부터 상품판매대금으로 받은 약속어음을 배서양도하였다. (3점)

(3) 08월 31일 창고가 필요하여 다음과 같이 임대차계약을 체결하고 임차보증금을 보통예금 계좌에서 이체하여 지급하였다. (단, 보증금의 거래처를 기재할 것) (3점)

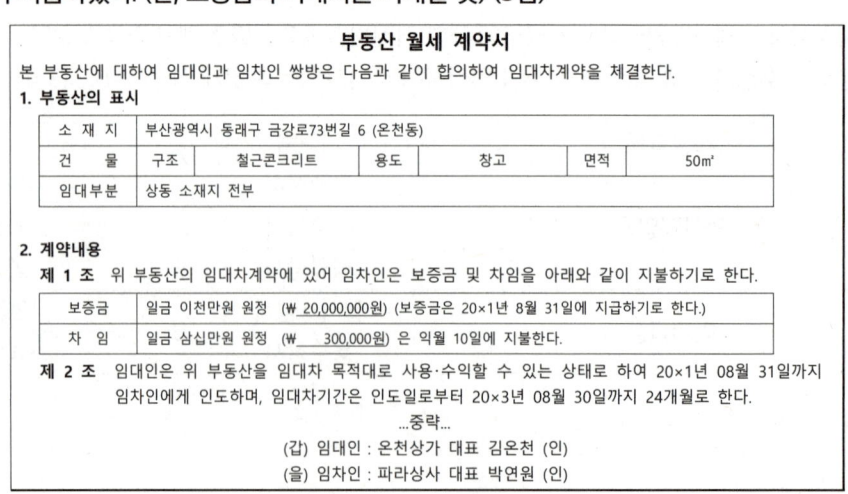

(4) 09월 02일 대표자가 개인적인 용도로 사용할 목적으로 컴퓨터를 구입하고 사업용카드(삼성카드)로 결제하였다. (3점)

```
웅장컴퓨터
1,500,000원

카드종류         신용카드
카드번호         1351-1234-5050-9990
거래일자         20×1.09.02. 11:11:34
일시불/할부      일시불
승인번호         48556494

[상품명]                    [금액]
컴퓨터                     1,500,000원

               합 계 액    1,500,000원
               받은금액    1,500,000원

가맹점정보
가맹점명         웅장컴퓨터
사업자등록번호   105-21-32549
가맹점번호       23721275
대표자명         진영기
전화번호         02-351-0000

이용해주셔서 감사합니다.
교환/환불은 영수증을 지참하여 일주일 이내 가능합니다.
                                      삼성카드
```

(5) 09월 16일 만안상사에 당사가 보유하고 있던 차량운반구(취득원가 10,000,000원, 처분 시까지의 감가상각누계액 2,000,000원)를 9,000,000원에 매각하고 대금은 만안상사 발행 자기앞수표로 받았다. (3점)

(6) 09월 30일 기업 운영자금을 확보하기 위하여 10,000,000원을 우리은행으로부터 2년 후에 상환하는 조건으로 차입하고, 차입금은 보통예금 계좌로 이체받았다. (3점)

(7) 10월 02일 거래처 포스코상사로부터 상품을 2,000,000원에 외상으로 매입하고, 상품 매입과정 중에 발생한 운반비 200,000원(당사가 부담)은 현금으로 지급하였다. (3점)

(8) 10월 29일 신규 채용한 영업부 신입사원들이 사용할 컴퓨터 5대를 주문하고, 견적서 금액의 10%를 계약금으로 보통예금 계좌에서 송금하였다. (3점)

견 적 서

공급자	사업자번호	206-13-30738			견적번호 : 효은-01112
	상 호	효은상사	대 표 자	김효은 (인)	아래와 같이 견적서를 발송
	소 재 지	서울시 성동구 행당로 133 (행당동)			20×1년 10월 29일
	업 태	도소매	종 목	컴퓨터	
	담 당 자	한슬기	전화번호	1599-7700	

품명	규격	수량(개)	단가(원)	금액(원)	비고
삼성 센스 시리즈	S-7	5	2,000,000	10,000,000	
	이하 여백				
합 계 금 액				10,000,000	

유효기간 : 견적 유효기간은 발행 후 15일
납   기 : 발주 후 3일
결제방법 : 현금결제 및 카드결제 가능
송금계좌 : KB국민은행 / 666-12-90238
기   타 : 운반비 별도

05 [일반전표입력] 메뉴에 입력된 내용 중 다음의 오류가 발견되었다. 입력된 내용을 검토하고 수정 또는 삭제, 추가 입력하여 올바르게 정정하시오. (6점)

< 입력시 유의사항 >

· 적요의 입력은 생략한다.
· 부가가치세는 고려하지 않는다.
· 채권·채무와 관련된 거래는 별도의 요구가 없는 한 반드시 기등록된 거래처코드를 선택하는 방법으로 거래처명을 입력한다.
· 회계처리 시 계정과목은 별도의 제시가 없는 한 등록된 계정과목 중 가장 적절한 과목으로 한다.

(1) 10월 05일 자본적지출로 회계처리해야 할 영업점 건물 방화문 설치비 13,000,000원을 수익적지출로 회계처리 하였다. (3점)

(2) 10월 13일 사업용 신용카드(삼성카드)로 결제한 복리후생비 400,000원은 영업부의 부서 회식대가 아니라 영업부의 매출거래처 접대목적으로 지출한 것으로 확인되었다. (3점)

06 다음의 결산정리사항을 입력하여 결산을 완료하시오. (12점)

> **< 입력시 유의사항 >**
> · 적요의 입력은 생략한다.
> · 부가가치세는 고려하지 않는다.
> · 채권·채무와 관련된 거래는 별도의 요구가 없는 한 반드시 기등록된 거래처코드를 선택하는 방법으로 거래처명을 입력한다.
> · 회계처리 시 계정과목은 별도의 제시가 없는 한 등록된 계정과목 중 가장 적절한 과목으로 한다.

(1) 기말 결산일 현재까지 기간 경과분에 대한 미수이자 1,500,000원 발생하였는데 이와 관련하여 어떠한 회계처리도 되어있지 아니한 상태이다. (3점)

(2) 당기에 납부하고 전액 비용으로 처리한 영업부의 보험료 중 선급액 120,000원에 대한 결산분개를 하시오. (3점)

(3) 당기 중에 단기운용목적으로 ㈜기유의 발행주식 1,000주(1주당 액면금액 1,000원)를 1주당 1,500원에 취득하였으며, 기말 현재 공정가치는 1주당 1,600원이다. 단, 취득 후 주식의 처분은 없었다. (3점)

(4) 기말 매출채권(외상매출금, 받을어음) 잔액에 대하여만 1%를 보충법에 따라 대손충당금을 설정하시오. (3점)

07 다음 사항을 조회하여 알맞은 답안을 이론문제 답안작성 메뉴에 입력하시오. (10점)

(1) 3월(3월 1일~3월 31일) 중 외상 매출 건수는 총 몇 건인가? (3점)

(2) 6월 말 현재 거래처 자담상사에 대한 선급금 잔액은 얼마인가? (3점)

(3) 현금과 관련하여 상반기(1~6월) 중 입금액이 가장 많은 달의 그 입금액과 출금액이 가장 많은 달의 그 출금액과의 차액은 얼마인가? (단, 음수로 입력하지 말 것) (4점)

110회 전산회계 2급

이론시험

다음 문제를 보고 알맞은 것을 골라 [이론문제 답안작성] 메뉴에 입력하시오. (객관식 문항당 2점)

< 기 본 전 제 >

문제에서 한국채택국제회계기준을 적용하도록 하는 전제조건이 없는 경우, 일반기업회계기준을 적용한다.

01 다음 중 아래의 거래 요소가 나타나는 거래로 옳은 것은?

비용의 발생 - 자산의 감소

① 임대차 계약을 맺고, 당월분 임대료 500,000원을 현금으로 받다.
② 상품 400,000원을 매입하고 대금은 외상으로 하다.
③ 단기차입금에 대한 이자 80,000원을 현금으로 지급하다.
④ 토지 80,000,000원을 구입하고 대금은 보통예금 계좌로 이체하다.

02 다음 중 유동부채에 해당하지 않는 것은?

① 유동성장기부채   ② 선급비용   ③ 단기차입금   ④ 예수금

03 다음 중 아래의 (가)와 (나)에 각각 들어갈 내용으로 옳은 것은?

단기매매증권을 취득하면서 발생한 수수료는 (가)(으)로 처리하고, 차량운반구를 취득하면서 발생한 취득세는 (나)(으)로 처리한다.

	(가)	(나)
①	수수료비용	차량운반구
②	단기매매증권	차량운반구
③	수수료비용	세금과공과
④	단기매매증권	수수료비용

04 다음 계정별원장에 기입된 거래를 보고 (A) 안에 들어갈 수 있는 계정과목으로 가장 적절한 것은?

(A)			
09/15	200,000원	기초	1,500,000원
기말	1,600,000원	09/10	300,000원

① 받을어음　　② 외상매입금　　③ 광고선전비　　④ 미수금

05 다음 중 유형자산의 취득원가를 구성하는 항목이 아닌 것은?

① 재산세　　　　　　　　　② 취득세
③ 설치비　　　　　　　　　④ 정상적인 사용을 위한 시운전비

06 다음 중 당좌자산에 해당하지 않는 것은?

① 현금및현금성자산　　　　② 매출채권
③ 단기투자자산　　　　　　④ 당좌차월

07 다음은 인출금 계정과목의 특징에 대한 설명이다. 다음 중 아래의 (가)~(다)에 각각 관련 설명으로 모두 옳은 것은?

- 주로 기업주(사업주)의 (가)의 지출을 의미한다.
- (나)에서 사용되며 임시계정에 해당한다.
- (다)에 대한 평가계정으로 보고기간 말에 (다)으로 대체되어 마감한다.

	(가)	(나)	(다)
①	개인적 용도	개인기업	자본금 계정
②	사업적 용도	법인기업	자본금 계정
③	개인적 용도	법인기업	자산 계정
④	사업적 용도	개인기업자산	자산 계정

08 다음 중 손익계산서와 관련된 계정과목이 아닌 것은?

① 임차료　　　　　　　　　② 선급비용
③ 임대료　　　　　　　　　④ 유형자산처분이익

09 다음 중 미지급비용에 대한 설명으로 가장 적절한 것은?

① 당기의 수익에 대응되는 지급된 비용

② 당기의 수익에 대응되는 미지급된 비용

③ 당기의 수익에 대응되지 않지만 지급된 비용

④ 당기의 수익에 대응되지 않지만 미지급된 비용

10 12월 말 결산일 현재 손익계산서상 당기순이익은 300,000원이었으나, 아래의 사항이 반영되어 있지않음을 확인하였다. 아래 사항을 반영한 후의 당기순이익은 얼마인가?

> 손익계산서에 보험료 120,000원이 계상되어 있으나 해당 보험료 중 선급보험료 해당액은 30,000원으로 확인되었다.

① 210,000원   ② 270,000원   ③ 330,000원   ④ 390,000원

11 다음 지출내역 중 영업외비용의 합계액은 얼마인가?

> • 영업용 자동차 보험료 : 5,000원
> • 대손이 확정된 외상매출금의 대손상각비 : 2,000원
> • 10년 만기 은행 차입금의 이자 : 3,000원
> • 사랑의열매 기부금 : 1,000원

① 1,000원   ② 3,000원   ③ 4,000원   ④ 6,000원

12 다음 중 판매비와관리비에 해당하는 계정과목이 아닌 것은?

① 기업업무추진비   ② 세금과공과

③ 광고선전비   ④ 기타의대손상각비

13 다음은 회계의 순환과정을 나타낸 것이다. 아래의 (가)에 들어갈 용어로 옳은 것은?

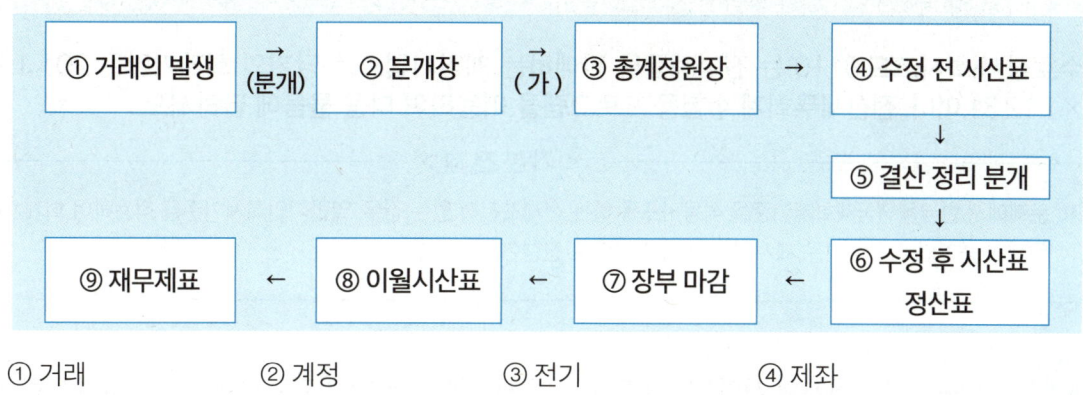

① 거래 ② 계정 ③ 전기 ④ 제좌

14 다음 자료에서 설명하고 있는 (A)와 (B)에 각각 들어갈 용어로 바르게 짝지은 것은 무엇인가?

> 일정 시점의 기업의 (A)을(를) 나타낸 표를 재무상태표라 하고, 일정 기간의 기업의 (B)을(를) 나타낸 표를 손익계산서라 한다.

	(A)	(B)
①	재무상태	경영성과
②	경영성과	재무상태
③	거래의 이중성	대차평균의 원리
④	대차평균의 원리	거래의 이중성

15 다음 중 상품에 대한 재고자산의 원가를 결정하는 방법에 해당하지 않는 것은?

① 개별법 ② 총평균법 ③ 선입선출법 ④ 연수합계법

실무시험

수호상사(회사코드:9110)는 전자제품을 판매하는 개인기업으로 당기의 회계기간은 20×1.1.1.~20×1.12.31.이다. 전산세무회계 수험용 프로그램을 이용하여 다음 물음에 답하시오.

─ < 기 본 전 제 > ─

· 문제에서 한국채택국제회계기준을 적용하도록 하는 전제조건이 없는 경우, 일반기업회계기준을 적용하여 회계처리 한다.
· 문제의 풀이와 답안작성은 제시된 문제의 순서대로 진행한다.

01 다음은 수호상사의 사업자등록증이다. [회사등록] 메뉴에 입력된 내용을 검토하여 누락분은 추가 입력하고 잘못된 부분은 정정하시오. (주소 입력 시 우편번호는 입력하지 않아도 무방함) (6점)

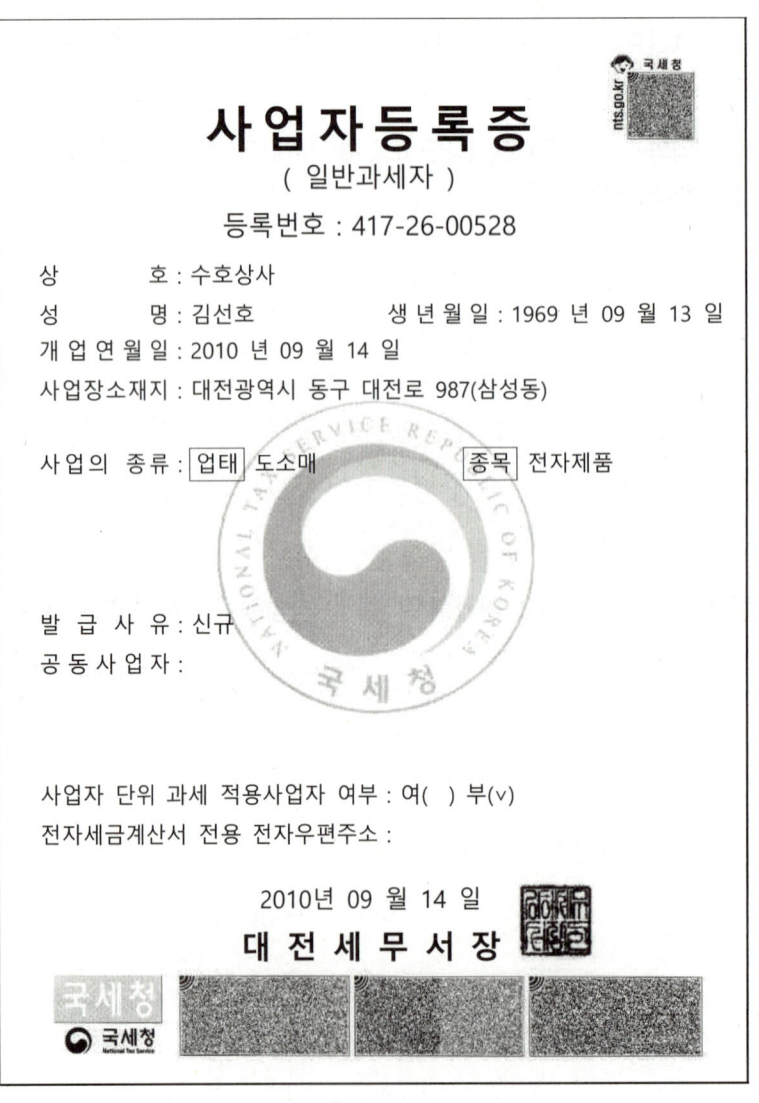

02
다음은 수호상사의 전기분 손익계산서이다. 입력되어 있는 자료를 검토하여 오류부분은 정정하고 누락된 부분은 추가 입력하시오. (6점)

손 익 계 산 서
제××기 20×0.1.1. ~ 20×0.12.31.

회사명 : 수호상사 (단위 : 원)

과 목	금 액	과 목	금 액
I 매 출 액	257,000,000	V 영 업 이 익	18,210,000
상 품 매 출	257,000,000	VI 영 업 외 수 익	3,200,000
II 매 출 원 가	205,000,000	이 자 수 익	200,000
상 품 매 출 원 가	205,000,000	임 대 료	3,000,000
기초상품재고액	20,000,000	VII 영 업 외 비 용	850,000
당기상품매입액	198,000,000	이 자 비 용	850,000
기말상품재고액	13,000,000	VIII 소득세차감전순이익	20,560,000
III 매 출 총 이 익	52,000,000	IX 소 득 세 등	0
IV 판매비와관리비	33,790,000	X 당 기 순 이 익	20,560,000
급 여	24,000,000		
복 리 후 생 비	1,100,000		
기업업무추진비	4,300,000		
감 가 상 각 비	500,000		
보 험 료	700,000		
차 량 유 지 비	2,300,000		
소 모 품 비	890,000		

03
다음 자료를 이용하여 입력하시오. (6점)

(1) 다음 자료를 이용하여 기초정보관리의 [거래처등록] 메뉴에서 거래처(금융기관)를 추가로 등록하시오. (단, 주어진 자료 외의 다른 항목은 입력할 필요 없음) (3점)

- 거래처코드 : 98006
- 유형 : 보통예금
- 사업용 계좌 : 여
- 거래처명 : 한경은행
- 계좌번호 : 1203-4562-49735

(2) 수호상사의 외상매출금과 외상매입금의 거래처별 초기이월 채권과 채무잔액은 다음과 같다. 입력된 자료를 검토하여 잘못된 부분은 수정 또는 삭제, 추가 입력하여 주어진 자료에 맞게 정정하시오. (3점)

계정과목	거래처	잔액	계
외상매출금	믿음전자	20,000,000원	35,000,000원
	우진전자	10,000,000원	
	(주)형제	5,000,000원	
외상매입금	중소상사	12,000,000원	28,000,000원
	숭실상회	10,000,000원	
	국보상사	6,000,000원	

04 [일반전표입력] 메뉴를 이용하여 다음의 거래 자료를 입력하시오. (24점)

< 입력시 유의사항 >

· 적요의 입력은 생략한다.
· 부가가치세는 고려하지 않는다.
· 채권·채무와 관련된 거래는 별도의 요구가 없는 한 반드시 기등록된 거래처코드를 선택하는 방법으로 거래처명을 입력한다.
· 회계처리 시 계정과목은 별도의 제시가 없는 한 등록된 계정과목 중 가장 적절한 과목으로 한다.

(1) 07월 16일   우와상사에 상품 3,000,000원을 판매하기로 계약하고, 계약금 600,000원을 보통예금 계좌로 입금받았다. (3점)

(2) 08월 04일   당사의 영업부에서 장기간 사용할 목적으로 비품을 구입하고 대금은 BC카드(신용카드)로 결제하였다. (단, 미지급금 계정을 사용하여 회계처리할 것) (3점)

(3) 08월 25일   영업용 차량운반구에 대한 자동차세 120,000원을 현금으로 납부하다. (3점)

(4) 09월 06일   거래처 수분상사의 외상매출금 중 1,800,000원이 예정일보다 빠르게 회수되어 할인금액 2%를 제외한 금액을 당좌예금 계좌로 입금받았다. (단, 매출할인 계정을 사용할 것) (3점)

(5) 09월 20일   영업부 직원들을 위한 간식을 현금으로 구매하고 아래의 현금영수증을 수취하였다. (3점)

```
[고객용]
              현금 매출 전표
간식천국                    378-62-00158
이재철                       TEL : 1577-0000
대구광역시 동구 안심로 15
20×1/09/20  11:53:48       NO : 18542
노나머거본파이      5          50,000
에너지파워드링크    30         150,000
합계수량/금액       35         200,000
받을금액                      200,000
현   금                       200,000
----------------------------------
            현금영수증(지출증빙)
거래자번호 : 417-26-00528
승 인 번 호 : G141080158
전 화 번 호 : 현금영수증문의☎126-1-1
홈 페 이 지 : https://hometax.go.kr
```

(6) 10월 05일   당사의 상품을 홍보할 목적으로 홍보용 포스트잇을 제작하고 사업용카드(삼성카드)로 결제하였다. (3점)

```
홍보물닷컴
500,000원

카드종류       신용카드
카드번호       8504-1245-4545-0506
거래일자       20×1.10.05. 15:29:45
일시불/할부    일시불
승인번호       28516480

[상품명]              [금액]
홍보용 포스트잇       500,000원

합 계 액              500,000원
받은금액              500,000원

가맹점정보
가맹점명       홍보물닷컴
사업자등록번호  305-35-65424
가맹점번호     23721275
대표자명       엄하진
전화번호       051-651-0000

이용해주셔서 감사합니다.
교환/환불은 영수증을 지참하여 일주일 이내 가능합니다.
                                      삼성카드
```

(7) 10월 13일   대전시 동구청에 태풍 피해 이재민 돕기 성금으로 현금 500,000원을 기부하였다. (3점)

(8) 11월 01일   영업부 직원의 국민건강보험료 회사부담분 190,000원과 직원부담분 190,000원을 보통예금 계좌에서 이체하여 납부하였다. (단, 회사부담분은 복리후생비 계정을 사용할 것) (3점)

05 [일반전표입력] 메뉴에 입력된 내용 중 다음의 오류가 발견되었다. 입력된 내용을 검토하고 수정 또는 삭제, 추가 입력하여 올바르게 정정하시오. (6점)

< 입력시 유의사항 >

· 적요의 입력은 생략한다.
· 부가가치세는 고려하지 않는다.
· 채권·채무와 관련된 거래는 별도의 요구가 없는 한 반드시 기등록된 거래처코드를 선택하는 방법으로 거래처명을 입력한다.
· 회계처리 시 계정과목은 별도의 제시가 없는 한 등록된 계정과목 중 가장 적절한 과목으로 한다.

(1) 08월 16일   운반비로 계상한 50,000원은 무선상사로부터 상품 매입 시 당사 부담의 운반비를 지급한 것이다. (3점)

(2) 09월 30일   농협은행에서 차입한 장기차입금을 상환하기 위하여 보통예금 계좌에서 11,000,000원을 지급하고 이를 모두 차입금 원금을 상환한 것으로 회계처리 하였으나 이 중 차입금 원금은 10,000,000원이고, 나머지 1,000,000원은 차입금에 대한 이자로 확인되었다. (3점)

06 다음의 결산정리사항을 입력하여 결산을 완료하시오. (12점)

> **< 입력시 유의사항 >**
> · 적요의 입력은 생략한다.
> · 부가가치세는 고려하지 않는다.
> · 채권·채무와 관련된 거래는 별도의 요구가 없는 한 반드시 기등록된 거래처코드를 선택하는 방법으로 거래처명을 입력한다.
> · 회계처리 시 계정과목은 별도의 제시가 없는 한 등록된 계정과목 중 가장 적절한 과목으로 한다.

(1) 영업부에서 사용하기 위하여 소모품을 구입하고 자산으로 처리한 금액 중 당기 중에 사용한 금액은 70,000원이다. (3점)

(2) 기말 현재 가수금 잔액 200,000원은 강원상사의 외상매출금 회수액으로 판명되었다. (3점)

(3) 결산일까지 현금과부족 100,000원의 원인이 판명되지 않았다. (3점)

(4) 당기분 차량운반구에 대한 감가상각비 600,000원과 비품에 대한 감가상각비 500,000원을 계상하다. (3점)

07 다음 사항을 조회하여 알맞은 답안을 [이론문제 답안작성] 메뉴에 입력하시오. (10점)

(1) 6월 말 현재 외상매출금 잔액이 가장 적은 거래처의 상호와 그 외상매출금 잔액은 얼마인가? (3점)

(2) 상반기(1~6월) 중 복리후생비(판) 지출액이 가장 많은 달의 지출액은 얼마인가? (3점)

(3) 6월 말 현재 차량운반구의 장부가액은 얼마인가? (4점)

109회 전산회계 2급

이론시험

다음 문제를 보고 알맞은 것을 골라 [이론문제 답안작성] 메뉴에 입력하시오. (객관식 문항당 2점)

< 기 본 전 제 >

문제에서 한국채택국제회계기준을 적용하도록 하는 전제조건이 없는 경우, 일반기업회계기준을 적용한다.

01 다음 중 거래의 종류와 해당 거래의 연결이 올바르지 않은 것은?

① 교환거래 : 상품 1,000,000원을 매출하기로 계약하고 매출대금의 10%를 현금으로 받다.
② 손익거래 : 당월분 사무실 전화요금 50,000원과 전기요금 100,000원이 보통예금 계좌에서 자동으로 이체되다.
③ 손익거래 : 사무실을 임대하고 1년치 임대료 600,000원을 보통예금 계좌로 입금받아 수익 계정으로 처리하다.
④ 혼합거래 : 단기차입금 1,000,000원과 장기차입금 2,000,000원을 보통예금 계좌에서 이체하여 상환하다.

02 다음 중 결산 시 대손상각 처리를 할 수 있는 계정과목에 해당하지 않는 것은?

① 받을어음 ② 미수금 ③ 외상매출금 ④ 단기차입금

03 다음 중 현금 계정으로 처리할 수 없는 것은?

① 자기앞수표 ② 당사 발행 당좌수표 ③ 우편환증서 ④ 배당금지급통지표

04 다음 자료에서 상품의 순매입액은 얼마인가?

- 당기상품매입액 50,000원
- 상품매입과 관련된 취득부대비용 2,000원
- 상품매입할인 3,000원
- 상품매출에누리 5,000원

① 44,000원 ② 47,000원 ③ 49,000원 ④ 52,000원

05
다음의 거래요소 중 차변에 올 수 있는 거래요소는 무엇인가?

① 수익의 발생　② 비용의 발생　③ 자산의 감소　④ 부채의 증가

06
다음 중 외상매출금 계정이 대변에 기입될 수 있는 거래를 모두 찾으시오.

> 가. 상품을 매출하고 대금을 한 달 후에 지급받기로 했을 때
> 나. 외상매출금이 보통예금으로 입금되었을 때
> 다. 외상매출금을 현금으로 지급받았을 때
> 라. 외상매입한 상품 대금을 한 달 후에 보통예금으로 지급했을 때

① 가, 나　② 나, 다　③ 다, 라　④ 가, 라

07
다음 중 재무상태표상 기말재고자산이 50,000원 과대계상 되었을 때 나타날 수 없는 것은?

① 당기순이익 50,000원 과소계상
② 매출원가 50,000원 과소계상
③ 영업이익 50,000원 과대계상
④ 차기이월되는 재고자산 50,000원 과대계상

08
다음 자료를 이용하여 영업이익을 계산하면 얼마인가?

> • 매출액　　20,000,000원　　• 복리후생비　　300,000원
> • 매출원가　14,000,000원　　• 유형자산처분손실　600,000원
> • 이자비용　　300,000원　　• 급여　　2,000,000원

① 2,800,000원　② 3,100,000원　③ 3,700,000원　④ 4,000,000원

09
다음 자료에 의한 기말 현재 대손충당금 잔액은 얼마인가?

> • 기말 매출채권 : 20,000,000원
> • 기말 매출채권 잔액에 대하여 1%의 대손충당금을 설정하기로 한다.

① 200,000원　② 218,000원　③ 250,000원　④ 320,000원

10 다음 중 일반기업회계기준상 유형자산의 감가상각방법으로 인정되지 않는 것은?

① 선입선출법 ② 정률법 ③ 연수합계법 ④ 생산량비례법

11 다음의 지출내역 중 판매비와관리비에 해당하는 것을 모두 고른 것은?

> 가. 출장 여비교통비 나. 거래처 대표자의 결혼식 화환 구입비
> 다. 차입금 이자 라. 유형자산처분이익

① 가, 나 ② 나, 다 ③ 가, 라 ④ 다, 라

12 다음 중 자본잉여금에 해당하지 않는 것은?

① 주식발행초과금 ② 감자차익
③ 자기주식처분이익 ④ 임의적립금

13 다음 중 유동부채에 해당하는 항목의 합계금액으로 적절한 것은?

> • 유동성장기부채   4,000,000원   • 장기차입금   5,000,000원
> • 미지급비용   1,400,000원   • 선급비용   2,500,000원
> • 예수금   500,000원   • 외상매입금   3,300,000원

① 5,200,000원 ② 9,200,000원 ③ 11,700,000원 ④ 16,700,000원

14 다음 중 당좌자산에 해당하지 않는 항목은?

① 매출채권 ② 현금 ③ 선급비용 ④ 건설중인자산

15 다음 중 유형자산에 대한 추가적인 지출이 발생했을 때 당기 비용으로 처리할 수 있는 거래를 고르시오.

① 건물의 피난시설을 설치하기 위한 지출
② 내용연수를 연장시키는 지출
③ 건물 내부의 조명기구를 교체하는 지출
④ 상당한 품질향상을 가져오는 지출

실무시험

정금상사(회사코드:9109)는 신발을 판매하는 개인기업으로 당기의 회계기간은 20×1.1.1.~20× 1.12.31.이다. 전산세무회계 수험용 프로그램을 이용하여 다음 물음에 답하시오.

< 기본 전제 >

- 문제에서 한국채택국제회계기준을 적용하도록 하는 전제조건이 없는 경우, 일반기업회계기준을 적용하여 회계처리 한다.
- 문제의 풀이와 답안작성은 제시된 문제의 순서대로 진행한다.

01 다음은 정금상사의 사업자등록증이다. [회사등록] 메뉴에 입력된 내용을 검토하여 누락분은 추가 입력하고 잘못된 부분을 정정하시오. (주소 입력 시 우편번호는 입력하지 않아도 무방함) (6점)

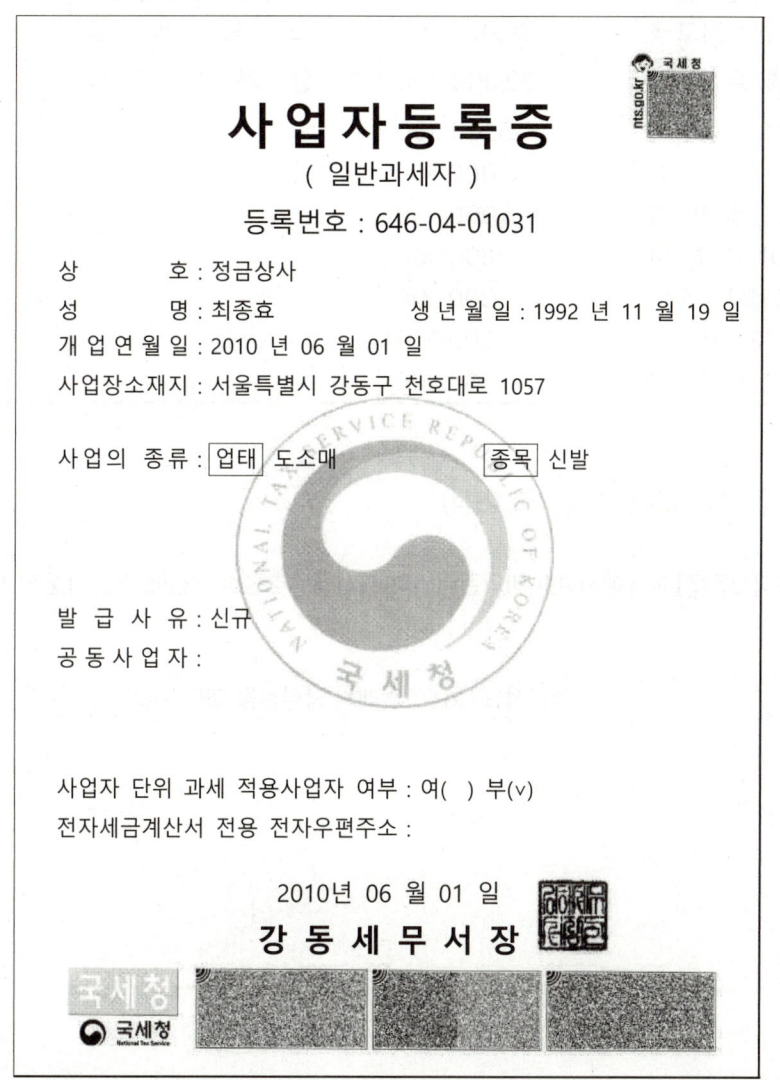

02 다음은 정금상사의 전기분 손익계산서이다. 입력되어 있는 자료를 검토하여 오류 부분을 정정하고 누락된 부분을 추가 입력하시오. (6점)

손익계산서

제××기

회사명 : 정금상사　　　20×0.1.1. ~ 20×0.12.31.　　　(단위 : 원)

과　　　　목	금　　액	과　　　　목	금　　액
Ⅰ 매 출 액	120,000,000	Ⅴ 영 업 이 익	4,900,000
상 품 매 출	120,000,000	Ⅵ 영 업 외 수 익	800,000
Ⅱ 매 출 원 가	90,000,000	이 자 수 익	800,000
상 품 매 출 원 가	90,000,000	Ⅶ 영 업 외 비 용	600,000
기초상품재고액	30,000,000	이 자 비 용	600,000
당기상품매입액	80,000,000	Ⅷ 소득세차감전순이익	5,100,000
기말상품재고액	20,000,000	Ⅸ 소 득 세 등	0
Ⅲ 매 출 총 이 익	30,000,000	Ⅹ 당 기 순 이 익	5,100,000
Ⅳ 판매비와관리비	25,100,000		
급　　　　　여	18,000,000		
복 리 후 생 비	5,000,000		
여 비 교 통 비	600,000		
기업업무추진비	300,000		
소 모 품 비	500,000		
광 고 선 전 비	700,000		

03 다음 자료를 이용하여 입력하시오. (6점)

(1) [계정과목및적요등록] 메뉴에서 판매비와관리비의 기업업무추진비 계정에 다음 내용의 적요를 등록하시오. (3점)

현금적요 No.5 : 거래처 명절선물 대금 지급

(2) 정금상사의 외상매출금과 단기대여금에 대한 거래처별 초기이월 잔액은 다음과 같다. 입력된 자료를 검토하여 잘못된 부분은 수정 또는 삭제, 추가 입력하여 주어진 자료에 맞게 정정하시오. (3점)

계정과목	거래처	잔액	계
외상매출금	(주)사이버나라	45,000,000원	68,000,000원
	세계상회	23,000,000원	
단기대여금	(주)해일	10,000,000원	13,000,000원
	부림상사	3,000,000원	

04 [일반전표입력] 메뉴를 이용하여 다음의 거래 자료를 입력하시오. (24점)

< 입력시 유의사항 >

· 적요의 입력은 생략한다.
· 부가가치세는 고려하지 않는다.
· 채권·채무와 관련된 거래는 별도의 요구가 없는 한 반드시 기등록된 거래처코드를 선택하는 방법으로 거래처명을 입력한다.
· 회계처리 시 계정과목은 별도의 제시가 없는 한 등록된 계정과목 중 가장 적절한 과목으로 한다.

(1) 08월 01일   단기매매목적으로 ㈜바이오의 발행주식 10주를 1주당 200,000원에 취득하였다. 대금은 취득과정에서 발생한 별도의 증권거래수수료 12,000원을 포함하여 보통예금 계좌에서 전액을 지급하였다. ㈜바이오의 발행주식 1주당 액면가액은 1,000원이다. (3점)

(2) 09월 02일   푸름상회에서 판매용 신발을 매입하고 대금 중 5,000,000원은 푸름상회에 대한 외상매출금과 상계하여 처리하고 잔액은 외상으로 하다. (3점)

권	호		거래명세표 (거래용)					
20×1년 09월 02일		공급자	사업자등록번호	109-02-57411				
정금상사 귀하			상 호	푸름상회	성 명	나푸름 ㊞		
			사업장소재지	서울특별시 서초구 명달로 105				
아래와 같이 계산합니다.			업 태	도소매	종 목	신발		
합계금액			구백육십만 원정 (₩ 9,600,000					)
월일	품 목	규 격	수 량	단 가		공 급 대 가		
09월 02일	레인부츠		12	800,000원		9,600,000원		
	계					9,600,000원		
전잔금	없음		합	계		9,600,000원		
입 금	5,000,000원	잔 금	4,600,000원	인수자		최종효 ㊞		
비 고		판매대금 5,000,000원은 외상대금과 상계처리하기로 함.						

(3) 10월 05일 업무용 모니터(비품)를 구입하고 현금 550,000원을 다음과 같이 지급하다. (3점)

현금영수증(지출증빙용)
CASH RECEIPT

사업자등록번호	108-81-11116
현금영수증가맹점명	㈜성실산업
대표자	김성실
주소	서울 관악 봉천 458
전화번호	02-220-2223

품명	모니터	승인번호	12345
거래일시	20×1.10.5	취소일자	

단위	백	천	원
금액 AMOUNT		550,000	
봉사료 TIPS			
합계 TOTAL		550,000	

(4) 10월 20일 영업부 직원의 건강보험료 회사부담분 220,000원과 직원부담분 220,000원을 보통예금계좌에서 이체하여 납부하다. (단, 하나의 전표로 처리하고, 회사부담분 건강보험료는 복리후생비 계정을 사용할 것) (3점)

(5) 11월 01일 광고 선전을 목적으로 불특정 다수에게 배포할 판촉물을 제작하고 제작대금 990,000원은 당좌수표를 발행하여 지급하다. (3점)

(6) 11월 30일 좋은은행에 예치한 1년 만기 정기예금의 만기가 도래하여 원금 10,000,000원과 이자 500,000원이 보통예금 계좌로 입금되다. (3점)

(7) 12월 05일 본사 영업부에 비치된 에어컨을 수리하고 수리비 330,000원을 신용카드(하나카드)로 결제하다. (3점)

(8) 12월 15일 에스파파상사로부터 상품을 25,000,000원에 매입하기로 계약하고, 계약금 1,000,000원을 보통예금 계좌에서 이체하여 지급하다. (3점)

05
[일반전표입력] 메뉴에 입력된 내용 중 다음의 오류가 발견되었다. 입력된 내용을 검토하고 수정 또는 삭제, 추가 입력하여 올바르게 정정하시오. (6점)

― < 입력시 유의사항 > ―
· 적요의 입력은 생략한다.
· 부가가치세는 고려하지 않는다.
· 채권·채무와 관련된 거래는 별도의 요구가 없는 한 반드시 기등록된 거래처코드를 선택하는 방법으로 거래처명을 입력한다.
· 회계처리 시 계정과목은 별도의 제시가 없는 한 등록된 계정과목 중 가장 적절한 과목으로 한다.

(1) 10월 27일 기업주가 사업 확장을 위하여 좋은은행에서 만기 1년 이내의 대출 10,000,000원을 단기차입하여 보통예금 계좌에 입금하였으나 이를 자본금으로 처리하였음을 확인하다. (3점)

(2) 11월 16일 보통예금 계좌에서 지급한 198,000원은 거래처에 선물하기 위해 구입한 신발이 아니라 판매를 목적으로 구입한 신발의 매입대금이었음이 확인되었다. (3점)

06
다음의 결산정리사항을 입력하여 결산을 완료하시오. (12점)

― < 입력시 유의사항 > ―
· 적요의 입력은 생략한다.
· 부가가치세는 고려하지 않는다.
· 채권·채무와 관련된 거래는 별도의 요구가 없는 한 반드시 기등록된 거래처코드를 선택하는 방법으로 거래처명을 입력한다.
· 회계처리 시 계정과목은 별도의 제시가 없는 한 등록된 계정과목 중 가장 적절한 과목으로 한다.

(1) 구입 시 자산으로 처리한 소모품 중 결산일 현재 사용한 소모품비는 550,000원이다. (3점)

(2) 20×1년 7월 1일에 영업부의 1년치 보증보험료(보험기간:20×1.07.01.~20×2.06.30.) 1,200,000원을 보통예금 계좌에서 이체하면서 전액 비용계정인 보험료로 처리하였다. 기말수정분개를 하시오. (단, 월할계산할 것) (3점)

(3) 현금과부족 계정으로 처리한 현금초과액 50,000원에 대한 원인이 결산일 현재까지 밝혀지지 않았다. (3점)

(4) 외상매출금 및 받을어음 잔액에 대하여만 1%의 대손충당금을 보충법으로 설정하시오. (단, 기타 채권에 대하여는 대손충당금을 설정하지 않도록 한다.) (3점)

07 다음 사항을 조회하여 알맞은 답안을 [이론문제 답안작성] 메뉴에 입력하시오. (10점)

(1) 상반기(1월 ~ 6월) 중 현금의 지출이 가장 많은 월(月)은 몇 월(月)이며, 그 금액은 얼마인가? (4점)

(2) 6월 30일 현재 유동부채의 금액은 얼마인가? (3점)

(3) 상반기(1월~6월) 중 복리후생비(판)의 지출이 가장 많은 월(月)과 적은 월(月)의 차액은 얼마인가? (단, 반드시 양수로 입력할 것) (3점)

108회 전산회계 2급

이론시험

다음 문제를 보고 알맞은 것을 골라 [이론문제 답안작성] 메뉴에 입력하시오. (객관식 문항당 2점)

< 기 본 전 제 >

문제에서 한국채택국제회계기준을 적용하도록 하는 전제조건이 없는 경우, 일반기업회계기준을 적용한다.

01 다음 중 일정기간의 회계정보를 제공하는 재무제표가 아닌 것은?

① 현금흐름표 ② 손익계산서 ③ 재무상태표 ④ 자본변동표

02 다음 중 계정의 잔액 표시가 잘못된 것을 고르시오.

① 받을어음	② 미지급금
1,500,000원	1,500,000원

③ 자본금	④ 임대료
1,500,000원	1,500,000원

03 다음은 당기의 재고자산 관련 자료이다. 당기의 상품 매출원가는 얼마인가?

• 기초상품재고액	10,000원	• 당기상품매입액	30,000원
• 상품매입에누리	1,000원	• 기말상품재고액	5,000원

① 34,000원 ② 35,000원 ③ 39,000원 ④ 40,000원

04 12월 말 결산법인의 당기 취득 기계장치 관련 자료가 다음과 같다. 이를 바탕으로 당기 손익계산서에 반영될 당기의 감가상각비는 얼마인가?

- 7월 1일 기계장치를 1,000,000원에 취득하였다.
- 7월 1일 기계장치 취득 즉시 수익적지출 100,000원이 발생하였다.
- 위 기계장치의 잔존가치는 0원, 내용연수는 5년, 상각방법은 정액법이다. 단, 월할상각할 것.

① 100,000원   ② 110,000원   ③ 200,000원   ④ 220,000원

05 다음 자료에서 당기말 재무제표에 계상될 보험료는 얼마인가? 단, 회계연도는 매년 1월 1일부터 12월 31일까지이다.

- 11월 1일 화재보험에 가입하고, 보험료 600,000원을 현금으로 지급하였다.
- 보험기간은 가입시점부터 1년이며, 기간계산은 월할로 한다.
- 이외 보험료는 없는 것으로 한다.

① 50,000원   ② 100,000원   ③ 300,000원   ④ 600,000원

06 다음 중 재무상태표에 표시되는 매입채무 계정에 해당하는 것으로만 짝지어진 것은?

① 미수금, 미지급금
② 가수금, 가지급금
③ 외상매출금, 받을어음
④ 외상매입금, 지급어음

07 다음 중 계정과목의 분류가 올바른 것은?

① 유동자산 : 차량운반구
② 비유동자산 : 당좌예금
③ 유동부채 : 단기차입금
④ 비유동부채 : 선수수익

08 다음 중 현금및현금성자산에 포함되지 않는 것은?

① 우편환증서
② 배당금지급통지서
③ 당좌차월
④ 자기앞수표

09 다음 중 상품 매입계약에 따른 계약금을 미리 지급한 경우에 사용하는 계정과목으로 옳은 것은?

① 가지급금　　② 선급금　　③ 미지급금　　④ 지급어음

10 다음 자료에서 부채의 합계액은 얼마인가?

• 외상매입금	3,000,000원	• 선수수익	500,000원
• 단기대여금	4,000,000원	• 미지급비용	2,000,000원
• 선급비용	1,500,000	• 미수수익	1,000,000원

① 5,500,000원　　② 6,000,000원　　③ 6,500,000원　　④ 12,000,000원

11 다음 중 아래 빈칸에 들어갈 내용으로 적절한 것은?

유동자산은 보고기간종료일로부터 (　　)년 이내에 현금화 또는 실현될 것으로 예상되는 자산을 의미한다.

① 1　　② 2　　③ 3　　④ 5

12 다음 자료에서 당기 외상매출금 기말잔액은 얼마인가?

• 외상매출금 기초잔액	3,000,000원
• 외상매출금 당기 발생액	7,000,000원
• 외상매출금 당기 회수액	1,000,000원

① 0원　　　　　　　　　② 3,000,000원
③ 5,000,000원　　　　　④ 9,000,000원

13 다음 중 재고자산에 대한 설명으로 적절하지 않은 것은?

① 재고자산은 정상적인 영업과정에서 판매를 위하여 보유하거나 생산과정에 있는 자산 및 생산 또는 서비스 제공과정에 투입될 원재료나 소모품의 형태로 존재하는 자산을 말한다.
② 재고자산의 취득원가는 취득과 직접적으로 관련되어 있으며 정상적으로 발생되는 기타원가를 포함한다.
③ 선입선출법은 먼저 구입한 상품이 먼저 판매된다는 가정하에 매출원가 및 기말재고액을 구하는 방법이다.
④ 개별법은 상호 교환될 수 있는 재고자산 항목인 경우에만 사용 가능하다.

14 다음 중 수익의 이연에 해당하는 계정과목으로 옳은 것은?

① 선급비용　　② 미지급비용　　③ 선수수익　　④ 미수수익

15 다음 중 기말재고자산을 과대평가하였을 때 나타나는 현상으로 옳은 것은?

	매출원가	당기순이익
①	과대계상	과소계상
②	과소계상	과대계상
③	과대계상	과대계상
④	과소계상	과소계상

실무시험

지우상사(코드번호:9108)는 사무기기를 판매하는 개인기업으로 당기 회계기간은 20×1.1.1.~20×1.12.31.이다. 전산세무회계 수험용 프로그램을 이용하여 다음 물음에 답하시오.

--- < 기본전제 > ---

- 문제에서 한국채택국제회계기준을 적용하도록 하는 전제조건이 없는 경우, 일반기업회계기준을 적용하여 회계처리 한다.
- 문제의 풀이와 답안작성은 제시된 문제의 순서대로 진행한다.

01 다음은 지우상사의 사업자등록증이다. [회사등록] 메뉴에 입력된 내용을 검토하여 누락분은 추가 입력하고 잘못된 부분은 정정하시오. (주소 입력 시 우편번호는 입력하지 않아도 무방함) (6점)

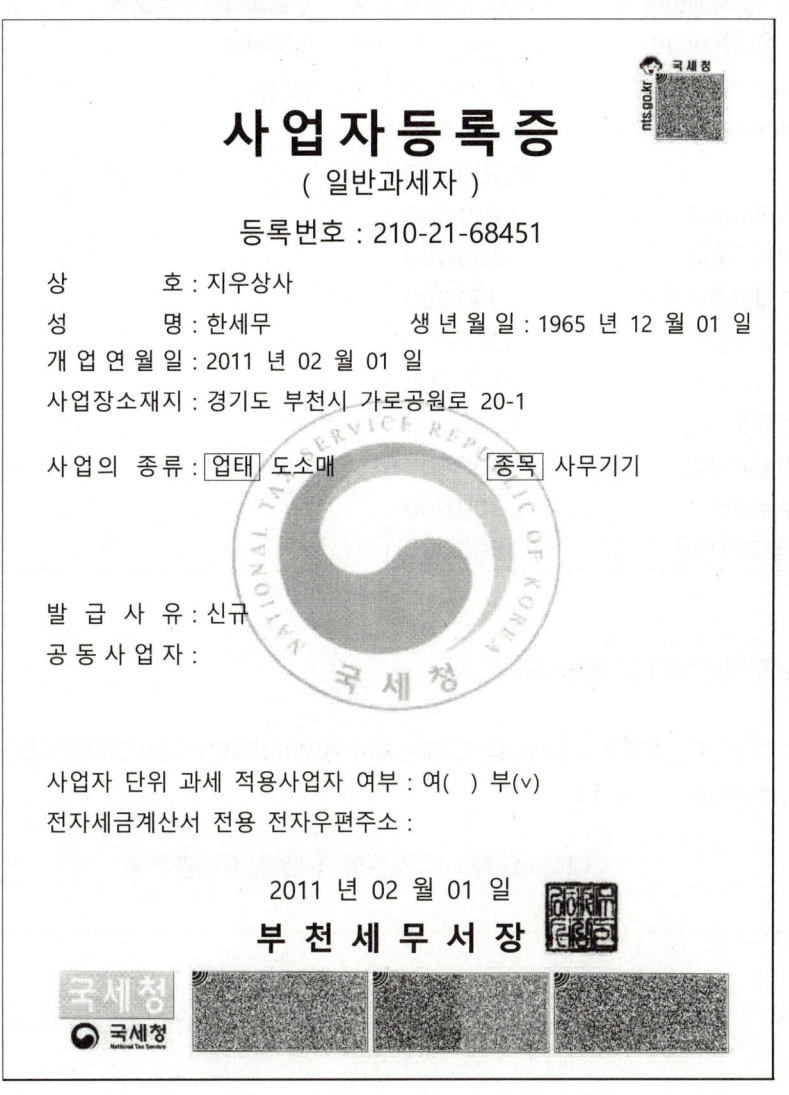

02 지우상사의 전기분 손익계산서는 다음과 같다. 입력되어 있는 자료를 검토하여 오류부분은 정정하고 누락된 부분은 추가 입력하시오. (6점)

손 익 계 산 서

제××기 20×0년 1월 1일부터
20×0년 12월 31까지

회사명 : 지우상사 (단위 : 원)

과 목	금 액	과 목	금 액
I 매출액	125,000,000	V 영업이익	11,850,000
1. 상품매출	125,000,000	VI 영업외수익	500,000
II 매출원가	88,800,000	1. 이자수익	500,000
상품매출원가	88,800,000	VII 영업외비용	1,200,000
1. 기초상품재고액	12,300,000	1. 이자비용	1,200,000
2. 당기상품매입액	79,000,000	VIII 소득세차감전순이익	11,150,000
3. 기말상품재고액	2,500,000	IX 소득세등	0
III 매출총이익	36,700,000	X 당기순이익	11,150,000
IV 판매비와관리비	24,850,000		
1. 급여	14,500,000		
2. 복리후생비	1,200,000		
3. 여비교통비	800,000		
4. 기업업무추진비	750,000		
5. 수도광열비	1,100,000		
6. 감가상각비	3,950,000		
7. 임차료	1,200,000		
8. 차량유지비	550,000		
9. 수수료비용	300,000		
10. 광고선전비	500,000		

03 다음 자료를 이용하여 입력하시오. (6점)

(1) 다음 자료를 이용하여 [계정과목및적요등록] 메뉴에서 판매비및일반관리비 항목의 여비교통비 계정과목에 적요를 추가로 등록하시오. (3점)

> 대체적요 NO. 3 : 직원의 국내출장비 예금 인출

(2) [거래처별초기이월] 메뉴의 계정과목별 잔액은 다음과 같다. 주어진 자료를 검토하여 잘못된 부분은 오류를 정정하고, 누락된 부분은 추가 입력하시오. (3점)

계정과목	거래처명	금액
외상매입금	라라무역	23,200,000원
	양산상사	35,800,000원
단기차입금	(주)굿맨	36,000,000원

04 [일반전표입력] 메뉴를 이용하여 다음의 거래 자료를 입력하시오. (24점)

< 입력시 유의사항 >

· 적요의 입력은 생략한다.
· 부가가치세는 고려하지 않는다.
· 채권·채무와 관련된 거래는 별도의 요구가 없는 한 반드시 기등록된 거래처코드를 선택하는 방법으로 거래처명을 입력한다.
· 회계처리 시 계정과목은 별도의 제시가 없는 한 등록된 계정과목 중 가장 적절한 과목으로 한다.

(1) 07월 15일   태영상사에 상품을 4,000,000원에 판매하고 판매대금 중 20%는 태영상사가 발행한 6개월 만기 약속어음으로 받았으며, 나머지 판매대금은 8월 말에 받기로 하였다. (3점)

(2) 08월 25일   큰손은행으로부터 아래와 같이 사업확장을 위한 자금을 차입하고 보통예금 계좌로 송금받았다. (3점)

차입금액	자금용도	연이자율	차입기간	이자 지급 방법
15,000,000원	시설자금	7%	3년	만기 일시 지급

(3) 09월 05일   영업부 사무실의 8월분 인터넷이용료 50,000원과 수도요금 40,000원을 삼성카드로 결제하였다. (3점)

(4) 10월 05일　명절을 맞이하여 과일세트 30박스를 싱싱과일에서 구입하여 매출거래처에 선물하였고, 아래와 같이 영수증을 받았다. (3점)

영수증

싱싱과일	105-91-3*****
대표자	김민정
경기도 부천시 중동 *** 1층	

품목	수량	단가	금액
과일세트	30	10,000	300,000

합계금액　₩　300,000

결제구분	금액
현　　금	300,000원
받은금액	300,000원
미 수 금	-

감사합니다

(5) 10월 24일　새로운 창고를 건축하기 위하여 토지를 50,000,000원에 취득하면서 취득세 2,300,000원을 포함한 총 52,300,000원을 현금으로 지급하였다. (3점)

(6) 11월 02일　온나라상사의 파산으로 인하여 외상매출금을 회수할 수 없게 됨에 따라 온나라상사의 외상매출금 3,000,000원 전액을 대손처리하기로 하다. 11월 2일 현재 대손충당금 잔액은 900,000원이다. (3점)

(7) 11월 30일   영업부 대리 김민정의 11월분 급여를 보통예금 계좌에서 이체하여 지급하였다. (단, 하나의 전표로 처리하되, 공제항목은 구분하지 않고 하나의 계정과목으로 처리할 것) (3점)

20×1년 11월분 급여명세서

사 원 명 : 김민정		부 서 : 영업부	
입 사 일 : 20×0.10.01.		직 급 : 대리	
지 급 내 역	지 급 액	공 제 내 역	공 제 액
기 본 급 여	4,200,000원	국 민 연 금	189,000원
직 책 수 당	0원	건 강 보 험	146,790원
상 여 금	0원	고 용 보 험	37,800원
특 별 수 당	0원	소 득 세	237,660원
자 가 운 전 보 조 금	0원	지 방 소 득 세	23,760원
교 육 지 원 수 당	0원	기 타 공 제	0원
지 급 액 계	4,200,000원	공 제 액 계	635,010원
귀하의 노고에 감사드립니다.		차 인 지 급 액	3,564,990원

(8) 12월 15일   대한상사의 외상매입금 7,000,000원 중 2,000,000원은 현금으로 지급하고 잔액은 보통예금 계좌에서 이체하였다. (3점)

05 [일반전표입력] 메뉴에 입력된 내용 중 다음의 오류가 발견되었다. 입력된 내용을 검토하고 수정 또는 삭제, 추가 입력하여 올바르게 정정하시오. (6점)

< 입력시 유의사항 >

· 적요의 입력은 생략한다.
· 부가가치세는 고려하지 않는다.
· 채권·채무와 관련된 거래는 별도의 요구가 없는 한 반드시 기등록된 거래처코드를 선택하는 방법으로 거래처명을 입력한다.
· 회계처리 시 계정과목은 별도의 제시가 없는 한 등록된 계정과목 중 가장 적절한 과목으로 한다.

(1) 08월 20일   두리상사에서 상품을 35,000,000원에 매입하기로 계약하고 현금으로 지급한 계약금 3,500,000원을 선수금으로 입금 처리하였음이 확인된다. (3점)

(2) 09월 16일   보통예금 계좌에서 나라은행으로 이체한 4,000,000원은 이자비용을 지급한 것이 아니라 단기차입금을 상환한 것이다. (3점)

06 다음의 결산정리사항을 입력하여 결산을 완료하시오. (12점)

> **< 입력시 유의사항 >**
> · 적요의 입력은 생략한다.
> · 부가가치세는 고려하지 않는다.
> · 채권·채무와 관련된 거래는 별도의 요구가 없는 한 반드시 기등록된 거래처코드를 선택하는 방법으로 거래처명을 입력한다.
> · 회계처리 시 계정과목은 별도의 제시가 없는 한 등록된 계정과목 중 가장 적절한 과목으로 한다.

(1) 20×1년 4월 1일에 하나은행으로부터 30,000,000원을 12개월간 차입하고, 이자는 차입금 상환시점에 원금과 함께 일시 지급하기로 하였다. 적용이율은 연 5%이며, 차입기간은 20×1.04.01. ~ 20×2.03.31.이다. 관련된 결산분개를 하시오. (단 이자는 월할계산할 것) (3점)

(2) 결산일 현재 예금에 대한 기간경과분 발생이자는 15,000원이다. (3점)

(3) 기말 현재 영업부의 비품에 대한 20×1년 당기분 감가상각비는 1,700,000원이다. (3점)

(4) 결산을 위하여 창고의 재고자산을 실사한 결과 기말상품재고액은 6,500,000원이다. (3점)

07 다음 사항을 조회하여 알맞은 답안을 이론문제 답안작성 메뉴에 입력하시오. (10점)

(1) 2분기(4월~6월)에 수석상사에 발행하여 교부한 지급어음의 총 합계액은 얼마인가? (단, 전기이월금액은 제외할 것) (3점)

(2) 상반기(1월~6월)의 보통예금 입금액은 총 얼마인가? (단, 전기이월 금액은 제외할 것) (3점)

(3) 상반기(1월~6월) 중 기업업무추진비(판매비와일반관리비)를 가장 적게 지출한 월(月)과 그 금액은 얼마인가? (4점)

107회 전산회계 2급

이론시험

다음 문제를 보고 알맞은 것을 골라 이론문제 답안작성 메뉴에 입력하시오. (객관식 문항당 2점)

< 기 본 전 제 >

문제에서 한국채택국제회계기준을 적용하도록 하는 전제조건이 없는 경우, 일반기업회계기준을 적용한다.

01 다음 중 회계상 거래에 해당하는 것은?

① 판매점 확장을 위하여 직원을 채용하고 근로계약서를 작성하다.
② 사업확장을 위하여 은행에서 운영자금을 차입하기로 결정하다.
③ 재고 부족이 예상되어 판매용 상품을 추가로 주문하다.
④ 당사 데이터센터의 화재로 인하여 서버용 PC가 소실되다.

02 다음 중 거래요소의 결합 관계가 잘못 짝지어진 것은?

① (차) 자본의 감소   (대) 자산의 증가
② (차) 수익의 소멸   (대) 자산의 감소
③ (차) 비용의 발생   (대) 부채의 증가
④ (차) 부채의 감소   (대) 자본의 증가

03 다음의 거래 중 비용이 발생하지 않는 것은?

① 업무용 자동차에 대한 당기분 자동차세 100,000원을 현금으로 납부하다.
② 적십자회비 100,000원을 현금으로 납부하다.
③ 상공회의소 회비 100,000원을 현금으로 납부하다.
④ 전월에 급여 지급 시 원천징수한 근로소득세를 현금으로 납부하다.

04 다음 계정과목 중 증가 시 재무상태표상 대변 항목이 아닌 것은?

① 자본금   ② 선수이자   ③ 선급금   ④ 외상매입금

05 다음의 자료에서 당좌자산의 합계액은 얼마인가?

• 현금	300,000원	• 보통예금	800,000원
• 외상매입금	400,000원	• 외상매출금	200,000원
• 단기매매증권	500,000원		

① 1,700,000원   ② 1,800,000원   ③ 2,000,000원   ④ 2,200,000원

06 다음 자료에서 설명하는 계정과목으로 옳은 것은?

상품 판매대금을 조기에 수취함에 따른 계약상 약정에 의한 일정 대금의 할인

① 매출채권처분손실   ② 매출환입
③ 매출할인   ④ 매출에누리

07 다음 중 일반적인 상거래에서 발생한 것으로 아직 회수되지 않은 경우의 회계처리 시 계정과목으로 올바른 것은?

① 미수수익   ② 선수수익   ③ 미수금   ④ 외상매출금

08 다음 자료에서 기말자본은 얼마인가?

• 기초자본 1,000,000원   • 총비용 5,000,000원   • 총수익 8,000,000원

① 2,000,000원   ② 3,000,000원   ③ 4,000,000원   ④ 8,000,000원

09 다음은 당기 손익계산서의 일부를 발췌한 자료이다. 당기 매출액을 구하시오.

매출액	기초상품재고액	당기총매입액	기말상품재고액	매출총이익
? 원	25,000,000원	168,000,000원	15,000,000원	172,000,000원

① 350,000,000원　　　　　　　② 370,000,000원
③ 372,000,000원　　　　　　　④ 382,000,000원

10 다음 자료의 (　　) 안에 들어갈 계정과목으로 가장 적절한 것은?

> (　　)은 기업의 주된 영업활동인 상품 등을 판매하고 이에 대한 대금으로 상대방으로부터 수취한 어음이다.

① 지급어음　　② 받을어음　　③ 외상매출금　　④ 선수금

11 다음은 차량운반구의 처분과 관련된 자료이다. 차량운반구의 처분가액은 얼마인가?

> • 취득가액 : 16,000,000원　　　• 감가상각누계액 : 9,000,000원
> • 유형자산처분손실 : 1,000,000원

① 6,000,000원　　② 7,000,000원　　③ 8,000,000원　　④ 14,000,000원

12 다음 중 일정 시점의 재무상태를 나타내는 재무보고서의 계정과목으로만 짝지어진 것이 아닌 것은?

① 외상매입금, 선수금　　　　② 임대료, 이자비용
③ 선급금, 외상매출금　　　　④ 선수금, 보통예금

13 다음 중 아래의 빈칸에 들어갈 내용으로 적절한 것은?

> 현금및현금성자산은 통화 및 타인발행수표 등 통화대용증권과 당좌예금, 보통예금 및 큰 거래비용 없이 현금으로 전환이 용이하고, 이자율 변동에 따른 가치변동의 위험이 경미한 금융상품으로서 취득 당시 만기일 또는 상환일이 (　　) 이내인 것을 말한다.

① 1개월　　② 2개월　　③ 3개월　　④ 6개월

14 재고자산의 단가 결정방법 중 아래의 자료에서 설명하는 특징을 가진 것은?

> • 실제 물량 흐름과 유사하다.
> • 현행수익에 과거원가가 대응된다.
> • 기말재고가 가장 최근에 매입한 상품의 단가로 계상된다.

① 선입선출법　　② 후입선출법　　③ 총평균법　　④ 개별법

15 다음 중 영업외수익에 해당하는 항목으로 적절한 것은?

① 미수수익　　② 경상개발비　　③ 외환차손　　④ 이자수익

실무시험

태형상사(회사코드:9107)는 사무기기를 판매하는 개인기업으로 당기 회계기간은 20×1.1.1.~20×1.12.31.이다. 전산세무회계 수험용 프로그램을 이용하여 다음 물음에 답하시오.

— < 기 본 전 제 > —

· 문제에서 한국채택국제회계기준을 적용하도록 하는 전제조건이 없는 경우, 일반기업회계기준을 적용하여 회계처리 한다.
· 문제의 풀이와 답안작성은 제시된 문제의 순서대로 진행한다.

01 다음은 지우상사의 사업자등록증이다. [회사등록] 메뉴에 입력된 내용을 검토하여 누락분은 추가 입력하고 잘못된 부분은 정정하시오. (주소 입력 시 우편번호는 입력하지 않아도 무방함) (6점)

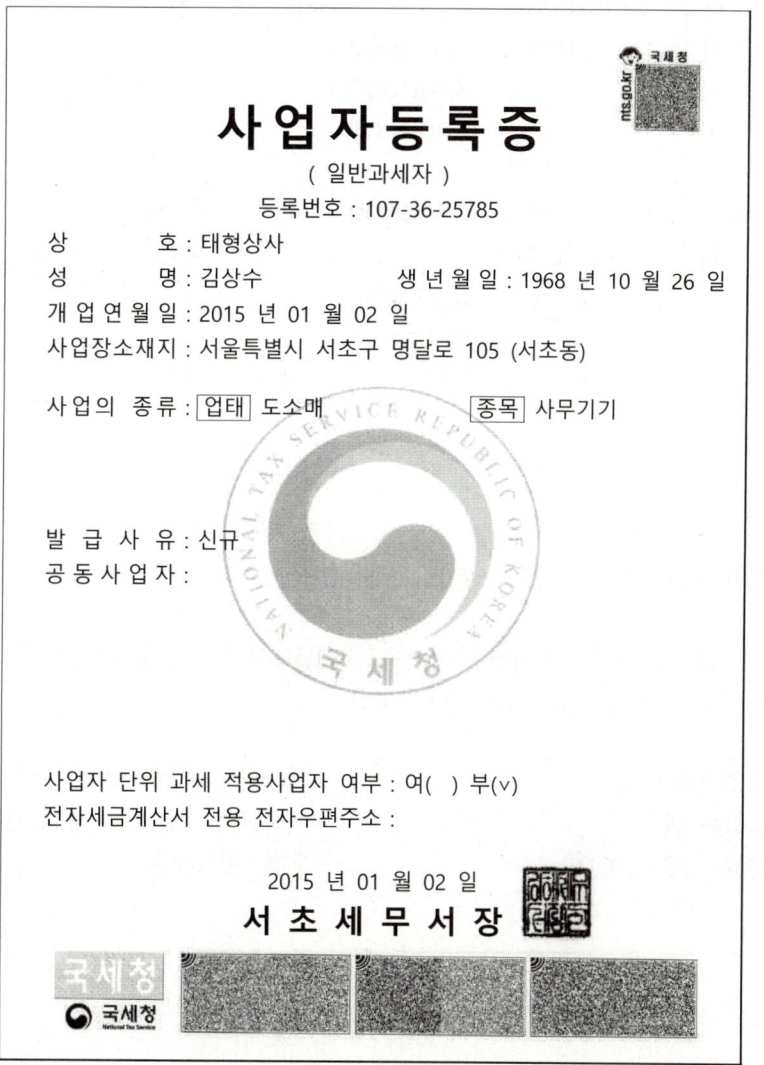

02 다음은 태형상사의 전기분 재무상태표이다. 입력되어 있는 자료를 검토하여 오류부분은 정정하고 누락된 부분은 추가 입력하시오. (6점)

재 무 상 태 표
제11기 20×0. 12. 31. 현재

회사명 : 태형상사 (단위 : 원)

과 목	금	액	과 목	금	액
현 금		10,000,000	외 상 매 입 금		8,000,000
당 좌 예 금		3,000,000	지 급 어 음		6,500,000
보 통 예 금		10,500,000	미 지 급 금		3,700,000
외 상 매 출 금	5,400,000		예 수 금		700,000
대 손 충 당 금	100,000	5,300,000	단 기 차 입 금		10,000,000
받 을 어 음	9,000,000		자 본 금		49,950,000
대 손 충 당 금	50,000	8,950,000			
미 수 금		4,500,000			
상 품		12,000,000			
차 량 운 반 구	22,000,000				
감가상각누계액	12,000,000	10,000,000			
비 품	7,000,000				
감가상각누계액	2,400,000	4,600,000			
임 차 보 증 금		10,000,000			
자 산 총 계		78,850,000	부채와 자본총계		78,850,000

03 다음 자료를 이용하여 입력하시오. (6점)

(1) 다음 자료를 이용하여 [기초정보관리]의 [거래처등록] 메뉴에서 거래처(금융기관)를 추가 등록하시오. (단, 주어진 자료 외의 다른 항목은 입력할 필요 없음) (3점)

- 거래처코드 : 98005
- 사업용 계좌 : 여
- 계좌개설일 : 20×1.01.01
- 거래처명 : 신한은행
- 계좌번호 : 110-081-834009
- 유형 : 보통예금

(2) 태형상사의 거래처별 초기이월 자료는 다음과 같다. 주어진 자료를 검토하여 잘못된 부분은 오류를 정정하고, 누락된 부분은 추가 입력하시오. (3점)

계정과목	거래처	금액	합계
받을어음	기우상사	3,500,000원	9,000,000원
	하우스컴	5,500,000원	
지급어음	모두피씨	4,000,000원	6,500,000원
	하나로컴퓨터	2,500,000원	

04 다음의 거래 자료를 [일반전표입력] 메뉴를 이용하여 입력하시오. (24점)

< 입력시 유의사항 >

· 적요의 입력은 생략한다.
· 부가가치세는 고려하지 않는다.
· 채권·채무와 관련된 거래는 별도의 요구가 없는 한 반드시 기등록된 거래처코드를 선택하는 방법으로 거래처명을 입력한다.
· 회계처리 시 계정과목은 별도의 제시가 없는 한 등록된 계정과목 중 가장 적절한 과목으로 한다.

(1) 07월 05일 세무은행으로부터 10,000,000원을 3개월간 차입하고, 선이자 300,000원을 제외한 잔액이 당사 보통예금 계좌에 입금되었다. (단, 선이자는 이자비용으로 처리하고, 하나의 전표로 입력할 것) (3점)

(2) 07월 07일 다음은 상품을 매입하고 받은 거래명세표이다. 대금은 전액 외상으로 하였다. (3점)

권	호		거래명세표 (공급받는자 보관용)				
20×1년 7월 7일		공급자	사업자등록번호	105-21-32549			
태형상사 귀하			상 호	대림전자	성 명	김포스	㊞
			사업장소재지	서울특별시 강남구 강남대로160길 25 (신사동)			
아래와 같이 계산합니다.			업 태	도소매	종 목	사무기기	
합계금액	삼백구십육만		원정 (₩ 3,960,000	)			
월 일	품 목	규 격	수 량	단 가	공 급 대 가		
7월 7일	사무기기	270mm	120개	33,000원	3,960,000원		
전잔금	없음		합 계		3,960,000원		
입 금	0원	잔 금	3,960,000원	인수자	김상수	㊞	
비 고							

(3) 08월 03일   국제전자의 외상매출금 20,000,000원 중 15,000,000원은 보통예금 계좌로 입금되고 잔액은 국제전자가 발행한 어음으로 수취하였다. (3점)

(4) 08월 10일   취약계층의 코로나19 치료 지원을 위하여 한국복지협의회에 현금 1,000,000원을 기부하다. (3점)

(5) 09월 01일   영업부에서 매출거래처의 대표자 결혼식을 축하하기 위하여 화환을 구입하고 현금으로 결제하였다. (3점)

NO.	영수증 (공급받는자용)			
			태형상사	귀하
공급자	사업자등록번호	109-92-21345		
	상호	해피해피꽃	성명	김남길
	사업장소재지	서울시 강동구 천호대로 1037 (천호동)		
	업태	도소매	종목	꽃
작성일자		금액합계		비고
20×1.09.01.		49,000원		
공급내역				
월/일	품명	수량	단가	금액
9/1	축하3단화환	1	49,000원	49,000원
합계		₩		49,000
위 금액을 영수함				

(6) 09월 10일   영업부 사원의 급여 지급 시 공제한 근로자부담분 국민연금보험료 150,000원과 회사부담분 국민연금보험료 150,000원을 보통예금 계좌에서 이체하여 납부하다. (단, 하나의 전표로 처리하고, 회사부담분 국민연금보험료는 세금과공과로 처리한다.) (3점)

(7) 10월 11일   매출처 미래전산에 판매용 PC를 4,800,000원에 판매하기로 계약하고, 판매대금의 20%를 현금으로 미리 수령하였다. (3점)

(8) 11월 25일   전월분(10월 1일~10월 31일) 비씨카드 사용대금 500,000원을 보통예금 계좌에서 이체하여 지급하다. (단, 미지급금 계정을 사용할 것) (3점)

05 [일반전표입력] 메뉴에 입력된 내용 중 다음의 오류가 발견되었다. 입력된 내용을 검토하고 수정 또는 삭제, 추가 입력하여 올바르게 정정하시오. (6점)

< 입력시 유의사항 >
· 적요의 입력은 생략한다.
· 부가가치세는 고려하지 않는다.
· 채권·채무와 관련된 거래는 별도의 요구가 없는 한 반드시 기등록된 거래처코드를 선택하는 방법으로 거래처명을 입력한다.
· 회계처리 시 계정과목은 별도의 제시가 없는 한 등록된 계정과목 중 가장 적절한 과목으로 한다.

(1) 07월 29일   자본적지출로 처리해야 할 본사 건물 엘리베이터 설치대금 30,000,000원을 보통예금으로 지급하면서 수익적지출로 잘못 처리하였다. (3점)

(2) 11월 23일   대표자 개인 소유 주택의 에어컨 설치 비용 1,500,000원을 회사 보통예금 계좌에서 이체하여 지급하고 비품으로 계상하였다. (3점)

06 다음의 결산정리사항을 입력하여 결산을 완료하시오. (12점)

< 입력시 유의사항 >
· 적요의 입력은 생략한다.
· 부가가치세는 고려하지 않는다.
· 채권·채무와 관련된 거래는 별도의 요구가 없는 한 반드시 기등록된 거래처코드를 선택하는 방법으로 거래처명을 입력한다.
· 회계처리 시 계정과목은 별도의 제시가 없는 한 등록된 계정과목 중 가장 적절한 과목으로 한다.

(1) 영업부에서 소모품 구입 시 당기 비용(소모품비)으로 처리한 금액 중 기말 현재 미사용한 금액은 30,000원 이다. (3점)

(2) 단기투자목적으로 1개월 전에 ㈜동수텔레콤의 주식 50주(주당 액면금액 5,000원)를 주당 10,000원에 취득했는데, 기말 현재 이 주식의 공정가치는 주당 12,000원이다. (3점)

(3) 보험기간이 만료된 자동차보험을 10월 1일 갱신하고, 보험료 360,000원(보험기간 : 20×1년 10월 1일 ~20×2년 9월 30일)을 보통예금 계좌에서 이체하여 납부하고 전액 비용으로 처리하였다. (단, 보험료는 월할 계산한다.) (3점)

(4) 단기차입금에 대한 이자비용 미지급액 중 20×1년 귀속분은 600,000원이다. (3점)

07 다음 사항을 조회하여 알맞은 답안을 이론문제 답안작성 메뉴에 입력하시오. (10점)

(1) 상반기(1월~6월) 동안 지출한 기업업무추진비(판) 금액은 얼마인가? (3점)

(2) 1월 말의 미수금 장부가액은 전기 말에 대비하여 얼마나 증가하였는가? (3점)

(3) 5월 말 현재 외상매출금 잔액이 가장 많은 거래처의 거래처코드와 잔액은 얼마인가? (4점)

106회 전산회계 2급

이론시험

다음 문제를 보고 알맞은 것을 골라 [이론문제 답안작성] 메뉴에 입력하시오. (객관식 문항당 2점)

< 기본 전제 >
문제에서 한국채택국제회계기준을 적용하도록 하는 전제조건이 없는 경우, 일반기업회계기준을 적용한다.

01 다음 중 일반기업회계기준상 회계의 목적에 대한 설명으로 가장 거리가 먼 것은?

① 미래 자금흐름 예측에 유용한 회계 외 비화폐적 정보의 제공
② 경영자의 수탁책임 평가에 유용한 정보의 제공
③ 투자 및 신용의사결정에 유용한 정보의 제공
④ 재무상태, 경영성과, 현금흐름 및 자본변동에 관한 정보의 제공

02 다음 중 보기의 거래에 대한 분개로 틀린 것은?

① 차용증서를 발행하고 현금 1,000,000원을 단기차입하다.
 (차) 현금　　　　1,000,000원　(대) 단기차입금　　1,000,000원

② 비품 1,000,000원을 외상으로 구입하다.
 (차) 비품　　　　1,000,000원　(대) 외상매입금　　1,000,000원

③ 상품매출 계약금으로 현금 1,000,000원을 수령하다.
 (차) 현금　　　　1,000,000원　(대) 선수금　　　　1,000,000원

④ 직원부담분 건강보험료와 국민연금 1,000,000원을 현금으로 납부하다.
 (차) 예수금　　　1,000,000원　(대) 현금　　　　　1,000,000원

03 다음 중 일정기간 동안 기업의 경영성과를 나타내는 재무보고서의 계정과목으로만 짝지어진 것은?

① 매출원가, 외상매입금　　② 매출액, 미수수익
③ 매출원가, 기부금　　　　④ 선급비용, 기부금

04 다음 중 거래의 8요소와 그 예시가 적절한 것을 모두 고른 것은?

> 가. 자산증가/자산감소 : 기계장치 100,000원을 구입하고, 대금은 보통예금으로 지급하다.
> 나. 자산증가/자본증가 : 현금 100,000원을 출자하여 회사를 설립하다.
> 다. 자산증가/부채증가 : 은행으로부터 100,000원을 차입하고 즉시 보통예금으로 수령하다.
> 라. 부채감소/자산감소 : 외상매입금 100,000원을 현금으로 지급하다.

① 가, 나 ② 가, 나, 다 ③ 가, 다, 라 ④ 가, 나, 다, 라

05 다음의 잔액시산표에서 (가), (나)에 각각 들어갈 금액으로 옳은 것은?

잔액시산표

안산(주) 20×1. 12. 31. (단위 : 원)

차변	계정과목	대변
100,000	현 금	
700,000	건 물	
	외 상 매 입 금	90,000
	자 본 금	(나)
	이 자 수 익	40,000
50,000	급 여	
(가)		(가)

	(가)	(나)
①	140,000원	740,000원
②	850,000원	740,000원
③	140,000원	720,000원
④	850,000원	720,000원

06 다음 중 결산 시 손익으로 계정을 마감하는 계정과목에 해당하는 것은?

① 이자수익 ② 자본금 ③ 미지급금 ④ 외상매출금

07 다음과 같은 특징을 가진 자산이 아닌 것은?

> · 보고기간 종료일로부터 1년 이상 장기간 사용 가능한 자산
> · 타인에 대한 임대 또는 자체적으로 사용할 목적의 자산
> · 물리적 형태가 있는 자산

① 상품 판매 및 전시를 위한 상가
② 상품 판매를 위한 재고자산
③ 상품 운반을 위한 차량운반구
④ 상품 판매를 위한 상가에 설치한 시스템에어컨

08 다음은 ㈜무릉의 재무제표 정보이다. 이를 이용하여 20×1 회계연도 말 부채합계를 구하면 얼마인가?

구분	20×0년 12월 31일	20×1년 12월 31일
자산합계	8,500,000원	11,000,000원
부채합계	4,000,000원	?
20×1 회계연도 중 자본변동내역	당기순이익 800,000원	

① 3,700,000원 ② 4,700,000원 ③ 5,700,000원 ④ 6,200,000원

09 다음 중 재고자산과 관련된 지출 금액으로서 재고자산의 취득원가에서 차감하는 것은?

① 매입운임 ② 매출운반비 ③ 매입할인 ④ 급여

10 20×1년 1월 1일 취득한 건물(내용연수 10년)을 정액법에 의하여 기말에 감가상각한 결과, 당기 감가상각비는 9,000원이었다. 건물의 잔존가치가 5,000원이라고 할 때 취득원가는 얼마인가?

① 100,000원 ② 95,000원 ③ 90,000원 ④ 85,000원

11 다음 중 유동자산에 속하지 않는 것은?

① 외상매출금 ② 선급비용 ③ 기계장치 ④ 상품

12 다음 자료에서 당기 기말손익계산서에 계상되는 임대료는 얼마인가?

> • 당기 임대료로 3,600,000원을 현금으로 받다.
> • 당기에 받은 임대료 중 차기에 속하는 금액은 900,000원이다.

① 900,000원　　② 2,700,000원　　③ 3,600,000원　　④ 4,500,000원

13 급여 지급 시 총급여 300,000원 중 근로소득세 10,000원을 차감하고 290,000원을 현금으로 지급하였다. 이 거래에서 나타날 유동부채 계정으로 적합한 것은?

① 예수금　　② 미수금　　③ 가수금　　④ 선수금

14 다음의 결산일 현재 계정별원장 중 자본금 원장에 대한 설명으로 옳지 않은 것은?

자본금					
12/31	차기이월	2,900,000원	01/01	전기이월	2,000,000원
			12/31	손익	900,000원

① 기초자본금은 2,000,000원이다.
② 당기순이익 900,000원이 발생되었다.
③ 차기의 기초자본금은 2,900,000원이다.
④ 결산일 자본금 원장은 손익 2,000,000원으로 마감되었다.

15 다음 중 세금과공과 계정을 사용하여 회계처리하는 거래는 무엇인가?

① 본사 업무용 건물의 재산세를 현금으로 납부하다.
② 급여 지급 시 근로소득세를 원천징수 후 잔액을 현금으로 지급하다.
③ 차량운반구를 취득하면서 취득세를 현금으로 지급하다.
④ 회사 대표자의 소득세를 현금으로 납부하다.

실무시험

백제상사(회사코드:9106)는 사무용품을 판매하는 개인기업이다. 당기의 회계기간은 20×1.1.1.~20×1.12.31.이다. 전산세무회계 수험용 프로그램을 이용하여 다음 물음에 답하시오.

― < 기 본 전 제 > ―

· 문제에서 한국채택국제회계기준을 적용하도록 하는 전제조건이 없는 경우, 일반기업회계기준을 적용하여 회계처리 한다.
· 문제의 풀이와 답안작성은 제시된 문제의 순서대로 진행한다.

01 다음은 백제상사의 사업자등록증이다. [회사등록] 메뉴에 입력된 내용을 검토하여 누락분은 추가 입력하고 잘못된 부분은 정정하시오. (주소 입력 시 우편번호는 입력하지 않아도 무방함) (6점)

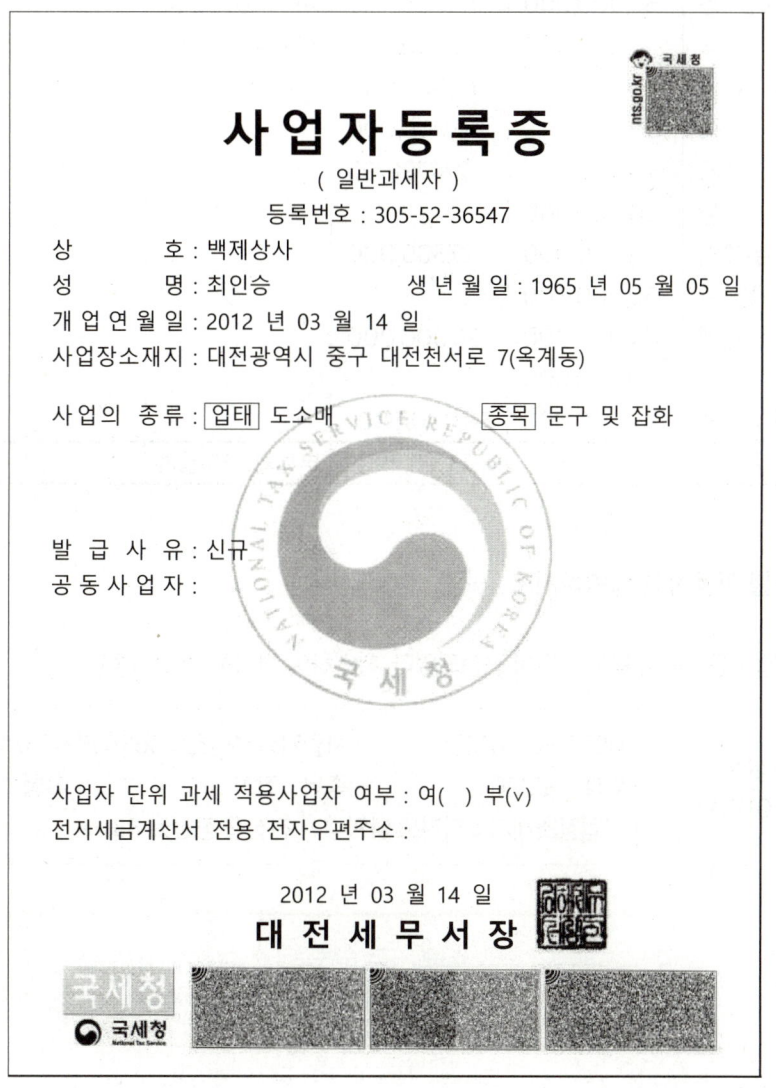

02

다음은 백제상사의 [전기분재무상태표]이다. 입력되어 있는 자료를 검토하여 오류 부분은 정정하고 누락된 부분은 추가 입력하시오. (6점)

재 무 상 태 표

제××기 20×0. 12. 31. 현재

회사명 : 백제상사 (단위 : 원)

과 목	금	액	과 목	금	액
현 금		45,000,000	외 상 매 입 금		58,000,000
당 좌 예 금		30,000,000	지 급 어 음		70,000,000
보 통 예 금		23,000,000	미 지 급 금		49,000,000
외 상 매 출 금	40,000,000		단 기 차 입 금		80,000,000
대 손 충 당 금	400,000	39,600,000	장 기 차 입 금		17,500,000
받 을 어 음	60,000,000		자 본 금		418,871,290
대 손 충 당 금	520,000	59,480,000	(당기순이익 : 10,000,000)		
단 기 대 여 금		10,000,000			
상 품		90,000,000			
토 지		274,791,290			
건 물	30,000,000				
감가상각누계액	2,500,000	27,500,000			
차 량 운 반 구	50,000,000				
감가상각누계액	14,000,000	36,000,000			
비 품	60,000,000				
감가상각누계액	2,000,000	58,000,000			
자 산 총 계		693,371,290	부채와 자본총계		693,371,290

03

다음 자료를 이용하여 입력하시오. (6점)

(1) 거래처의 사업자등록증이 다음과 같이 정정되었다. 확인하여 변경하시오. (3점)

고구려상사 (코드 : 01111)	• 대표자명 : 이재천 • 사업자등록번호 : 365-35-12574 • 업태 : 도소매 • 종목 : 잡화 • 유형 : 동시 • 사업장소재지 : 경기도 남양주시 진접읍 장현로 83

(2) 백제상사의 거래처별 초기이월 자료는 다음과 같다. 주어진 자료를 검토하여 잘못된 부분은 오류를 정정하고, 누락된 부분은 추가하여 입력하시오. (3점)

계정과목	거래처명	금액(원)	계정과목	거래처명	금액(원)
외상매출금	고려상사	18,000,000원	외상매입금	조선상사	22,000,000원
	부여상사	9,000,000원		신라상사	17,000,000원
	발해상사	13,000,000원		가야상사	19,000,000원

04 다음의 거래 자료를 [일반전표입력] 메뉴를 이용하여 입력하시오. (24점)

< 입력시 유의사항 >

· 적요의 입력은 생략한다.
· 부가가치세는 고려하지 않는다.
· 채권·채무와 관련된 거래는 별도의 요구가 없는 한 반드시 기등록된 거래처코드를 선택하는 방법으로 거래처명을 입력한다.
· 회계처리 시 계정과목은 별도의 제시가 없는 한 등록된 계정과목 중 가장 적절한 과목으로 한다.

(1) 07월 09일 영업부에서 사용할 차량 45,000,000원을 구입하고 당좌수표를 발행하여 지급하다. (3점)

(2) 07월 10일 진영상사로부터 상품 1,000,000원(1,000개, 1개당 1,000원)을 매입하기로 계약하고, 계약금으로 상품 대금의 10%를 보통예금 계좌에서 이체하여 지급하다. (3점)

(3) 07월 25일 광주상사에 대한 상품 외상매입금 900,000원을 약정기일보다 빠르게 현금 지급하고, 외상매입금의 1%를 할인받다. (단, 할인금액은 매입할인으로 처리한다.) (3점)

(4) 08월 25일 보유하고 있던 건물(취득원가 30,000,000원)을 하나상사에 29,000,000원에 매각하다. 대금 중 10,000,000원은 보통예금 계좌로 받고, 잔액은 다음 달 10일에 수령하기로 하다. 단, 8월 25일까지 해당 건물의 감가상각누계액은 2,500,000원이다. (3점)

(5) 10월 13일 발해상사에 상품을 2,300,000원에 판매하고 대금 중 1,200,000원은 동점 발행 약속어음을 수령하였으며, 잔액은 2개월 후에 받기로 하다. (3점)

(6) 10월 30일   직원의 결혼식에 보내기 위한 축하화환을 멜리꽃집에서 주문하고 대금은 현금으로 지급하면서 아래와 같은 현금영수증을 수령하다. (3점)

현금영수증		
승인번호	구매자 발행번호	발행방법
G54782245	305-52-36547	지출증빙
신청구분	발행일자	취소일자
사업자번호	20×1.10.30.	-
상품명		
축하3단화환		
구분	주문번호	상품주문번호
일반상품	20×1103054897	20×1103085414

판매자 정보	
판매자상호	대표자명
멜리꽃집	김나리
사업자등록번호	판매자전화번호
201-17-45670	032-459-8751
판매자사업장주소	
인천시 계양구 방축로 106, 75-3	

금액							
공급가액		1	0	0	0	0	0
부가세액							
봉사료							
승인금액		1	0	0	0	0	0

(7) 10월 31일   거래처 가야상사 직원인 정가야 씨의 결혼식 모바일 청첩장을 문자메시지로 받고 축의금 200,000원을 보통예금 계좌에서 지급하다. (3점)

(8) 11월 10일   회사의 사내 게시판에 부착할 사진을 우주사진관에서 현상하고, 대금은 현대카드로 결제하다. (3점)

```
            카드매출전표
─────────────────────────────
카드종류 : 현대카드
카드번호 : 1234-4512-20**-9965
거래일시 : 20×1.11.10. 09:30:51
거래유형 : 신용승인
금    액 : 30,000원
결제방법 : 일시불
승인번호 : 12345539
은행확인 : 신한은행
─────────────────────────────
가맹점명 : 우주사진관
          - 이하생략 -
```

05 [일반전표입력] 메뉴에 입력된 내용 중 다음의 오류가 발견되었다. 입력된 내용을 검토하고 수정 또는 삭제, 추가 입력하여 올바르게 정정하시오. (6점)

< 입력시 유의사항 >

· 적요의 입력은 생략한다.
· 부가가치세는 고려하지 않는다.
· 채권·채무와 관련된 거래는 별도의 요구가 없는 한 반드시 기등록된 거래처코드를 선택하는 방법으로 거래처명을 입력한다.
· 회계처리 시 계정과목은 별도의 제시가 없는 한 등록된 계정과목 중 가장 적절한 과목으로 한다.

(1) 09월 08일   거래처 신라상사의 단기차입금 25,000,000원을 보통예금 계좌에서 이체하여 상환한 것으로 회계처리하였으나 실제로는 거래처 조선상사에 대한 외상매입금 25,000,000원을 보통예금 계좌에서 이체하여 지급한 것으로 확인되었다. (3점)

(2) 11월 21일   당사가 현금으로 지급한 축의금 200,000원은 매출거래처 직원의 축의금이 아니라 대표자 개인이 부담해야 할 대표자 동창의 결혼축의금으로 판명되었다. (3점)

06 다음의 결산정리사항을 입력하여 결산을 완료하시오. (12점)

> < 입력시 유의사항 >
> · 적요의 입력은 생략한다.
> · 부가가치세는 고려하지 않는다.
> · 채권·채무와 관련된 거래는 별도의 요구가 없는 한 반드시 기등록된 거래처코드를 선택하는 방법으로 거래처명을 입력한다.
> · 회계처리 시 계정과목은 별도의 제시가 없는 한 등록된 계정과목 중 가장 적절한 과목으로 한다.

(1) 기말 외상매입금 중에는 미국 ABC사의 외상매입금 11,000,000원(미화 $10,000)이 포함되어 있는데, 결산일 현재의 적용환율은 미화 1$당 1,250원이다. (3점)

(2) 결산일 현재 실제 현금 보관액이 장부가액보다 66,000원 많음을 발견하였으나, 그 원인을 알 수 없다. (3점)

(3) 기말 현재 단기차입금에 대한 이자 미지급액 125,000원을 계상하다. (3점)

(4) 당기분 비품 감가상각비는 250,000원, 차량운반구 감가상각비는 1,200,000원이다. 모두 영업부서에서 사용한다. (3점)

07 다음 사항을 조회하여 알맞은 답안을 [이론문제 답안작성] 메뉴에 입력하시오. (10점)

(1) 6월 말 현재 외상매출금 잔액이 가장 많은 거래처와 금액은 얼마인가? (4점)

(2) 1월부터 3월까지의 판매비와관리비 중 소모품비 지출액이 가장 많은 월의 금액과 가장 적은 월의 금액을 합산하면 얼마인가? (3점)

(3) 6월 말 현재 받을어음의 회수가능금액은 얼마인가? (3점)

105회 전산회계 2급

이론시험

다음 문제를 보고 알맞은 것을 골라 〔이론문제 답안작성〕 메뉴에 입력하시오. (객관식 문항당 2점)

> < 기 본 전 제 >
> 문제에서 한국채택국제회계기준을 적용하도록 하는 전제조건이 없는 경우, 일반기업회계기준을 적용한다.

01 다음 중 일반기업회계기준에서 규정하고 있는 재무제표가 아닌 것은?

① 합계잔액시산표 ② 재무상태표
③ 손익계산서 ④ 주석

02 다음 중 일정 시점의 재무상태를 나타내는 재무보고서의 계정과목으로만 짝지어진 것이 아닌 것은?

① 보통예금, 현금 ② 선급비용, 선수수익
③ 미수수익, 미지급비용 ④ 감가상각비, 급여

03 다음 거래요소의 결합관계와 거래의 종류에 맞는 거래내용은?

거래요소 결합관계	거래의 종류
자산의 증가 - 부채의 증가	교환거래

① 업무용 컴퓨터 1,500,000원을 구입하고 대금은 나중에 지급하기로 하다.
② 거래처로부터 외상매출금 500,000원을 현금으로 받다.
③ 거래처에 외상매입금 1,000,000원을 현금으로 지급하다.
④ 이자비용 150,000원을 현금으로 지급하다.

04 아래의 괄호 안에 각각 들어갈 계정과목으로 옳은 것은?

<거래>
- 05월 10일 ㈜무릉으로부터 상품 350,000원을 매입하고, 대금은 당좌수표를 발행하여 지급하다.
- 05월 20일 ㈜금강에 상품 500,000원을 공급하고, 대금은 매입처 발행 당좌수표로 받다.

<분개>
5월 10일	(차) 상품	350,000원	(대) [㉠]	350,000원
5월 20일	(차) [㉡]	500,000원	(대) 상품매출	500,000원

① ㉠ : 당좌예금, ㉡ : 당좌예금   ② ㉠ : 당좌예금, ㉡ : 현금
③ ㉠ : 현금, ㉡ : 현금   ④ ㉠ : 현금, ㉡ : 당좌예금

05 다음 자료를 이용하여 당기 외상 매출액을 계산하면 얼마인가?

- 외상매출금 기초잔액 300,000원 · 외상매출금 기말잔액 400,000원
- 당기 외상매출금 회수액 700,000원

① 300,000원   ② 700,000원   ③ 800,000원   ④ 1,200,000원

06 다음의 자산 항목을 유동성이 높은 순서대로 바르게 나열한 것은?

- 상품   · 토지   · 개발비   · 미수금

① 미수금 - 개발비 - 상품 - 토지
② 미수금 - 상품 - 토지 - 개발비
③ 상품 - 토지 - 미수금 - 개발비
④ 상품 - 미수금 - 개발비 - 토지

07 다음의 회계정보를 이용하여 기말의 상품매출총이익을 계산하면 얼마인가?

- 기초상품재고액 4,000,000원 · 기말상품재고액 6,000,000원
- 당기상품매입액 10,000,000원 · 매입에누리 100,000원
- 당기상품매출액 11,000,000원

① 3,100,000원   ② 4,100,000원   ③ 7,900,000원   ④ 9,100,000원

08 다음의 회계자료에 의한 당기총수익은 얼마인가?

| • 기초자산 | 800,000원 | • 기초자본 | 600,000원 |
| • 당기총비용 | 1,100,000원 | • 기말자본 | 1,000,000원 |

① 1,200,000원　② 1,300,000원　③ 1,400,000원　④ 1,500,000원

09 다음 중 유동자산이 아닌 것은?

① 당좌예금　② 현금　③ 영업권　④ 상품

10 다음 중 상품의 매입원가에 가산하지 않는 것은?

① 상품을 100,000원에 매입하다.
② 상품 매입 시 발생한 하역비 100,000원을 지급하다.
③ 상품 매입 시 발생한 운임 100,000원을 지급하다.
④ 매입한 상품에 하자가 있어 100,000원에 해당하는 상품을 반품하다.

11 건물 일부 파손으로 인해 유리창 교체 작업(수익적지출)을 하고, 아래와 같이 회계처리한 경우 발생하는 효과로 다음 중 옳은 것은?

| (차) 건물 | 6,000,000원 | (대) 보통예금 | 6,000,000원 |

① 부채의 과대계상　② 자산의 과소계상
③ 순이익의 과대계상　④ 비용의 과대계상

12 다음 중 잔액시산표에서 그 대칭 관계가 옳지 않은 것은?

	차변	대변
①	대여금	차입금
②	임대보증금	임차보증금
③	선급금	선수금
④	미수금	미지급금

13 다음 거래에서 개인기업의 자본금계정에 영향을 미치지 않는 거래는?

① 현금 1,000,000원을 거래처에 단기대여하다.
② 사업주가 단기대여금 1,000,000원을 회수하여 사업주 개인 용도로 사용하다.
③ 결산 시 인출금 계정의 차변 잔액 1,000,000원을 정리하다.
④ 사업주의 자택에서 사용할 에어컨 1,000,000원을 회사 자금으로 구입하다.

14 다음 중 손익계산서상의 판매비와일반관리비 항목에 속하지 않는 계정과목은?

① 기업업무추진비　　② 세금과공과
③ 임차료　　　　　　④ 이자비용

15 다음 중 영업손익과 관련이 없는 거래는 무엇인가?

① 영업부 급여 500,000원을 현금으로 지급하다.
② 상품광고를 위하여 250,000원을 보통예금으로 지급하다.
③ 수재민을 위하여 100,000원을 현금으로 기부하다.
④ 사무실 전기요금 150,000원을 현금으로 지급하다.

실무시험

무한상사(회사코드:9105)는 가전제품을 판매하는 개인기업으로 당기 회계기간은 20×1.1.1.~20×1.12.31.이다. 전산세무회계 수험용 프로그램을 이용하여 다음 물음에 답하시오.

— < 기 본 전 제 > —

· 문제에서 한국채택국제회계기준을 적용하도록 하는 전제조건이 없는 경우, 일반기업회계기준을 적용하여 회계처리 한다.
· 문제의 풀이와 답안작성은 제시된 문제의 순서대로 진행한다.

01 다음은 무한상사의 사업자등록증이다. [회사등록] 메뉴에 입력된 내용을 검토하여 누락분은 추가 입력하고 잘못된 부분은 정정하시오. (주소 입력 시 우편번호는 입력하지 않아도 무방함) (6점)

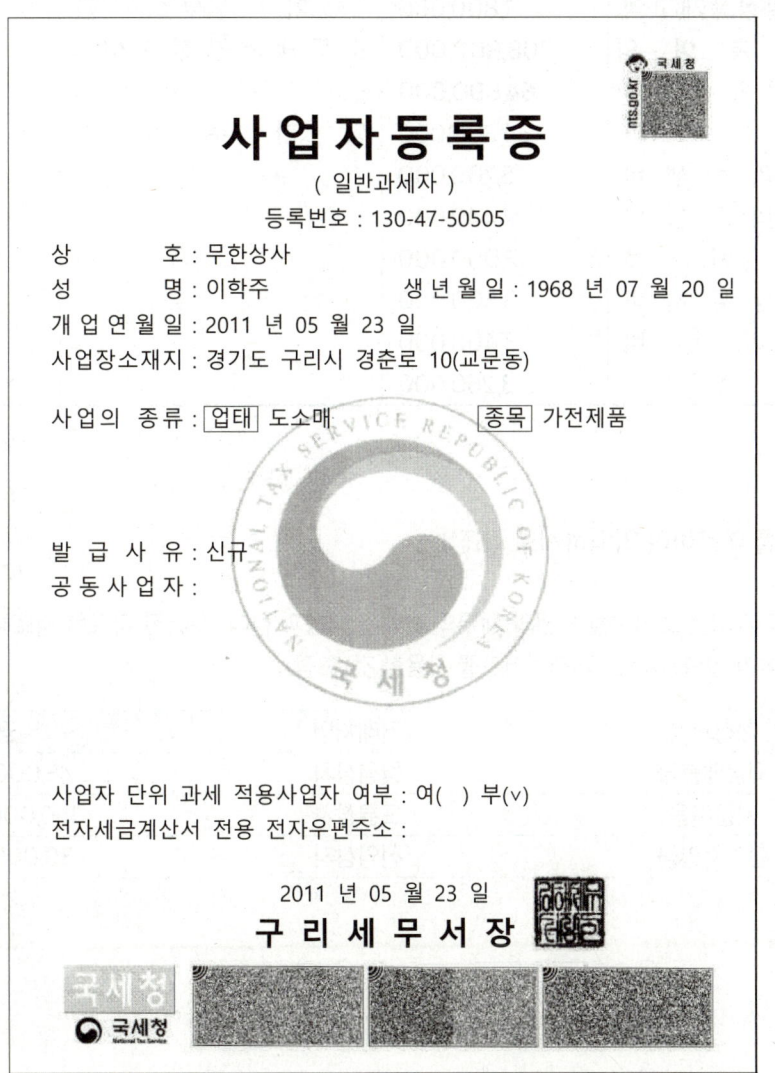

02

다음은 무한상사의 전기분 손익계산서이다. 입력되어 있는 자료를 검토하여 오류부분은 정정하고 누락된 부분은 추가 입력하시오. (6점)

손 익 계 산 서

회사명 : 무한상사   　제××기 20×0.1.1. ~ 20×0.12.31.　　　(단위 : 원)

과　　　　　　　　목	금　　　　액	과　　　　　　　　목	금　　　　액
매　　출　　액	300,000,000	영　업　이　익	44,200,000
상　품　매　출	300,000,000	영　업　외　수　익	5,800,000
매　　출　　원　　가	191,200,000	이　자　수　익	2,200,000
상 품 매 출 원 가	191,200,000	임　　대　　료	3,600,000
기 초 상 품 재 고 액	13,000,000	영　업　외　비　용	7,500,000
당 기 상 품 매 입 액	180,000,000	이　자　비　용	4,500,000
기 말 상 품 재 고 액	1,800,000	기　　부　　금	3,000,000
매　출　총　이　익	108,800,000	소 득 세 차 감 전 순 이 익	42,500,000
판　매　비　와　관　리　비	64,600,000	소　　득　　세　　등	0
급　　　　　　여	34,300,000	당　기　순　이　익	42,500,000
복　리　후　생　비	5,700,000		
여　비　교　통　비	2,440,000		
임　　차　　료	12,000,000		
차　량　유　지　비	3,500,000		
소　모　품　비	3,400,000		
광　고　선　전　비	3,260,000		

03

다음 자료를 이용하여 입력하시오. (6점)

(1) 무한상사의 거래처별 초기이월 채권과 채무의 잔액은 다음과 같다. 주어진 자료를 검토하여 잘못된 부분을 정정하거나 추가 입력하시오. (거래처코드를 사용할 것) (3점)

계정과목	거래처명	금액
외상매출금	월평상사	45,000,000원
지급어음	도륜상사	150,000,000원
단기차입금	선익상사	80,000,000원

(2) 다음 자료를 이용하여 [기초정보관리]의 [거래처등록] 메뉴에서 신용카드를 추가로 등록하시오. (주어진 자료 외의 다른 항목은 입력할 필요 없음) (3점)

- 코드 : 99871
- 유형 : 매입
- 카드종류(매입) : 3.사업용카드
- 거래처명 : 씨엔제이카드
- 카드번호 : 1234-5678-9012-3452

04 다음의 거래 자료를 [일반전표입력] 메뉴를 이용하여 입력하시오. (24점)

< 입력시 유의사항 >

· 적요의 입력은 생략한다.
· 부가가치세는 고려하지 않는다.
· 채권·채무와 관련된 거래는 별도의 요구가 없는 한 반드시 기등록된 거래처코드를 선택하는 방법으로 거래처명을 입력한다.
· 회계처리 시 계정과목은 별도의 제시가 없는 한 등록된 계정과목 중 가장 적절한 과목으로 한다.

(1) 07월 02일 성심상사로부터 상품을 6,000,000원에 매입하고, 매입대금 중 5,500,000원은 어음(만기일 12월 31일)을 발행하여 지급하고, 나머지는 현금 지급하였다. (3점)

(2) 08월 05일 토지를 매각처분하면서 발생한 부동산중개수수료를 대전부동산에 현금으로 지급하고 아래의 현금영수증을 받다. (3점)

대전부동산

305-42-23567 김승환
대전광역시 유성구 노은동 63 TEL : 1577-5974

현금영수증(지출증빙용)

구매 20×1/08/05/13:25 거래번호 : 11106011-114

상품명	수량	단가	금액
수수료		3,500,000원	3,500,000원
20×108051325001			
	공 급 대 가		3,500,000원
	합 계		3,500,000원
	받 은 금 액		3,500,000원

(3) 08월 19일   탄방상사에서 단기 차입한 20,000,000원 및 단기차입금 이자 600,000원을 보통예금으로 지급하다. (단, 하나의 전표로 입력할 것) (3점)

(4) 08월 20일   판매용 노트북 15,000,000원과 업무용 노트북 1,000,000원을 다복상사에서 구입하였다. 대금은 모두 보통예금으로 지급하였다. (단, 하나의 전표로 입력할 것) (3점)

(5) 08월 23일   4월 1일 내용을 알 수 없는 출금 500,000원이 발견되어 가지급금으로 처리하였는데, 이는 거래처 소리상사에게 지급한 외상대금으로 판명되었다. (가지급금 거래처는 입력하지 않아도 무방함) (3점)

(6) 10월 10일   고구려상사에서 매입하기로 계약한 상품 3,000,000원을 인수하고, 10월 1일에 지급한 계약금 300,000원을 차감한 잔액은 외상으로 하다. (단, 하나의 전표로 입력할 것) (3점)

(7) 11월 18일   영업부가 사용하는 업무용 차량의 유류를 현금으로 구입하고, 다음의 영수증을 받다. (3점)

NO.	**영수증**(공급받는자용)		
		무한상사	귀하
공급자	사업자등록번호	126-01-18454	
	상 호	SK주유소	성 명	김중수
	사업장소재지	경기도 구리시 동구릉로 100	
	업 태	도소매업	종 목	주유소
작성일자	금액합계	비고
20×1.11.18.	30,000**원**	
공급내역			
월/일	품명	수량	단가	금액
11/18	일반휘발유	15L	2,000**원**	30,000**원**
합계		30,000**원**	
위 금액을 **영수**함			

(8) 12월 20일   영업부 업무용 차량에 대한 아래의 공과금을 현대카드로 납부하였다. (3점)

20×1-2기 년분 자동차세 세액 신고납부서				납세자 보관용 영수증	
납 세 자	무한상사				
주 소	경기도 구리시 경춘로 10				
납세번호	기관번호	제목	납세년월기		과세번호
과세대상	45조4079 (비영업용, 1998cc)	구 분	자동차세	지방교육세	납부할 세액 합계
		당초산출세액	199,800	59,940	
		선납공제액(10%)		(자동차세액×	259,740 원
과세기간	20×1.07.01. ~20×1.12.31.	요일제감면액(5%)		30%)	
		납부할세액	199,800	59,940	
<납부장소>				위의 금액을 영수합니다. 20×1 년 12 월 20 일	

*수납인이 없으면 이 영수증은 무효입니다   *공무원은 현금을 수납하지 않습니다.

05 [일반전표입력] 메뉴에 입력된 내용 중 다음의 오류가 발견되었다. 입력된 내용을 검토하고 수정 또는 삭제, 추가 입력하여 올바르게 정정하시오. (6점)

< 입력시 유의사항 >

· 적요의 입력은 생략한다.
· 부가가치세는 고려하지 않는다.
· 채권·채무와 관련된 거래는 별도의 요구가 없는 한 반드시 기등록된 거래처코드를 선택하는 방법으로 거래처명을 입력한다.
· 회계처리 시 계정과목은 별도의 제시가 없는 한 등록된 계정과목 중 가장 적절한 과목으로 한다.

(1) 11월 05일   영업부 직원의 10월분 급여에서 원천징수하였던 근로소득세 110,000원을 보통예금으로 납부하면서 세금과공과로 회계처리 하였음이 확인된다. (3점)

(2) 11월 28일   상품 매입 시 당사가 부담한 것으로 회계처리한 운반비 35,000원은 판매자인 양촌상사가 부담한 것으로 판명된다. (3점)

06 다음의 결산정리사항을 입력하여 결산을 완료하시오. (12점)

< 입력시 유의사항 >

· 적요의 입력은 생략한다.
· 부가가치세는 고려하지 않는다.
· 채권·채무와 관련된 거래는 별도의 요구가 없는 한 반드시 기등록된 거래처코드를 선택하는 방법으로 거래처명을 입력한다.
· 회계처리 시 계정과목은 별도의 제시가 없는 한 등록된 계정과목 중 가장 적절한 과목으로 한다.

(1) 회사의 자금사정으로 인하여 영업부의 12월분 급여 1,000,000원을 다음 달 5일에 지급하기로 하였다. (3점)

(2) 결산일 현재 영업부에서 사용한 소모품비는 200,000원이다. (단, 소모품 구입 시 전액 자산으로 처리하였다.) (3점)

(3) 기말 현재 현금과부족 70,000원은 단기차입금에 대한 이자 지급액으로 판명되었다. (3점)

(4) 20×0년 1월 1일에 취득하였던 비품에 대한 당기분 감가상각비를 계상하다. (취득원가 65,500,000원, 잔존가액 15,500,000원, 내용연수 10년, 정액법) (3점)

07 다음 사항을 조회하여 알맞은 답안을 이론문제 답안작성 메뉴에 입력하시오. (10점)

(1) 5월 말 현재 외상매입금의 잔액이 가장 많은 거래처와 금액은 얼마인가? (3점)

(2) 전기 말과 비교하여 당기 6월 말 현재 외상매출금의 대손충당금 증감액은 얼마인가? (단, 증가 또는 감소 여부를 기재할 것) (3점)

(3) 6월 말 현재 유동자산과 유동부채의 차액은 얼마인가? (단, 음수로 기재하지 말 것) (4점)

104회 전산회계 2급

이론시험

다음 문제를 보고 알맞은 것을 골라 [이론문제 답안작성] 메뉴에 입력하시오. (객관식 문항당 2점)

< 기 본 전 제 >

문제에서 한국채택국제회계기준을 적용하도록 하는 전제조건이 없는 경우, 일반기업회계기준을 적용한다.

01 다음 중 혼합거래에 속하는 것은?

① 보험료 40,000원을 현금으로 지급하다.
② 비품 40,000원을 구입하고 대금은 신용카드로 결제하다.
③ 현금 10,000,000원을 출자하여 영업을 개시하다.
④ 단기대여금 1,000,000원과 이자 20,000원을 현금으로 받다.

02 다음 중 거래의 결합관계에서 동시에 나타날 수 없는 것은?

① 비용의 발생과 자산의 감소
② 자산의 증가와 부채의 증가
③ 자본의 증가와 부채의 증가
④ 자산의 증가와 수익의 발생

03 다음 중 기업 결산일의 경영성과를 나타내는 재무보고서의 계정과목에 해당하는 것은?

① 예수금　　② 기부금　　③ 선급비용　　④ 미지급비용

04 다음 중 재무상태표에 대한 설명으로 옳지 않은 것은?

① 일정한 시점의 재무상태를 나타내는 보고서이다.

② 기초자본과 기말자본을 비교하여 당기순손익을 산출한다.

③ 재무상태표 등식은 '자산 = 부채 + 자본'이다.

④ 자산과 부채는 유동성이 낮은 순서로 기록한다.

05 다음 자료에 의한 기말 현재 대손충당금 잔액은 얼마인가?

- 기초 대손충당금 : 150,000원
- 전년도에 대손충당금과 상계하였던 거래처 찬희상사의 외상매출금 200,000원을 회수하였다.
- 기초 매출채권 : 15,000,000원
- 기말 매출채권 : 10,000,000원
- 기말 매출채권 잔액에 대하여 1%의 대손충당금을 설정하기로 한다.

① 100,000원   ② 240,000원   ③ 250,000원   ④ 300,000원

06 다음 중 재고자산에 대한 설명으로 틀린 것은?

① 재고자산의 취득원가에는 매입가액 뿐만 아니라, 매입운임 등 매입부대비용까지 포함한다.

② 선입선출법은 먼저 구매한 상품이 먼저 판매된다는 가정하에 매출원가 및 기말재고액을 구하는 방법이다.

③ 후입선출법은 나중에 구매한 상품이 나중에 판매된다는 가정하에 매출원가 및 기말재고액을 구하는 방법이다.

④ 개별법은 매입단가를 개별적으로 파악하여 매출원가와 기말재고액을 결정하는 방법이다.

07 당해연도 기말재고액이 1,000원만큼 과대계상될 경우, 이 오류가 미치는 영향으로 옳지 않은 것은?

① 당해연도 매출총이익이 1,000원만큼 과대계상된다.

② 당해연도 기말재고자산이 1,000원만큼 과대계상된다.

③ 다음연도 기초재고자산이 1,000원만큼 과대계상된다.

④ 당해연도 매출원가가 1,000원만큼 과대계상된다.

08 다음 중 아래 자료의 (가)와 (나)에 들어갈 내용으로 옳은 것은?

> 자동차를 판매용으로 취득하면 (가)으로, 영업에 사용할 목적으로 취득하면 (나)으로 처리한다.

	(가)	(나)
①	재고자산	투자자산
②	투자자산	재고자산
③	재고자산	유형자산
④	유형자산	재고자산

09 다음 중 일반기업회계기준상 유형자산의 감가상각방법으로 인정되지 않는 것은?

① 정액법 ② 정률법 ③ 평균법 ④ 연수합계법

10 외상매입금을 조기 지급하여 매입할인을 받은 경우, 당기 손익계산서에 미치는 영향으로 가장 옳은 것은?

① 순매입액의 감소 ② 순매입액의 증가
③ 매출총이익의 감소 ④ 영업이익의 감소

11 결산 시 선수이자에 대한 결산정리분개를 누락한 경우, 기말 재무제표에 미치는 영향으로 옳은 것은?

① 부채의 과소계상 ② 수익의 과소계상
③ 자산의 과대계상 ④ 비용의 과소계상

12 다음 중 자본구성 내역을 자본거래와 손익거래 결과로 구분할 때, 그 구분이 다른 것은?

① 자본금 ② 자본조정 ③ 이익잉여금 ④ 자본잉여금

13 다음과 같은 자료만으로 알 수 있는 당기의 추가출자액은 얼마인가?

> • 당기에 현금 50,000,000원을 출자하여 영업을 개시하다.
> • 사업주가 개인사용을 목적으로 인출한 금액은 5,000,000원이다.
> • 당기의 기말자본금은 70,000,000원이다.
> • 당기 기말결산의 당기순이익은 10,000,000원이다.

① 5,000,000원 ② 9,000,000원
③ 15,000,000원 ④ 20,000,000원

14 다음 중 손익계산서의 영업이익에 영향을 미치는 것은?

① 기부금
② 차입금에 대한 이자 지급액
③ 판매촉진 목적으로 광고, 홍보, 선전 등을 위하여 지급한 금액
④ 유형자산을 장부가액보다 낮은 가격으로 처분하여 발생한 손실 금액

15 다음 중 자산에 속하는 계정과목이 아닌 것은?

① 구축물 ② 개발비 ③ 임대보증금 ④ 단기금융상품

실무시험

가온상사(회사코드:9104)는 문구 및 잡화를 판매하는 개인기업이다. 당기의 회계기간은 20×1.1.1.~20×1.12.31.이다. 전산세무회계 수험용 프로그램을 이용하여 다음 물음에 답하시오.

― < 기본전제 > ―
· 문제에서 한국채택국제회계기준을 적용하도록 하는 전제조건이 없는 경우, 일반기업회계기준을 적용하여 회계처리 한다.
· 문제의 풀이와 답안작성은 제시된 문제의 순서대로 진행한다.

01 다음은 가온상사의 사업자등록증이다. [회사등록] 메뉴에 입력된 내용을 검토하여 누락분은 추가 입력하고 잘못된 부분은 정정하시오. (주소 입력 시 우편번호는 입력하지 않아도 무방함) (6점)

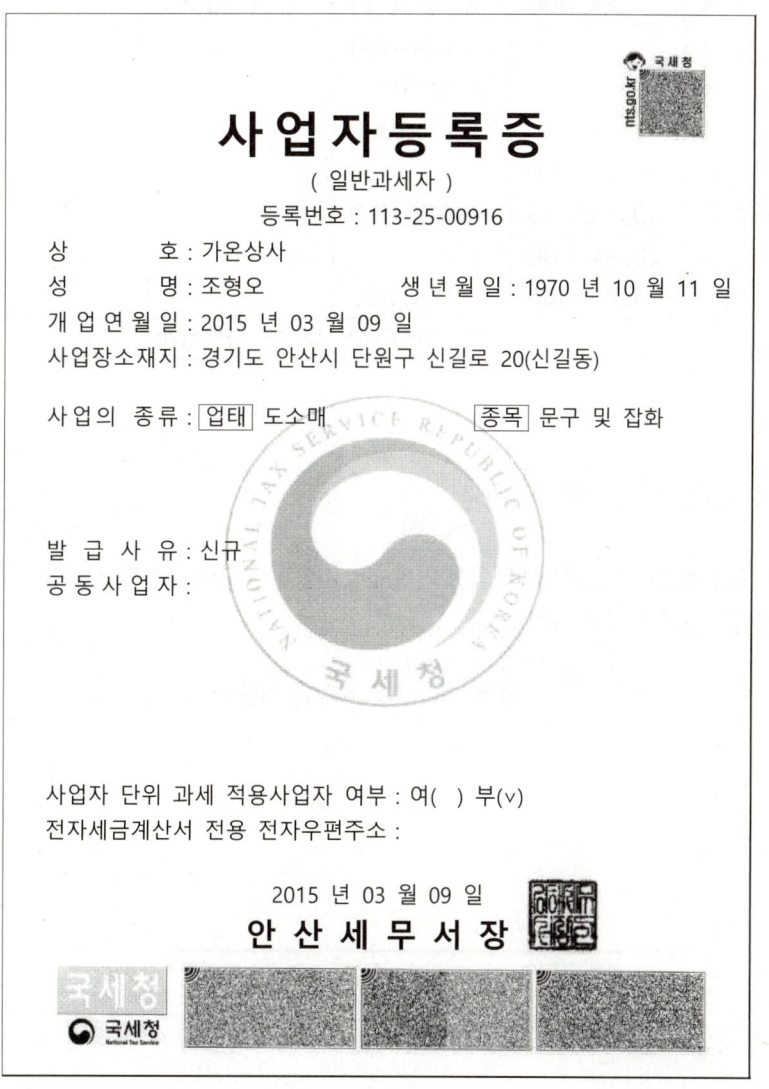

02
다음은 가온상사의 전기분 재무상태표이다. 입력되어 있는 자료를 검토하여 오류부분은 정정하고 누락된 부분은 추가 입력하시오. (6점)

재 무 상 태 표

회사명 : 가온상사   제××기 20×0. 12. 31 현재   (단위 : 원)

과 목	금	액	과 목	금	액
현 금		50,000,000	외 상 매 입 금		45,000,000
보 통 예 금		30,000,000	지 급 어 음		20,000,000
정 기 예 금		20,000,000	선 수 금		20,000,000
외 상 매 출 금	50,000,000		단 기 차 입 금		40,000,000
대 손 충 당 금	500,000	49,500,000	자 본 금		212,200,000
받 을 어 음	30,000,000		(당기순이익 :		
대 손 충 당 금	300,000	29,700,000	15,000,000)		
단 기 대 여 금		10,000,000			
미 수 금		20,000,000			
상 품		80,000,000			
차 량 운 반 구	52,000,000				
감가상각누계액	23,000,000	29,000,000			
비 품	20,000,000				
감가상각누계액	1,000,000	19,000,000			
자 산 총 계		337,200,000	부채와 자본총계		337,200,000

03
다음 자료를 이용하여 입력하시오. (6점)

(1) 가온상사는 상품을 매입하고 상품매입대금을 어음으로 지급하는 금액이 커지고 있다. 146.상품 계정 과목에 다음의 적요를 추가 등록하시오. (3점)

> 대체적요 : NO. 5 상품 어음 매입

(2) 다음은 가온상사의 신규거래처이다. 아래의 자료를 이용하여 [거래처등록] 메뉴에 추가등록 하시오. (주어진 자료 외의 다른 항목은 입력할 필요 없음) (3점)

- 상호 : 모닝문구
- 대표자명 : 최민혜
- 업태 : 도소매
- 유형 : 매출
- 회사코드 : 1001
- 사업자등록번호 : 305-24-63212
- 종목 : 문구 및 잡화
- 사업장소재지 : 대전광역시 대덕구 한밭대로 1000(오정동)

※ 주소입력 시 우편번호는 입력하지 않아도 무방함.

04 다음의 거래 자료를 [일반전표입력] 메뉴를 이용하여 입력하시오. (24점)

< 입력시 유의사항 >

· 적요의 입력은 생략한다.
· 부가가치세는 고려하지 않는다.
· 채권·채무와 관련된 거래는 별도의 요구가 없는 한 반드시 기등록된 거래처코드를 선택하는 방법으로 거래처명을 입력한다.
· 회계처리 시 계정과목은 별도의 제시가 없는 한 등록된 계정과목 중 가장 적절한 과목으로 한다.

(1) 07월 15일 대전중앙신협에서 사업운영자금으로 50,000,000원을 차입하여 즉시 보통예금 계좌에 입금하다. (1년 만기, 만기일 20×2년 7월 14일, 이자율 연 4%, 이자 지급은 만기 시 일괄 지급한다.) (3점)

(2) 07월 16일 다음은 로뎀문구에서 상품을 매입하고 받은 거래명세표이다. 7월 5일 지급한 계약금을 제외하고, 당좌수표를 발행하여 잔금 5,940,000원을 지급하다. (3점)

권		호		**거래명세표**(거래용)				
20×1년	7월	16일						
가온상사 귀하			공급자	사업자등록번호	220-34-00176			
				상 호	로뎀문구	성 명	최한대 ㊞	
				사업장소재지	경기도 안산시 상록구 반석로 44			
아래와 같이 계산합니다.				업 태	도소매	종 목	문구 및 잡화	
합계금액				육백육십만 원정 (₩ 6,600,000			)	
월일	품 목		규 격	수 량	단 가	공 급	대 가	
7월 16일	문구			1,000개	6,600원		6,600,000원	
	계						6,600,000원	
전잔금	없음				합	계	6,600,000원	
입 금	660,000원	잔 금	5,940,000원	인수자	조형오 ㊞			
비 고	입금 660,000원은 계약금으로, 7월 5일 공급대가의 10%를 현금으로 수령한 것임.							

(3) 07월 28일 영업부 사원의 출장경비 중 신한카드(사업용카드)로 지급한 영수증을 받다. (출장경비는 여비교통비로 처리할 것) (3점)

시설물 이용 영수증(주차비)	
명 칭	유성주차장
주 소	대전광역시 유성구 궁동 220
사업자번호	305-35-65424
사 업 자 명	이진식
발 행 일 자	20×1-7-28
차 량 번 호	54거3478
지 불 방 법	신한카드
승 인 번 호	20006721
카 드 번 호	54322362****3564
입 차 일 시	20×1-7-28 13:22:22
출 차 일 시	20×1-7-28 14:52:22
주 차 시 간	1시간 30분
정 산 요 금	5,000원
이용해 주셔서 감사합니다.	

(4) 08월 28일 씨엔제이상사에 상품을 판매하고 발급한 거래명세표이다. 판매대금 중 20,000,000원은 당좌수표로 받고, 잔액은 6개월 만기 동점 발행 약속어음으로 받았다. (3점)

권		호		거래명세표(보관용)				
20×1년 8월 28일			공급자	사업자등록번호	113-25-00916			
씨엔제이상사 귀하				상 호	가온상사	성 명	조형오 ㊞	
				사업장소재지	경기도 안산시 단원구 신길로 20			
아래와 같이 계산합니다.				업 태	도소매	종 목	문구 및 잡화	
합계금액			이천오백만 원정 (₩ 25,000,000				)	
월일	품 목	규 격	수 량	단 가		공 급 대 가		
8월 28일	문구류		100	250,000원		25,000,000원		
	계					25,000,000원		
전잔금	없음			합	계	25,000,000원		
입 금	20,000,000원	잔 금	5,000,000원	인수자		최찬희 ㊞		
비 고	당좌수표 수령, 잔금은 6개월 만기 약속어음으로 수령							

(5) 09월 20일 반월상사에 외상으로 9월 3일에 판매하였던 상품 3,000,000원이 견본과 다르다는 이유로 반품되었다. 반품액은 매출환입및에누리로 처리한다. (단, 음수로 회계처리하지 말 것) (3점)

(6) 10월 15일   조선상사에 대한 외상매입금 1,300,000원을 지급하기 위하여 발해상사로부터 매출대금으로 받은 약속어음 1,200,000원을 배서양도하고 나머지는 현금으로 지급하다. (3점)

(7) 11월 27일   거래처인 비전상사의 미지급금 12,500,000원 중 10,000,000원은 당좌수표를 발행하여 지급하고, 나머지는 면제받았다. (단, 매입할인은 아님) (3점)

(8) 12월 30일   신규 취득한 업무용 차량에 대한 취득세를 현금으로 납부하고, 다음과 같은 영수증을 수령하였다. (3점)

인천광역시	차량취득세납부영수증		납 부 (납 입) 서		납세자보관용 영수증	
납세자	가온상사					
주소	경기도 안산시 단원구 신길로 20					
납세번호	기관번호 3806904	제목 10101502		납세년월기 20×111	과세번호 0001070	
과세내역	차번	45조4079	년식	20×1	과 세 표 준 액	
	목적	신규등록(일반등록)	특례	세율특례없음		37,683,000
	차명	그랜져				
	차종	승용자동차	세율	70/1000		
세목	납 부 세 액		납부할 세액 합계		전용계좌로도 편리하게 납부!!	
취 득 세	2,637,810				우리은행	620-441829-64-125
가산세	0		2,637,810 원		신한은행	563-04433-245814
지방교육세	0				하나은행	117-865254-74125
농어촌특별세	0		신고납부기한		국민은행	4205-84-28179245
합계세액	2,637,810		20×1 . 12. 30. 까지		기업은행	528-774145-58-247
지방세법 제6조~22조, 제30조의 규정에 의하여 위와 같이 신고하고 납부 합니다.					■전용계좌 납부안내(뒷면참조)	
담당자	위의 금액을 영수합니다.					
권유리	납부장소 : 전국은행(한국은행제외) 우체국 농협			20×1년 12월 30일	수납인	

05 [일반전표입력] 메뉴에 입력된 내용 중 다음의 오류가 발견되었다. 입력된 내용을 검토하고 수정 또는 삭제, 추가 입력하여 올바르게 정정하시오. (6점)

< 입력시 유의사항 >

· 적요의 입력은 생략한다.
· 부가가치세는 고려하지 않는다.
· 채권·채무와 관련된 거래는 별도의 요구가 없는 한 반드시 기등록된 거래처코드를 선택하는 방법으로 거래처명을 입력한다.
· 회계처리 시 계정과목은 별도의 제시가 없는 한 등록된 계정과목 중 가장 적절한 과목으로 한다.

(1) 09월 15일 거래처 월평문구로부터 외상매출금을 현금으로 회수하고 회계처리한 100,000원이 실제로는 월평문구와 상품 추가 판매계약을 맺고 계약금으로 현금 100,000원을 받은 것으로 확인되었다. (3점)

(2) 12월 18일 영업부의 문서 출력용 프린터를 구입하면서 소모품인 A4용지 100,000원을 포함하여 비품으로 처리하였다. (단, 소모품은 비용으로 처리할 것) (3점)

06 다음의 결산정리사항을 입력하여 결산을 완료하시오. (12점)

< 입력시 유의사항 >

· 적요의 입력은 생략한다.
· 부가가치세는 고려하지 않는다.
· 채권·채무와 관련된 거래는 별도의 요구가 없는 한 반드시 기등록된 거래처코드를 선택하는 방법으로 거래처명을 입력한다.
· 회계처리 시 계정과목은 별도의 제시가 없는 한 등록된 계정과목 중 가장 적절한 과목으로 한다.

(1) A사무실을 임대료 6,000,000원(임대기간 20×1년 7월 1일~20×2년 6월 30일)에 임대하는 것으로 계약하고, 임대료는 임대계약기간 종료일에 전액 수령하기로 하였다. (단, 월할 계산할 것) (3점)

(2) 3개월 전 단기투자목적으로 양촌㈜의 주식 100주(액면금액 @5,000원)를 주당 25,000원에 취득하였으며, 기말 현재 이 주식의 공정가치는 주당 30,000원이다. (3점)

(3) 10월 1일에 보통예금 계좌에서 이체하여 납부한 사업장의 화재보험료 120,000원(보험기간 20×1년 10월 1일~20×2년 9월 30일)은 차기분이 포함된 보험료이다. (단, 보험료는 월할계산할 것) (3점)

(4) 매출채권 잔액에 대하여 1%의 대손충당금을 보충법으로 설정하시오. (3점)

07 다음 사항을 조회하여 알맞은 답안을 이론문제 답안작성 메뉴에 입력하시오. (10점)

(1) 상반기(1월~6월) 중 상품매출액이 가장 적은 달(月)의 상품매출액은 얼마인가? (3점)

(2) 3월 말 현재 비품의 장부가액은 얼마인가? (3점)

(3) 6월 말 현재 거래처별 선급금 잔액 중 가장 큰 금액과 가장 적은 금액의 차액은 얼마인가? (단, 음수로 입력하지 말 것) (4점)

103회 전산회계 2급

이론시험

다음 문제를 보고 알맞은 것을 골라 [이론문제 답안작성] 메뉴에 입력하시오. (객관식 문항당 2점)

< 기본 전제 >

문제에서 한국채택국제회계기준을 적용하도록 하는 전제조건이 없는 경우, 일반기업회계기준을 적용한다.

01 다음의 내용과 관련된 계정과목으로 적절한 것은?

> 기간 경과에 따라 발생하는 이자, 임대료 등의 당기 수익 중 미수액

① 외상매출금　② 미수금　③ 선수금　④ 미수수익

02 다음 중 기말재고자산을 과소평가하였을 때 나타나는 현상으로 옳은 것은?

	매출원가	당기순이익
①	과소계상	과대계상
②	과소계상	과소계상
③	과대계상	과대계상
④	과대계상	과소계상

03 회사의 판매용 상품매입과 관련한 다음의 분개에서 ( ) 안에 들어갈 수 없는 계정과목은 무엇인가?

| (차) 상품 | 100,000원 | (대) ( ) | 100,000원 |

① 현금　② 보통예금　③ 미지급금　④ 외상매입금

04 다음 중 회계상 거래에 해당하지 않는 것은?

① 화재로 인하여 창고에 보관하고 있던 상품 2,000,000원이 소실되었다.
② 영업사원 1명을 월 급여 2,000,000원으로 채용하기로 하였다.
③ 금고에 보관 중인 현금 2,000,000원을 도난당하였다.
④ 상품을 2,000,000원에 구입하고 대금은 월말에 지급하기로 하였다.

05 다음 중 분류가 잘못된 것은?

① 재고자산 : 제품
② 유형자산 : 토지
③ 무형자산 : 특허권
④ 비유동부채 : 단기차입금

06 다음 중 당좌예금 계정을 사용하는 거래는 무엇인가?

① 종업원의 급여를 보통예금 계좌에서 이체하여 지급하였다.
② 외상매출금을 현금으로 받아 즉시 당좌예금 계좌에 입금하였다.
③ 상품을 매출하고 대금은 거래처가 발행한 당좌수표로 받았다.
④ 상품을 매입하고 대금은 약속어음을 발행하여 지급하였다.

07 다음 중 단기매매증권에 대한 설명으로 옳지 않은 것은?

① 주로 단기간 내의 매매차익을 목적으로 하여 취득한 유가증권으로 매수 및 매도가 빈번하게 이루어지는 것을 말한다.
② 재무상태표상 단기투자자산으로 통합하여 표시할 수 있다.
③ 취득원가는 취득 시점의 공정가치로 인식하며, 매입수수료도 취득원가에 포함한다.
④ 결산일 현재 보유하고 있는 단기매매증권은 공정가치로 평가하고, 단기매매증권의 평가손익은 영업외 손익으로 보고한다.

08 약속어음 수취 시 회계처리에 관한 아래의 설명에서 (   ) 안에 들어갈 적절한 계정과목은 무엇인가?

> 상품을 매출하고 대금 회수 시 전액을 약속어음으로 수취하면 차변에 (   ) 계정으로 회계처리한다.

① 지급어음
② 외상매출금
③ 미수금
④ 받을어음

09 감가상각방법 중 정액법과 관련한 설명으로 가장 적합한 것은?

① 자산의 예상 조업도 혹은 예상 생산량에 근거하여 감가상각액을 인식하는 방법이다.
② 초기에 감가상각비가 많이 계상되는 가속상각방법이다.
③ (취득원가 - 잔존가액)을 내용연수 동안에 매기 균등하게 배분하여 상각하는 방법이다.
④ 취득원가를 내용연수의 합계로 나눈 다음 내용연수의 역순을 곱하여 계산하는 방법이다.

10 다음 자료를 참고하여 ㈜혜성이 당기 중에 처분한 업무용 승용차량의 취득가액으로 옳은 것은?

| · 처분가액 | 1,000,000원 | · 감가상각누계액 | 1,800,000원 |
| · 유형자산처분이익 | 100,000원 | | |

① 2,500,000원   ② 2,600,000원   ③ 2,700,000원   ④ 2,800,000원

11 다음의 자료 중 재무상태표의 자산에 포함되는 금액은 모두 얼마인가?

| · 미지급금 | 7,000,000원 | · 예수금 | 3,000,000원 |
| · 선수금 | 2,000,000원 | · 임차보증금 | 30,000,000원 |

① 10,000,000원   ② 15,000,000원   ③ 30,000,000원   ④ 40,000,000원

12 다음 자료에서 기말자산은 얼마인가?

· 기초자산	500,000원	· 기초자본	300,000원
· 기초부채	200,000원	· 총수익	1,500,000원
· 총비용	1,000,000원	· 기말부채	600,000원

① 1,000,000원   ② 1,200,000원   ③ 1,400,000원   ④ 1,600,000원

13 다음 자료의 ( ) 안에 들어갈 적절한 단어는 무엇인가?

> ( )이란 기업이 일시적으로 맡아서 나중에 지급하는 부채이다. 일반적 상거래 이외에서 발생하는 일시적인 것으로 유동부채에 속한다.

① 예수금　　　② 선급비용　　　③ 선수금　　　④ 가수금

14 다음의 자료에서 영업외비용에 해당하는 것을 모두 고른 것은?

> 가. 복리후생비　　나. 이자비용　　다. 기업업무추진비　　라. 기부금　　마. 여비교통비

① 가, 마　　　② 나, 다　　　③ 나, 라　　　④ 다, 마

15 다음은 손익계산서의 일부이다. 매출총이익을 구하시오.

손익계산서				
20×1년 1월 ~ 20×1년 12월				
매출액	기초상품재고액	당기총매입액	기말상품재고액	매출총이익
130,000원	24,000원	108,000원	20,000원	?

① 18,000원　　　② 20,000원　　　③ 22,000원　　　④ 24,000원

실무시험

충정물산(코드번호:9103)은 전자제품을 판매하는 개인기업이다. 당기의 회계기간은 20×1.1.1.~20×1.12.31.이다. 전산세무회계 수험용 프로그램을 이용하여 다음 물음에 답하시오.

─── < 기 본 전 제 > ───

· 문제에서 한국채택국제회계기준을 적용하도록 하는 전제조건이 없는 경우, 일반기업회계기준을 적용하여 회계처리 한다.
· 문제의 풀이와 답안작성은 제시된 문제의 순서대로 진행한다.

01 다음은 충정물산의 사업자등록증이다. [회사등록] 메뉴에 입력된 내용을 검토하여 누락분은 추가 입력하고 잘못된 부분은 정정하시오. (주소입력 시 우편번호는 입력하지 않아도 무방함) (6점)

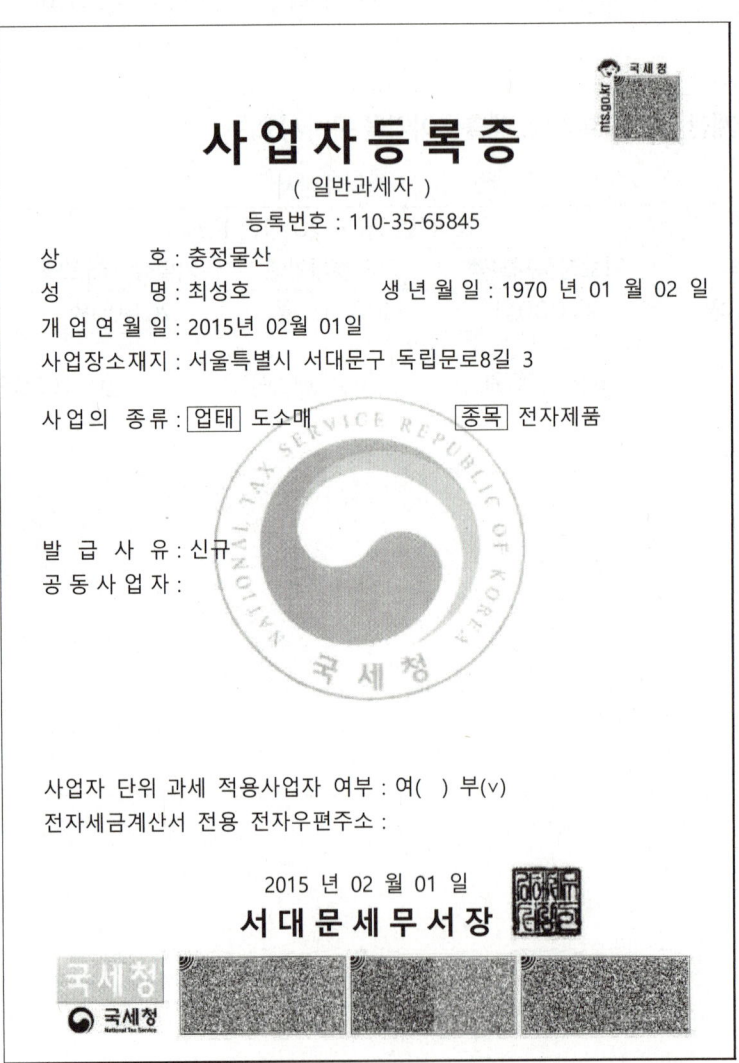

02 다음은 충정물산의 전기분 손익계산서이다. 입력되어 있는 자료를 검토하여 오류부분은 정정하고 누락된 부분은 추가 입력하시오. (6점)

손 익 계 산 서

회사명 : 충정물산   제××기 20×0.1.1. ~ 20×0.12.31.   (단위 : 원)

과 목	금 액	과 목	금 액
I 매 출 액	137,000,000	V 영 업 이 익	12,200,000
상 품 매 출	137,000,000	VI 영 업 외 수 익	2,000,000
II 매 출 원 가	107,000,000	이 자 수 익	500,000
상 품 매 출 원 가	107,000,000	잡 이 익	1,500,000
기 초 상 품 재 고 액	9,000,000	VII 영 업 외 비 용	50,000
당 기 상 품 매 입 액	115,000,000	잡 손 실	50,000
기 말 상 품 재 고 액	17,000,000	VIII 소득세차감전순이익	
III 매 출 총 이 익	30,000,000	IX 소 득 세 등	0
IV 판 매 비 와 관 리 비	17,800,000	X 당 기 순 이 익	14,150,000
급 여	12,400,000		
복 리 후 생 비	1,400,000		
기 업 업 무 추 진 비	3,320,000		
감 가 상 각 비	170,000		
보 험 료	220,000		
차 량 유 지 비	100,000		
소 모 품 비	190,000		

03 다음 자료를 이용하여 입력하시오. (6점)

(1) 다음은 충정물산의 신규거래처이다. [거래처등록] 메뉴에서 거래처를 추가로 등록하시오. (주어진 자료 외의 다른 항목은 입력할 필요 없음) (3점)

- 상호 : 영랑실업
- 대표자명 : 김화랑
- 업태 : 도소매
- 유형 : 매출
- 거래처코드 : 0330
- 사업자등록번호 : 227-32-25868
- 종목 : 전자제품
- 사업장 소재지 : 강원도 속초시 영랑로5길 3(영랑동)

※ 주소입력 시 우편번호는 입력하지 않아도 무방함.

(2) 다음 자료를 이용하여 [계정과목및적요등록] 메뉴에서 판매비및일반관리비 항목의 복리후생비 계정에 적요를 추가로 등록하시오. (3점)

> 대체적요 3. 직원회식비 신용카드 결제

04 다음의 거래 자료를 [일반전표입력] 메뉴를 이용하여 입력하시오. (24점)

< 입력시 유의사항 >

· 적요의 입력은 생략한다.
· 부가가치세는 고려하지 않는다.
· 채권·채무와 관련된 거래는 별도의 요구가 없는 한 반드시 기등록된 거래처코드를 선택하는 방법으로 거래처명을 입력한다.
· 회계처리 시 계정과목은 별도의 제시가 없는 한 등록된 계정과목 중 가장 적절한 과목으로 한다.

(1) 07월 21일 거래처 영우상회로부터 회수한 외상매출금 중 2,000,000원은 현금으로 수령하고, 나머지 8,000,000원은 보통예금 계좌로 입금되었다. (3점)

(2) 08월 05일 매장을 신축하기 위하여 토지를 20,000,000원에 취득하고 대금은 당좌수표를 발행하여 지급하였다. 토지 취득 시 취득세 400,000원은 현금으로 지급하였다. (3점)

(3) 08월 26일 영업부 직원들의 국민연금보험료 회사부담분 90,000원과 직원부담분 90,000원이 보통예금계좌에서 지급하였다. (단, 회사부담분은 세금과공과 계정을 사용하시오.) (3점)

(4) 09월 08일 영업사원의 식사비를 서울식당에서 사업용 카드로 결제하였다. (3점)

```
              카드매출전표
-------------------------------------
카 드 종 류 : 우리카드
회 원 번 호 : 2245-1223-****-1534
거 래 일 시 : 20×1.9.8. 12:53:54
거 래 유 형 : 신용승인
매   출   액 : 200,000원
합   계   액 : 200,000원
결 제 방 법 : 일시불
승 인 번 호 : 6354887765
은 행 확 인 : 우리은행
가 맹 점 명 : 서울식당
-------------------------------------
             - 이 하 생 략 -
```

(5) 09월 20일 거래처가 사용할 KF94 마스크를 100,000원에 현금 구입하고 현금영수증을 받았다. (3점)

서대문상회			
110-36-62151			이중재
서울특별시 서대문구 충정로 44			TEL : 1566-4451
홈페이지 http://www.kacpta.or.kr			

현금영수증(지출증빙용)

거래번호 : 20×10920-0105
구매 20×1/09/20/14:45

상품명	수량	단가	금액
KF94마스크	200	500	100,000원
20×109200105		물 품 가 액	100,000원
		합 계	100,000원
		받 은 금 액	100,000원

(6) 10월 05일 선진상사로부터 사무실 비품 2,500,000원을 구입하고, 대금은 외상으로 하였다. (단, 부가가치세는 무시한다.) (3점)

거래명세표(보관용)

권   호
20×1년 10월 5일

충정물산 귀하

공급자	사업자등록번호	378-62-00158		
	상 호	선진상사	성 명	나사장 ㉑
	사 업 장 소 재 지	부산광역시 동래구 미남로 116번길 98, 1층		
	업 태	도소매	종 목	전자제품

아래와 같이 계산합니다.

합계금액 이백오십만 원정 (₩ 2,500,000)

월일	품 목	규격	수량	단 가	공 급 대 가
10월 5일	전자제품 AF-1		1	2,500,000원	2,500,000원
	계				2,500,000원

전잔금	없음		합 계	2,500,000원
입 금		잔 금 2,500,000원	인수자	김길동 ㉑
비 고				

(7) 11월 30일 ㈜한성과 사무실 임대차 계약을 하고, 즉시 보증금 50,000,000원을 보통예금 계좌에서 이체하여 지급하였다. (단, 임대차계약 기간은 보증금 지급 즉시 시작한다.) (3점)

(8) 12월 09일 대한은행으로부터 5,000,000원을 4개월간 차입하기로 하고, 선이자 125,000원을 제외한 잔액이 당사 보통예금 계좌에 입금되었다. (선이자는 이자비용으로 회계처리하고, 하나의 전표로 입력할 것) (3점)

05 [일반전표입력] 메뉴에 입력된 내용 중 다음의 오류가 발견되었다. 입력된 내용을 검토하고 수정 또는 삭제, 추가 입력하여 올바르게 정정하시오. (6점)

> < 입력시 유의사항 >
> · 적요의 입력은 생략한다.
> · 부가가치세는 고려하지 않는다.
> · 채권·채무와 관련된 거래는 별도의 요구가 없는 한 반드시 기등록된 거래처코드를 선택하는 방법으로 거래처명을 입력한다.
> · 회계처리 시 계정과목은 별도의 제시가 없는 한 등록된 계정과목 중 가장 적절한 과목으로 한다.

(1) 10월 01일   보통예금 계좌에서 출금된 101,000원을 모두 순천상사에 대한 외상매입금 지급으로 처리 하였으나, 이 중 1,000원은 계좌이체 수수료로 확인되었다. (3점)

(2) 11월 26일   거래처 순천상사로부터 보통예금 계좌에 입금된 400,000원을 가수금으로 처리하였으나 순천상사의 외상매출금 400,000원이 회수된 것이다. (3점)

06 다음의 결산정리사항을 입력하여 결산을 완료하시오. (12점)

> < 입력시 유의사항 >
> · 적요의 입력은 생략한다.
> · 부가가치세는 고려하지 않는다.
> · 채권·채무와 관련된 거래는 별도의 요구가 없는 한 반드시 기등록된 거래처코드를 선택하는 방법으로 거래처명을 입력한다.
> · 회계처리 시 계정과목은 별도의 제시가 없는 한 등록된 계정과목 중 가장 적절한 과목으로 한다.

(1) 05월 01일 영업부의 업무용 자동차 보험료(보험기간 : 20×1.5.1.~20×2.4.30.) 900,000원을 지급하고 전액 보험료로 비용처리 하였다. 기말수정분개를 하시오. (단, 월할계산하고 음수로 입력하지 말 것) (3점)

(2) 가지급금 잔액 44,000원은 영업부 직원의 시외교통비 지급액으로 판명되었다. (3점)

(3) 기말 현재 인출금 계정 잔액 500,000원을 자본금으로 정리하다. (3점)

(4) 영업부에서 사용할 소모품을 구입하고 비용으로 처리한 금액 중 기말 현재 미사용한 금액은 200,000원이다. (3점)

07 다음 사항을 조회하여 알맞은 답안을 이론문제 답안작성 메뉴에 입력하시오. (10점)

(1) 6월 30일 현재 유동부채는 얼마인가? (3점)

(2) 상반기 중 상품매출이 가장 많이 발생한 달(月)과 그 금액은 얼마인가? (4점)

(3) 4월 30일 거래처 오렌지유통의 외상매출금 잔액은 얼마인가? (3점)

114회 전산회계 2급 답안

이론시험 정답 및 해설

<1>	<2>	<3>	<4>	<5>	<6>	<7>	<8>	<9>	<10>	<11>	<12>	<13>	<14>	<15>
③	②	②	④	④	④	③	①	④	②	④	③	①	④	④

01 ③ 부채의 감소는 차변, 수익의 증가는 대변에 기록한다.

02 ②
- 01월 30일 : (차) 현금 100,000원 (대) 현금과부족 100,000원
- 07월 01일 : (차) 현금과부족 70,000원 (대) 이자수익 70,000원
- 12월 31일 : (차) 현금과부족 30,000원 (대) 잡이익 30,000원

03 ② 화재나 사고로 손실이 발생한 경우 영업외비용 항목인 재해손실 계정으로 처리한다.
- 급여(①), 임차료(③), 복리후생비(④)는 모두 판매비와관리비 항목에 해당한다.

04 ④ = 당기 회수액 600,000원 + 기말잔액 300,000원 + 에누리액 100,000원 - 기초잔액 400,000원

외상매출금			
기초잔액	400,000원	당기회수액	600,000원
당기발생액	600,000원	에누리액	100,000원
		기말잔액	300,000원

05 ④ 후입선출법의 특징을 설명한 자료들이다.

06 ④ 10,000,000원
= 처분가액 12,000,000원 - 유형자산처분이익 7,000,000원 + 감가상각누계액 5,000,000원
- 유형자산분이익
= 처분가액 12,000,000원 - (취득가액 10,000,000원 - 감가상각누계액 5,000,000원)
= 7,000,000원

07 ③ = 기초자본 1,300,000원 + 당기총수익 2,000,000원 - 당기총비용 1,500,000원

08 ① 손익을 이연하기 위한 계정과목은 선급비용과 선수수익이 있다.

09 ④ 비품은 유형자산에 해당한다.

10 ② (가) 선수수익, (나) 예수금

11 ④ 이자비용 발생에 해당하며 영업외비용으로 인식한다.

12 ③ 현금이 증가하고 외상매출금이 감소하는 분개로서 매출대금을 판매 즉시 수령하지 않고 외상으로 처리한 후, 현금을 수령한 시점에 발생한 분개이다.

13 ① 시산표는 결산을 확정하기 전에 분개장으로부터 총계정원장의 각 계정으로 정확하게 전기되었는지를 확인하기 위해서 대차평균의 원리를 이용하여 작성하는 집계표이다.

14 ④ = 창고 보관 재고액 500,000원 + 위탁 재고자산 100,000원
- 수탁자에게 보내고 판매 후 남은 적송품도 회사의 재고자산이며, 위수탁판매 수수료는 판매관리비에 해당한다.

15 ④ 1,100,000원 = 매출액 2,000,000원 - 매출원가 900,000원
- 매출원가 : 200,000원 + 1,000,000원 - 300,000원 = 900,000원
- 매출총이익 : 2,000,000원 - 900,000원 = 1,100,000원
- 판매사원에 대한 급여는 판매관리비로 분류한다

실무시험 정답 및 해설

01 회사등록
[회사등록]
- 대표자명 정정 : 안병남 → 이두일
- 개업연월일 수정 : 2016년 10월 05일 → 2014년 01월 24일
- 관할세무서 수정 : 508.안동 → 305.대전

02 전기분 재무제표
[전기분재무상태표]
- 받을어음 : 69,300,000원 → 65,000,000원으로 수정
- 감가상각누계액(209) : 11,750,000원 → 10,750,000원으로 수정
- 장기차입금 116,350,000원 추가 입력

03 기초정보등록 및 수정
[1] [거래처등록] > [금융기관] 탭
- 코드 : 98100
- 거래처명 : 케이뱅크 적금
- 유형 : 3.정기적금
- 계좌번호 : 1234-5678-1234
- 계좌개설은행 : 089.케이뱅크
- 계좌개설일 : 2024-07-01

[2] [거래처별초기이월]
외상매출금 > ・태양마트 : 15,000,000원 → 34,000,000원으로 수정
단기차입금

> • 은산상사 : 35,000,000원 → 20,000,000원으로 수정
> • 종로상사 5,000,000원 삭제 → 일류상사 3,000,000원 추가

04 거래 자료 입력

[1] (차) 단기차입금(대전상사) 8,000,000원 (대) 당좌예금 8,000,000원
[2] (차) 여비교통비(판) 50,000원 (대) 현금 50,000원
[3] (차) 대손충당금(109) 900,000원 (대) 외상매출금(능곡가구) 5,000,000원
　　　대손상각비 4,100,000원
[4] (차) 토지 1,000,000원 (대) 현금 1,000,000원
[5] (차) 임차료(판) 750,000원 (대) 보통예금 800,000원
　　　건물관리비(판) 50,000원
[6] (차) 잡급(판) 100,000원 (대) 현금 100,000원
[7] (차) 선급금(아린상사) 4,500,000원 (대) 당좌예금 4,500,000원
[8] (차) 차량운반구 20,000,000원 (대) 미지급금(국민카드) 20,000,000원

05 오류수정

[1] 수정전: 8월 16일 (차) 임차료(판) 1,000,000원 (대) 현금 1,000,000원
　　수정후: 8월 16일 (차) 임차보증금 1,000,000원 (대) 보통예금 1,000,000원
　　　　　　　　　　　　　　(경의상사)
[2] 수정전: 9월 30일 (차) 토지 300,000원 (대) 보통예금 300,000원
　　수정후: 9월 30일 (차) 세금과공과(판) 300,000원 (대) 보통예금 300,000원

06 결산정리사항 입력

[1] [일반전표입력] 12월 31일
　　(차) 이자비용 360,000원 (대) 미지급비용 360,000원
[2] [일반전표입력] 12월 31일
　　(차) 외상매입금 500,000원 (대) 가지급금 500,000원
　　　　((주)디자인가구)
[3] [일반전표입력] 12월 31일
　　(차) 소모품비(판) 400,000원 (대) 소모품 400,000원
[4] 1. [결산자료입력] > F8 대손상각 > 추가설정액 > ①,② 입력 > 결산반영 > F3 전표추가
　　① 108.외상매출금 : 3,081,400원 입력
　　② 110.받을어음 : 1,350,000원 입력

　　2. 또는 [결산자료입력] > 4.판매비와일반관리비 > 5).대손상각 > ①,② 입력 > F3 전표추가
　　① 외상매출금 : 3,081,400원 입력
　　② 받을어음 : 1,350,000원 입력

　　3. 또는 일반전표입력
　　12.31. (차) 대손상각비(판) 4,431,400원 (대) 대손충당금(109) 3,081,400원
　　　　　　　　　　　　　　　　　　　　　　　　　대손충당금(111) 1,350,000원
　　• 대손충당금(109) : 외상매출금 154,070,000원×2% - 0원 = 3,081,400원
　　• 대손충당금(111) : 받을어음 100,000,000원×2% - 650,000원 = 1,350,000원

07 장부조회

[1] 130,000,000원
 • [재무상태표] > 기간 : 04월 > 계정과목 : 252.지급어음 금액 확인

[2] 60,000,000원
 • [일계표] > 기간 : 5월1일~5월31일 > 계정과목 : 108.외상매출금 대변 조회

[3] 5월, 300,000원
 • [총계정원장] > 기간 : 1월 1일~6월 30일 > 계정과목 : 복리후생비(811) > 월별 차변 금액 확인

113회 전산회계 2급 답안

이론시험 정답 및 해설

<1>	<2>	<3>	<4>	<5>	<6>	<7>	<8>	<9>	<10>	<11>	<12>	<13>	<14>	<15>
④	①	②	③	②	①	②	④	③	①	②	④	①	③	④

01 ④ (차) 통신비   50,000원(비용의 발생)   (대) 보통예금   50,000원(자산의 감소)

02 ① 대변에 잔액이 남는 계정은 부채계정, 자본계정, 수익계정이다.

03 ② 기말상품재고액이 과대계상이므로 매출원가는 과소 계상된다.
- 매출원가 = 기초상품재고액 + 당기상품순매입액 - 기말상품재고액
- 기말상품재고액은 차기이월 상품이므로 재고자산은 과대계상 된다.
- 매출원가가 과소계상이면 매출총이익(매출액 - 매출원가)은 과대계상 된다.
- 매출총이익이 과대이므로 당기순이익도 과대계상된다.

04 ③ 단기대여금은 유동자산 중 당좌자산에 해당한다.
- 유동성배열법에 의하여 재무상태표를 작성할 경우, 유동성이 높은 자산부터 나열하므로 비유동자산인 영업권(무형자산), 장기대여금(투자자산), 건물(유형자산)은 유동자산(당좌자산)인 단기대여금보다 아래에 나타난다.

05 ② 유형자산 중 토지와 건설중인자산을 제외한 모든 유형자산은 감가상각을 해야 한다.

06 ① 1,000,000원 = 자산 1,400,000원 - 부채 400,000원
- 자산 : 현금 300,000원 + 대여금 100,000원 + 선급금 200,000원 + 재고자산 800,000원 = 1,400,000원
- 부채 : 매입채무 100,000원 + 사채 300,000원 = 400,000원

재무상태표

현 금	300,000	매 입 채 무	100,000
대 여 금	100,000	사 채	300,000
선 급 금	200,000	자 본 금	1,000,000
재 고 자 산	800,000		
	1,400,000		1,400,000

07 ② 일정 시점의 기업이 보유하고 있는 자산, 부채, 자본에 대한 정보를 제공하는 재무보고서는 재무상태표이다. 보기 중 매출원가, 이자비용, 급여는 일정 기간 동안의 기업 경영 성과에 대한 정보를 제공하는 손익계산서를 구성하는 계정과목이다.

08 ④ 우표는 비용에 해당하며, 통신비 계정으로 처리한다.

09 ③ 10,000원 = 기말 매출채권 1,000,000원×1%
- 기말 매출채권: 기초 매출채권 500,000원 + 당기 매출액 2,000,000원 - 당기 회수액 1,500,000원
  = 1,000,000원

10 ① 100,000원 = 선수금 70,000원 + 선수수익 30,000원
- 선수금과 선수수익이 부채계정에 해당하고 그 외 계정은 자산계정에 해당한다.

11 ② 거래 발생 → 분개 → 전기 → 수정 전 시산표 작성 → 결산 정리 분개 → 수정 후 시산표 작성 → 각종 장부 마감 → 결산보고서 작성

12 ④ 매입부대비용은 재고자산 취득원가에 가산하는 계정으로 차감하는 계정이 아니다.

13 ① 보험료는 판매비와관리비로 영업외비용에 해당하지 않는다.

14 ③ 후입선출법에 대한 설명이다.

15 ④ 1,040,000원 = 토지 1,000,000원 + 취득세 40,000원
- 무상으로 취득한 자산의 취득가액은 공정가치로 하며, 취득 과정에서 발생한 취득세, 수수료 등은 취득원가에 가산한다.

실무시험 정답 및 해설

01 회사등록
- 대표자명: 최연제 → 정성찬 수정
- 종목: 스포츠 용품 → 문구 및 잡화 수정
- 개업연월일: 2018-07-14 → 2018-04-08 수정

02 전기분 재무상태표
- 급여 10,000,000원 → 20,000,000원으로 수정
- 임차료 2,100,000원 → 2,300,000원으로 수정
- 통신비 400,000원 → 운반비 400,000원으로 수정

03 기초정보등록 및 수정

[1] [계정과목및적요등록] > 146.상품 > 현금적요 > • 적요No: 3
                                            • 적요: 수출용 상품 매입

[2] [거래처별 초기이월]
- 외상매입금 > 동오상사 10,000,000원 추가 입력
- 지급어음
  > 디오상사 3,000,000원 → 3,500,000원으로 수정
  > 망도상사 3,000,000원 추가 입력

04 거래 자료 입력

[1]	(차)	현금	2,400,000원	(대)	외상매출금(수민상회)	2,400,000원
[2]	(차)	기업업무추진비(판)	200,000원	(대)	현금	200,000원
[3]	(차)	예수금	100,000원	(대)	보통예금	220,000원
		복리후생비(판)	120,000원			
[4]	(차)	세금과공과(판)	500,000원	(대)	현금	500,000원
[5]	(차)	지급어음(가은상사)	3,500,000원	(대)	보통예금	3,500,000원
[6]	(차)	현금	4,000,000원	(대)	상품매출	10,000,000원
		외상매출금(한능협)	6,000,000원			
[7]	(차)	수도광열비(판)	30,000원	(대)	미지급금(삼성카드)	130,000원
		소모품비(판)	100,000원		(또는 미지급비용)	
[8]	(차)	선납세금	15,400원	(대)	이자수익	100,000원
		보통예금	84,600원			

05 오류수정

[1]	수정전: 8월 6일	(차)	미지급금(신한카드)	6,000,000원	(대)	보통예금	6,000,000원
	수정후: 8월 6일	(차)	미지급금(하나카드)	6,000,000원	(대)	보통예금	6,000,000원
[2]	수정전: 10월 25일	(차)	급여	4,200,000원	(대)	보통예금	4,200,000원
	수정후: 10월 25일	(차)	급여	4,200,000원	(대)	예수금	635,010원
						보통예금	3,564,990원

06 결산정리사항 입력

[1] [일반전표입력] 12월 31일
　　(차) 임차료(판) 18,000,000원 (대) 선급비용 18,000,000원
　• 24,000,000원×9/12 = 18,000,000원

[2] [일반전표입력] 12월 31일
　　(차) 외상매출금(미국 BRIZ사) 2,000,000원 (대) 외화환산이익 2,000,000원
　• 외화환산이익 : (1,100원×$20,000) - 20,000,000원 = 2,000,000원

[3] [일반전표입력] 12월 31일
　　(차) 세금과공과(판) 15,000원 (대) 현금과부족 15,000원

[4] [결산자료입력] > 기간: 1월~12월
　　1. [결산자료입력] > 기간 : 01월~ 12월
　　　　　　> 2. 매출원가
　　　　　　> ⑩ 기말 상품 재고액 결산반영금액란 4,500,000원 입력 > F3 전표추가

2. 또는 일반전표입력

　　12.31. (결차) 상품매출원가　　　129,100,000원 (결대) 상품　　　　　129,100,000원
　　• 매출원가 : 기초상품재고액 4,000,000원 + 당기상품매입액 129,600,000원 - 기말상품재고액
　　　　　　4,500,000원 = 129,100,000원

07　장부조회

[1] 4,060,000원

[거래처원장]
> 기간 : 1월 1일 ~ 6월 30일
> 계정과목 : 0251.외상매입금
> 거래처 : 00120.어룡상사 차변 합계

[2] 4,984,300원

[총계정원장]
> [월별] 탭
> 기간 : 01월 01일 ~ 06월 30일
> 계정과목 : 0811.복리후생비(판) 차변 합계

[3] 86,188,000원

= 유동자산 280,188,000원 - 유동부채 194,000,000원
• [재무상태표] > 기간 : 06월 조회

112회 전산회계 2급 답안

이론시험 정답 및 해설

<1>	<2>	<3>	<4>	<5>	<6>	<7>	<8>	<9>	<10>	<11>	<12>	<13>	<14>	<15>
②	③	①	①	④	②	③	④	①	③	①	②	③	④	②

01 ② 손익계산서의 총비용과 총수익을 비교하여 당기순손익을 구하는 방법은 손익법이며, 재산법은 기초자본과 기말자본을 비교하여 당기순이익을 계산하는 방법이다.

02 ③ 210,000원
= 기초 외상매입금 60,000원 + 당기 외상매입액 300,000원 - 매입환출 30,000원 - 기말 외상매입금 120,000원

외상매입금			
매입환출	30,000원	기초액	60,000원
지급액	210,000원	외상매입액	300,000원
기말액	120,000원		
	360,000원		360,000원

03 ① 이자비용은 영업외비용에 속한다.

04 ① 유형자산의 처분은 결산 수정분개의 대상 항목이 아니다.

05 ④ 본사 건물 임차보증금은 유형자산에 속하지 않는 기타비유동자산이다.

06 ② 유동성이 높은 순서는 당좌자산 > 재고자산 > 유형자산 > 기타비유동자산 순이다.

07 ③ 300,000원
= 처분가액 1,900,000원 - 장부가액 1,600,000원
• 처분가액 : 매도금액 2,000,000원 - 매각 수수료 100,000원 = 1,900,000원

08 ④ 선급금은 당좌자산이다.

09 ① 매출채권(외상매출금, 받을어음)에 대해서 대손충당금 설정이 가능하다.
• 지급어음, 미지급금, 선수금은 모두 부채 항목이다.

10 ③ 200,000원
= 순매출액 800,000원 - 매출원가 600,000원
• 손익계정의 매입은 매출원가를 의미하며, 매출은 순매출액을 의미한다.

11	①	재무제표는 재무상태표, 손익계산서, 현금흐름표, 자본변동표로 구성되며, 주석을 포함한다.
12	②	500,000원 　= 자산 1,100,000원 - 부채 600,000원 　• 자산 : 현금 100,000원 + 상품 1,000,000원 = 1,100,000원 　• 부채 : 선수금 300,000원 + 외상매입금 200,000원 + 단기차입금 100,000원 = 600,000원
13	③	자본적 지출액은 취득원가에 가산되며 감가상각을 통해 비용으로 처리된다.
14	④	(차) 보통예금(자산의 증가)　　300,000원　　(대) 이자수익(수익의 발생)　　300,000원
15	②	전기이월 잔액이 대변에 표시되는 계정은 부채 또는 자본이다. 보기 항목 중 미지급금(부채)만이 적합하다. 미수금, 선급금, 외상매출금은 모두 자산계정이다.

실무시험 정답 및 해설

01 회사등록

[회사등록]
- 사업자등록번호 : 350-52-35647 → 305-52-36547
- 사업장주소 : 부산광역시 해운대구 중동 777 → 대전광역시 중구 대전천서로 7(옥계동)
- 종목 : 신발 의류 잡화 → 문구 및 잡화

02 전기분 재무제표

[전기분재무제표] > [전기분손익계산서]
- 401.상품매출 > 227,000,000원 → 237,000,000원
- 812.여비교통비 → 0811.복리후생비
- 970.유형자산처분손실 12,000,000원 추가 입력

03 기초정보등록 및 수정

[1] [거래처별초기이월]
- 받을어음 : 아진상사 2,000,000원 → 5,000,000원
- 외상매입금 : 대영상사 15,000,000원 → 20,000,000원
- 예수금 : 대전세무서 300,000원 추가 입력

[2] [기초정보관리] > [거래처등록] > [신용카드] 탭
- 거래처코드 : 99603
- 거래처명 : BC카드
- 유형 : 2.매입
- 카드번호 : 1234-5678-1001-2348
- 카드종류 : 3.사업용카드

04 거래 자료 입력

[1] (차) 선급금((주)모닝)　　200,000원　　(대) 현금　　200,000원
[2] (차) 차량운반구　　7,300,000원　　(대) 미지급금(삼성카드)　　7,000,000원
　　　　　　　　　　　　　　　　　　　　　　보통예금　　300,000원
[3] (차) 급여(판)　　3,700,000원　　(대) 예수금　　512,760원
　　　　　　　　　　　　　　　　　　　　　　보통예금　　3,187,240원
[4] (차) 기업업무추진비(판)　　2,000,000원　　(대) 미지급금(삼성카드)　　3,000,000원
　　　　복리후생비(판)　　1,000,000원　　　　(또는 미지급비용)
[5] (차) 당좌예금　　12,000,000원　　(대) 상품매출　　35,000,000원
　　　　받을어음((주)새로운)　　23,000,000원
[6] (차) 건물　　15,000,000원　　(대) 보통예금　　15,000,000원
[7] (차) 수수료비용(판)　　300,000원　　(대) 현금　　300,000원
[8] (차) 현금　　30,000원　　(대) 현금과부족　　30,000원

05 오류수정

[1] 수정전: 7월 10일　(차) 보통예금　200,000원　(대) 외상매출금(하진상사)　200,000원
　　수정후 7월 10일　(차) 보통예금　200,000원　(대) 선수금(하진상사)　200,000원
[2] 수정전: 11월 25일　(차) 세금과공과　200,000원　(대) 현금　200,000원
　　수정후 11월 25일　(차) 인출금　200,000원　(대) 현금　200,000원
　　　　　　　　　　　　　(또는 자본금)

06 결산정리사항 입력

[1] [일반전표입력] 12월 31일
　　(차) 임차료(판)　　500,000원　　(대) 미지급비용　　500,000원
[2] [일반전표입력] 12월 31일
　　(차) 미수수익　　300,000원　　(대) 이자수익　　300,000원
[3] [일반전표입력] 12월 31일
　　(차) 보통예금　　800,000원　　(대) 단기차입금(기업은행)　　800,000원
[4] 1. [결산자료입력] > 4. 판매비와일반관리비 > 4). 감가상각비 > • 비품 결산반영금액란 5,500,000원 입력
　　　> F3 전표추가

　　2. 일반전표입력
　　　12.31. (차) 감가상각비　　5,500,000원　(대) 감가상각누계액(비품)　　5,500,000원
　　• 12월 31일 : 55,000,000원 × 0.1 = 5,500,000원

07 장부조회

[1] 2월
[현금출납장] > 기간 : 1월 1일~5월 31일
1월   8,364,140원
2월   36,298,400원
3월   7,005,730원
4월   7,248,400원
5월   14,449,010원

[2] 12,000,000원
[일(월)계표] > [월계표] 탭 > 조회기간 : 01월~06월 조회 > 6.판매비및일반관리비 > 급여 차변 현금액

[3] 5,000,000원
[계정별원장] > [계정별] 탭 > 기간 : 6월 1일~ 6월 30일 > 계정과목 : 0110.받을어음 조회

111회 전산회계 2급 답안

이론시험 정답 및 해설

<1>	<2>	<3>	<4>	<5>	<6>	<7>	<8>	<9>	<10>	<11>	<12>	<13>	<14>	<15>
④	①	②	④	③	③	②	④	②	④	①	③	③	①	②

01 ④ 단식부기에 대한 설명이다.

02 ① [일반기업회계기준 문단 10.4] '유형자산'은 재화의 생산, 용역의 제공, 타인에 대한 임대 또는 자체적으로 사용할 목적으로 보유하는 물리적 형체가 있는 자산으로서, 1년을 초과하여 사용할 것이 예상되는 자산을 말한다.

03 ② [일반기업회계기준 문단 2.35] 현금및현금성자산은 통화 및 타인발행수표 등 통화대용증권과 당좌예금, 보통예금 및 큰 거래비용 없이 현금으로 전환이 용이하고 이자율 변동에 따른 가치변동의 위험이 경미한 금융상품으로서 취득 당시 만기일(또는 상환일)이 3개월 이내인 것을 말한다.

04 ④
- 단식회계 : 일정한 원칙이 없이 작성하는 회계
- 복식회계 : 일정한 원칙에 따라 재화의 증감과 손익을 계상하는 회계
- 영리회계 : 영리를 목적으로 손익을 계상하는 회계
- 재무회계 : 기업 외부의 이해관계자들에게 유용한 정보를 제공하기 위한 회계

05 ③ 판매하여 수익을 인식한 기간에 매출원가(비용)로 인식한다.

06 ③ 가수금에 대한 설명이다.

07 ②
- 회계처리 : (차) 기업업무추진비   22,000원   (대) 현금   22,000원
- 기부금 : 사회단체나 종교단체 등에 납부한 성금 등(업무와 관련 없이 지출)
- 복리후생비 : 종업원의 복리후생을 위하여 지출하는 비용
- 세금과공과 : 재산세, 자동차세, 면허세, 상공회의소회비, 적십자회비, 기타 등

08 ④ 기말재고자산 금액이 증가하면 매출원가가 감소하고, 매출총이익은 증가한다.
- 매출원가 = 기초재고액 + 당기 매입액 - 기말재고액
- 매출총이익 = 순매출액 - 매출원가

구분	매출원가	매출총이익
기말재고 감소	증가	감소
기말재고 증가	감소	증가

09 ② 2개, 보험료, 세금과공과
- 자산항목 : 미수금, 선급비용
- 부채항목 : 미지급비용
- 영업외비용 : 이자비용, 기부금

10 ④ 기초자본금 820,000원 + 당기순이익 10,000원 = 기말자본금 830,000원
- 기말자본금 : 유동자산(현금) 220,000원 + 비유동자산(건물) 700,000원 - 부채(외상매입금) 90,000원 = 830,000원
- 당기순이익 : 기말자본금 830,000원 - 기초자본금 820,000원 = 10,000원

11 ①
① (차) 차량운반구   1,000,000원(자산 증가)   (대) 현금   1,000,000원(자산 감소)
② (차) 임차료   1,000,000원(비용 발생)   (대) 현금   1,000,000원(자산 감소)
③ (차) 현금   1,000,000원(자산 증가)   (대) 이자수익   1,000,000원(수익 발생)
④ (차) 상품   1,000,000원(자산 증가)   (대) 외상매입금 1,000,000원(부채 증가)

12 ③ 자본적지출에 해당한다.
- ①, ②, ④은 수익적지출에 해당한다.
- [일반기업회계기준 문단 10.14] 유형자산의 취득 또는 완성 후의 지출이 문단 10.5의 인식기준을 충족하는 경우(예 : 생산능력 증대, 내용연수 연장, 상당한 원가절감 또는 품질향상을 가져오는 경우)에는 자본적 지출로 처리하고, 그렇지 않은 경우(예 : 수선유지를 위한 지출)에는 발생한 기간의 비용으로 인식한다.

13 ③ 개인기업의 대표자 소득세 납부는 인출금으로, 사옥 건물에 대한 재산세는 세금과공과로 처리한다.

14 ① 50,000원
= 지급어음 20,000원 + 외상매입금 30,000원

15 ② 180,000원
- 기말자본 : 기초자본(?) + 총수익 100,000원 - 총비용 80,000원 = 200,000원
- 기초자본 : 기말자본 200,000원 - 총수익 100,000원 + 총비용 80,000원

실무시험 정답 및 해설

01 회사등록

[회사등록] > [기본사항] 탭
- 대표자명 수정 : 이기호 → 박연원
- 업태 수정 : 제조 → 도소매
- 개업연월일 수정 : 2017.08.02. → 2012.02.02.

02 전기분 재무제표

[전기분재무상태표]
- 미수금 600,000원 추가입력
- 지급어음 810,000원 → 8,100,000원으로 수정
- 단기차입금 500,000원 → 5,000,000원으로 수정

03 기초정보등록 및 수정

[1] [전기분재무제표] > [거래처별초기이월]
- 외상매입금
  > 고래전자 10,000,000원 → 12,000,000원으로 수정
  > 석류상사 27,000,000원 추가입력
- 미지급금 > 앨리스상사 2,500,000원 → 25,000,000원으로 수정

[2] [계정과목및적요등록] > 103.보통예금 > 현금적요No.5 : 미수금 보통예금 입금

04 거래 자료 입력

[1]	(차)	보통예금	2,000,000원	(대)	대손충당금(109)	2,000,000원
[2]	(차)	외상매입금(남선상사)	2,000,000원	(대)	받을어음(오름상사)	2,000,000원
[3]	(차)	임차보증금(온천상가)	20,000,000원	(대)	보통예금	20,000,000원
[4]	(차)	인출금(또는 자본금)	1,500,000원	(대)	미지급금(삼성카드)	1,500,000원
[5]	(차)	현금	9,000,000원	(대)	차량운반구	9,000,000원
		감가상각누계액(209)	2,000,000원		유형자산처분이익	2,000,000원
[6]	(차)	보통예금	10,000,000원	(대)	장기차입금(우리은행)	10,000,000원
[7]	(차)	상품	2,200,000원	(대)	외상매입금(포스코상사)	2,000,000원
					현금	200,000원
[8]	(차)	선급금(효은상사)	1,000,000원	(대)	보통예금	1,000,000원

05 오류수정

[1]	수정전: 10월 5일	(차)	수선비(판)	1,300,000원	(대)	현금	1,300,000원
	수정후: 10월 5일	(차)	건물	13,000,000원	(대)	현금	13,000,000원
[2]	수정전: 10월 13일	(차)	복리후생비(판)	400,000원	(대)	미지급금(삼성카드)	400,000원
	수정후: 10월 13일	(차)	기업업무추진비(판)	400,000원	(대)	미지급금(삼성카드)	400,000원

06 결산정리사항 입력

[1] [일반전표입력] 12월 31일
	(차)	미수수익	1,500,000원	(대)	이자수익	1,500,000원

[2] [일반전표입력] 12월 31일
	(차)	선급비용	120,000원	(대)	보험료(판)	120,000원

[3] [일반전표입력] 12월 31일
	(차)	단기매매증권	100,000원	(대)	단기매매증권평가이익	100,000원

- 단기매매증권평가이익 : (기말 공정가치 1,600원 - 취득원가 1,500원) × 1,000주 = 100,000원

[4] [결산자료입력] > 기간: 1월~12월

1. [결산자료입력] > F8 대손상각 > • 외상매출금 323,500원 입력 > 결산반영 후 F3 전표추가
   - 받을어음 240,000원 입력

2. 또는 일반전표입력

12.31.	(차)	대손상각비	563,500원	(대)	대손충당금(외상매출금)	323,500원
					대손충당금(받을어음)	240,000원

- 외상매출금 : 322,350,000원 × 1% - 2,900,000원 = 323,500원
- 받을어음 : 28,300,000원 × 1% - 43,000원 = 240,000원

07 장부조회

[1] 3건 또는 4건
- [계정별원장] > 기간 : 03월 01일~03월 31일 > 계정과목 : 108.외상매출금 조회 > 차변 건수 확인
- 또는 [계정별원장] > 기간 : 03월 01일~03월 31일
  > 계정과목 : 108.외상매출금 조회 > 차변 건수 확인
  > 계정과목 : 110.받을어음 조회 > 차변 건수 확인

참 해당 문제의 물음에서 외상매출금이라는 계정과목을 명시하지 않고, 외상매출이라는 용어를 사용했으므로 받을어음을 수취한 건을 포함하여 외상매출건수를 4건으로 답안을 작성한 경우도 정답으로 인정

[2] 5,200,000원

[거래처원장] > 기간 : 01월 01일~06월 30일 > 계정과목 : 131.선급금 > 거래처 : 1010.자담상사 > 잔액 확인

[3] 23,400,000원
  = 5월 입금액 44,000,000원 - 2월 출금액 20,600,000원
- [총계정원장] > 기간 : 01월 01일~06월 30일 > 계정과목 : 101.현금 조회
- 월별 입금액 및 월별 출금액 확인 : 입금액 5월 44,000,000원 - 출금액 2월 20,600,000원

110회 전산회계 2급 답안

이론시험 정답 및 해설

<1>	<2>	<3>	<4>	<5>	<6>	<7>	<8>	<9>	<10>	<11>	<12>	<13>	<14>	<15>
③	②	①	②	①	④	①	②	②	③	③	④	③	①	④

01 ③
- ③ (차) 이자비용(비용의 발생) 80,000원 (대) 현금(자산의 감소) 80,000원
- ① (차) 현금(자산의 증가) 500,000원 (대) 임대료수익(수익의 발생) 500,000원
- ② (차) 상품(자산의 증가) 400,000원 (대) 외상매입금(부채의 발생) 400,000원
- ④ (차) 토지(자산의 증가) 80,000,000원 (대) 보통예금(자산의 감소) 80,000,000원

02 ② 선급비용은 유동자산에 해당한다.

03 ① 단기매매증권 취득 시 발생한 수수료는 별도의 비용으로 처리하고, 차량운반구 취득 시 발생한 취득세는 차량운반구의 원가에 포함한다.

04 ② 기초잔액이 대변에 기록되는 항목은 부채 또는 자본 항목이다. 보기 중 외상매입금만 부채 항목이다.
- 자산 : 받을어음, 미수금
- 비용 : 광고선전비

05 ① 재산세는 유형자산의 보유기간 중 발생하는 지출로써 취득원가를 구성하지 않고 지출 즉시 비용으로 처리한다.

06 ④ 당좌차월은 단기차입금으로 유동부채에 해당한다. 당좌차월, 단기차입금 및 유동성장기차입금 등은 보고기간 종료일로부터 1년 이내에 결제되어야 하므로 영업주기와 관계없이 유동부채로 분류 한다. 또한 비유동부채 중 보고기간 종료일로부터 1년 이내에 자원의 유출이 예상되는 부분은 유동부채로 분류한다.

07 ① 인출금 계정은 개인기업의 사업주가 개인적 용도로 지출한 금액을 처리하는 임시계정으로 결산기일에 자본금 계정으로 대체하여 마감한다.

08 ② 선급비용은 자산에 해당하므로 재무상태표상 계정과목에 해당한다.

09 ② 미지급비용이란 당기의 수익에 대응되는 비용으로서 아직 지급되지 않은 비용을 말한다.

10 ③ 330,000원
= 수정 전 당기순이익 300,000원 + 차기분 보험료 30,000원
(차) 선급보험료(자산증가) 30,000원 (대) 보험료(비용감소) 30,000원

11 ③ 4,000원
= 10년 만기 은행 차입금 이자 3,000원 + 사랑의열매 기부금 1,000원

12 ④ 기타의대손상각비는 영업외비용에 해당한다.

13 ③ 전기란 분개장의 거래 기록을 해당 계정의 원장에 옮겨 적는 것을 말한다.

14 ①
- 재무상태표 : 일정 시점 현재 기업의 재무상태(자산, 부채, 자본)를 나타내는 보고서
- 손익계산서 : 일정 기간 동안의 기업의 경영성과(수익, 비용)를 나타내는 보고서
- 거래의 이중성 : 회계상 거래를 장부에 기록할 때 거래내용을 차변 요소와 대변 요소로 구분하여 각각 기록해야 한다는 것
- 대차평균의 원리 : 거래의 이중성에 따라 기록된 모든 회계상 거래는 차변과 대변의 금액이 항상 일치해야 한다는 것

15 ④ [일반기업회계기준 문단 10.40] 연수합계법은 유형자산의 감가상각방법의 종류이다. 재고자산의 원가 결정방법으로는 개별법, 선입선출법, 후입선출법, 이동평균법, 총평균법이 있다.

실무시험 정답 및 해설

01 회사등록

[회사등록]
- 종목 : 문구및잡화 → 전자제품
- 개업연월일 : 2010-01-05 → 2010-09-14
- 사업장관할세무서 : 145.관악 → 305.대전

02 전기분 재무제표

[전기분손익계산서]
- 급여(801) : 20,000,000원 → 24,000,000원
- 복리후생비(811) : 1,500,000원 → 1,100,000원
- 잡이익(930) 3,000,000원 삭제 → 임대료(904) 3,000,000원 추가입력

03 기초정보등록 및 수정

[1] [거래처등록] > [금융기관] 탭
- 거래처코드 : 98006
- 거래처명 : 한경은행
- 유형 : 1.보통예금
- 계좌번호 : 1203-4562-49735
- 사업용 계좌 : 1.여

[2] [거래처별초기이월]
- 외상매출금
  > 믿음전자 : 15,000,000원 → 20,000,000원
  > 리트상사 5,000,000원 삭제 → ㈜형제 5,000,000원 추가입력
- 외상매입금 > 중소상사 : 1,000,000원 → 12,000,000원

04 거래 자료 입력

[1]	(차) 보통예금	600,000원	(대)	선수금(우와상사)	600,000원
[2]	(차) 비품	15,000,000원	(대)	미지급금(BC카드)	15,000,000원
[3]	(차) 세금과공과(판)	120,000원	(대)	현금	120,000원
[4]	(차) 당좌예금	1,764,000원	(대)	외상매출금(수분상사)	1,800,000원
	매출할인(403)	36,000원			
[5]	(차) 복리후생비(판)	200,000원	(대)	현금	200,000원
[6]	(차) 광고선전비(판)	500,000원	(대)	미지급금(삼성카드)	500,000원
				(또는 미지급비용)	
[7]	(차) 기부금	500,000원	(대)	현금	500,000원
[8]	(차) 예수금	190,000원	(대)	보통예금	380,000원
	복리후생비(판)	190,000원			

05 오류수정

[1]
수정전: 8월 16일 (차) 운반비 50,000원 (대) 현금 50,000원
수정후: 8월 16일 (차) 상품 50,000원 (대) 현금 50,000원
※ 상품 매입 시 발생한 당사 부담 운반비는 상품계정으로 처리한다.

[2]
수정전: 9월 30일 (차) 장기차입금(농협은행) 11,000,000원 (대) 보통예금 11,000,000원
수정후: 9월 30일 (차) 장기차입금(농협은행) 10,000,000원   보통예금 11,000,000원
              이자비용 1,000,000원

06 결산정리사항 입력

[1] [일반전표입력] 12월 31일
(차) 소모품비(판) 70,000원 (대) 소모품 70,000원

[2] [일반전표입력] 12월 31일
(차) 가수금 200,000원 (대) 외상매출금(강원상사) 200,000원

[3] [일반전표입력] 12월 31일
(차) 현금과부족 100,000원 (대) 잡이익 100,000원
단기매매증권평가이익 : (기말 공정가치 1,600원 - 취득원가 1,500원) × 1,000주 = 100,000원

[4] 1. [결산자료입력] > 4.판매비와일반관리비 > 4).감가상각비 > ①,② 입력 > F3 전표추가
① 차량운반구 결산반영금액란 600,000원 입력
② 비품 결산반영금액란 500,000원 입력

2. 또는 일반전표입력
12.31. (차) 감가상각비 1,100,000원 (대) 감가상각누계액(209) 600,000원
                          감가상각누계액(213) 500,000원

07 장부조회

[1] 드림상사, 4,200,000원
   [거래처원장] > 기간 : 01월 01일~ 06월 30일 > 계정과목 : 108.외상매출금

[2] 2,524,000원
   [총계정원장] > [월별] 탭 > 기간 : 01월 01일~ 06월 30일 > 계정과목 : 811.복리후생비

[3] 16,000,000원
   = 차량운반구 22,000,000원 - 차량운반구 감가상각누계액 6,000,000원
   [재무상태표] > 기간 : 06월

109회 전산회계 2급 답안

이론시험 정답 및 해설

<1>	<2>	<3>	<4>	<5>	<6>	<7>	<8>	<9>	<10>	<11>	<12>	<13>	<14>	<15>
④	④	②	③	②	②	①	③	①	①	①	④	②	④	③

01 ④ 교환거래에 해당하고 회계처리는 아래와 같다.
  (차) 단기차입금(부채의 감소) 1,000,000원   (대) 보통예금(자산의 감소) 3,000,000원
      장기차입금(부채의 감소) 2,000,000원
  • 혼합거래는 하나의 거래에서 교환거래와 손익거래가 동시에 발생하는 거래이다.

02 ④ 결산 시 대손상각 처리가 가능한 계정과목은 채권에 해당하는 계정과목이다. 단기차입금 계정은 채무에 해당하는 계정과목이므로 대손처리가 불가능한 계정이다.

03 ② 당사 발행 당좌수표는 당좌예금 계정으로 처리한다.

04 ③ 순매입액 49,000원
     = 당기매입액 50,000원 + 취득부대비용 2,000원 - 매입할인 3,000원

05 ② 자산의 증가, 부채의 감소, 비용의 발생 등은 차변항목이다.

06 ② 외상매출금이 대변에 기입되는 거래는 외상매출금을 현금이나 보통예금 등으로 회수한 때이다.

07 ① 기말재고자산이 과대계상되면 매출원가가 과소계상되고 당기순이익은 과대계상된다.

08 ③ 3,700,000원
     = 매출액 20,000,000원 - 매출원가 14,000,000원 - 급여 2,000,000원 - 복리후생비 300,000원
  ※ 이자비용과 유형자산처분손실은 영업외비용이므로 영업이익을 계산할 때 반영하지 않는다.

09 ① 200,000원
     = 기말 매출채권 20,000,000원 × 1%

10 ① [일반기업회계기준 문단 10.40] 유형자산의 감가상각방법에는 정액법, 체감잔액법(예를 들면, 정률법 등), 연수합계법, 생산량비례법 등이 있다.

11 ① 출장 여비교통비와 거래처 대표자의 결혼식 화환 구입비(기업업무추진비)가 판매비와관리비에 해당한다.
  • 지급이자 : 영업외비용
  • 유형자산처분이익 : 영업외수익

12 ④ 임의적립금은 이익잉여금에 해당한다.

13 ② 9,200,000원
= 유동성장기부채 4,000,000원 + 미지급비용 1,400,000원 + 예수금 500,000원 + 외상매입금 3,300,000원
• 선급비용은 당좌자산에 해당하고, 장기차입금은 비유동부채에 해당한다.

14 ④ 건설중인자산은 유형자산에 해당한다.

15 ③ 건물 내부의 조명기구를 교체하는 지출은 수선유지를 위한 수익적지출에 해당하며 이는 자본적지출에 해당하지 않으므로 발생한 기간의 비용으로 인식한다.

실무시험 정답 및 해설

01 회사등록

[기초정보관리] > [회사등록] > [기본사항] 탭
• 사업자등록번호 : 646-40-01031 → 646-04-01031
• 종목 : 식료품 → 신발
• 사업장관할세무서 : 508.안동 → 212.강동

02 전기분 재무제표

[전기분손익계산서]
• 여비교통비 500,000원 → 600,000원으로 수정
• 광고선전비 600,000원 → 700,000원으로 수정
• 기부금 600,000원 → 이자비용 600,000원으로 수정

03 기초정보등록 및 수정

[1] [계정과목및적요등록] > 판매비및일반관리비 > 기업업무추진비(판) > 현금적요 No.5 : 거래처 명절 선물 대금 지급

[2] [거래처별초기이월]
• 외상매출금 > (주)사이버나라 20,000,000원 → 45,000,000원으로 수정
• 단기대여금
> (주)해일 20,000,000원 → 10,000,000원으로 수정
> 부림상사 30,000,000원 → 3,000,000원으로 수정

04 거래 자료 입력

[1] (차) 단기매매증권 2,000,000원 (대) 보통예금 2,012,000원
　　 수수료비용(984) 12,000원
[2] (차) 상품 9,600,000원 (대) 외상매출금(푸름상회) 5,000,000원
　　 　　　　　　　　　　　　　　　 외상매입금(푸름상회) 4,600,000원
[3] (차) 비품 550,000원 (대) 현금 550,000원
[4] (차) 예수금 220,000원 (대) 보통예금 440,000원
　　 복리후생비(판) 220,000원
[5] (차) 광고선전비(판) 990,000원 (대) 당좌예금 990,000원
[6] (차) 보통예금 10,500,000원 (대) 정기예금 10,000,000원
　　 　　　　　　　　　　　　　　　 이자수익 500,000원
[7] (차) 수선비(판) 330,000원 (대) 미지급금(하나카드) 330,000원
　　 　　　　　　　　　　　　　　　 (또는 미지급비용)
[8] (차) 선급금(에스파파상사) 1,000,000원 (대) 보통예금 1,000,000원

05 오류수정

[1] 수정전: 10월 27일 (차) 보통예금 10,000,000원 (대) 자본금 10,000,000원
　　 수정후: 10월 27일 (차) 보통예금 10,000,000원 (대) 단기차입금(좋은은행) 10,000,000원
[2] 수정전: 11월 16일 (차) 기업업무추진비(판) 198,000원 (대) 보통예금 198,000원
　　 수정후: 11월 16일 (차) 상품 198,000원 (대) 보통예금 198,000원

06 결산정리사항 입력

[1] [일반전표입력] 12월 31일
　　 (차) 소모품비(판) 550,000원 (대) 소모품 550,000원
[2] [일반전표입력] 12월 31일
　　 (차) 선급비용 600,000원 (대) 보험료(판) 600,000원
　　 • 선급비용 : 1,200,000원×6개월/12개월 = 600,000원
[3] [일반전표입력] 12월 31일
　　 (차) 현금과부족 50,000원 (대) 잡이익 50,000원
[4] 1. [결산자료입력] > F8 대손상각 > 추가설정액 > ①,②입력 > 결산반영 > F3 전표추가
　　 ① 108.외상매출금 : 1,281,200원 입력
　　 ② 110.받을어음 : 467,000원 입력

　　 2. 또는 [결산자료입력] > 4. 판매비와 일반관리비 > 5). 대손상각 > ①,②입력 > F3 전표추가
　　 ① 외상매출금 : 1,281,200원 입력
　　 ② 받을어음 : 467,000원 입력

　　 3. 또는 일반전표입력
　　　　 12.31. (차) 대손상각비(판) 1,748,200원 (대) 대손충당금(109) 1,281,200원
　　　　　　　　　　　　　　　　　　　　　　　　　　　　　　 대손충당금(111) 467,000원
　　 • 대손충당금(109) : 외상매출금 128,120,000원×1% = 1,281,200원
　　 • 대손충당금(111) : 받을어음 46,700,000원×1% = 467,000원

07 장부조회

[1] 4월, 24,150,000원
[총계정원장] > 기간 : 1월 1일~6월 30일 > 계정과목 : 101.현금 조회

[2] 158,800,000원
[재무상태표] > 기간 : 6월 > 유동부채 잔액 확인

[3] 1,320,000원
= 2월 1,825,000원 - 6월 505,000원
[총계정원장] > 기간 : 1월 1일~6월 30일 > 계정과목 : 811.복리후생비 조회

108회 전산회계 2급 답안

이론시험 정답 및 해설

<1>	<2>	<3>	<4>	<5>	<6>	<7>	<8>	<9>	<10>	<11>	<12>	<13>	<14>	<15>
③	④	①	①	②	④	③	③	②	①	①	④	④	③	②

01 ③ 재무상태표는 일정시점의 재무상태를 나타내는 재무제표이다.

02 ④ 자산 항목과 비용 항목은 잔액이 차변에 발생하고, 부채 항목 및 자본 항목과 수익 항목의 잔액은 대변에 기록된다. 임대료는 수익 계정이므로 잔액이 대변에 발생한다.

03 ① 매출원가 34,000원
= 기초상품재고 10,000원 + 당기순매입액 29,000원 - 기말상품재고 5,000원
- 당기순매입액 : 당기매입액 30,000원 - 매입에누리 1,000원 = 29,000원

04 ① 100,000원
$$= 취득원가\ 1,000,000원 \times \frac{1년}{5년} \times \frac{6월}{12월}$$
- 수익적지출은 감가상각대상금액이 아니다.

05 ② 100,000원
$$= 600,000원 \times \frac{2월}{12월}$$

06 ④ 매입채무는 외상매입금과 지급어음의 통합계정이다.

07 ③
- 업무에 사용하기 위한 차량운반구는 유형자산으로 비유동자산에 해당한다.
- 당좌예금은 당좌자산으로 유동자산에 해당한다.
- 선수수익은 유동부채에 해당한다.

08 ③ 당좌차월은 단기차입금 계정과목이다.

09 ② 선급금

10 ① 5,500,000원
= 외상매입금 3,000,000원 + 선수수익 500,000원 + 미지급비용 2,000,000원

11 ① 보고기간종료일로부터 1년 이내에 현금화 또는 실현될 것으로 예상되는 자산을 유동자산으로 분류한다.

12 ④ 9,000,000원
= 기초 외상매출금 3,000,000원 + 당기 발생 외상매출금 7,000,000원 - 당기 회수 외상매출금 1,000,000원

13 ④ 개별법은 통상적으로 상호 교환될 수 없는 재고자산 항목의 원가를 계산할 때 사용한다.

14 ③ [일반기업회계기준 제2장 재무제표의 작성과 표시] 선수수익은 수익의 이연, 미수수익은 수익의 계상, 선급비용은 비용의 이연, 미지급비용은 비용의 계상에 해당한다.

15 ② 기말재고자산을 과대평가할 경우, 매출원가는 과소계상되고 당기순이익은 과대계상된다.
• 매출원가 = 기초재고 + 당기매입 - 기말재고

실무시험 정답 및 해설

01 회사등록
[회사등록] > [기본사항] 탭
• 업태 수정입력 : 제조 → 도소매
• 종목 수정입력 : 의약품 → 사무기기
• 사업장관할세무서 수정입력 : 621.금정 → 130.부천

02 전기분 재무제표
[전기분손익계산서]
• 기업업무추진비 수정입력 : 800,000원 → 750,000원
• 819.임차료 1,200,000원 추가입력
• 951.이자비용 1,200,000원 추가입력

03 기초정보등록 및 수정
[1] [계정과목및적요등록] > 812.여비교통비 > • 적요NO. 3
   • 대체적요 : 직원의 국내출장비 예금 인출
[2] [거래처별초기이월]
   • 외상매입금 : 라라무역 2,320,000원 → 23,200,000원으로 수정입력
   • 외상매입금 : 양산상사 35,800,000원 추가입력
   • 단기차입금 : (주)굿맨 36,000,000원 추가입력

04 거래 자료 입력

[1] (차) 받을어음(태영상사) 800,000원 (대) 상품매출 4,000,000원
외상매출금(태영상사) 3,200,000원
[2] (차) 보통예금 15,000,000원 (대) 장기차입금(큰손은행) 15,000,000원
[3] (차) 통신비(판) 50,000원 (대) 미지급금(삼성카드) 90,000원
수도광열비(판) 40,000원 (또는 미지급비용)
[4] (차) 기업업무추진비(판) 300,000원 (대) 현금 300,000원
[5] (차) 토지 52,300,000원 (대) 현금 52,300,000원
[6] (차) 대손충당금(109) 900,000원 (대) 외상매출금(온나라상사) 3,000,000원
대손상각비 2,100,00원
[7] (차) 급여(판) 4,200,000원 (대) 예수금 635,010원
보통예금 3,564,990원
[8] (차) 외상매입금(대한상사) 7,000,000원 (대) 보통예금 5,000,000원
현금 2,000,000원

05 오류수정

[1] 수정전: 8월 20일 (차) 현금 3,500,000원 (대) 선수금(두리상사) 3,500,000원
    수정후: 8월 20일 (차) 선급금(두리상사) 3,500,000원 (대) 현금 3,500,000원
[2] 수정전: 9월 16일 (차) 이자비용 4,000,000원 (대) 보통예금 4,000,000원
    수정후: 9월 16일 (차) 단기차입금(나라은행) 4,000,000원 (대) 보통예금 4,000,000원

06 결산정리사항 입력

[1] [일반전표입력] 12월 31일
   (차) 이자비용 1,125,000원 (대) 미지급비용 1,125,000원

• 이자비용 : $30,000,000원 \times 5\% \times \dfrac{9개월}{12개월} = 1,125,000원$

[2] [일반전표입력] 12월 31일
   (차) 미수수익 15,000원 (대) 이자수익 15,000원

[3] 1. [결산자료입력] > 기간 : 01월~ 12월 > 4. 판매비와 일반관리비 > 4). 감가상각비
   > 비품 결산반영금액란 1,700,000원 입력 > F3 전표추가

   2. 또는 일반전표입력
      12.31. (차) 감가상각비(판) 1,700,000원 (대) 감가상각누계액(213) 1,700,000원

[4] 1. [결산자료입력] > 기간 : 01월~12월 > 2. 매출원가 > ⑩ 기말 상품 재고액 결산반영금액란 6,500,000원
   입력 > F3 전표추가

   2. 또는 일반전표입력
      12.31. (결차) 상품매출원가 187,920,000원 (결대) 상품 187,920,000원
   • 매출원가 : 기초상품재고액 2,500,000원 + 당기상품매입액 191,920,000원 - 기말상품재고액
     6,500,000원 = 187,920,000원

07 장부조회

[1] 30,000,000원
 [거래처원장] > 기간 : 4월 1일~ 6월 30일 > 계정과목 : 252.지급어음 > 수석상사 대변 합계액
[2] 86,562,000원
 [총계정원장(또는 계정별원장)] > 기간 : 1월 1일~6월 30일 > 계정과목 : 103.보통예금 > 차변 합계액 - 전기이월 35,000,000원
[3] 3월, 272,000원
 [총계정원장] > 기간 : 1월 1일~6월 30일 > 계정과목 : 813.기업업무추진비 조회

107회 전산회계 2급 답안

이론시험 정답 및 해설

<1>	<2>	<3>	<4>	<5>	<6>	<7>	<8>	<9>	<10>	<11>	<12>	<13>	<14>	<15>
④	①	④	③	②	③	④	③	①	②	①	②	③	①	④

01 ④ 재산 증감의 변화가 없는 계약, 의사결정, 주문 등은 회계상 거래에 해당하지 않는다.

02 ① 거래의 8요소 중 자산의 증가는 차변에 기록하는 항목이다.

03 ④ 급여 지급 시 전월에 원천징수한 근로소득세는 예수금 계정으로 처리한다.

04 ③ 재무상태표상의 대변 항목은 부채와 자본으로, 선급금은 자산항목이다.

05 ② 1,800,000원
= 현금 300,000원 + 보통예금 800,000원 + 외상매출금 200,000원 + 단기매매증권 500,000원

06 ③ 매출할인

07 ④ 외상매출금
정상적인 영업활동(일반적인 상거래)에서 발생한 판매대금의 미수액 : 외상매출금
- 유형자산을 처분하고 대금을 미회수했을 경우 : 미수금
- 수익 중 차기 이후에 속하는 금액이지만 그 대가를 미리 받은 경우 : 선수수익

08 ③ 4,000,000원
= 기초자본 1,000,000원 + 당기순이익 3,000,000원
- 당기순이익 : 총수익 8,000,000원 - 총비용 5,000,000원 = 3,000,000원

09 ① 350,000,000원
= 매출총이익 172,000,000원 + 매출원가 178,000,000원
- 매출원가 : 기초상품재고액 25,000,000원 + 당기총매입액 168,000,000원 - 기말상품재고액 15,000,000원 = 178,000,000원

10 ② 받을어음에 대한 설명이다.

11 ① 6,000,000원
= 장부가액 7,000,000원 - 유형자산처분손실 1,000,000원
- 장부가액 : 취득가액 16,000,000원 - 감가상각누계액 9,000,000원 = 7,000,000원

12 ② 일정 시점 현재 기업이 보유하고 있는 경제적 자원인 자산과 경제적 의무인 부채, 그리고 자본에 대한 정보를 제공하는 재무보고서는 재무상태표로, 임대료과 이자비용은 손익계산서 계정과목이다. 나머지 계정은 재무상태표 계정과목이다.

13 ③ 3개월

14 ① 선입선출법에 대한 설명이다.

15 ④ 이자수익은 영업외수익에 해당한다.
- 미수수익 : 자산
- 경상개발비 : 판매비와관리비
- 외환차손 : 영업외비용

실무시험 정답 및 해설

01 회사등록

[회사등록] > [기본사항]
- 사업자등록번호 정정 : 107-35-25785 → 107-36-25785
- 과세유형 수정 : 2.간이과세 → 1.일반과세
- 업태 수정 : 제조 → 도소매

02 전기분 재무상태표

[전기분재무상태표]
- 대손충당금(109) 추가 : 100,000원
- 감가상각누계액(213) 수정 : 6,000,000원 → 2,400,000원
- 외상매입금 수정 : 11,000,000원 → 8,000,000원

03 기초정보등록 및 수정

[1] [기초정보관리] > [거래처등록] > [금융기관] 탭
- 거래처코드 : 98005
- 거래처명 : 신한은행
- 유형 : 1.보통예금
- 계좌번호 : 110-081-834009
- 계좌개설일 : 20×1-01-01
- 사업용 계좌 : 1.여

[2] [전기분재무제표] > [거래처별초기이월]
- 받을어음 > 하우스컴 5,500,000원 추가 입력
- 지급어음
  > 모두피씨 2,500,000원 → 4,000,000원 수정
  > 하나로컴퓨터 6,500,000원 → 2,500,000원 수정

04 거래 자료 입력

[1]	(차)	보통예금	9,700,000원	(대)	단기차입금(세무은행)	10,000,000원
		이자비용	300,000원			
[2]	(차)	상품	3,960,000원	(대)	외상매입금(대림전자)	3,960,000원
[3]	(차)	보통예금	15,000,000원	(대)	외상매출금(국제전자)	20,000,000원
		받을어음(국제전자)	5,000,000원			
[4]	(차)	기부금	1,000,000원	(대)	현금	1,000,000원
[5]	(차)	기업업무추진비(판)	49,000원	(대)	현금	49,000원
[6]	(차)	예수금	150,000원	(대)	보통예금	300,000원
		세금과공과(판)	150,000원			
[7]	(차)	현금	960,000원	(대)	선수금(미래전산)	960,000원
[8]	(차)	미지급금(비씨카드)	500,000원	(대)	보통예금	500,000원

05 오류수정

[1]	수정전: 7월 29일	(차)	수선비(판)	30,000,000원	(대)	보통예금	30,000,000원
	수정후: 7월 29일	(차)	건물	30,000,000원	(대)	보통예금	30,000,000원
[2]	수정전: 11월 23일	(차)	비품	1,500,000원	(대)	보통예금	1,500,000원
	수정후: 11월 23일	(차)	인출금	1,500,000원	(대)	보통예금	1,500,000원
			(또는 자본금)				

06 결산정리사항 입력

[1] [일반전표입력] 12월 31일
 (차) 소모품 30,000원 (대) 소모품비(판) 30,000원

[2] [일반전표입력] 12월 31일
 (차) 단기매매증권 100,000원 (대) 단기매매증권평가이익 100,000원

[3] [일반전표입력] 12월 31일
 (차) 선급비용 270,000원 (대) 보험료(판) 270,000원
- 당기분 보험료 : 360,000원×3/12 = 90,000원
- 차기분 보험료 : 360,000원×9/12 = 270,000원

[4] [일반전표입력] 12월 31일
 (차) 이자비용 600,000원 (대) 미지급비용 600,000원

07 장부조회

[1] 6,500,000원
　　[총계정원장] > 기간 : 1월 1일~6월 30일 > 계정과목 : 기업업무추진비(판) > 합계금액 확인

[2] 550,000원
　　= 당기 1월 5,050,000원 - 전기 말 4,500,000원
　　[재무상태표] > 기간 : 1월 > 미수금 금액 확인

[3] 거래처코드 : 00112(또는 112), 금액 : 36,500,000원
　　[거래처원장] > 기간 : 1월 1일~5월 31일 > 계정과목 : 외상매출금 > 거래처별 잔액 및 거래처코드 확인

106회 전산회계 2급 답안

이론시험 정답 및 해설

<1>	<2>	<3>	<4>	<5>	<6>	<7>	<8>	<9>	<10>	<11>	<12>	<13>	<14>	<15>
①	②	③	④	④	①	②	③	③	②	③	②	①	④	①

01 ① [일반기업회계기준 재무회계개념체계 제2장 재무보고의 목적]
- 투자 및 신용의사결정에 유용한 정보의 제공
- 미래 현금흐름 예측에 유용한 (화폐적)정보의 제공
- 재무상태, 경영성과, 현금흐름 및 자본변동에 관한 정보의 제공
- 경영자의 수탁책임 평가에 유용한 정보의 제공

02 ② 주된 영업활동(상품 매매 등)이 아닌 비품을 외상으로 구입한 경우에는 미지급금 계정을 사용한다.

03 ③ 일정기간 동안 기업의 경영성과에 대한 정보를 제공하는 재무보고서는 손익계산서로, 매출원가는 영업비용이고, 기부금은 영업외비용이다.

04 ④ 모두 옳다.
가.	(차) 기계장치	100,000원(자산증가)	(대) 보통예금	100,000원(자산증가)
나.	(차) 현금	100,000원(자산증가)	(대) 자본금	100,000원(자본증가)
다.	(차) 보통예금	100,000원(자산증가)	(대) 자본금	100,000원(부채증가)
라.	(차) 외상매입금	100,000원(부채감소)	(대) 현금	100,000원(자산감소)

05 ④ 잔액시산표 등식에 따라 기말자산과 총비용은 차변에 기말부채, 기초자본, 총수익은 대변에 잔액을 기재한다.

잔액시산표

안산(주) 2022.12.31. 단위: 원

차변	계정과목	대변
100,000	현 금	
700,000	건 물	
	외 상 매 입 금	90,000
	자 본 금	720,000
	이 자 수 익	40,000
50,000	급 여	
850,000		850,000

06 ① 결산 시 비용 계정과 수익 계정은 손익 계정으로 마감한다.

07 ② 회사가 판매를 위하여 보유하고 있는 자산은 재고자산(상품)이다.
- 유형자산은 재화의 생산, 용역의 제공, 타인에 대한 임대 또는 자체적으로 사용할 목적으로 보유하는 물리적 형체가 있는 자산으로서, 1년을 초과하여 사용할 것이 예상되는 자산을 말한다.

08 ③ 5,700,000원
= 기말자산 11,000,000원 - 기말자본 5,300,000원
- 기초자본 : 기초자산 8,500,000원 - 기초부채 4,000,000원 = 4,500,000원
- 기말자본 : 기초자본 4,500,000원 + 증자 - 감자 + 당기순이익 800,000원 - 배당 = 5,300,000원

09 ③ 매입할인은 재고자산의 취득원가에서 차감한다.

10 ② 95,000원
= (감가상각 9,000원×내용연수 10년) + 잔존가치 5,000원

11 ③ 기계장치는 비유동자산인 유형자산에 속한다.

12 ② 2,700,000원
= 임대료 수령액 3,600,000원 - 차기분 임대료 900,000원
- 수령시점 : (차) 현금   3,600,000원   (대) 임대료   3,600,000원
- 기말결산 : (차) 임대료   900,000원   (대) 선수수익   900,000원

13 ① 급여 지급 시 종업원이 부담해야 할 소득세 등을 회사가 일시적으로 받아두는 경우 예수금 계정을 사용한다.
- 회계처리 : (차) 급여   300,000원   (대) 예수금   3,600,000원
                                               (대) 현금   900,000원

14 ④ 결산일 자본금 원장의 손익은 900,000원이며, 마감되는 차기이월액은 2,900,000원이다.

15 ① ① (차) 세금과공과   (대) 현금
② (차) 급여   (대) 예수금
                        현금
③ (차) 차량운반구   (대) 현금
④ (차) 인출금(또는 자본금) (대) 현금

실무시험 정답 및 해설

01 회사등록

[회사등록]
- 사업장주소 : 대전광역시 서구 둔산동 86 → 대전광역시 중구 대전천서로 7(옥계동)
- 사업자등록번호 정정 : 350-22-28322 → 305-52-36547
- 종목 정정 : 의류 → 문구 및 잡화

02 전기분 재무재표

[전기분재무상태표]
- 외상매출금 : 4,000,000원 → 40,000,000원
- 감가상각누계액(213) : 200,000원 → 2,000,000원
- 토지 : 추가 입력 274,791,290원

03 기초정보등록 및 수정

[1] [거래처등록] > [일반거래처] 탭
- 유형 수정 : 매출 → 동시
- 종목 수정 : 전자제품 → 잡화
- 주소 수정 : 서울 마포구 마포대로 33(도화동) → 경기도 남양주시 진접읍 장현로 83

[2] [거래처별초기이월]
- 외상매출금 > 발해상사 10,000,000원 → 13,000,000원
- 외상매입금
  > 신라상사 7,000,000원 → 17,000,000원
  > 가야상사 5,000,000원 → 19,000,000원

04 거래 자료 입력

[1]	(차)	차량운반구	45,000,000원	(대)	당좌예금	45,000,000원
[2]	(차)	선급금(진영상사)	100,000원	(대)	보통예금	100,000원
[3]	(차)	외상매입금(광주상사)	900,000원	(대)	현금	891,000원
					매입할인(148)	9,000원
[4]	(차)	감가상각누계액(203)	2,500,000원	(대)	건물	30,000,000원
		보통예금	10,000,000원		유형자산처분이익	1,500,000원
		미수금(하나상사)	19,000,000원			
[5]	(차)	받을어음(발해상사)	1,200,000원	(대)	상품매출	2,300,000원
		외상매출금(발해상사)	1,100,000원			
[6]	(차)	복리후생비(판)	100,000원	(대)	현금	100,000원
[7]	(차)	기업업무추진비(판)	200,000원	(대)	보통예금	200,000원
[8]	(차)	도서인쇄비(판)	30,000원	(대)	미지급금(현대카드) (또는 미지급비용)	30,000원

05 오류수정

[1] 수정전: 9월 8일   (차) 단기차입금(신라상사) 25,000,000원   (대) 보통예금   25,000,000원
　　　수정후: 9월 8일   (차) 외상매입금(조선상사) 25,000,000원   (대) 보통예금   25,000,000원

[2] 수정전: 11월 21일   (차) 기업업무추진비(판)   200,000원   (대) 현금   200,000원
　　　수정후: 11월 21일   (차) 인출금(또는 자본금)   200,000원   (대) 현금   200,000원

06 결산정리사항 입력

[1] [일반전표입력] 12월 31일
　　　(차) 외화환산손실   1,500,000원   (대) 외상매입금(미국 ABC사) 1,500,000원
　　　• 외화환산손실 : (1,250원×$10,000) − 11,000,000원 = 1,500,000원

[2] [일반전표입력] 12월 31일
　　　(차) 현금   66,000원   (대) 잡이익   66,000원

[3] [일반전표입력] 12월 31일
　　　(차) 이자비용   125,000원   (대) 미지급비용   125,000원

[4] [결산자료입력] > 기간: 1월~12월
　　　1. [결산자료입력] > 4.판매비와일반관리 > 4).감가상각비 > 결산반영금액란 ①,② 입력 > F3 전표추가
　　　① 차량운반구 결산반영금액란 1,200,000원 입력
　　　② 비품 결산반영금액란 250,000원 입력
　　　2. 또는 일반전표입력
　　　12.31. (차) 감가상각비(판)   1,450,000원   (대) 감가상각누계액(209)   1,200,000원
　　　　　　　　　　　　　　　　　　　　　　　　　　　감가상각누계액(213)   250,000원

07 장부조회

[1] 우리상사, 35,500,000원
　　　[거래처원장] > 기간 : 1월 1일~6월 30일 > 계정과목 : 외상매출금(108) > 조회 후 거래처별 잔액 비교

[2] 361,650원
　　　 = 1월 316,650원 + 2월 45,000원
　　　[총계정원장] > 기간 : 1월 1일~3월 31일 > 계정과목 : 소모품비(830) 조회

[3] 72,880,000원
　　　 = 받을어음 73,400,000원 − 대손충당금 520,000원
　　　[재무상태표] > 기간 : 6월 > 받을어음 73,400,000원에서 받을어음 대손충당금 520,000원 차감

105회 전산회계 2급 답안

이론시험 정답 및 해설

<1>	<2>	<3>	<4>	<5>	<6>	<7>	<8>	<9>	<10>	<11>	<12>	<13>	<14>	<15>
①	④	①	②	③	②	①	④	③	④	③	②	①	④	③

01 ① [일반기업회계기준 문단 2.4] 재무제표는 재무상태표, 손익계산서, 현금흐름표, 자본변동표로 구성되며, 주석을 포함한다.

02 ④ 일정 시점 현재 기업이 보유하고 있는 경제적 자원인 자산과 경제적 의무인 부채, 그리고 자본에 대한 정보를 제공하는 재무보고서는 재무상태표이다. 감가상각비와 급여는 손익계산서 계정과목으로 나머지 계정과목은 재무상태표 계정과목이다.

03 ①

	거래요소의 결합관계	거래의 종류
①	자산의 증가 - 부채의 증가	교환거래
②	자산의 증가 - 자산의 감소	교환거래
③	부채의 감소 - 자산의 감소	교환거래
④	비용의 발생 - 자산의 감소	손익거래

04 ②

05 ③ 800,000원
= 외상매출금 회수액 700,000원 + 기말 외상매출금 400,000원 - 기초 외상매출금 300,000원

06 ② 유동성이 높은 항목부터 배열하면 당좌자산 - 재고자산 - 유형자산 - 무형자산 순으로 나열한다.

07 ① 3,100,000원
= 상품매출액 11,000,000원 - 상품매출원가 7,900,000원
- 상품매출원가 : 기초상품재고액 4,000,000원 + 당기순상품매입액 9,900,000원 - 기말상품재고액 6,000,000원 = 7,900,000원
- 당기순상품매입액 : 당기상품매입액 10,000,000원 - 매입에누리 100,000원 = 9,900,000원

08 ④ 1,500,000원
= 당기총비용 1,100,000원 + 당기순이익 400,000원
- 당기순이익 : 기말자본 1,000,000원 - 기초자본 600,000원 = 400,000원

09 ③ 무형자산인 영업권은 비유동자산이다.

10 ④ 재고자산의 매입원가는 매입금액에 매입운임, 하역료 및 보험료 등 취득과정에서 정상적으로 발생한 부대원가를 가산한 금액이다. 매입환출은 매입원가에서 차감한다.

11 ③ 수익적지출(수선비)로 처리해야 할 것을 자본적지출(건물)로 회계처리한 경우 비용의 과소계상과 자산의 과대계상으로 인해 당기순이익이 과대계상된다.

12 ② 임대보증금과 임차보증금이 서로 바뀌었다.

13 ①
① (차) 단기대여금　　　　　1,000,000원　　(대) 현금　　　　　　1,000,000원
② (차) 자본금(인출금)　　　1,000,000원　　(대) 단기대여금　　1,000,000원
③ (차) 자본금　　　　　　　1,000,000원　　(대) 인출금　　　　1,000,000원
④ (차) 자본금(인출금)　　　1,000,000원　　(대) 현금　　　　　1,000,000원

14 ④ 이자비용은 영업외비용에 속한다.

15 ③ 기부금은 영업외비용으로 영업손익과 관련이 없다.

실무시험 정답 및 해설

01 회사등록
[기초정보관리] > [회사등록]
- 대표자명 정정 : 김지술 → 이학주
- 사업자등록번호 정정 : 135-27-40377 → 130-47-50505
- 개업연월일 정정 : 2007.03.20. → 2011.05.23.

02 전기분 재무제표
[전기분재무제표] > [전기분손익계산서]
- 차량유지비 정정 : 50,500,000원 → 3,500,000원
- 이자수익 정정 : 2,500,000원 → 2,200,000원
- 기부금 추가 입력 : 3,000,000원

03 기초정보등록 및 수정
[1] [거래처별초기이월]
- 외상매출금 : 월평상사 35,000,000원 → 45,000,000원으로 수정입력
- 지급어음 : 도륜상사 100,000,000원 → 150,000,000원으로 수정입력
- 단기차입금 : 선익상사 80,000,000원 추가 입력

[2] [거래처등록] > [신용카드] 탭
- 코드 : 99871
- 거래처명 : 씨엔제이카드
- 유형 : 2.매입
- 카드번호 : 1234-5678-9012-3452
- 카드종류(매입) : 3.사업용카드

04 거래 자료 입력

[1]	(차)	상품	6,000,000원	(대)	지급어음(성심상사)	5,500,000원
					현금	500,000원
[2]	(차)	수수료비용(판)	3,500,000원	(대)	현금	3,500,000원
[3]	(차)	단기차입금(탄방상사)	20,000,000원	(대)	보통예금	20,600,000원
		이자비용	600,000원			
[4]	(차)	상품	15,000,000원	(대)	보통예금	16,000,000원
		비품	1,000,000원			
[5]	(차)	외상매입금(소리상사)	500,000원	(대)	가지급금	500,000원
[6]	(차)	상품	3,000,000원	(대)	선급금(고구려상사)	300,000원
					외상매입금(고구려상사)	2,700,000원
[7]	(차)	차량유지비(판)	30,000원	(대)	현금	30,000원
[8]	(차)	세금과공과(판)	259,740원	(대)	미지급금(현대카드) 또는 미지급비용	259,740원

05 오류수정

[1]	수정전: 11월 5일	(차)	세금과공과(판)	110,000원	(대)	보통예금	110,000원
	수정후: 11월 5일	(차)	예수금	110,000원	(대)	보통예금	110,000원
[2]	수정전: 11월 28일	(차)	상품	7,535,000원	(대)	외상매입금(양촌상사)	7,500,000원
						미지급금	35,000원
	수정후: 11월 28일	(차)	상품	7,535,000원	(대)	외상매입금(양촌상사)	7,535,000원

06 결산정리사항 입력

[1] [일반전표입력] 12월 31일

(차)	급여(판)	1,000,000원	(대)	미지급비용 또는 미지급금	1,000,000원

[2] [일반전표입력] 12월 31일

(차)	소모품비(판)	200,000원	(대)	소모품	200,000원

[3] [일반전표입력] 12월 31일

(차)	이자비용	70,000원	(대)	현금과부족	70,000원

[4] 1. [결산자료입력] > 4. 판매비와일반관리비 > 4). 감가상각비 > 비품 > 결산반영금액란 5,000,000원 입력 > F3 전표추가

2. 또는 일반전표입력
12. 31.　(차) 감가상각비(판)　5,000,000원　(대) 감가상각누계액(비품)　5,000,000원
- (65,500,000원 - 15,500,000원)÷10년 = 5,000,000원

07 장부조회

[1] 갈마상사, 76,300,000원
    [거래처원장] > 조회기간 : 1월 1일~5월 31일 > 계정과목 : 251.외상매입금 > 거래처별 외상매입금 잔액 조회

[2] 1,500,000원 증가
    = 2,000,000원 - 500,000원
    [재무상태표] > 조회일자 : 6월 > 현재 외상매출금 대손충당금과 전기말 외상매출금 대손충당금 비교

[3] 116,633,300원
    = 유동자산 합계액 463,769,900원 - 유동부채 합계액 347,136,600원
    [재무상태표] > 조회일자 : 6월 > 유동자산과 유동부채의 차액 확인

104회 전산회계 2급 답안

이론시험 정답 및 해설

<1>	<2>	<3>	<4>	<5>	<6>	<7>	<8>	<9>	<10>	<11>	<12>	<13>	<14>	<15>
④	③	②	④	①	③	④	③	③	①	①	③	③	③	③

01 ④ 혼합거래는 차변이나 대변의 한쪽 금액 일부가 수익 또는 비용이 나타나는 거래를 의미한다.

02 ③ 자본의 증가와 부채의 증가는 모두 대변에 기입되는 거래로 동시에 나타날 수 없다.

03 ② 기부금은 경영성과를 나타내는 손익계산서의 영업외비용 계정과목이다.

04 ④ [일반기업회계기준 문단 2.19] 자산과 부채는 유동성이 높은 항목부터 배열하는 것을 원칙으로 한다.

05 ① 100,000원
= 기말 매출채권 10,000,000원 × 1%

06 ③ 후입선출법은 나중에 구매한 상품이 먼저 판매된다는 가정하에 매출원가 및 기말재고액을 구하는 방법이다.

07 ④ 기말재고액이 과대계상될 경우, 매출원가는 과소계상된다.

08 ③ 판매 목적의 취득은 재고자산으로 영업활동 목적의 취득은 유형자산으로 처리한다.

09 ③ [일반기업회계기준 문단 10.40] 유형자산의 감가상각방법에는 정액법, 체감잔액법(예를 들면, 정률법 등), 연수합계법, 생산량비례법 등이 있다.

10 ① 외상매입금을 조기 지급하여 매입할인을 받은 경우, 당기 총매입액에서 이를 차감하여 순매입액이 감소하고, 매출총이익과 영업이익은 증가한다.

11 ① '(차) 이자수익 (대) 선수이자'의 누락으로 부채의 과소계상, 수익의 과대계상이 나타난다.

12 ③ 이익잉여금은 손익거래 결과이며, 나머지는 자본거래 결과이다.

13 ③ 15,000,000원
= (기말자본금 70,000,000원 + 인출액 5,000,000원) - (기초자본금 50,000,000원 + 당기순이익 10,000,000원)
• 기말자본금 70,000,000원 + 인출액 5,000,000원 = 기초자본금 50,000,000원 + 당기순이익 10,000,000원 + 추가출자액 A

14 ③ 판매촉진 목적으로 광고, 홍보, 선전 등을 위하여 지급한 금액은 광고선전비로 판매비와관리비에 해당하며, 영업이익을 감소시킨다.

15 ③ 임대보증금은 부채계정이다.

실무시험 정답 및 해설

01 회사등록

[회사등록]
- 종목 수정 : 컴퓨터 부품 → 문구 및 잡화
- 개업연월일 수정 : 2015년 01월 05일 → 2015년 03월 09일
- 관할세무서 수정 : 145.관악 → 134.안산

02 전기분 재무상태표

[전기분재무상태표]
- 정기예금 수정 : 2,000,000원 → 20,000,000원
- 차량운반구 감가상각누계액 수정 : 13,000,000원 → 23,000,000원
- 외상매입금 수정 : 17,000,000원 → 45,000,000원

03 기초정보등록 및 수정

[1] [계정과목및적요등록] > 146.상품 > 대체적요 : 적요NO. 5, 상품 어음 매입
[2] [거래처등록] > [일반거래처] 탭
- 거래처코드 : 1001
- 거래처명 : 모닝문구
- 유형 : 1.매출
- 사업자등록번호 : 305-24-63212
- 대표자명 : 최민혜
- 업태 : 도소매
- 종목 : 문구 및 잡화
- 주소 : 대전광역시 대덕구 한밭대로 1000(오정동)

04 거래 자료 입력

[1]	(차)	보통예금	50,000,000원	(대)	단기차입금(대전중앙신협)	50,000,000원
[2]	(차)	상품	6,600,000원	(대)	선급금(로뎀문구)	660,000원
					당좌예금	5,940,000원
[3]	(차)	여비교통비(판)	5,000원	(대)	미지급금(신한카드) 또는 미지급비용	5,000원
[4]	(차)	현금	20,000,000원	(대)	상품매출	25,000,000원
		받을어음(씨엔제이상사)	5,000,000원			
[5]	(차)	매출환입및에누리(402)	3,000,000원	(대)	외상매출금(반월상사)	3,000,000원

[6] (차)　외상매입금(조선상사)　　1,300,000원　　(대)　받을어음(발해상사)　　1,200,000원
　　　　　　　　　　　　　　　　　　　　　　　　현금　　　　　　　　　　100,000원

[7] (차)　미지급금(비전상사)　　12,500,000원　　(대)　당좌예금　　　　　10,000,000원
　　　　　　　　　　　　　　　　　　　　　　　　채무면제이익　　　　　2,500,000원

[8] (차)　차량운반구　　　　　　2,637,810원　　(대)　현금　　　　　　　　2,637,810원

05 오류수정

[1] 수정전: 9월 15일　(차)　현금　　　　　100,000원　(대)　외상매출금(월평문구)　100,000원
　　수정후: 9월 15일　(차)　현금　　　　　100,000원　(대)　선수금(월평문구)　　100,000원

[2] 수정전: 12월 18일　(차)　비품　　　　1,100,000　(대)　현금　　　　　　　1,100,000
　　수정후: 12월 18일　(차)　비품　　　　1,000,000　(대)　현금　　　　　　　1,100,000
　　　　　　　　　　　　　소모품비(판)　　100,000

06 결산정리사항 입력

[1] [일반전표입력] 12월 31일
　　(차)　미수수익　　　　　3,000,000원　(대)　임대료(904)　　　3,000,000원
　　• 월 임대료 : 6,000,000원÷12개월 = 500,000원
　　• 당기분 임대료 : 월 임대료 500,000원×6개월(20×1.7.1.~20×1.12.31.) = 3,000,000원

[2] [일반전표입력] 12월 31일
　　(차)　단기매매증권　　　500,000원　(대)　단기매매증권평가이익　500,000원
　　• 평가이익 : (기말 공정가치 30,000원 - 취득가액 25,000원)×100주 = 500,000원

[3] [일반전표입력] 12월 31일
　　(차)　선급비용　　　　　90,000원　(대)　보험료(판)　　　　　90,000원

[4] 1. [결산자료입력] > F8 대손상각 > 대손율(%) : 1.00 입력 > 결산반영 > F3 전표추가

　　2. 또는 [결산자료입력] > 5). 대손상각 > ①, ② 입력 > F3 전표추가
　　① 외상매출금 : 3,021,300원
　　② 받을어음 : 322,000원

　　3. 또는 일반전표입력
　　12. 31.　(차)　대손상각비(판)　3,343,300원　(대)　대손충당금(109)　3,021,300원
　　　　　　　　　　　　　　　　　　　　　　　　　　대손충당금(111)　　322,000원
　　또는　　(차)　대손상각비(판)　3,021,300원　(대)　대손충당금(109)　3,021,300원
　　　　　　　　　대손상각비(판)　　322,000원　　　　대손충당금(111)　　322,000원
　　• 외상매출금 기말 잔액 352,130,000원×1% - 500,000원 = 3,021,300원
　　• 받을어음 기말 잔액 62,200,000원×1% - 300,000원 = 322,000원

07 장부조회

[1] 2,800,000원

[총계정원장] > [월별] 탭 > 기간 : 01월 01일~06월 30일 > 계정과목 : 401.상품매출 조회 > 상품매출액이 가장 적은 달(月)의 금액 확인 : 2,800,000원(1월)

[2] 34,000,000원

= 비품 35,000,000원 - 비품 감가상각누계액 1,000,000원

[재무상태표] > 기간 : 3월 조회 > 비품 계정 및 비품감가상각누계액 계정 금액 확인

[3] 1,638,000원

= 1,770,000원(광진상사) - 132,000원(우림상사)

[거래처원장] > 기간 : 1월 1일~6월 30일 > 계정과목 : 131.선급금 조회

103회 전산회계 2급 답안

이론시험 정답 및 해설

<1>	<2>	<3>	<4>	<5>	<6>	<7>	<8>	<9>	<10>	<11>	<12>	<13>	<14>	<15>
④	④	③	②	④	②	③	④	③	③	③	③	①	③	①

01 ④ 외상매출금은 일반적인 상거래에서 발생한 매출채권을, 미수금은 일반적인 상거래 외의 거래(유형자산 처분 등)에서 발생한 채권을 말한다.

02 ④ 기말재고 과소평가 시 매출원가는 과대계상되고, 당기순이익은 과소계상된다.

03 ③ 미지급금은 일반적인 상거래 외의 거래에서 발생하는 부채이다.

04 ② 직원을 채용하기로 한 것은 자산, 부채, 자본, 수익, 비용의 증감 변화를 가져오지 않으므로 회계상의 거래가 아닌 일반적인 거래에 해당한다.

05 ④ 유동부채 : 단기차입금

06 ② 외상매출금을 현금으로 받아 즉시 당좌예입하였다. : (차) 당좌예금 (대) 외상매출금
종업원의 급여를 보통예금에서 이체해 지급하였다. : (차) 급여 (대) 보통예금
상품을 매출하고 대금은 거래처가 발행한 당좌수표로 받았다. : (차) 현금 (대) 상품매출
상품을 매입하고 대금은 약속어음을 발행하여 지급하였다. : (차) 상품 (대) 지급어음

07 ③ 단기매매증권 취득 시 발생한 매입수수료는 영업외비용으로 처리한다.

08 ④ 받을어음

09 ③ 정액법은 자산의 내용연수 동안 일정액의 감가상각액을 인식하는 방법이다.

10 ③ 2,700,000원
 = 처분가액 1,000,000원 + 감가상각누계액 1,800,000원 - 유형자산처분이익 100,000원
 • 유형자산처분이익 : 처분가액 1,000,000 - (취득가액 - 감가상각누계액 1,800,000원) = 100,000원

11 ③ 임차보증금 30,000,000원이 자산계정이다.
 • 미지급금, 예수금, 선수금은 모두 부채계정이다.

12 ③ 1,400,000원
 = 기말부채 600,000원 + 기말자본 800,000원
 • 당기순이익 : 총수익 1,500,000원 - 총비용 1,000,000원 = 500,000원
 • 기말자본 : 기초자본 300,000원 + 당기순이익 500,000원 = 800,000원

13 ① 예수금

14 ③ 이자비용과 기부금은 영업외비용에 포함된다.

15 ① 18,000원
= 매출액 130,000원 - 매출원가 112,000원
- 매출원가 : 기초상품재고액 24,000원 + 당기총매입액 108,000원 - 기말상품재고액 20,000원 = 112,000원

실무시험 정답 및 해설

01 회사등록

[회사등록]
- 기초정보관리 > 회사등록 > · 대표자명 수정 : 최기수 → 최성호
- 업태 수정 : 제조 → 도소매
- 개업연월일 수정 : 2017.02.01. → 2015.02.01.

02 전기분 재무제표

[전기분손익계산서]
- 급여 수정 : 21,400,000원 → 12,400,000원
- 소모품비(830) 190,000원 추가입력
- 영업외비용 수정 : 기부금(953) 50,000원 → 잡손실(980) 50,000원

03 기초정보등록 및 수정

[1] [거래처등록] > [일반거래처] 탭
- 거래처코드 : 0330
- 거래처명 : 영랑실업
- 유형 : 1.매출
- 사업자등록번호 : 227 - 32 - 25868
- 대표자성명 : 김화랑
- 업태 : 도소매
- 종목 : 전자제품
- 주소 : 강원도 속초시 영랑로5길 3(영랑동)

[2] [계정과목및적요등록] > 복리후생비(811) > 대체적요 : 적요NO. 3, 직원회식비 신용카드 결제

04 거래 자료 입력

[1] (차) 현금 2,000,000원 (대) 외상매출금(영우상회) 10,000,000원
    보통예금 8,000,000원
[2] (차) 토지 20,400,000원 (대) 당좌예금 20,000,000원
    현금 400,000원
[3] (차) 예수금 90,000원 (대) 보통예금 180,000원
    세금과공과(판) 90,000원
[4] (차) 복리후생비(판) 200,000원 (대) 미지급금(우리카드) 200,000원
    또는 미지급비용
[5] (차) 기업업무추진비(판) 100,000원 (대) 현금 100,000원
[6] (차) 비품 2,500,000원 (대) 미지급금(선진상사) 2,500,000원
[7] (차) 임차보증금((주)한성) 50,000,000원 (대) 보통예금 50,000,000원
[8] (차) 보통예금 4,875,000원 (대) 단기차입금(대한은행) 5,000,000원
    이자비용 125,000원

05 오류수정

[1] 수정전: 10월 1일 (차) 외상매입금(순천상사) 100,000원 (대) 보통예금 100,000원
    수정후: 10월 1일 (차) 외상매입금(순천상사) 100,000원 (대) 보통예금 101,000원
    수수료비용(판) 1,000원
[2] 수정전: 11월 26일 (차) 보통예금 400,000원 (대) 가수금(순천상사) 400,000원
    수정후: 11월 26일 (차) 보통예금 400,000원 (대) 외상매출금(순천상사) 400,000원

06 결산정리사항 입력

[1] [일반전표입력] 12월 31일
    (차) 선급비용 300,000원 (대) 보험료(판) 300,000원
    • 선급비용 : 900,000원×4개월/12개월 = 300,000원
[2] [일반전표입력] 12월 31일
    (차) 여비교통비(판) 44,000원 (대) 가지급금 44,000원
[3] [일반전표입력] 12월 31일
    (차) 자본금 500,000원 (대) 인출금 500,000원
[4] [일반전표입력] 12월 31일
    (차) 소모품 200,000원 (대) 소모품비(판) 200,000원

07 장부조회

[1] 95,000,000원
    [재무상태표] > 기간 : 6월 조회 > 유동부채 금액 확인
[2] 5월, 60,000,000원
    [총계정원장] > 기간 : 1월 1일~6월 30일 > 계정과목 : 상품매출(401) 조회
[3] 3,200,000원
    [거래처원장] > 기간 : 1월 1일~4월 30일 > 계정과목 : 외상매출금(108) > 거래처 : 오렌지유통 조회

MEMO

이혜원(혜원장)

'혜원장'이라는 이름으로 유튜브 채널을 운영하고 있습니다. 전산회계 작업 훈련기관을 운영하였으며, 직업능력개발훈련 교사로 활동하며 여러 공공기관, 교육기관에서 전산회계 관련 교육을 진행하고 있습니다.

유튜브 <혜원장> http://www.youtube.com/@edwith

2025 혜원장 전산회계 2급(이론+실무+기출) 전체 무료강의 제공

발행일 2025년 1월 20일(2쇄)
편저자 이혜원(혜원장)
발행인 박유진
디자인 서시영
발행처 직업상점
정가 24,000원
ISBN 979-11-989204-5-4

※ 낙장이나 파본은 교환해 드립니다.
※ 이 책의 무단 전제 또는 복제행위는 저작권법 제136조에 의거하여 처벌을 받게 됩니다.